"博学而笃志,切问而近思。"
(《论语》)

博晓古今,可立一家之说;
学贯中西,或成经国之才。

复旦博学·复旦博学·复旦博学·复旦博学·复旦博学·复旦博学·复旦博学

作者简介

◎ 林新奇，中国人民大学劳动人事学院教授、博士生导师。国家发展与战略研究院研究员，中国劳动与社会保障科学研究院特约研究员，中国管理科学学会常务理事、人力资源管理专业委员会主任（2008—2016年），中国人力资源开发研究会常务理事，国家人力资源管理师职业资格考试专家委员会创始委员，国家人力资源服务业标准化委员会专家委员，中关村人才协会咨询培训专委会主席等。

◎ 人力资源管理学者，战略管理、绩效管理、薪酬激励、数字化管理变革、中国式管理现代化咨询培训专家。日本博士（国际经营学），精通中日美等国内外企业人力资源管理模式政策和实践，专注人力资源管理研究咨询培训工作30多年，人力资源管理咨询培训开拓者，具有丰富的一线实践经验。

◎ "25年周期进化说""HHP管理模式""绩效管理五要素模型""数字经济与管理变革相互作用递进论"等创新理论与方法的提出者和实践者。

联系方式：linxq@ruc.edu.cn
微信公众号：新新HR管理（xinxinHRM）

普通高等教育"十一五"国家级规划教材

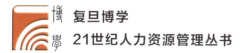

国际人力资源管理

（第四版）

林新奇　编　著

本丛书荣获
第六届高等教育
国家级教学成果奖

复旦大学出版社

内容提要

随着全球化与中国经济的快速发展，中国企业大踏步"走出去"，中外企业的交融碰撞更趋激烈，跨国经营与国际化成为时代的潮流，同时也带来了人力资源管理的新挑战、新课题。本书探讨了全球化背景下人力资源管理发展的新特点，归纳了国际人力资源管理的若干研究模式，包括国际人力资源管理的制度比较、跨文化管理、跨国公司人力资源管理职能活动等，提出从中国企业如何应对全球化挑战这一现实课题出发，以问题为导向，从多角度研究国际人力资源管理问题的新视角。全书共十一章，包括三个部分，即对象与方法，比较、选择与沟通，职能与技术。

本书第四版根据这些年国际人力资源管理理论与实践的发展、中国企业"走出去"的实际情况，以及相关调查研究与咨询培训成果进行了相应的修订和补充，基本体系和研究框架更加完备，理论联系实际更加紧密，突出本土化、原创性、前瞻性和操作性，适合人力资源管理、劳动经济、劳动关系、国际经贸、电子商务、企业管理、工商管理等经济管理类专业作为教材使用，也适合各方面管理者特别是人力资源管理工作者作为培训教材或自学参考书使用。

丛书编辑委员会

主　任　曾湘泉

委　员（按姓氏笔画排序）

文跃然　孙健敏　刘子馨　刘尔铎　萧鸣政

苏荣刚　郑功成　徐惠平　彭剑锋

总策划

文跃然　苏荣刚

自 序

"逐梦神州出昆仑,奔流万里觅晴空。秋水长天一色幻,浪迹洋海气贯虹。"这是本人于 2016 年 9 月写的一首题为《长江印象》的小诗,用在比喻中国企业"走出去"的国际化进程上,似乎也较为贴切。

一、缘起与目的

《国际人力资源管理》是人力资源管理、工商管理、国际经贸等经济管理类专业的一门核心课程。

自 2002 年秋季学期起,本人根据自己编写的讲义在中国人民大学劳动人事学院面向人力资源管理专业本科生、研究生及在职研究生进修班等开设"国际人力资源管理"课程并公开讲授。这也是国内高校第一个正规开设的"国际人力资源管理"课程,影响重大。2004 年,本书被列入"复旦博学·21 世纪人力资源管理"丛书正式出版。

《国际人力资源管理》一书的研究开始于本人出国留学的 1996 年 10 月,历经多年的酝酿与准备才编写完成。本书的观点内容、全新视角与分析框架,是本人在国内外长期的调查研究、讲课积累和管理咨询实践的基础上形成的。为此,本书的核心内容很多是本人已发表的或随后发表的一系列原创性研究成果,包括相关的学术论文、研究报告或其他书稿。

本书出版后,本人又根据社会需要从跨国公司的角度编写了《跨国公司人力资源管理》(首都经济贸易大学出版社2008年出版,清华大学出版社2015年出版)一书;从管理实务的角度编写了《国际人力资源管理实务》(东北财经大学出版社2012年出版)一书。上述三部著作共同构成本人关于"国际人力资源管理研究"的一个完整系列和系统表达,而作为第一本出版的《国际人力资源管理》(复旦大学出版社2004年第一版)则是最为重要的,具有创新性的重大意义。

承蒙广大读者的厚爱,同时更得益于中国经济的迅猛发展与中国企业大踏步"走出去"的时代潮流,本书自2004年初版发行以来,深受欢迎,一再重印,并于2011年出版了第二版、2017年推出了第三版。现在呈现在大家面前的是本书的第四版,也是全球化发展和中国经济、中国企业处在一个重要历史时期的修订版。

本次修订主要做了三方面工作:一是修订、增补了一些新的研究内容;二是更新了相关的数据和资料;三是更新了大部分的案例。同时,对相关文字错漏和参考文献也进行了修订。

二、内容与特点

本书的内容包括三个部分,即对象与方法、比较选择与沟通、职能与技术。具体分为十一章:全球化趋势下人力资源管理的新特点、国际人力资源管理的研究视角与方法、国际人力资源管理的模式选择、国际人力资源管理的文化沟通、中外合资企业的人力资源管理、国际人力资源规划与招聘、国际人力资源培训与开发、国际人力资源的绩效考核、国际人力资源的薪酬与激励、国际人力资源职业生涯管理、国际人力资源劳动关系管理与法律风险防控。各章均配备了"案例研究""复习思考题"等。

本书的主要特点有以下四个。

一是体例新颖,内容全面,体系比较完善,概括提炼并涵盖了国际人力资源管理应该研究或关注的主要方面和主要内容,自成一个体系,与国内外其他相关教科书具有较大的区别。本书在原创性的基本体系和研究框架下,理论与实际的联系更加紧密。

二是理论知识点简明扼要,比较系统、全面地梳理、介绍、论述了国际人力资源管理的相关研究视角、方法和基本理论,探讨了全球化背景下人力资源管理发展的新特点,归纳了国际人力资源管理的若干研究模式,包括国际人力资源管理的制度比较、跨文化管理、跨国公司人力资源管理职能活动等,提出从中国企业如何应对全球化挑战这一现实课题出发,以问题为导向,从多角度研究国际人力资源管理问题的新视角。

三是以问题为导向,理论联系实际,特别注意总结中国企业跨国经营的实际和国内外企业国际化的经验教训,配合相关的技术、流程、工具、方法的介绍,应用性、实践性强。

四是注重原创和探索,突出本土化、前瞻性。比如,独创性地提出了人力资源管理中日美比较的 HHP(housewife, husband, paternalism)模式,提出了管理国际化及在亚洲移植五阶段说、国际化组织如何管理驻外人员的基本原则与政策选择,对企业人力资源管理国际化问题进行了比较系统的阐述,提出了管理发展的四阶段及其主要特点、管理的加速度发展规律、经济发展方式转变与管理创新的"二十五年周期进化说"等。近十几年来的实践证明,这些观点或预测是比较正确的、符合实际的。当然,有待完善之处还很多,但起码可以抛砖引玉。

三、教学建议

本书适合人力资源管理、劳动经济、劳动关系、国际经贸、电子商务、企业管理、工商管理等经济管理类专业作为教材使用,也适合各方面管理者特别是人力资源管理工作者作为培训教材或自学参考书使用。

广大读者特别是高校教师或培训教师在使用本书的过程中,一定要以问题为导向,理论联系实际,特别注意总结中国企业"走出去"的经验与教训,尽可能地吸收借鉴最新的实践进展与理论成果。同时,可以根据自己的实际情况和需要,根据现代互联网和大数据发展的最新动态,及时地引入新媒体等先进教学手段与方法,也可以配以其他的一些诸如模拟演练的方法,力求活学活用、生动活泼。

本人编写本书虽尽了一定的努力,但是限于水平和时间,错漏不当之处在所难免,诚恳地希望广大读者给予批评指正,以使本书更趋完善,共同为中国企业的国际化发展做出贡献!

林新奇

2022 年 10 月于中国人民大学

目录

1	**第一章**	**全球化趋势下人力资源管理的新特点**
2	第一节	全球化与国际人力资源管理
22	第二节	人力资源管理的发展趋势和特点
41	第三节	小结
46	案例研究：英国脱欧公投案例分析	
50	复习思考题	
51	**第二章**	**国际人力资源管理的研究视角与方法**
52	第一节	制度比较视角
55	第二节	跨文化管理视角
61	第三节	跨国公司视角
67	第四节	问题导向的新视角
72	案例研究：宁德时代：在三线小城做世界一流科研	
76	复习思考题	
77	**第三章**	**国际人力资源管理的模式选择**
78	第一节	美国的人力资源管理模式
94	第二节	欧洲的人力资源管理模式

102	第三节　日本的人力资源管理模式
108	第四节　中国的人力资源管理模式
126	第五节　比较与选择
136	案例研究：IBM与腾讯的人力资源三支柱模型与实践对比
145	复习思考题

147　第四章　国际人力资源管理的文化沟通

148	第一节　文化比较与沟通
152	第二节　跨文化管理模型
161	第三节　企业文化模式与管理特点
170	第四节　跨文化人力资源管理
176	案例研究一：聚龙集团印尼投资公司案例研究
184	案例研究二：葛洲坝国际公司的跨文化管理
189	复习思考题

190　第五章　中外合资企业的人力资源管理

191	第一节　中外合资企业概况
203	第二节　中美合资企业的人力资源管理
225	第三节　中日合资企业的人力资源管理
235	第四节　其他中外合资企业及并购企业的人力资源管理
235	案例研究一：三星中国的人才策略
238	案例研究二：吉利收购沃尔沃案例的管理转型研究
243	复习思考题

244　第六章　国际人力资源规划与招聘

245	第一节　国际人力资源规划
248	第二节　国际人力资源招聘的特点
254	第三节　国际人力资源招聘的操作
265	案例研究一：上海迪士尼与无印良品的人力资源本土化案例
270	案例研究二：神华能源和猎豹移动的人员本土化案例比较

277 复习思考题

第七章　国际人力资源培训与开发　278

279　第一节　国际人力资源培训与开发的特点
283　第二节　国际人力资源培训与开发的操作
286　案例研究一：三家跨国公司的国际人力资源培训开发实践
293　案例研究二：肯德基（中国）有限公司的员工培训
296　案例研究三：国家电网公司的跨文化培训体系案例
302　复习思考题

第八章　国际人力资源的绩效考核　303

304　第一节　国际人力资源绩效考核与管理
309　第二节　国际人力资源绩效考核的操作
317　案例研究一：通用集团和索尼公司的绩效管理案例比较
324　案例研究二：可口可乐公司的国际人才环流分析
330　复习思考题

第九章　国际人力资源的薪酬与激励　331

332　第一节　国际人力资源薪酬与激励的特点
333　第二节　国际人力资源薪酬与激励的操作
342　案例研究一：IBM公司的工资管理
344　案例研究二：斯伦贝谢公司的员工激励管理
347　复习思考题

第十章　国际人力资源职业生涯管理　348

349　第一节　国际人力资源职业生涯管理的特点
354　第二节　国际人力资源职业生涯管理的操作
356　案例研究一：美国3M公司的职业生涯开发系统
357　案例研究二：中国葛洲坝集团国际工程公司的跨文化管理

363　复习思考题

第十一章　国际人力资源劳动关系管理与法律风险防控
364

365　第一节　国际人力资源劳动关系管理
369　第二节　跨国并购中的人力资源尽职调查
373　第三节　人力资源尽职调查的程序
374　第四节　人力资源尽职调查的方法
378　第五节　国际人力资源管理中法律风险的防控
381　案例研究一：国际人力资源管理中的知识产权争端风险与应对措施
386　案例研究二：TCL跨国并购：HR与文化整合
391　案例研究三：广汽本田的劳资纠纷案件
393　复习思考题

395　**主要参考文献**

399　**第四版　后记**

第一章

全球化趋势下人力资源管理的新特点

【本章要点】
- 全球化与国际人力资源管理的兴起
- 人力资源管理的发展趋势及特点
- 国际人力资源管理的基本概念

第一节　全球化与国际人力资源管理

一、走向全球化之路

1. 数据与案例

2001年12月11日,审议批准中国加入世界贸易组织(WTO)的会议在卡塔尔首都多哈举行。面对这个历史性的时刻,与中国代表团一起坐在会场主席台前的中国加入WTO首席谈判代表龙永图,神情庄重,百感交集。当时,龙永图认为,在未来的二三十年内,中国将凭借其质优价廉的劳动力资源优势成为世界最理想的投资地。他说:"就像水总是从高处向低处流一样,外资不可能不来中国。"

回想中国加入WTO的漫长历程,这既是中国四十几年的改革开放之路,也是世界经济快速迈向全球化之路。

据商务部统计,2021年,全国实际使用外资金额11 493.6亿元人民币,同比增长14.9%;2022年1—8月,全国实际使用外资金额8 927.4亿元人民币,按可比口径同比增长16.4%。中国正在迅速地成为世界制造业加工和产品出口的一个重要基地,即所谓的"世界工厂"。

最新统计数据显示,2021年中国已连续30年居发展中国家和地区吸收外资的首位,并曾连续多年居全球第二位。根据联合国贸发会议发布的《2021年世界投资报告》,中国利用外资保持了稳定增长:中国在2020年超过美国成为全球最大的投资目的地,外国直接投资额达2 120亿美元,增长14%,这一年大多数国家都是负增长。2021年吸引外商投资额有所下降,为1 810亿美元,但仍然是全球第二,在发展中国家中高居第一。中国吸引外资有望在未来几年继续保持稳定增长的势头。截至目前,全球最大的500家跨国公司中已有400多家来华投资。中国对外投资的增长同样引人注目:2021年中国对外投资同比增长9.2%,达1 451.9亿美元。在大规模海外并购浪潮的推动下,中国已经成为部分发达国家的主要外资来源国。同时,随着"一带一路"倡议和国际产能合作的推进,中国在发展中国家的投资继续保持高速增长。中国的发展是与世界经济的全球化发展密不可分的。

1980年代中期以来,世界经济出现三个重要的现象。

首先,全球贸易量迅速增长。2010—2021年,全球经济总量增量为29万亿美元。世界贸易组织预计2023年全球贸易量将增长3.5%,高于2022年全球经济增速(预测为2.8%)。此外,贸易结构发生了很大的变化,服务贸易异军突起,2021年全球服务贸易额为6.1万亿美元,在全球货物贸易中的比重已达到了27.2%。

其次,跨国金融交易急剧增加。1980年全球资本交易量仅为5万亿美元,1992年急剧上升到35万亿美元,2000年更是达到了80万亿美元。1999年年底,全球48个最大的股票交易市场的市场资本总额达31.7万亿美元,首次超过了世界国民生产总值,且超过世界商品和服务贸易的总值。国际投资也迅速增长,其增长速度比同期世界经济增长率高一个数量级。

最后,全球生产迅速一体化。跨国公司的投资遍布全球,在全球展开生产经营活动。1997年,跨国公司的海外直接投资及其他活动的发展,超过了世界各国国内生产总值(GDP)及贸易的增长速度,其海外子公司销售额的增长速度高于世界商品与服务贸易的出口速度。全球性生产系统的形成加强了全球经济的相互依赖,其影响已远远超过了国际贸易,改写了全球联系以国际贸易为主的历史。

1905年,第一家现代意义上的跨国公司诞生。瑞士人亨利·内斯特莱(Henri Nestle)创办的雀巢公司同英瑞浓缩奶公司合并,把厂房建到了英国、德国、西班牙和大洋彼岸的美国。将近100年之后,雀巢公司在全球已有509家工厂,雀巢的产品几乎遍布世界的各个角落。雀巢的发展史折射出跨国公司迅速发展的浪潮:从数量上看,1994年世界跨国公司大约有4万家,它们的国外分公司约有25万家。到1999年,全球跨国公司的总数已达6.3万家,共有国外分公司70万家,创造的GDP占世界的40%,贸易占世界的60%,对外直接投资占世界的90%。跨国公司追逐规模效益与分工效益,推动了投资和生产从国内区域间分工向国际分工发展,在实现了销售从国内市场向国际市场扩张后,借助通信及交通的发展和各国传统经济壁垒的逐渐消除,通过资本的全球流动实现了生产、研发等职能的全球布局。这样,跨国公司形成了全球配置资源、跨国协调生产与经营活动的格局。

经济全球化促进了人力、资本、商品、服务、技术和信息实现跨国界的流动,优化了各种生产要素和资源的配置。据预测,未来一家硅谷公司的情况将是:将研发外包、软件执行分包给不同组的工程师,零件承购由新加坡公司负责,产品在越南或中国组装,运送由联邦快递或优比速来进行,账务交由信用卡公司处理,广告则外包给智威汤逊(JWT)公司。类似的模式将在各行各业中不断出现,外包(Outsourcing)将成为经济全球化企业经营的主流。

现在,商店里的耐克运动鞋其实并不产于美国,而是由美国或其他地方的耐克研发中心设计,在中国、越南或泰国生产;一台联想电脑,其部件很可能来自美国、日本、中国和新加坡。一部苹果或华为手机,已经在某种意义上把世界各地的人们连在了一起。

让我们再次回到 WTO 的会议现场，伴随着雷鸣般的掌声，龙永图和他的同事们欢呼雀跃。就这样，中国与世界开始了一个新的征程。

2. 全球化

"全球化"这一概念有许多定义。美国学者认为，"全球化是商务超出本国范围的世界性趋势。全球化意味着整个世界经济趋向联为一体，企业可以在任何地区开展经营，与任何对手竞争，而不考虑国家界限"[1]。

由多国学者组成的里斯本小组（The Group of Lisbon）认为，全球化包括 7 个方面的内容，即金融与资本占有的全球化、市场与市场战略的全球化、技术和与其相联系的科研与开发以及知识的全球化（全球产业技术标准的日渐统一）、生活方式与消费模式以及文化生活的全球化、调控能力与政治控制的全球化、世界政治统一的全球化和观察与意识的全球化。

也许，我们可以把前一个定义看作狭义的全球化概念，而把后一个看作广义的全球化概念。一般认为，全球化的基础和主要内容是经济全球化。经济全球化指商品（包括服务）、信息和生产要素跨国流动，各国经济相互依存程度日益加深，世界经济越来越趋于一体化的过程和趋势。这是推动经济全球化的基本因素。需要指出的是，在全球化的概念中，人才流动的全球化以及人力资源管理与开发的国际化必须予以高度的关注。在经济全球化的概念中，虽然包含信息和生产要素跨国流动的内容，但显然并未特别地强调人力资源的重要性。

众所周知，全球化是与 IT 产业或知识经济的飞速发展连在一起的。IT 产业或知识经济又与人力资源的发展变化密不可分。可以说，没有人才流动的全球化以及人力资源管理与开发的国际化，就没有真正意义上的全球化。新经济竞争的制高点有两个：一个是技术标准——国际标准；一个是人才——国际人才。在新经济发展的过程中，最为重要的生产要素是人力资本。通过人力资本实现创新，是新经济发展的关键因素。由于特殊的条件，美国在制定标准方面具有领先的或得天独厚的优越地位。同时，美国在人力资本方面也具有领先的条件和优势，它在全世界挑选人才，并且网罗了许多优秀人才。所以，在新经济竞争中，美国占据了优势地位。我们研究全球化，研究国际人力资源管理，不能不注意新经济优势对全球化的影响。

---

[1] John B. Cullen, K. Parboteeah. Multinational Management: A Strategic Approach[M]. Thomson Higher Education, 1999.

二、国际人力资源管理

1. 国际管理

研究国际管理,我们要明确两个概念:一个是管理,一个是国际。

一般而言,管理的职能包括计划、组织、领导(指挥/协调)和控制等各个方面。这些职能运用于国际环境中,就成了国际管理活动。但是,事情并非如此简单。对于管理,它并不仅仅指的是职能;对于国际,它也并不只局限于地域范围。

首先看管理。管理学大师们对管理概念作了很多论述。从这些论述中,我们可以发现三个不同的视角。

(1) 管理是一个过程。

"管理是一个过程,通过它,大量互无关系的资源得以结合成为一个实现预定目标的总体。"(卡斯特)

"管理是一个社会过程,组织是一个社会系统。企业内权威必须存在,不可忽视来自侧面的协调力量。重视组织内人员的整体组合,重视对动态的管理过程中的调节作用。"(卡斯特)

"管理的含义随着时间的推移而有所变化,将来也将继续变化。"(唐纳利等)

(2) 管理是一套机制。

"管理,就是实行计划、组织、指挥、协调和控制。计划,就是探索未来,制定行动计划;组织,就是建立企业的物质和社会的双重结构;指挥,就是使人员发挥作用;协调,就是连接、联合、调和所有的活动及力量;控制,就是注意是否一切都按已制定的规章和下达的命令进行。"(法约尔)

"管理是指同别人一起,或通过别人使活动完成得更有效的过程。这里,过程的含义是管理者发挥的职能或从事的主要活动。这些职能可以概括地称为计划、组织、领导和控制。"[1]

管理有 5 个基本职能:计划、组织、人事、领导和控制。"对于管理的所有职能来说,平衡原则是普遍适用的。"(哈罗德·孔茨、西里尔·奥唐奈)

(3) 管理是一种文化。

"管理不只是一门学问,还应是一种文化,它有自己的价值观、信仰、工具和语

---

[1] [美]斯蒂芬·罗宾斯,[美]玛丽·库尔特.管理学(第15版)[M].刘刚等译.北京:中国人民大学出版社,2022:6.

言。"(德鲁克)

"管理不能脱离文化传统,也就是说,它是世界本质的一部分。管理是一种社会职能,因此,它既是社会发展的结果,又是文化发展的结果。"(德鲁克)

"管理是一种客观职能,它取决于任务,也取决于文化条件,从属于一定社会的价值观念和生活习惯。"(德鲁克)

"管理学对于一种社会的传统文化、价值信念和信仰的运用愈是充分,它的作用发挥就愈大。"(德鲁克)

上述三个不同的视角,共同构成了对管理概念的完整的表述。也就是说,管理不仅是一种文化、一套机制、一个过程,而且是一个"随着时间的推移而有所变化,将来也将继续变化"的过程。这从理论上说明,管理没有一成不变的标准和模式,而是一个不断整合与创新的进化过程。

其次看国际。国际作为一个地域概念,这是不言而喻的,也就是说,它可以超越国界,可以跨地区,可以面向全世界。但是,国际概念还包含国际化的概念,尤其是对管理而言,后者的含义更为重要。

《世界经济学大辞典》把国际化解释为:"不仅包括资本、劳动力、科学技术、信息、产品、服务等在全球范围的流动和合理配置,包括所有经济活动和经济关系在全球范围内的相互交织和融合,而且还包括思想文化在全球范围的广泛交流,包括政治制度、意识形态、文化艺术等在全球范围的沟通和相互影响。"从管理的角度来看,国际化是指生产经营活动超越国界,成为国际经济活动的一部分,以国际市场为舞台,在世界范围内从事研究、开发、生产、销售等经营活动,从地区性、传统型、封闭型的国内经营活动发展成为全球性、创新型、开放型跨国经营活动的过程。

全球华人竞争力基金会董事长石滋宜先生说,许多人常把国际化与全球化混为一谈,其实它们是不同的概念。国际化是跨国公司以各国为不同的市场,依据各个国家的情况作调整;全球化则是视全球为一个市场,依据各国的核心专长,选择最合适的地方来制造。这样一来,产品不仅质优,制造成本也大幅降低。趋势预测家托弗勒曾预测,全球化的趋势会因为民族主义及分离主义意识高涨而延缓。但是,全球化的脚步不会停歇,并且步伐将会越跨越大[①]。

由于管理总是与人相结合,人们对管理的认识又深深地影响着管理实践。所以,国际化管理或管理的国际化总是处于一个不断进化的过程。

德鲁克曾说:"各大国的管理学不尽相同,它受到本国传统的强大影响:美国

[①] 石滋宜."全球化"胜"国际化"[N].粤港信息报,2002-6-10.

的竞争对手关系的传统；欧洲的重商主义的传统；日本的家族传统；英国的俱乐部传统……"

管理概念是否具有跨越国界的可转移性？罗宾斯认为，欧美的管理概念适用于绝大多数讲英语的国家，但是在印度、中国、智利等东方及发展中国家则必须修正[①]。

管理学的发展进程，印证了管理学家们的上述论断。

现代管理学于19世纪末20世纪初在欧美产生、形成和发展，对于推动西方的工业化、现代化发挥了不可估量的巨大作用。传到东方以后，它与东方的文化传统相结合，在亚洲移植、落地。迄今为止，管理学在亚洲移植经历了5个阶段（见表1-1）：翻译输入阶段（进口学问）—传播套用阶段（囫囵吞枣）—验证疑问阶段（两张皮时代）—概念探索阶段（提出新概念）—独创理论阶段（提出新理论）。

第1个阶段，翻译输入阶段（进口学问）：输入、启蒙，言必称欧美，具有崇拜性，表现为注重翻译与演讲。

第2个阶段，传播套用阶段（囫囵吞枣）：吞食、消化、学科独立，逐渐形成体系，开始具有指导性，表现为注重调查与咨询。

第3个阶段，验证疑问阶段（两张皮时代）：出现渗透与摩擦并存，开始关注共同研究，表现为注重研究式咨询。

第4个阶段，概念探索阶段（提出新概念）：发掘现场理论，重视本国传统。

第5个阶段，独创理论阶段（提出新理论）：由重视整体到强调个体，本土化理论的国际性。

表1-1　管理学在亚洲移植5阶段

阶　段	表　述	特　征	方　式	例　证
第1个阶段	翻译输入阶段（进口学问）	输入、启蒙，言必称欧美，崇拜性	翻译与演讲	书店中管理学图书的比较
第2个阶段	传播套用阶段（囫囵吞枣）	吞食、消化、学科独立，形成体系，指导性	调查与咨询	咨询业的兴起与小咨询公司的活跃
第3个阶段	验证疑问阶段（两张皮时代）	共同研究	研究式咨询	大学管理学院与咨询公司的分流

---

① [美]斯蒂芬·罗宾斯，[美]玛丽·库尔特.管理学（第15版）[M].刘刚等译.北京：中国人民大学出版社，2022：14-15.

续表

阶段	表述	特征	方式	例证
第4个阶段	概念探索阶段(提出新概念)	发掘现场理论,重视本国传统	企业专题研究的兴盛;在国际上出现亚洲管理研究热	日本—东南亚—中国
第5个阶段	独创理论阶段(提出新理论)	由重视整体到强调个体,本土化理论的国际性	具有世界意义的本国管理学理论与管理学家的出现	日本的野中裕次郎教授的知识创造企业理论;中国未来的管理学诺贝尔奖

在引进西方管理理论较早的日本,其发展的具体进程正如日本著名的管理学家金井寿宏教授所描述的那样(参见图1-1)。

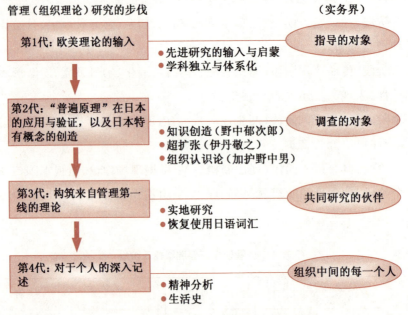

图1-1 日本管理(组织理论)研究的进化过程

资料来源:[日]金井壽宏.組織変革のビジョン[M].东京:光文社,2004.

有一点我们不能忘记,那就是德鲁克所指出的,"日本的管理并没有西方化,它吸取了管理学思想,拼命抓住工具和技术,时时都在侧耳细听。但日本在使用管理学及其概念、工具和技术时都保留着日本的风格"。管理技术与管理文化的融合引导管理国际化,一直是日本努力解决的管理课题,但是并不成功。尽管如此,日本管理在迈向国际化的道路上还是进步了不少。

所以,世界上并无一种通用的管理模式,尽管它们在互相碰撞、学习、借鉴和融合。关于这个问题,本书第二章及其他章节将展开论述。

2. 国际人力资源管理

关于国际人力资源管理的内涵,与管理和国际管理的概念一样,迄今没有一个统一的定义。

美国学者约翰·伊凡瑟维奇(John Ivancevich,1999)认为,国际人力资源管理是国际化组织中人员管理的原则和实践。

约翰·B.库伦(John B. Cullen,2000)认为,当将人力资源管理的功能应用于国际环境时,就变成了国际人力资源管理。

摩根(P.Morgan,1986)认为,国际人力资源管理是处在人力资源活动、员工类型和企业经营所在国类型这三个维度之中的互动组合。

赵曙明(2001)指出,区分国内人力资源管理和国际人力资源管理的关键变量是后者在若干不同国家经营并招募不同国籍的员工所涉及的复杂性。

我们认为,国际人力资源管理的定义与研究的视角密切相关。现有的定义,严格地说只是跨国公司人力资源管理的定义。在此首先要对"国际"或"国际化"一词的内涵和外延进行界定;其次要对研究目的进行明确;最后要对各种研究视角或研究方法进行比较。

(1)"国际"或"国际化"一词的内涵和外延。这要比较 International, Internationalization, Multinational Corporation, Global, Globalization 或其他词语之间的异同,然后对"国际"或"国际化"一词的内涵和外延进行界定。

研究国际化大概沿袭了这样一种发展道路,即首先是第二次世界大战后,特别是 20 世纪 60 年代以来,跨国公司迅速发展,理论界开始对跨国公司进行大量的研究。企业国际化是 20 世纪 70 年代中期以后国际商务(International Business)研究领域的重要课题之一。它主要研究一个国内企业怎样发展为一家跨国公司。它包括企业的人、财、物以及行业、战略、组织架构匹配等一系列问题。具体研究的重点包括:① 企业国际化道路的选择;② 外国市场进入方式比较;③ 国际化经营战略。

对于企业的国际化,主要有四种不同的理解[①]。

- 企业国际化是企业由国内市场向国际市场发展的渐进演变过程。20 世纪 70 年代中期,一批北欧学者(Carlson,1975;Forsgern & Johanson,1975;Johanson & Wiedersheim-paul,1975;Johanson & Vahlne,1977)以企业行

---

① 鲁桐.WTO 与中国企业国际化[M].北京:中共中央党校出版社,2000.

为理论研究方法为基础,提出了企业国际化阶段理论。也有学者称之为"优泼萨拉国际化模型"(Uppsala Internationalization Model,U-M)。该模型认为,企业国际化应该被视为一个发展过程,这一发展过程表现为企业对外国市场逐渐提高承诺(Incremental Commitment)的连续(Sequential)形式。

- 企业国际化是企业有意识地追逐国际市场的行为体现。麻省理工学院国际商务学教授理查德·罗宾逊(Richard D. Robinson)在其著作《企业国际化导论》中提出:"国际化的过程就是在产品及生产要素流动性逐渐增大的过程中,企业对市场国际化而不是对某一特定的国家市场所做出的反应。"
- 企业国际化是指企业的跨国经营活动。英国国际商务学教授斯蒂芬·扬(Stephen Young)等在《国际市场进入与发展》一书中指出,企业国际化是"企业进行跨国经营的所有方式"。这些活动包括产品出口、直接投资、技术许可、管理合同、交钥匙工程①、国际分包生产、特许经营等。
- 企业国际化是指企业走向世界的过程。梁能在《国际商务》中认为:"企业走向世界的过程可以从两方面来讨论:其一是企业经营的国际化,也就是企业产销活动的范围怎样从一国走向世界的问题;其二是企业自身的国际化,也就是一个原先土生土长的地方性企业,如何向跨国企业演变发展的问题。"

由上可见,企业国际化是指企业积极参与国际分工,由国内企业发展为跨国公司的过程。从广义上说,国际化是一个双向过程,它包括外向国际化(Outward)和内向国际化(Inward)两个方面。

人们对跨国公司概念的理解也有很大差别。第一种观点强调跨国公司具有企业经营活动超越母国的行为特征。利伦萨(David E. Lilenthal)认为,跨国公司是以一国为基地,同时也在其他国家的法律和习惯下进行生产活动的公司。第二种观点强调企业在他国拥有或控制资产。邓宁认为,跨国公司简单地说就是在一个以上的国家拥有或控制生产设备(如工厂、矿山、炼油厂、分配机构、办事处等)的企业。第三种观点主要从股权所有、管理权控制等方面规定跨国公司。梅森劳基(J.Maisonrouge)认为:"跨国公司的第一个标准就是在许多国家从事经营,第二个标准是它在哪些国家从事研究、发展和制造,第三个标准是管理必须是多国性的,第四个标准是股票所有权必须是多国性的。"第四种观点认为,企业的海外资产或经营超过一定比重以后,才可称作跨国公司。美国哈佛大学教授维农(Vernon)认为:"跨国公司是指控制着一大群在不

---

① 交钥匙工程是国际商务方式之一。跨国公司为东道国建造工厂或其他工程项目,一旦设计与建造工程完成,包括设备安装、试车及初步操作顺利运转后,即将该工厂或项目所有权和管理权的"钥匙"依合同完整地"交"给对方,由对方开始经营。

同国家的公司的总公司。拥有一大群公司的这类公司能使用一个共同的人力和财力资源,而且似乎是根据一个共同的战略行事。"罗尔夫(S. E. Rolfe)把跨国公司表述为:"有25%或者更多的国外业务份额的一个公司;'国外份额'是指国外销售、投资、生产或雇用人数的比例。"加拿大政府在1972年给跨国公司的定义是:"多国公司是海外直接投资的实体,它跨越几个国家的经济(至少是4国或5国)而存在,它将具有世界规模的活动分散给几个不同的国家,以此来实现企业的综合目标。"

联合国在1986年制定的《跨国公司行为守则》中对跨国公司的定义是,"本守则中使用的跨国公司一词系指由两个或更多国家的实体所组成的公营、私营或混合所有制企业,不论此等实体的法律形式和活动领域如何;该企业在一个决策体系下运营,通过一个或一个以上的决策中心得以具有吻合的政策和共同的战略;该企业中各个实体通过所有权或其他方式结合在一起,从而其中一个或更多的实体得以对其他实体的活动施行有效的影响,特别是与别的实体分享知识、资源和责任"。

对跨国公司应进行质和量两方面的规定,跨国公司应有如下的性质和特征:
- 它必须是在一国以上拥有或控制资产,并从事价值增值活动的企业,即母公司控制下的多国经营实体;
- 组成这种企业集团的各个企业之间,在人员和资金方面拥有统一的核算体制;
- 企业应具有全球性的经营战略;
- 企业的海外资产和海外收益已达到相当的规模。

总之,企业国际化与国际化的企业或跨国公司是既相互联系又有明显区别的概念。前者是指企业走向世界的发展过程,跨国公司则是企业国际化的结果。

(2) 要对研究目的进行明确。人力资源管理国际化的直接原因,在于国际直接投资的迅速增长,过去二十年间国际直接投资(FDI)的迅速增长是世界经济的主要潮流之一。经济全球化使许多企业的经营规模扩大到国际范围,同时也使国际人力资源管理的研究成为20世纪80年代以来人力资源管理的重要创新领域。

随着经济全球化与管理国际化的发展,各国之间以及各个国家企业之间彼此学习与借鉴的愿望日益强烈,尤其是在人力资源管理领域。由于人力资源管理具有强烈的文化特质,也就是人性化与个性化的特点,所以,任何一个国家的人力资源管理制度或方法都不能直接在另一国照搬照套,这就需要相互比较和借鉴,需要取长补短。

所以,国际人力资源管理的目的包含三方面的内容。

① 作为管理学的一个分支,国际人力资源管理必须从理论上给予一般人力资源管理以补充和丰富,打通各个不同国家、各种不同制度或文化背景下的人力资源管理

之间的隔阂与分离,实现全球化条件下人力资源管理信息的共享和价值理念与操作技术的相互融合与促进。

② 作为一门应用性学科,国际人力资源管理在实践上需要帮助企业管理者在跨国经营的条件下克服异质文化的冲突,在不同文化、不同价值观的背景下实现国际人力资源的有效管理,通过在不同的情形中设计出切实可行的组织结构和人力资源管理机制,最合理地配置国际人力资源,最大限度地挖掘和利用国际人力资源潜能,实现全球化条件下企业管理综合效益的最大化。

(3) 要对国际人力资源管理的研究视角或研究方法进行比较。关于这个问题,将在本书第二章进行详细的考察和分析。

三、中国企业的挑战与课题

1. 数据与案例

1979年11月,北京市友谊商业服务总公司与东京丸一商事公司合资在东京设立京和股份公司,成为中国对外投资创立的第一家合资企业。

随着对外开放的不断扩大,中国的对外投资从无到有,从小到大,已有相当大的发展。截至1999年年底,中国已在130多个国家和地区建立跨国企业,境外投资企业累计达5 976家,中方投资金额为70.1亿美元。2000年,我国外经贸部批准和备案的境外企业为320家,协议投资总额为8.05亿美元,中方协议投资额为6.22亿美元。

与此同时,全球已有6.3万家跨国公司,拥有69万家海外分支机构,对外直接投资金额达4.4万亿美元。我国占全球的比重分别约为0.87%和0.16%。中国境外投资总额尚不到中国当年国民生产总值的2%,海外企业平均投资额不足110万美元,大大低于发达国家平均600万美元的投资水平,也低于发展中国家平均450万美元的水平。

目前,中国企业跨国经营的主体主要分为四类:一是外贸专业公司和大型贸易集团;二是生产性企业或企业集团;三是大型金融保险、多功能服务公司;四是中小型企业。

外贸专业公司和大型贸易集团,主要包括中央政府和各级地方政府直属的外贸专业公司和大型贸易集团,如中国化工进出口总公司、中国粮油进出口总公司、中国电子进出口总公司、中国机械设备进出口总公司、中国技术进出口总公司、中国轻工业品进出口总公司等。这些贸易大公司的优势是长期从事进出口贸易,逐渐形成了具有一定规模的海外市场网络,掌握熟练的营销技巧,有灵通的信息系统、稳定的业务渠道,融资便利,是中国企业海外经营的先锋和主力。

生产性企业或企业集团,如首钢集团、海尔集团、TCL集团、深圳中兴通讯公司、联想集团、华为技术公司、广东科龙电器股份有限公司、赛格集团、春兰集团、康佳股份公司、广东格兰仕集团等著名企业。这些大型生产性企业从事跨国经营的优势是:有外贸经营权,有相对成熟的生产技术和一定的研究与开发能力,在国内有庞大的生产基地和销售网络。由于它们在资金、技术、人才、市场、管理等方面有明显的竞争优势,因而海外经营起步虽晚,但正以较快的发展速度向海外扩张。

大型金融保险、多功能服务公司,包括中国银行等五大专业银行、中国人民保险公司、中国远洋运输集团公司、中国建筑工程总公司、中国土木工程公司、中国水利电力公司等。这些公司资金雄厚,提供专业化服务,有良好的信誉,经营规模较大。

中小型企业主要包括乡镇企业、国有或集体所有制中小企业。这些企业数量多,投资规模小,经营品种单一。

总体上看,目前我国企业在境外投资,多元化程度低、规模小、资金薄弱、人才缺乏、管理水平低,开拓能力和竞争能力都比较弱,步子迈得不大,许多海外投资企业还称不上是真正意义上的跨国企业。尽管如此,改革开放四十多年来,经过多年的探索,国内一批大中型国有企业和民营企业在努力实行"引进来"的同时,也在尝试着"走出去"的战略,在跨国经营中迅速成长,涌现了一批充满锐气和巨大前景的跨国公司,如海尔集团、TCL集团、华为公司、深圳中兴通讯、联想集团、首钢集团公司、中国银行、中国化工进出口总公司、中国国际信托投资公司等。这些企业注重全球战略投资,注重产品的质量、品牌效应和企业形象的树立,以抢滩国际市场为目标,不计较一时之得失,在激烈的国际竞争中迅速成长、壮大。

【案例讨论】

中美贸易摩擦中的人才对战

作为2008年全球金融危机后经济停滞的一个重要副产品,"逆全球化"正在以一种越来越不容忽视的姿态登上世界舞台,而英国脱欧与中美贸易摩擦无疑成为这一浪潮中的标志性事件。中美贸易摩擦的核心,其实是人才大战。中国和美国为了各自所坚持的全球化和"逆全球化"而实行的人才政策,以及中国企业和外国企业所实行的人才措施,展现了全球化与"逆全球化"的相互联系与对立性。

一、美国的人才策略

中美贸易摩擦表面上看是货物关税之争,核心是人才之争。从2017年年底以来，美国对于高学历高科技人才的经费、签证、交流政策进行了密集的调整，逐步加强对高新技术人才的"出口管制"。其具体措施包括以下5项。

1. 签证紧缩政策

2017年12月18日，美国政府发布《国家安全战略报告》(National Security Strategy)，该报告指出，美国每年因为知识产权被侵犯而损失数十亿美元，为了防范"经济盗窃"，美国政府提出一项紧缩签证政策，重新审核签证程序。签证紧缩政策主要针对来自特定国家的STEM类学生[即科学(science)、技术(technology)、工程(engineering)、数学(mathematics)]。从2018年6月11日起，美国正式将部分中国留学生的学生签证有效期由5年缩短至1年，显然，文件中来自特定国家的学生主要是指来自中国的留学生。此外，美国移民局还加大了在美逾期不归的处罚力度。外国留学生、访问学者及其家属一旦非法居留时间超过180天，将面临3年或10年不得入境的惩罚。

2. 限制人才交流与合作

美国制定了一系列的规则和制度来限制全球化过程中的人才交流，主要分为高等院校学生交换项目、学者访问交流项目、研究经费限制等方面。

(1) 限制高校间的人才交流与合作。2018年9月，共和党国会众议员弗朗西斯·鲁尼(Francis Rooney)和参议员泰德·克鲁兹(Ted Cruz)提出了阻止高等教育间谍和盗窃活动的法案，主要是为了打击外国情报机关利用高校交换项目盗取技术、招揽情报人员以及政治宣传。这两位议员还认为中国正在利用美国高校开放的研究和发展环境盗取美国技术，而且通过孔子学院"干预高校课程、打压批评中国的言论以及盗取知识产权"。

(2) 限制中国学者赴美交流。2018年9月，《财经》记者获得的一份美国德州理工大学声明称，美国国会正在对参与"中国海外高层人才引进美国"的教师实施制裁，该校也因此撤回了一份对中国客座教授访问的邀请。中国赴美交流学者的限制越来越严，而且限制范围也不再局限于高科技领域，甚至蔓延并影响到其他学科学者的正常交流。

(3) 限制研究经费。2018年8月13日，特朗普签署了参议院、众议院通过的《2019财政年度国防授权法案》，这是一部美国联邦法律，规定了美国国防部在2019年的预算、支出及政策。其中的第1283节为："终止与外国人才计划有关的学术研究经费的认证和授权"，允许国防部终止向参与中国、伊朗、朝鲜或俄罗斯的人才计划的个人提供资金和其他奖励。"某些国防部研究经费的申请人需要提供有关他们是否参加或正在参加外国人才或专家招聘计划的信息。如果此类资金的申请人或收件人无法提供所需的证明,国防部将有权终止部门资金的授予。"

3. 加大对华裔科学家的限制

2018年6月,美国白宫加大了对华裔科学家的限制力度。美方曾以不同的罪名拘捕多名华裔科学家,包括美国通用电气公司(GE)主任工程师郑小清、美国弗吉尼亚理工大学教授张以恒、美国气象专家王春在、机器人与自动化专家席宁等。此外,原北京大学生命科学学院院长饶毅赴美开会被美方拒签。这些人都名列"千人计划"名单。

4. 限制企业的交流与合作

美方称,"如果不采取措施,中国企业就会越来越强大,在10—15年内挑战我们的企业"。对于中美企业之间的非正式合作,美国政府可能会启用《国际紧急经济权限法案》(International Emergency Economic Powers Act),让美国政府机构能插手其传统监管范围之外的事项,限制中美企业在"敏感技术"上的非正式合作。

为了防止中国企业通过投资美国科技企业来获得高新技术,2018年8月,美国的《外国投资风险评估现代化法案》(FIRRMA)正式生效,该法案扩大了美国外国投资审查委员会(CFIUS)的审批权限,其中包括涉及关键技术的投资要受到CFIUS的审查,关键技术的范围从"对美国国家安全必不可少或重要的科学技术"扩展到"新型基础技术",比如人工智能、机器学习、虚拟现实技术、自动驾驶技术、机器人技术、大数据、机器自动化、高级电池技术。

5. 对中国企业实施"断供"禁令

2018年4月,美国采取一项措施,禁止移动运营商使用联邦补贴购买中国企业(这其中就有华为科技有限公司和中兴通讯公司)生产的任何电信设备。

2019年1月29日,美国司法部宣布对华为提出23项刑事诉讼,并将向加拿大提出引渡华为副董事长、首席财务官的请求,在全球范围内打压华为持续升级。日本、韩国、英国、澳大利亚、新西兰等国纷纷宣布限制华为为其提供5G网络建设。

2019年5月16日,华为被美国商务部工业与安全局列入其Entity List(实体清单),其法律依据是美国《出口管理条例》。随后,美国各大半导体公司接到美国政府通知,停止对华为供货,此事件对通信行业造成较大冲击。

5月20日,路透社称,谷歌决定暂停与华为的部分合作。5月23日,BBC称,ARM的内部文件显示,ARM要求其员工停止与华为及其子公司的"所有有效合同、支持权利和任何未决的约定"。另据媒体报道,高通、英特尔、赛灵思、博通等厂商也正在准备遵守禁令暂停与华为的业务往来。

禁令的影响不仅体现在供应端,甚至波及华为的产品销售。微软网上商城和百思买购物网站已下架华为的数码产品,而在美国之外,日本的三大运营商推迟华为P30系列手机的上市,沃达丰也暂停在英国的华为5G手机预订……芯片、安卓系统、ARM架构,将华为推向了风口浪尖。

二、中国的人才策略

在中美贸易摩擦中,特朗普政府颁布的种种政策本质上是回归孤立主义、排外主义、保守主义、保护主义。中国作为全球化的中坚力量,竭力捍卫全球化的成果,为全球化的推进提供中国方案,对"逆全球化"给予了有力的回击。这就是中国新的战略机遇。

1. 加大签证宽松政策——10年签证

对于美国政府的施压,我国政府不断加大力度引进海归人才和外籍专家学者。在美国实行签证紧缩政策限制华人时,中国宣布对愿意回到中国工作的华人高级人才开放10年的签证。据统计,在2017年11月申请回国的华人是2016年的两倍。

自2018年1月1日起,《外国人才签证制度》正式实施,北京、广东、河北等9个省市成为首批试点省市。经省(自治区、直辖市)外专局确认符合条件的外国人才,将可获发5年或10年有效、多次入境、每次停留180天的人才签证(R签证)。这更是促进了大批海外高端人才前来中国工作。

2. 加大对科研人才的培养和经费支持

在这场人才争夺战中,我国政府也加大了对科研人才的培养力度。一方面,加大科研经费的投入力度。国家统计局、科学技术部和财政部联合发布的《2017年全国科技经费投入统计公报》显示,2017年全国科研经费高达1.76万亿元,位列世界第二。另一方面,实施各项人才培养和吸引计划。从国家(包括中组部、教育部、科技部等部门)设立的各项人才计划到各城市接连出台的一系列人才引进政策,无一不在显示对人才的重视。

3. 加快实现"中国制造—中国智造"的转变

2017年3月5日,李克强总理在全国"两会"上做政府工作报告时提出,要深入实施《中国制造2025》,加快大数据、云计算、物联网应用,以新技术、新业态、新模式推动传统产业生产、管理和营销模式变革,推动中国制造向中国智造、中国创造转变。

国家也给予高端制造业一大波政策,针对制造业营造出了"产业转型升级,鼓励创新创业"的强烈气氛。2016年12月,工业和信息化部、财政部联合印发了《智能制造发展规划(2016—2020年)》;2017年1月,国务院发布《关于扩大对外开放积极利用外资若干措施的通知》;2018年6月10日,国务院印发了《积极有效利用外资推动经济高质量发展若干措施》。这些政策均鼓励企业将目光转向高端制造、智能制造、绿色制造等制造领域和高新技术领域。

4. 企业大力培养核心人才,积极引进国外人才

在国家推出各项政策的同时,我国的高端制造业企业也大力培养和引进高端人才。一方面,采用相当有竞争力的薪酬吸引、激励和保留高端关键人才。比如在抢占人工智能领域人才方面,百度曾提出若美国科学家愿意前往中国百度从事人工智能研究,百度愿意多付15%的工资。另一方面,自主培养核心人才。以华为为例,通过与高校合作开展华为ICT学院项目,持续推动高校的课程内容与教学方式改革、产学合作协同培育面向未来的产业急需人才。

对于所有国家而言,经济全球化都是一把双刃剑,利弊兼而有之。"逆全球化"揭示的问题应该引起国内、国际的高度重视,在推动经济全球化的同时,还应关注和矫正其他方面的失衡和偏差。"逆全球化"促使人们对今天的制度和政策进行反省,去努力解决已经出现和可能出现的种种矛盾和冲突,探索新的、更好的发展模式。

"逆全球化"与全球化并非完全对立的两个极端,也不是"二选一"的选项。我们必须加强对"逆全球化"趋势的全方位研究,注意从反经济全球化的抗议浪潮中倾听合理的呼声和有益建议,科学冷静地看待"逆全球化"现象。同时也应看到"逆全球化"带来的挑战与机遇。当前,全球政治格局经济格局正处于前所未有的新调整期,其间发生的冲突与博弈正是这一变化的突出表现。对于积极倡导全球化、主张构建"包容性"发展的中国而言,无疑是一次重大挑战,但也是一次历史性机遇。中国有望成为新一轮经济全球化的积极推动者和实践者,以全球价值链重塑为契机,全面提升国家的产业结构竞争力。

思考题:

如何看待逆全球化过程中的人才大战?中国应该如何化危为机?

(资料来源:综合热点新闻网络资料整理而成,林新奇教授《国际人力资源管理》研究生课程班硕士生武肖肖同学做出了贡献。)

2. 考察与分析

从总体上看,我国企业的跨国经营和国际化管理仍处于起步阶段。这除了与中国经济实力在世界经济格局中所占的分量有关外,与中国企业的管理水平特别是管理的国际化水平有很大的关系。

在中国,虽然管理理论的发展堪称古老,但其实际上又很幼稚。说它古老,是因为中国管理理论具有悠久的传统,至今已经有数千年的历史了。但是,中国传统的管理理论历来以政治管理为中心,重视对人的管理,把管理视为艺术,并未形成一门科学。进入当代,管理仍然停留在传统的阴影之中,以致有人质疑中国是否有真正的企业。至于计划经济不需要现代管理学则是众所周知的事实。在当今浮躁的现实面前,中国管理以及管理学的幼稚化更是难以避免。从主流企业看,可以断定中国的管理学目前正在经历着"传播套用阶段",而在某些地方中国管理已经进入了"两张皮时代",如此而已。

关于中国管理目前所处的位置,可以通过一个案例来说明,那就是国际竞争力排行榜。

由瑞士洛桑国际管理学院(IMD)所做的国际竞争力评价指标,是世界上比较权威的国际竞争力评判之一,每年公布一次,受到各国政府的关注。IMD近几年采用的评判标准是经济表现、政府效能、企业效益和国家基础结构4个维度,共300多项指标。2022年,评判的国家和地区包括美国、中国、丹麦、芬兰、日本、新加坡等61个主要国家和地区。

根据国际竞争力排行榜,中国的国际竞争力在世界排名情况是:1998年为第24位,1999年为第29位,2000年为第31位,2001年为第33位,2003年为第44位,2005年为第49位,2007年为第34位,2009年为第29位,2011年为第26位,2013年为第21位,2014年为第23位,2015年为第28位,2017年为第31位,2020年为第20位,2022年为第17位。可见,这一排名在1998—2005年有所下降,且降幅较大;2005—2017年以后稳中有升,且升幅有限;2017年以后大幅上升,略微波动。

2022年,中国国际竞争力总体排名居世界第17位。其中,在经济表现方面,近20年来,中国大陆的经济表现总体稳定在参评经济体中的前5名;在政府效能方面,在过去的十多年间,中国大陆在政府效能上排名呈现总体上升的趋势,2022年度排名为第29位;在商业效率方面,2012—2020年间,中国大陆在该分项上的排序提升了17个位次,2022年度排第15位;在软硬件设施建设方面,2012—2022年间,中国大陆在该分项的排序提升了8个位次,年度排名位第21位。

中国加入 WTO 后,逐渐成为世界制造业和产品出口的重要基地。随着中国经济的发展,中国的管理开始融入国际化的时代潮流。不可否认,在改革开放以来的四十多年中,中国的管理水平有了很大的提高。但是,这种提高是很初步的。从国际竞争力角度而言,中国的管理水平需要深刻地革新,无论从管理机制上还是从文化上,都需要全面、系统地改革。所有这些恰恰表明,中国管理正处在一个急剧整合与提升的进化过程之中。

随着经济全球化的发展和中国加入 WTO,管理国际化或国际化管理已经成为许多学者和企业家的流行用语。其中,有三个观点值得注意。

其一,认为只要引进了国际管理模式(包括制度、程序、方法、技术等)就是管理国际化了。比如,华为公司以 IBM 为蓝本,提出"先僵化,再固化,后优化"的管理国际化战略,全面引进国际先进管理模式。有很多企业忙于高价请外国管理咨询公司做诊断,今天说用了一个流程再造,明天说用了一个全面质量管理或什么新的管理方法,以为这样一来自己的管理就是国际化的了。

其二,认为管理的国际化不是管理模式的国际化,而是人的国际化。张瑞敏说:"我们认为管理的国际化不是一个管理模式,而是人,是人的国际化"。人的国际化是什么呢?张瑞敏认为主要有三条:把人变成企业有价值的资产,使人能够成为创新的资源;员工的创新是企业最有价值的资产;管理的本质不在于控制员工的行为,而在于给员工提供创新的空间。此外,"企业每一个人应该在开放的系统中创新"[①]。

其三,认为只要模仿美国企业去做管理,那就是管理国际化。于是,中国的管理学界有一个时期热衷于推销美国的管理学著作和案例,照搬美国式跨国企业管理的经验和做法,快速地引进美国式的 MBA 制度和方法,以致出现了美国式管理理论与中国式管理实践既相互吸引又相互摩擦和排斥的所谓"两张皮"现象。

上述种种观点和做法都有其道理,但也都有片面性。比如,管理模式并未存在一种国际标准模式;相反,国际上流行的管理模式数不胜数,而且每天都在变,每年都在流行。你用了一个先进国家或企业的某一种管理模式,那只是一种手段,并不说明你的管理就变成国际化了。但是,若把管理国际化认定为人的国际化,完全摆脱了对先进管理模式和制度的引进与借鉴,那也容易走向另一个极端,就是回到了一种过于灵活和抽象的境地。

---

① 新华网.海尔创业 35 周年纪念日 开启生态品牌战略阶段[EB/OL].https://baijiahao.baidu.com/s?id=1654035033363214420&wfr=spider&for=pc,2019-12-27.

其实，与其说管理的国际化是一种管理模式的引进和消化，或是一种文化的开放和融合，即人的国际化，毋宁说是一个有关管理的不断整合提升与动态的进化过程[①]。

国际上对于跨国管理和管理国际化的研究很多。对于企业所处的事业领域的分析有一个模型，被称为国际化潜力（Globalization Potential）研究模型。该模型研究的重点主要在国家层面和行业层面，但以行业分析为主。研究结果表明，某一行业国际化潜力的特点在很大程度上决定了行业中企业竞争的地域范围，即如果一个行业或者行业的一个细分部分具有国际化潜力，就意味着该行业是一个全球化的行业，其竞争的范围也会是全球性的。

在行业国际化潜力的分析方面，较有影响力的分析模型还有美国麻省理工学院斯隆商学院教授唐纳德·莱萨德（Donald Lessard）提出的"四要素驱动模型"。该模型显示，有四种主要驱动因素促使一个行业趋向国际化，这四种驱动因素分别是市场的类似性、规模经济、国家管制以及国家的比较优势或企业的竞争优势。据研究，国际化给企业带来的真正压力可以从两个方面来理解，即国际化压力的来源和国际化压力的强度。

所谓国际化压力的来源，是指在开放的条件下，究竟什么样的因素会形成国际化的压力。国际化压力的强度是指，由于行业或企业的特点不同，其所面临的国际化的压力也可能不同。只有切实地理解了压力的来源，企业才能判别是否真正面临压力；只有深入地了解压力的强度，才有助于理解竞争的性质和有效地应对战略的选择。

与跨国公司大举进入中国并已打开局面相比，中国企业国际化的进程却举步维艰。许多企业仅仅将国际化停留在嘴边，表面上意识到国际化的压力，但由于企业的实际运作并没有受到现实的冲击，因而也没有切实去寻求应对战略，这说明实质上他们对国际化压力的理解还是非常模糊的。

在对国际化压力理解模糊的企业中，有相当一部分是目前在国内已占有一定市场份额的本地企业。此外，还有一部分企业虽然已忙于寻找并购对象，期望通过扩大规模、增强实力来应对未来的挑战，但当被问及国际化对企业的真实压力所在以及是否有针对性的战略考虑时，相当一部分企业仍然感到茫然。

从人力资源管理的角度来看，中国的人力资源尽管相对丰富，但是人才特别是具有国际性视野的高级管理人才却不多。中国人力资源有一个致命的弊端，就是由于传统的教育体制，专业分割得非常厉害。工程师的知识集中在非常狭窄的科技领域，

---

① 林新奇.管理国际化及在亚洲移植五阶段说[J].当代财经，2003(11).

由于这种职业的偏好,使得他们更有兴趣做一些体现技术水平高的工程项目,而对主流经济存在的特点以及对主流经济进行体制改革的要求似乎不重视,也不理解,这就导致了技术与市场需要"两层皮"的现象。

北京大学国际 MBA 与世界最大的猎头公司之一光辉国际(Kom／Ferry International)曾联合举行《中国企业领袖调查》结果发布会。该调查是针对中国企业的 150 名首席执行官和企业高层管理人员进行的,被调查对象来自高科技、金融、工业、消费品等行业,涉及多种所有制企业的董事长、总裁。

该调查得出的八大结论如下:
- 当今中国极度缺乏具有全球视野的职业经理人;
- 中国企业亟须建立专业化人才发展计划和工作表现评估系统,以此来培养未来发展所需的企业领袖;
- 85％的被调查对象认为 CEO 的首要职责是为企业制定经营战略;
- 市场营销被公认为通向 CEO 的最佳途径;
- 90％的企业认为其今后三年不具备足够的管理人才储备以应对加入 WTO 后的机遇和挑战;
- 加入 WTO 给中国企业带来的机遇大于挑战;
- 中国企业现在面临高层管理人才的短缺和现存管理人才流失的双重危机;
- 中国企业现状对企业 CEO、人力资源部、商学院等管理人才培养机构和人力资源咨询公司提供了商机和挑战。

在这种特殊的背景下,中国非常需要产生一批具有国际化管理能力和创新精神的企业家。这些企业家对市场了解,对技术也理解,把两者的行为可以对接起来。企业家必须产生于好的公司治理结构的基础之上,目前,许多企业的治理结构无论从理论、政策和实践来说,都处于初级的发展阶段。

我国的多数跨国投资企业,一般从自己企业选派经营管理人员,有不少管理人员不具备跨国经营应具有的素质,缺乏国际化经营管理知识,不懂国际贸易惯例与法律法规。可以说,高素质人才匮乏是我国扩大跨国经营规模、提高跨国经营水平的最主要制约因素。发展跨国经营不仅需要金融人才、法律人才、财务人才、技术人才、广告人才,更需要有战略头脑、懂现代企业管理、懂国际营销的一批跨国经理阶层。我国应该借鉴西方国家的经验,跨国公司境外投资普遍采用人员本土化战略。公司把少量管理人员派往东道国,多数雇用当地人来管理和经营。这些派出的少量管理人员必须是高素质的复合型人才,除了精通外语外,还必须懂经济和法律、懂技术、懂管理。要发展跨国经营,必须重视和加强对跨国人才的培养。可以通过送往国外培训、高薪聘请国外专家以及吸收高校、海外学子等多种渠道来广泛吸纳高素质的复合型人才,也可以建立人才储备库,采取有效的措施留住现有的人才,充分发挥国内人才在跨国经营中的作用。同时,也要善于利用东道国的人才资源,从而更好地适应东道国的情况。

第二节　人力资源管理的发展趋势和特点

一、人力资源管理的发展历程及其阶段划分

管理可以区分为对人的管理和对人以外的事物的管理两个方面。对人的管理又影响和制约着对人以外的事物的管理。所以,对人的管理一直是管理的核心。

自从有人类以来,就开始有了管理,有了对人的管理。在管理学上,一般把管理的发展进程划分为经验管理、科学管理、人本管理和文化管理(或知识管理)四个阶段。这四个发展阶段的划分,其实是以对人的管理的种种变化为划分的标准和依据的。所以,对管理发展的四个阶段的概括,显然适用于对人力资源管理的发展历程的考察和分析。

当然,对于人力资源管理的发展历程还有许多种划分法。比如,美国华盛顿大学的弗兰斯(W.L.French,1998)认为,早在1900年初,现代人力资源管理的内容就已经形成,以后的发展主要是在观点和技术方面的改进,其间的发展历程可以划分为6个阶段:第一阶段,科学管理时代;第二阶段,工业福利时代;第三阶段,早期的工业心理学时代;第四阶段,人际关系运动时代;第五阶段,劳工运动;第六阶段,行为科学与组织理论时代。以罗兰和费里斯(K.M.Rowland & G.R.Ferris,1982)为代表的学者根据人力资源管理的功能,提出了5阶段的划分法:第一阶段,工业革命时代;第二阶段,科学管理时代;第三阶段,工业心理学时代;第四阶段,人际关系时代;第五阶段,工作生活质量时代。科罗拉多大学丹佛分校的卡西西奥(Wayne F.Casicio,1995)则认为,人力资源管理的发展经历了档案保管阶段(1960年代)、政府职责阶段(1970年代前后)、组织职责阶段(1970年代末—1980年代)和战略伙伴阶段(1990年代)4个阶段的观点。[①]

表1-2列出的是有关管理发展的四个阶段的一些主要特点的说明。

[①] 彭剑锋.人力资源管理概论(第三版)[M].上海:复旦大学出版社,2019.

表 1-2　管理发展的四个阶段及其主要特点

特征/阶段	经验管理	科学管理	人本管理	文化管理
年代	1910 年以前	1911—1931 年	1932—1980 年	1981 年以来
代表性事件	—	泰勒《科学管理》发表	霍桑实验及其影响	企业文化与知识经济兴起
特点	经验型	理性化	人本性	知识型
管理顺序	事—物—人	物—事—人	人—物—事	人—事—物
管理焦点	行为	动作	情感	思想
管理方式	时间型	机器型	保健型	实现型
组织	直线型	职能型	职能型	学习型
领导	师傅型	指挥型	家族型	团队型
控制	外部控制	外部控制	内部控制	自我控制
时代特征	小生产时代	机器制造业时代	工业化大生产时代	知识经济时代
人类需要	温饱	温饱—小康	小康—富裕	富裕

与管理的发展同步，人力资源管理也经历了相同的历程。在经验管理阶段，人力资源管理比较简单，人居于比较次要和被动的地位，没有什么规范和科学的管理制度与方法，人治与经验是人力资源管理的主要内涵。

经验管理又称前科学管理，是指管理者凭借个人的直觉和以往的经验进行管理。在这种管理方式下，生产经营活动的各个环节都没有一定的计划和程序，工人的操作也没有一定的规范，都是凭借个人的经验，采取他们自己认为正确的方法，选择自己认为适当的工具进行。总之，管理不是基于遵循客观规律而建立起来的准则，而是基于经验。

1911 年以后，管理进入科学管理时代。科学管理是建立在机器化、分工化、规模化和组织化的时代背景之上的，是相对于传统的经验管理而言的。科学管理不依个人的经验和主观的臆断行事，而是通过对事实的调查和实验而得出的科学结论行事，科学管理遵循基于客观规律判定的原则、程序和方法。

根据科学管理之父泰勒的论述，所谓科学管理，乃是工作与某一事业机构或某一产业的员工的一种"完全的心理革命"——关于他们对工作的责任、对工作伙伴的责任以及关于他们对他们的雇主等方面的责任的"完全的心理革命"。而且，科学管理牵涉到管理阶层一边的"完全的心理革命"，包括领班、单位主管、事业主、公司董事等;是一种关于管理阶层对其管理阶层同事的责任,关于管理阶层对他们的员工的责任,以及关于他们一切日常工作的责任上的"完全的心理革命"。

科学管理的主要观点有三条:第一,管理的中心问题是提高劳动生产率;第二,科学管理的精髓在于劳资双方的密切合作,目的在于雇主和雇员实现最大的富裕;第三,一切管理制度和管理方法都应当建立在科学研究的基础上,用科学知识代替个人经验。

科学管理包括如下四条基本原理:

- 对工人操作的每个动作进行研究,以此取代旧的凭经验的办法。这条基本原理强调管理的规范化。
- 科学地挑选工人,并进行培训和教育,使之成长。这条基本原理强调管理的职业化。
- 与工人们亲密合作,以保证一切工作都按科学原则去做。这条基本原理强调管理的亲和力。
- 资方和工人之间在工作和职责上几乎是均分的,改变过去几乎把所有工作和职责都推到工人身上的情况。这条基本原理强调管理的民主性。

但是,科学管理的实践并不完全像科学管理思想和原理所强调的那样进行,而是倾向于重视管理的规范化和提高工作效率,往往会招致诸如"血汗工厂(管理)"那样的批评。

所以,从 20 世纪 30 年代霍桑实验开始,对于科学管理的批评愈来愈烈,并且演变成人本主义的管理思潮。人本管理的理论依据源于行为科学,它通常仅以人的行为为研究对象。应用于管理之后,对传统的管理观念产生了巨大的影响。这主要表现在由原来的以"物"为中心的管理转变为以"人"为中心的管理,由原来的强制性"监督"管理发展到诱导性的"激励"管理,由原来的"独裁"管理发展到"民主"管理。这种理论认为,现代企业的发展虽然离不开先进的技术、完善的设备和现代化管理手段,但是,再先进的技术、设备和管理手段最终都要靠人来实现。所谓人本管理,顾名思义就是以人为本的管理,是在管理过程中树立以人为中心的管理理念,建立以人为中心的管理模式,采取以人为中心的管理手段,调动人的积极性,激发人的创造性,为管理的高效运作提供动力和保证。

第二次世界大战以后,特别是 20 世纪 70 年代以来,随着经济、政治的发展与人类需要层次的提高,随着信息化的发展与服务制胜时代的到来,尤其是知识性劳动比重的增加与人们对管理的外部控制方式的局限性认识的加深,理性管理传统开始没落,组织日益趋向扁平化,企业文化研究开始兴盛,战略管理热潮崛起,国际化与人力资源开发成为管理的热点。这样,管理和人力资源管理就进入了文化管理或知识管理时代。

1992年,美国管理学家斯蒂文·巴利与罗伯特·孔达发现,一个多世纪以来,理性主义与非理性主义(或者人文主义)的管理思潮交替成为管理学界的主流意识形态,每二三十年轮流坐一次庄。并且,这种管理思潮的交替与宏观经济状况息息相关。当经济一路凯歌时,理性主义占上风;当经济萎靡不振时,则人文主义占上风。例如,1929年的大萧条成全了人际关系学派,第二次世界大战后的狂飙突进则让理性管理风光一时;20世纪80年代日本的崛起,又掀起了一场企业文化运动。从微观上看,当公司的绩效看起来与资本的有效管理联系更为紧密时,理性主义胜出;而当公司的绩效看起来与劳动的有效管理联系更为紧密时,人文主义胜出。1994—2000年是美国有史以来经济状况最好的时期之一,高增长,高就业,低通胀。按照以上规律,理性主义应大行其道。果然,管理学界最流行的是基于资源或基于知识的公司理论,实务界最流行的则是彼得·圣吉的学习型组织和第五项修炼。咨询界最流行的,则是各种信息管理系统,如企业资源计划(ERP)系统,其目的在于用最新的信息技术优化业务流程,最大限度地达到理性控制的目的。

进入21世纪,经济全球化迅猛发展。经济全球化以现代信息通信技术为基础,改变了人与人、国与国之间相互交往的传统模式,造成了"距离消失"和"时空压缩"。距离的消失意味着人与人的联系、人对人的服务、人对人的管理发生变化,同时也意味着竞争的激化。可以说,全球化时代将使国际竞争国内化、国内竞争国际化。

全球化趋势下的管理和人力资源管理出现了许多新的特点,并且愈来愈为企业家与管理学者所关注。比如,全球化的发展所带来的国际竞争的日益加剧和相互依存程度提高的"二律背反"现象①,信息通讯技术的迅速发展和普及引起的组织变化和人际交往的变化,更加凸显的国际安全问题和人类健康问题所引发的人类对于自身需要的深度反思和对管理的不确定性的重新思考,以及企业管理和人力资源管理过程中对于许多具体问题的困惑与探索,特别是诸如技术与文化、效率与公平、管理国际化、核心竞争力、关键人才资源管理、知识员工管理、流程再造、战略、创新、速度和加速度等问题,都是关乎企业与员工的生存与发展的重要课题。国际管理学家们普遍认为,现在的管理和人力资源管理,已经进入了全球化和知识化的管理新阶段。在这个阶段,持续成长成为管理的目标,知识管理成为管理的主题,人力资源成为管

---

① 二律背反(antinomies)是18世纪德国古典哲学家康德提出的哲学基本概念。它指双方各自依据普遍承认的原则建立起来的、公认的两个命题之间的矛盾冲突。

理的核心,员工知识或智能的管理(并将这种知识或智能转化成有用的产品和服务)正迅速成为最重要的管理技能。

对于中国而言,随着中国加入WTO,中国企业与外国企业的交融碰撞更趋激烈,同时必然地带来人力资源管理的新挑战和新课题。这些课题包括:

- 进入中国的外资企业在中国经济发展中占有什么样的地位?其人力资源管理如何?
- 中国加入WTO对于人力资源管理意味着什么?
- 中国目前正在采用的人力资源管理理论、体系、方法或技术,为什么会有"两张皮"的感觉?其本来意义如何?将向哪个方向发展?
- 中国企业要走向国际化,人力资源管理应该怎么做?
- 从国家、社会、企业、个体等层面如何考察人力资源管理的特点?
- 如何从制度体系、文化行为、操作技术等部分对人力资源管理加以研究和运用?
- 随着社会与企业竞争的加速度发展,人力资源管理需要什么样的战略能力?

所有这些问题,都迫切需要进行研究和探讨。

二、有关人力资源管理发展趋势的一些研究观点

1. 人力资源概念的由来与发展

人力资源(Human Resources)概念出现于1950年前后的美国,据说与艾森豪威尔(1890—1969,第二次世界大战时任欧洲盟军总司令,后来任美国总统)有关。其背景如下。

第二次世界大战期间,美国征兵适龄青年中有200万人因精神、性格原因而被免除兵役,另有75万人因同样理由被除名。这个数量占当时美国适龄青年的10%还多。所以,对第二次世界大战中美国人力资源素质的反省,研究其原因与对策,成为军方关注的一个问题,也是美国在军事动员上必须研究的一个问题。

第二次世界大战期间曾任美国陆军参谋总长的艾氏,卸任后当了哥伦比亚大学校长。他着手推动的第一个研究项目,就是人力资源管理课题(The conservation of human resources project)的设立。当时参与赞助的企业有GE、杜邦公司、RCA、标准石油以及福特基金等。该课题包括三个研究题目:① 对美国青年特别是士兵不能充分发挥其才干之原因的研究;② 如何将少数精英的才能更加高度化之方法的探求;③ 美国社会职业变动的研究。

由上可见，人力资源概念的起源与运用具有某种政策性或军事性的色彩。但是，其在随后的发展中逐步与社会经济发展相结合，适应了社会进步的潮流。这与美国其他学科的发展进程是一致的。

早在亚当·斯密、李嘉图、马克思时期，古典经济学家们就已经提出了劳动价值学说，说明了人的劳动在财富创造中的决定性作用，确立了人力资源在经济活动中的特殊地位。但是，对于人力资源理论而言，其确立应该是20世纪60年代。值得重点提到的有三个人和一部法律，即西奥多·W.舒尔茨、加里·贝克尔、爱德华·丹尼森和1962年出台的美国《人力开发与训练法案》。

西奥多·W.舒尔茨（Theodore Schultz）、加里·贝克尔（Gary S.Beeker）、爱德华·丹尼森（Edward F.Denison）三人都是美国经济学家，是人力资本理论的创立者。舒尔茨1960年出任美国经济学会会长时的就职演说《人力资本投资》，是一篇精辟论述人力资本理论的标志性著作。贝克尔的著作《人力资本》则从家庭为单位的人力资源的微观经济分析入手，解析人力资本的形成，被誉为"经济思想中人力资本投资革命"的起点，是人力资本理论的"一个里程碑"。舒尔兹和贝克尔两人同在芝加哥大学执教，是芝加哥学派的代表。爱德华·丹尼森则是对人力资本要素作用进行计量分析的专家，他计算论证了1909—1957年间美国经济增长中教育发展的贡献率，对1960年代开始出现的世界各国对教育经费投入的激增具有重要影响。

美国于1962年出台了《人力开发与训练法案》（*Man-power Development and Training Act*）。根据该法案第104条，美国总统每年要向国会提出人力资源年度报告。这在法律上推动了人力资源管理研究的发展。

2. 人力资源管理与传统的劳动人事管理的区别

我们认为，狭义的人力资源，是指组织中所拥有的或能够使用的各种具有劳动能力的人员；广义的人力资源，是指一定范围内的人口总体所具有的劳动力的总和，不仅包括体力、智力、数量、质量、结构，而且包括各种组织因素和文化因素等。所谓人力资源管理，就是把组织内外有关人的因素作为一种重要的资源加以开发、运用和管理，通过相应的制度、技术、流程与方法，使之与组织文化和战略相联系，从而有利于促进组织及其所有成员竞争力的提升与全面的共同发展。

人力资源管理与劳动人事管理的区别主要表现在以下三个方面。

- 从管理目标看，传统的劳动人事管理主要是"管人"，而人力资源管理则不仅要"管人"，更主要的是要发现人、培养人、开发人。
- 从管理功能看，传统的劳动人事管理主要是执行功能，一般是局限于微观的劳动人事行政业务,而人力资源管理则要求从事许多决策型管理工作,参与企业战略管理。
- 从管理范围看,传统的劳动人事管理比较狭窄,如简单的招聘、考勤考核、薪资管理、档案管理、办理升降调动等。人力资源管理除了这些业务以外,更重要的是制定人力资源战略和策略,进行人力资源规划管理,从事人力资源开发,调适内部员工关系,参与塑造企业文化等。

总之,传统的劳动人事管理着重于"管理"两字,而人力资源管理则着重于"资源"两字。

3. 人力资本理论

人力资本理论来源于西方教育经济学理论。早在1644年,古典经济学的代表人物之一威廉·配第(1623—1687)就提出教育经济价值的问题。在此之后,古典哲学家、经济学家亚当·史密斯(Adam Smith,1723—1790)、阿尔弗雷德·马歇尔(Alfred Marshell,1842—1924)和约翰·斯德达·密尔(John Stuart Mill,1806—1873)等在他们的著作中都提醒人们注意教育作为一种国家投资的重要性,并探讨如何资助教育事业,培养人才。亚当·史密斯大胆地把一个国家全体居民所有后天获得的和有用的能力看成是资本的组成部分。

阿尔弗雷德·马歇尔在经济理论中正式提出人的能力因素。在《经济学原理》一书中,他在考察生产因素时,与从前的经济学家不同之点在于除土地、劳动、资本三因素外,提出了人的健康程度、产业训练问题,即把人的能力因素同人的健康程度及产业训练问题联系起来。

人力资本作为一种理论是20世纪50年代从经济学中分化出来的。美国经济学家沃尔什在他的《人力资本论》中首先提出人力资本的概念。尔后,一些经济学家还在人力资本的经济价值的量的分析上做了深刻的研究。是对人力资本研究卓有贡献的应当是西奥多·舒尔茨。舒尔茨于1979年获得诺贝尔经济学奖,是人力资本理论的代表人物。

舒尔茨在《人力资本投资》一书中指出,有技术知识的人力和缺少技术知识的人力对经济发展的贡献存在差异,这种差异源于他们所受的教育、训练的不同,而这种不同又起因于社会和个人对人力资源教育、训练投资的程度。

以计量方法研究人力资本的专家爱德华·丹尼森则指出,在美国1909—1929年的经济增长中,有12%的份额归于教育的发展;在1929—1957年的经济增长中,教育发展的贡献则达到23%。在美国国民收入的增长中,增加投入量的比重在下降(主要是物力因素,即资本),提高产出率的比重在上升(主要是人力因素,即知识进展)。所以,在人力资本投资收益方面,体现了加速发展的趋势。这个观点引起了1960年代以来世界各国出现了持续不断的对教育经费投入的激增。显然,这一趋势在21世纪仍将得到保持和加强。

4. 彼得·德鲁克的观点

彼得·德鲁克(Peter F. Drucker)于1954年在其著名的《管理的实践》一书中引入了人力资源的概念,指出人力资源与其他所有资源相比较,唯一的区别就是它是人,并且是管理者们必须考虑的具有"特殊资产"的资源。彼得·德鲁克把管理者分为企业家型管理者与受托人型管理者。他认为,企业家型管理者对自己的能力充满信心,不放过创新的机会,不仅追求新奇而且要使创新资本化;而受托人型管理者把变革看作威胁,被不确定性所困扰,宁愿稳定,倾向保守。斯蒂芬·P.罗宾斯评价说,德鲁克使用的企业家型管理者的术语容易产生误解,目前更普遍使用的术语是内企业家(Intrapreneur),它用来描述那些试图在大型组织中激发企业家精神的管理者。"我们把企业家活动(Entrepreneurship)定义为个人追求机会,通过创新满足需要,而不顾手中现有资源的活动过程"①。

彼得·德鲁克其实继承了巴纳德的观点。巴纳德认为:"无论协作还是组织,都是对立的各种事实的具体的统一物,是人类对立的思想感情的具体的统一物。促进矛盾着的各种力量在具体的行为中统一,将对立着的各种力量、本能、利害、条件、立场、理想等加以调和,唯此,才是管理者的真正的作用。"②也就是说,无论是具有创新性的企业家还是试图在大型组织中激发企业家精神的内企业家,他们都必须善于调和矛盾,促进对立的各种力量与行为的统一,也就是解决危机。只有这样,才能成为一个真正的管理者。

关于21世纪的人力资源管理,彼得·德鲁克做了如下一些预测。

(1) 彼得·德鲁克首先提出了知识管理的思想,预测了新型组织的出现,认为21世纪的管理特别是人力资源管理将进入知识管理的时代。他说:"20年后的典型大企业,其管理层级将不及今天的一半,管理人员也不及今天的1/3。在组织结构、管理对象和控制范围上,这些企业将和1950年代以后崛起的、今天仍被教科书奉为经典的大制造业公司没有丝毫相似之处,而更可能接近于那些被现在的经理人员和管

---

① [美]斯蒂芬·罗宾斯,[美]玛丽·库尔特.管理学(第15版)[M].刘刚等译.北京:中国人民大学出版社,2022:185.
② [美]C.I.巴纳德著.经理人员的职能[M].孙耀君译.北京:中国社会科学出版社,1997.

理学家所忽视的组织。在我的脑海中,未来的典型企业应该被称为信息型组织。它以知识为基础,由各种各样的专家组成。这些专家根据来自同事、客户和上级的大量信息,自主决策、自我管理。"①

彼得·德鲁克还分析了21世纪之所以出现新型组织并进入知识管理时代的原因。他说:"企业,尤其是大型企业,将无可选择地要以信息为基础。导致这种变化的原因有很多,其中一个是人口统计学意义上的,即雇员队伍的重心从体力员工和文案员工迅速转向知识型员工。知识型员工削弱了'命令—支配型'管理模式存在的基础,这种模式从100多年前军队的管理衍生而来。导致这种变化的另一个原因是经济方面的,即大企业需要勇冒风险、不断创新。不过,在众多的原因当中,最根本的还是信息技术。"②

(2) 彼得·德鲁克认为,经理人是企业中最宝贵的资源,也是折旧最快、最需要经常补充的一种资源。建立一支管理队伍需要多年的时间和极大的投入,但彻底搞垮它可能不用费太大的力气。21世纪,经理人的人数必将不断增加,培养一位经理人所需的投资也必将不断增加。与此同时,企业对经理人的要求也将不断提高。

(3) 彼得·德鲁克在书中提出,面对新经济的挑战,有必要重新审视或定义"人的管理",提高知识工作者的生产率应该成为管理的重心——正如100年前(泰勒开始)提高体力劳动者的生产率是当时管理的重心一样;无论是在理论上或实务上,管理的出发点可能都将是管理绩效而不是管理人,其目标则是让每一个人的长处和知识得到发挥。所以,管理工作越来越像推销工作。

此外,在涉及组织和人力资源管理的许多问题上,彼得·德鲁克进行了具体的预测。比如:

① 劳动分工原则。传统观点认为,分工有利于提高生产率,有利于提高个人工作熟练程度。而现代观点认为,分工过细所产生的非经济性(如厌倦、疲劳、低效、压力、旷工等)会超过分工专业化所产生的经济优势。解决的办法是工作团队、职务轮换、职务扩大化、职务丰富化等。

② 统一指挥的原则。传统观点认为,下属只对一位上司报告工作,防止多头领导问题的出现。现代观点认为,多数情况下仍适用统一指挥原则,但有些情况下会妨碍良好的绩效,因此,可适当地实行多重指挥,如矩阵型结构。

③ 职权与职责的原则。传统观点认为,组织职位中所固有的权力是影响力的唯

---

① 彼得·德鲁克.新型组织的出现[J].哈佛商业评论,1988(1/2);[美]彼得·F.德鲁克等.知识管理[M].北京:中国人民大学出版社/哈佛商学院出版社,1999:3.
② 同上.

一源泉,职位越高,影响力越大,因此,员工应当服从职权。现代观点认为,权力并非一定与职位相关,组织中有强制权力、奖赏权力、合法权力、专家权力和感召权力,员工服从的应当是权力,而不是职权。

④ 管理跨度原则。传统观点认为,窄小的管理跨度(不超过6人)便于对下属保持紧密控制,同时认为,组织层次越高,管理跨度应越小。现代观点认为,应当扩大管理跨度,提倡组织的扁平化,同时认为,影响管理跨度大小的因素包括下属的素质、管理者的管理风格、工作任务的相似性和复杂性、工作地点的相近性等。

⑤ 部门化原则。传统观点不主张单一的划分部门方法,选择部门化的方法需要反映最有利于实现组织目标和各单位目标的要求,包括产品部门化、顾客部门化、职能部门化、地区部门化、过程部门化。现代观点虽也承认上述五种部门化方法,但更强调顾客部门化和团队设计的方式。

5. 战略性人力资源管理观点

1981年,德万纳等人(M.Devanna, C.Fombru, N.Tichy)发表的《人力资源管理:一个战略观》一文是战略性人力资源管理研究领域诞生的标志[①]。四十余年来,战略性人力资源管理成为人力资源管理研究的一个热点和一面旗帜。

所谓战略性人力资源管理,是指为了使组织能够达到目标,对人力资源各种部署和活动进行计划的模式。战略性人力资源管理是企业战略不可或缺的有机组成部分,包括企业通过人来达到组织目标的各个方面。由于人力资本是获取竞争优势的主要来源,战略也需要人来执行,所以,最高管理层在开发战略时必须认真考虑人的因素。

战略性人力资源管理的目的,是通过确保组织获取具有特殊技能和良好激励的员工,从而形成组织持续的竞争优势和战略能力;换句话说,战略性人力资源管理的目的,是依靠核心人力资源以建立竞争优势,从而实现组织的战略目标。

战略性人力资源管理的主要内容是促使组织将注意力集中于如下4个方面,这与传统的人力资源管理非常不同:

- 改变组织结构和组织文化;
- 提高组织效率和业绩;
- 重视对核心能力的开发;

---

① M.Devanna, C.Fombru, N.Tichy. Human resource management: a strategic perspective[J]. Organizational Dynamics, 1981(Winter): 51-67.

- 推进管理变革与技术创新。

为此,战略性人力资源管理提出下列7项活动要求:
- 为达成组织的战略目标提供支持,确保所有的人力资源活动都产生附加值;
- 加强组织文化管理,释放并开发员工的潜能;
- 开发流程使员工的贡献达到最大化,例如,对那些具有潜力的员工,在其职业生涯早期就应给予组织和管理上的远景规划;
- 在全企业范围内,使每个员工的持续学习和发展成为其工作生活的重要内容;
- 设计、执行和管理各种人力资源开发系统,提供特殊的技能培训,确保员工学到相关的知识和经验;
- 通过专家来招聘、开发和培训员工,使他们具有应付市场变化的广泛的技能和良好的态度;
- 管理一个不断增长的多种职业生涯模式、多种职业追求的员工队伍。

6. 资源基础理论

资源基础理论(Resource-based Theory)认为,企业的竞争优势来自有效运用资源的能力,即企业如果能够有效地运用自身所拥有的构成战略资产的资源和能力,去从事其他竞争者所无法执行的附加价值活动,就能够建立竞争优势。这种基于企业内部优劣势分析的战略研究被称为"资源基础模式"的战略分析取向(Barney, 1986, 1991)。Grant(1991)认为,企业对外部的分析难以把握,所以,基于资源与能力的内部分析,较适合作为企业定位与成长的基础。

7. 流程再造理论

根据哈默(Hammer, 1990)的定义,所谓流程再造,是对企业流程进行根本性思考和广泛的再设计,以使得关键性的绩效衡量指标(如成本、服务、顾客满意度等)能够获得大幅度的改善。它重点关注企业的核心流程,认为可以合并一些不必要的流程甚至整个部门,通过跨功能的流程重新设计而降低原有的协调成本;以客户为中心重新设计程序,充分授权第一线员工,实行由下而上的管理方式,减少控制与检查,建立回馈机制,节省检查时间,做到组织内、组织间价值链的结合;等等。

8. 组织学习理论

组织学习理论认为,所谓学习,是指创造或建立过去所不具备的能力,学习型组织就是能不断地增强创新能力的组织。彼得·圣吉(Peter Senge, 1995)在其所著的

《第五项修炼》等书中,论述了学习型组织建立的基本步骤和内容,包括:第一,自我超越(Personal Mastery);第二,改善心智模式(Improving Mental Models);第三,建立共同愿景(Building Shared Vision);第四,团体学习(Team Learning);第五,系统思考(Systems Thinking);等等。其核心内容则是系统思考。

学习型组织大师彼得·圣吉引述荷兰皇家壳牌石油公司(Royal Dutch/Shell)企划主任德格(Arie De Geus)的话说,企业"唯一持久的竞争优势,或许是具备比你的竞争对手学习得更快的能力"①。彼得·圣吉认为:"在日常用语上,学习已经变成吸收知识,或者是获得信息,然而这与真正的学习还有好长一段距离(对于学习型组织而言),单是适应与生存是不能满足它的。组织为适应与生存而学习,虽然是基本而必要的,但必须与开创性的学习结合起来,才能让大家在组织内由工作中活出生命的意义。"②

如何进行开创性的学习?彼得·圣吉认为心灵的转变(metanoia),即心灵意念的根本改变是最为重要的。因为它是对企业文化建设、团队工作、组织学习等的重视,特别是对形成愿景的不懈努力,以及如何从制度上保证知识共享等问题进行探讨的核心。这也是学习型组织的精神所在。"领导者的价值是以他们对别人心智模式的贡献来衡量的"③。

同时,彼得·圣吉认为,感性与理性的转换对于知识创新的重要性是不言而喻的。他以爱因斯坦为例,说明爱因斯坦如何以想象自己跟着光束旅行而发现了相对论。爱因斯坦说:"我从来没有以理性的心发现过任何事物。"爱因斯坦的叙述更重要的是,他能够将直觉转换成明确而且可以理性验证的定理④。

9. 核心竞争力观点

核心竞争力(Core Competence)又称核心能力,通常被描述为"独一无二""与众不同""难以模仿"的竞争优势。

核心竞争力的概念于1990年由普拉哈拉德(C. K. Prahlad)和加里·哈梅尔(Gary Hamel)发表于《哈佛商业评论》上的一篇论文所首先提出⑤,从此开始被世界各国研究者重视。至今研究核心竞争力或核心能力的成果已很多。

---

① [美]彼得·圣吉著.第五项修炼——学习型组织的艺术与实务[M].郭进隆译.上海:上海三联书店,1998:3.
② 同上书,第14页。
③ 同上书,第219页。
④ 同上书,第195页。
⑤ Prahalad, C. K., and Gary Hamel. The Core Competence of the Corporation[J]. Harvard Business Review, May June, 1990:79-91.

普拉哈拉德和哈梅尔认为,在企业竞争中取得优势的关键是培育专属于自己的、不易被对手仿效、也没有现成替代物可取而代之的资源、技能或竞争力。这种资源、技能或竞争力的效用在公司内部的传播和延伸,是支撑公司在动荡不定的经营环境中持续发展的魂魄所在。这种核心能力的内涵可由以下9个要素加以定义:

- 核心能力不是零碎的、分割的、间断的或单一的技能,而是一个完整的技艺与能力系统;
- 核心能力不是静态的资产,而是一种活动累积性的学习及有形、无形兼具的知识;
- 通过核心能力所展现的产品或服务,必须充分彰显顾客使用后的价值;
- 核心能力必须是企业所独有的,并且这种独特性是竞争对手在短期内难以模仿的;
- 核心能力的最终目的在于能够顺利地激活进入市场的通道;
- 核心能力并不会随着它的使用而降低其价值,反而会随着被利用与分享而不断提升其价值;
- 核心能力无论从技术层次还是从市场顾客方面来说,其最终表现在于使顾客知道组织所创造出来的产品与众不同,并且符合顾客的真正需要;
- 只有通过核心能力的表现才能创造出企业的核心产品,而核心产品就是企业利润与绩效最主要的源泉;
- 高层管理者的责任在于以前瞻性的做法引导和构建企业的核心能力,并加以固守。

核心能力具有许多特性,主要的有高价值性、稀缺性、不可替代性、难以模仿性、完整性、互补性、可持续性、广泛性等[1]。

普拉哈拉德和哈梅尔(1998)认为,核心竞争能力是企业"在一系列产品或服务中必须依赖的那些能力"。这种能力不局限于个别产品,而是对一系列产品或服务的竞争优势都有促进作用。从这个意义上说,核心竞争力不仅超越任何产品或服务,而且有可能超越公司内的任何业务部门。核心能力的生命力要比任何产品或服务都长。

他们认为,由于核心竞争力可以促进一系列产品或服务的竞争优势,所以,能否建立比竞争对手领先的核心竞争能力会对企业的长期发展产生根本性的影响。"只有建立并维护核心竞争能力,高级管理部门才能保证公司的长期存续。核心竞争能

---

[1] Prahalad, C. K., and Gary Hamel. The Core Competence of the Corporation[J]. Harvard Business Review, May June, 1990: 79-91.

力是未来产品开发的源泉,是竞争能力的根,单个产品和服务则是果。高层管理者不仅要努力维护企业在现有市场上的地位,还要努力争取企业在未来市场上的份额"①。

如何具体判别企业的核心竞争力呢?普拉哈拉德和哈梅尔认为主要有如下3个标准②:

(1) 核心竞争力必须具备充分的用户价值,即能够给用户提供根本的好处和效用;

(2) 核心竞争力必须具备独特性,即如果某项竞争能力能被行业内的所有企业普遍掌握,或能被竞争对手很容易地模仿,它就很难为某个企业提供持续的竞争优势;

(3) 核心竞争力应具有相当程度的延展性,即能为企业提供比较广泛的产品或市场支持,对企业一系列产品或服务的市场竞争力都有促进作用。

研究者认为,不论企业具体的核心竞争力为何,它一定具有某种载体。这种载体包括企业的人力资本以及作为非人力资本的企业无形资产和企业有形资产。索尼使人想起电器;可口可乐使人想起饮料;耐克使人想起运动鞋;IBM则更多地使人想起电脑。如果可口可乐去开发电器,索尼去生产饮料,IBM去做运动鞋,耐克去制造电脑,不仅这些企业将失去其品牌价值,消费者可能也很难适应。这种现象不仅表现于非人力资本,而且人力资本也表现出类似的特征,即某个领域的长期经营实践使得企业经营管理人员、技术人员、生产作业人员以及市场营销人员形成了与特定领域相关的知识与技能(Know-how),这种知识和技能可能固化为企业核心竞争力的重要组成部分,在很长的时期内是不容易改变的。一般而言,构成这种核心能力的知识与技能体系主要体现在4个方面:① 公司员工的知识和技能;② 公司的技术开发和创新能力;③ 公司的管理和生产经营能力;④ 公司创造品牌和运用品牌的能力。这4个方面共同反映了企业的基本素质和发展潜力。

美国康乃尔大学教授斯内尔(Scott A. Snell)也总结了核心竞争力的4个标准,它们是价值性、稀缺性、可扩展性和学习力。斯内尔教授对这4个标准作了详细的解释,最终的结论是,企业的核心竞争力来源于人与系统的整合,也就是说,包含在人与系统中的各种资本,即人力资本、社会资本和组织资本等以知识为基础的资本架构组成了企业的核心竞争力,企业的核心人力资本是核心竞争力的主要源泉(参见图1-2)。

---

① [美]普拉哈拉德,[美]哈梅尔著.竞争大未来[M].王振西译.北京:昆仑出版社,1998:215—216.
② 同上书,第217—219页.

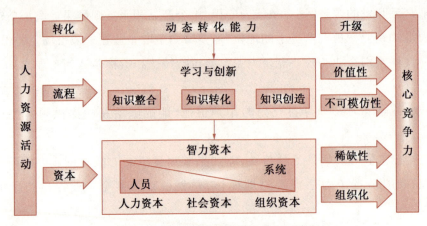

图 1-2　人力资源与核心竞争力关系模型

资料来源：Scott A. Snell, Competing through Knowledge: The Human Capital Architecture, 2002（根据斯内尔教授 2002 年 7 月为中国人民大学劳动人事学院与康乃尔大学产业与劳工关系学院联合举办的研讨会提供的讲演稿）.

在对核心竞争力分析的基础上，斯内尔教授通过唯一性和价值这两个维度，从人力资本对核心竞争力的贡献入手，对人力资本的构成进行了分解和细化，具体分为核心人力资本、通用人力资本、独特人力资本和辅助人力资本四种类型，而核心人力资本与其他三种类型的人力资本相比，在工作设计、员工供给、培训、评价和报酬等方面都有着截然不同的做法和要求。

斯内尔教授根据二维模型将人力资本划分成四种类型，并提出核心人力资本的概念，为把人力资本与核心竞争力结合起来进行研究提供了一条崭新的思路。这四种人力资本类型的划分，要求企业针对不同特点的人力资本，采取不同的管理模式和管理手段，在未来人力资源管理实践和具体操作上具有较强的指导意义（参见图 1-3）。

10. 中国学者提出的 21 世纪人力资源管理发展趋势的观点

中国人民大学劳动人事学院教授曾湘泉认为，对于中国而言，21 世纪的人力资源开发和管理，"必须走三条道路：第一条道路是市场化的道路；第二条道路是规范化的道路；第三条道路叫作国际化的道路"①。

首先，市场化。市场化包括三个特点：第一，利益主体多样化，就是不仅要承认国家的利益，还要承认企业利益，承认员工利益。只有承认员工利益，才能使对员工的管理有效。第二，员工与组织是一种合同关系，是一种契约关系。在市场条件下，经济活动要素之间都是一种合同关系。但是，这种合同不仅仅是一种经济合同，它同

---

① 曾湘泉.21 世纪我们怎么"管人"[EB/OL].中国人民大学劳动人事学院网站，www.lhr.ruc.edu.cn.

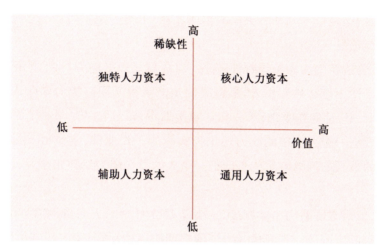

图1-3 人力资本的四种类型

资料来源：Scott A.Snell, Competing through Knowledge: The Human Capital Architecture, 2002（根据斯内尔教授2002年7月为中国人民大学劳动人事学院与康乃尔大学产业与劳工关系学院联合举办的研讨会提供的讲演稿整理）.

时是心理合同（心理契约），是管理的问题。第三，利益和风险的分享和承担。既然是市场经济，企业可能面临破产，个人也可能因为市场的变化、经济结构调整而失去工作岗位。所以，利益和风险是各自分享和承担的，这就是市场化的概念。

其次，规范化。规范化就是要构建一个程序化、流程化的制度，摆脱传统的随意性、运动式的管理思路。对于中国的企业来说，不是简单地导入一个人力资源管理的思想，中国人不缺乏思想，我们需要搭建一个程序化、流程化、规范化的制度。这就是中国企业人力资源管理现在面临的非常大的一个挑战。

再次，国际化。加入世界贸易组织后，我们就必须从融入世界经济的一个大范围内来思考问题。从世界经济范围来思考，我们就要提出国际化。国际化有两个含义：第一个含义就是国际化经营的理念。企业的思想、行动、生产和销售要国际化。对于国际化的经营理念过去有这么一个说法，即思想国际化、行动本土化，生产本土化、销售国际化。这样的年代一去不复返了，思想、行动、生产和销售都要国际化；第二个含义就是国际化的人才战略。比如，上海提出国际化的概念，就不是光是思想国际化，它认为根据一定的期限要吸收国际上的人才达到什么样的比例，就是国际化的人才战略。我们知道，中国现在很需要人才，特别是需要优秀的职业经理人、热门技术的高级人才。这些人不是简单地需要国外毕业的硕士或博士，需要的是在国际上从事过实际管理工作的跨国企业的人才，这就是中国企业的管理人才、技术人才的薪酬在大幅度提升的原因。它将大幅度提升到和国际进行对接，比如，一个职业经理人拿到的最高薪水是100万美元。为什么有这么高的价格？这其实说明了国内对国际化人才的迫切需求,这是供求关系所决定的东西。

最后的结论是三点。

第一点,构造新的人力资源管理理念。首先就是倡导能力导向,就是作为现代组织在市场化条件下怎么样使用人,最重要的是能者得其职。能力导向人力资源管理有三句话:第一句话叫作吸纳;第二句话叫作维系;第三句话是最核心的,叫作激励。激励什么?要把一个人潜在的能力转化为实际的工作业绩,这是最大的挑战。人力资源管理者的最大的挑战就是能不能把一个人的潜在能力发挥出来并让其发挥到最大化。

第二点,就是建立新的企业制度,或者从建立科学的人力资源管理入手,反向推动企业战略和制度改革。把现代人力资源管理的这种制度、技术和方法导入企业中,我们就会发现企业在战略层面上、在制度层面上要进行改革和革新。就类似于一个卫星换轨道,要从传统的轨道调整到新的轨道上去,必须找一个切入点。任何一个切入点都可能使这个企业从传统的轨道换到新的轨道上去。所以,要反向推动企业的战略形成和企业的体制改革。

第三点,就是学习和引进发达的市场经济国家的技术和方法,推动人力资源管理队伍的专业化和职业化水平,这是中国企业从技术和方法层面来解决人力资源管理问题的当务之急①。

中国人民大学劳动人事学院教授彭剑锋讨论并提示了 21 世纪人力资源管理发展的十大趋势②。

(1) 策略导向型的人力资源规划成为企业战略不可分割的一部分。持续竞争优势依靠的是智力资本的优势,因此,更多的企业将会设立人力资源委员会,人力资源管理成为战略性管理。人力资源管理工作在企业中的战略地位得到提升,开始从战略层次思考人力资源问题。

(2) 人力资源管理状况成为识别企业优势的重要指标。企业拥有的人力资源、现有人力资源的结构、人力资源的稳定性、员工的满意度将成为识别企业优势的重要指标。人力资源状况和企业的财务状况、市场状况一样开始受到重视,成为评判企业竞争优势的重要指标。

(3) 人力资源管理人员要成为具备人力资源管理专业知识和经营管理技巧的通才,人力资源管理职位成为通往 CEO 的途径。人力资源是一种可以经营的资源,对

---

① 曾湘泉.21 世纪我们怎么"管人"[EB/OL].中国人民大学劳动人事学院网站,www.lhr.ruc.edu.cn.
② 彭剑锋.21 世纪人力资源管理的十大特点[J].中国人才,2000(11).

人力资本、组织资本的经营成为可以给企业带来经营业绩的重要活动。人力资源管理者的角色发生了变化,由于全员客户概念的引入,员工成为客户,人力资源管理工作者直接面对市场。人力资源管理部门从一个辅助部门成为直接面对市场并可以为企业创造经济价值的业务部门。

(4) 以人为本的业绩辅导流程管理方式成为主流。通过沟通、辅导、培训,达到提升员工能力、提升工作业绩的目的。管理人员的角色将由传统的"裁判员"向"教练员"转变。员工能力的提升和业绩提高成为衡量管理者工作的重要指标。

(5) 人力资源管理的某些服务活动开始外包。业务外包是未来企业将有限资源集中于核心产品和服务的重要途径,通过外包,企业不仅可以降低新开业务的成本,同时可以获得专业化的服务,例如,人事代理、工资调查、特殊人才的寻觅、人事档案等人力资源管理工作在以后将不再局限于由企业人力资源部门来完成,而是由市场为企业提供服务,让企业关注核心产品。

(6) 注重企业与员工共同成长的规划和职业生涯设计。企业、员工建立利益共同体,共同成长,通过有效的职业生涯规划与设计,搭建企业与员工之间共同成长的机制。关注员工能力的提高,人力资源的开发与管理同等重要;建立员工与企业的共同成长机制不等于建立终身雇佣制,企业需要最合适的员工而非最优秀的员工。不能适应企业发展的员工将被淘汰出局;对于无法满足其发展空间的员工,企业鼓励其流动。

(7) 动态目标管理绩效评价体系的建立成为人力资源管理的核心课题。组织既要注重目标的实现,更要关注目标实现的过程。应克服传统绩效管理流于形式的弊端,通过对流程的控制,注重行为、强化控制,目标的实现将顺理成章。目标的制定和达成是一个动态的管理过程。目标管理和绩效评价体系的建立,是人力资源部门面临的新的课题。

(8) 激励导向的薪资制度与自助餐式的福利制度。激励性的、积极的薪资制度设计思想(比如,由扣分惩罚制变为得分奖励制的转变,使同样支付水平下获得相反的氛围)将更有利于员工积极性的发挥,创造具有积极性的文化氛围。福利成本一定,通过提供自助餐式的福利组合,满足员工需求的多元化,人力资源管理部门需要设计更多的人力资源产品的"设计师"。

(9) 实行开放式的管理,企业内部股份由高级经理人、中层管理者及员工持有。员工持股、股票期权、年薪制等制度的引入,使员工成为企业真正的主人。员工可以分享企业发展的成果。通过制度创新,使企业的经营业绩真正与经营者的报酬挂钩。

(10) 充分开发、利用人力资本,使之成为企业巨大的竞争优势。作为具有重要性的不可替代性的人力资本,成为企业的核心竞争力的重要组成部分。充分开发、利用人力资本将能够给企业带来巨大的竞争优势。

也有人从另外的角度来展望21世纪的人力资源管理,认为电子通讯的时代已经来临,e时代的人使用工具不一样,思维方式也和过去大相径庭,对于人力资源管理者而言,管理的对象是成长经验中从未碰到过的"e人类"。即20世纪四五十年代出生的"Radio Baby"(从小围绕着收音机长大),必须管理80年代以后出生的"TV-Game Baby"(就是任天堂电视游戏机极盛行时出生的人)或"Computer Baby"(90年以后出生的人,这些人的共同特征是一开始接触的媒体就是电脑),这中间有鸿沟。面对新新人类,你会忽然发现:累积一二十年的人力资源管理经验根本派不上用场!所以,人力资源管理要顺应时代变革,企业要让管理变得弹性、活泼。现今讲求知识管理,能做好这一点的企业就是赢家!因为充斥在我们周遭的信息太多了,每一位员工就好比一座知识库,如何让这些知识库存不随员工的离职而流失,进而转为公司的资产,这也是人力资源管理的挑战之一。处在今日这个信息时代,积极拥抱信息科技,是大多数高层主管必须面对且不容忽视的课题,也是每一家公司求生存的必备工具。人才是21世纪企业制胜的关键,在职场中与部属良性的沟通,并给予完整的生涯规划,是留住人才的诱因[①]。

根据我国台湾地区的多项调查研究反映,现代企业员工共有的心态和需求有了许多新的变化和特点,具体包括:

- 合理的待遇;
- 理想的工作环境;
- 良好的福利措施;
- 工作安全卫生的保障;
- 适当的尊重与关怀;
- 人性化的管理方式;
- 工作时间的缩短;
- 教育训练的机会增加;
- 良好的人际关系;
- 适当的休闲、社交活动;
- 前途发展有乐观的机会;
- 个人生活适应困扰的申诉及劳资争议的协助。

---

① 拥抱e人才,需用e思维[EB/OL].https://news.12reads.cn/31113.html,2016-06-05.

可以看出，由于经济和科技的高度发展，企业员工的生活方式已有了很大变化，同时由于员工的报酬逐渐增加，生活方面除了物质需求外，更注重精神层面的需求，比如希望被尊重、有较强的成就欲、希望社会地位提高、重视休闲娱乐活动、谋求个人身心愉快、满足精神上的需要、求得工作生活品质的提高等。这对21世纪的人力资源管理而言无疑是一个挑战。

第三节　小　　结

"现代科学管理之父"泰勒在《科学管理原理》的开头曾明确宣称："管理的主要目的应该是使雇主实现最大限度的富裕，也联系着使每个雇员实现最大限度的富裕。"泰勒说："资方和工人的紧密、亲切和个人的协作，是现代科学和责任管理的精髓。"

从近百年来企业经营管理的发展历程中，我们不难发现企业经营在历经下列的演进过程，即生产导向→市场导向→人力资源导向。可以说，21世纪是企业的人力资源导向时代。

21世纪的人力资源管理已经超越了传统国界的局限性。随着全球化进程的加快，跨国企业越来越成为全球经济舞台的中心，人力资源管理越来越向国际人力资源管理过渡。在中国已经加入WTO的今天，中国企业必然地要面临国际人力资源管理的新课题，迎接企业国际化战略的新挑战。

【相关链接】

人力资源管理发展八大趋势[①]

追寻改革开放以来中国人力资源管理，特别是企业人力资源管理发展的路径，我们可以看到三个不同的发展阶段以及相关的八大特征，即1978年开始的改革开放，使中国企业管理特别是对人的管理步入一个市场化的、充满困惑与希望的进程；1998年开始的中国企业人力资源重组，导致了随后十年中国企业人力资源的大变革、大发展、大动荡、大提升；2008年开始的又一个十年中，中国企业人力资源管理进一步实现市场化、规范化、国际化的发展。

---

① 林新奇.人力资源管理发展八大趋势[N].光明日报，2009-02-13.

1. 从现场管理到非现场管理：非现场管理越来越重要

网络技术的发展，现代通讯手段的升级，无线联络、电子邮件、网络会议等的使用，正成为人们日常工作联系的主要方式。同时，城市的扩大和交通的发达，企业工作场所正由统一集中向点式分布扩大，员工居住地也越来越分散，居家办公进一步普及，在家工作正成为现代劳动就业的重要发展趋势。

随着知识密集型产业的快速发展，知识型员工的人数逐渐超过从事传统制造业和服务业的人数，目标导向、绩效导向、工作以项目为核心的发展趋势日益明显。

传统的劳动人事管理主要局限于员工在企业中、上班时间内的行为管理；而现代人力资源管理已经开始将影响组织绩效、员工工作绩效的一切因素考虑在内，大大拓展了人力资源管理的范围。

2. 从动荡流动到稳定内敛：企业 HR 趋向稳定和内敛

改革开放以来，随着市场化的发展，全国范围内的人才流动不断加剧，尤其是最近十年，在我国人才必须终身服务于一家"单位"的现象几乎不复存在。

但是，劳动力的大规模迁移或人才的快速流动也给企业人力资源管理带来了严峻的挑战。由于人才流动不仅可能大大增加企业的管理成本，影响企业的生产效率，而且可能导致客户的外流和商业机密的泄漏，使企业遭受不可估量的重大损失，所以，人才竞争越来越激烈；与此相伴随，人员流动更加频繁，劳动力市场呈季节性动荡、人才市场处于一种非严格规范的状态之中。

2008年元旦开始实行的《劳动合同法》是一个转折点。这些法律法规的实施，加速了人力资源管理法制化的进程。法制化将纠正和制止原来那种因人而异、因企业而异、甚至因企业领导人的变更而异的所谓"规范化"管理模式，大大改变中国管理的主观随意性，提升中国管理的科学化水平，加速中国管理（包括人力资源管理）与国际接轨的进程，使其逐步达到与国际通行的普遍规则相一致的程度。

总体上看，以2008年《劳动合同法》实施为标志，中国企业人力资源管理将逐步实现从动荡、无序流动到稳定、内敛的转变。

3. 从相对低成本到相对高成本：企业的 HR 成本快速提高

在未来相当长的时间里，中国经济社会仍将主要面临就业问题。与此同时，中国也将进入一个工资上涨的时间通道。

促进就业，提高就业者的薪酬水平，让全体国民共享中国经济和社会发展的成果,这是保持中国经济持续健康发展、构建社会主义和谐社会的国家取向,也是企业必须承担的社会责任和面对的艰巨课题。

同时,随着企业之间的竞争特别是人才竞争的日趋激烈,一方面,需要引入人才的公司会提供更好的条件来吸引优秀人才;另一方面,公司要想方设法留住优秀员工,其留人的主要条件便是薪酬福利。这两方面的原因都会促使企业投入更高的成本来进行薪酬福利项目的设计与执行。除了法定福利项目外,企业在公司自主福利项目的建立上也会投入越来越多。这样,相互攀比将使企业薪酬福利的投入越来越多,用工成本越来越高。

4. 从自给自足到分工合作:人力资源外包逐渐成为潮流

中国企业以前的人力资源管理总是追求大而全,或许是工作性质的"特殊性",或者是"便利"的原因,一般都希望万事不求人,用"可靠的"自己人做好自己的事。

但是,现在情况变了,观念也变了。为了能够适应企业竞争环境的变化、组织结构的变化、企业工作性质及业务量的变化,组织必须保持快速、高效、专业的经营管理系统和程序,于是,人力资源外包应运而生。

人力资源外包就是将组织的人力资源活动委托给组织外部的专业机构承担,基础性管理工作向社会化的企业管理服务网络转移,比如档案管理、社会保障、职称评定等庞杂的事务性工作、知识含量不太高的工作等,逐渐从企业内部人力资源部门转移出去,而工作分析、组织设计、招聘培训、绩效考核等具有专业性的职能则交给外部管理咨询公司。

人力资源管理外包的实质就是降低成本、提高效率,从而有效地适应外部环境,使企业人力资源和机构运行更精干、灵活、高效,实现企业可持续性竞争优势和战略目标。

在发达国家和跨国企业,人力资源外包已经成为潮流。中国企业也必将顺应趋势,从自给自足过渡到更加注重分工合作。

5. 从手工过渡到自动化:HR 信息化正在加速发展

信息化是实现有效管理和战略管理的重要手段。信息技术系统可以解决显性知识的收集和共享问题。21世纪新的信息技术的应用,尤其是互联网的普及,加快了企业信息化的进程。

全球经济一体化加剧了企业之间的竞争,企业对人力资源管理的观念产生了重大的变化,逐渐意识到为了获取独特的竞争优势,人力资源管理必须从事务性的角色转变到战略合作伙伴的角色。信息技术在人力资源管理领域的应用及时地满足了企业的这些需求。为了降低成本、提高效率，ERP、e-HR 成为企业必然的选择。

伴随着知识经济的发展，人力资源管理信息化成为企业关注的焦点，企业通过导入人力资源管理软件系统，建立了一个综合性的、功能丰富的人力资源平台，实现了企业人力资源的优化和管理的现代化。

国内的 HR 管理软件从 20 世纪 80 年代末开始发展，最初只是以附属于财务软件中的薪资模块或 EPR 系统中的人事模块出现，后来慢慢发展成独立的 HR 软件产品，现在正将人事信息管理、薪酬福利管理、岗位管理、员工培训管理、全面绩效管理等各模块集成于一个完整的人力资源管理系统中。调查显示，中国的软件市场增速在下降，e-HR 的增速反而在上升；同时，绝大部分中国企业对人力资源管理的电子化持绝对肯定和认可的态度，其 60% 将在未来两年投资到人力资源管理的信息化建设中。伴随着管理竞争的加剧，e-HR 将越来越受企业欢迎。

6. 从分割到统一：区域合作导致 HR 循环经济圈的形成

当今是强调全球化、国际化和战略管理的时代。在全球化进程中，区域一体化趋势正在加强。比如在东亚地区，中日韩三国人力资源市场、雇佣模式、人才系统、文化理念等正在面临共同的挑战、实现相近的变革、逐步走向融合。同时，东亚文化中的人本、和谐理念与美国式人力资源管理制度和技术也在逐渐融合。因此，无论是美国、日本、韩国还是中国，全球化背景下人力资源管理的整体趋势正在加速融合。

2008 年组建的国家人力资源和社会保障部，其职责就是更好地发挥我国的人力资源优势，进一步解放和发展生产力，统筹机关和企事业单位的人员管理，整合人才市场与劳动力市场，建立统一规范的人力资源市场，促进人力资源合理流动和有效配置，统筹就业和社会保障政策，建立健全的从就业到养老的服务和保障体系，从而真正形成全国性人力资源管理与开发体系，促进人力资源竞争力的全区域整合。

建立统一、规范的人力资源市场将打破现有的各种壁垒和障碍，包括区域壁垒和行业壁垒。区域合作将导致循环经济圈的形成，包括 HR 循环经济圈将加速形成。其实，国内许多区域已经出现了这种合作，并且有逐渐加大、增强之势。比如长三角、珠三角、以武汉为中心的长江中部经济带，以及环渤海、西部、东北等区域的人力资源或人才人事合作循环机制。

7. 从国内竞争到国际竞争：劳动力大国正在过渡到人力资源强国

随着中国经济的快速发展，人力资源出现许多新的特点。一方面是人口出生率在减少，另一方面是人口老龄化在加剧。未来十年，我国企业将面临 HR 的短缺局面，将从强调劳动力规模和廉价优势过渡到注重建设人力资源强国。

全球化使全球市场联系越来越紧密，跨国公司成为世界经济的主宰性力量，战略联盟、虚拟组织成为新的重要组织形式。相应地，人力资源管理的边界也从清晰到模糊，从封闭走向开放，国际人力资源管理与柔性化组织人力资源管理成为人力资源管理的新领域。

突破传统意识中的国家边界和企业边界，培养全球观念和竞争协作精神，实施有效的跨文化管理，将成为企业人力资源管理必须面对的挑战。

国内管理的国际化与其说是一种管理模式的引进和消化，或是一种文化的开放和融合（即人的国际化），毋宁说是一个有关管理的不断整合提升与动态的进化过程。这向企业管理者和人力资源管理者提出了一个严峻的挑战，那就是如何将各种理论、模式与中国的管理实践结合起来，从而实现中国由劳动力大国过渡到人力资源强国。

8. 从泛化普用过渡到职业和专业：HR 的职业化和专业化进一步加强

人力资源价值的显现和地位的提升，使人力资源管理成为一种热门职业，对人力资源管理者本身也提出了越来越高的要求。

现代人力资源管理的内容已经突破了传统的封闭体系，正在不断创新。不仅人们的观念需要转变，而且需要具备许多素质特征和技术手段。人力资源管理是一门最具实践性的学问，但是现实在走极端：搞管理的很多不懂理论，懂理论的基本不搞管理，理论与实践相结合的空间十分巨大。

有关人力资源管理者胜任特征模型的研究表明，优秀的人力资源管理者的主要职责可以用四种角色来表示：一是人事管理专家，要求熟悉机构或企业的人事管理程序，了解政府有关法规政策；二是业务伙伴角色，要求熟悉组织业务，参与制定业务计划，处理问题，保证业务计划得到有效执行；三是领导者角色，要求发挥影响力，协调和平衡组织、部门要求与员工需求之间的关系；四是变革推动者角色，要求协助组织及其管理者有效地计划和应对变革，在人力资源及理念方案上为组织变革提供有力的支持。

中国传统的人事管理历来以政治管理为中心，把管理视为一种艺术，并未形成一门科学。总体上看,中国人力资源管理者面临着先天不足、偏食、营养不良的问题,亟须补上现代管理这一课。

改革开放四十多年来,中国人力资源管理水平有了一定的提高,但是还很初步,无论从管理机制还是管理文化上,都迫切需要全面的、系统的革新,未来十年的中国人力资源管理将展开更加规范的整合与提升。

案例研究:英国脱欧公投案例分析

一、英国脱欧公投的背景

2010年以来,欧盟遭遇欧债、难民潮等危机,欧洲各国的疑欧(Eurosceptic)势力逐渐增长,对于欧盟解决泛欧问题的能力也慢慢丧失信心。英国基于不满欧盟"人员自由流动"(free movement of persons)原则带来的大量欧盟移民、长年对欧盟预算的净贡献、欧盟法规过于复杂等原因,使疑欧派以"取回控制权"作为脱欧的有力号召。英国前首相卡梅伦(David Cameron)于2013年1月23日表示,保守党如果在2015年5月7日的英国大选中胜出,将于2017年之前举行英国是否退出欧盟的"公民投票"(Referendum)。保守党获得全面性胜选后,卡梅伦为了兑现其"政治承诺",于2016年6月23日举办脱欧公投。脱欧派以51.9%的比例赢得公投,震惊全球。

二、英国脱欧公投通过的原因①

1. 移民与难民议题

2004年,欧盟根据"欧洲联盟运作条约"(Treaty on the functioning of the European Union)第26条第2项规定②,正式接纳10个中东欧国家约为7 500万的人口加入。此后,英国每年须接受数十万人次的东欧移民人口入境③。

接着2010年欧债危机又进一步重挫英国经济,与此同时,英国不仅必须提供欧盟发生债务危机的成员国纾困资金,还要接纳来自西班牙、葡萄牙、希腊、意大利

---

① 陈希宜.剖析英国脱欧及其对区域整合与发展之影响[J].全球政治评论,2019(65):87.
② 欧洲内部市场为无边界的区域,在区域内应保证货物、人员、劳务和资金的自由流通。
③ 张心怡.英国的脱欧公投及其对英国和欧洲整合之影响[J].国际与公共事务,2015(2):47.

等国的移民涌入英国寻求工作机会,而这些外来移民还能享有社会福利及全民医疗健康保险,在各种因素的加成下,造成英国国内失业率攀升、加剧萧条现象。英国国民感到负担沉重,不满情绪日益累积,尤其是年长者、低收入和低技能者等受到经济冲击较大的族群,大多将自身经济困境归咎于这些外来移民。

2. 政治因素

英国一向主张国家利益至上,然而在欧盟这样超国家组织的框架下,难以独立行使政策来捍卫国家的最佳利益,因此疑欧派"脱离欧盟"(LeaveEU)在2015年便以此大做文章,声称英国在欧盟的代表仅仅占了4%,在欧盟立法的投票权重也仅占了11%,人微言轻如何能在欧盟体系下中求得英国的最佳利益①?唯有摆脱欧盟法规的各种限制,英国才能全面依照本身的国家利益制定合身政策,重新提升英国在全球政治、经济、文化领域的影响力。

3. 社会福利

享受加入欧洲共同市场利益的同时,也必须负上昂贵的代价,中华经济研究院的研究报告指出英国每年必须缴纳给欧盟的贡献金额高达84亿英镑,而且欧盟会费还逐年上涨。面对如此沉重的负担,欧盟预算回流至英国却不到半数,且也不能指定预算用途,长此以往自然成为英国社会大众共同的压力与不满。

疑欧派便以此宣传②:脱欧之后无需再缴纳昂贵会费,每年省下的金额若注入英国国家医疗服务体系(NHS)国民均可立即受惠,脱欧游说组织"投离开票"(Vote Leave)甚至还进一步提出脱欧之后所省下的会费可用来新建一间医院③,对于一向对欧洲事务较为冷淡及陌生的英国人而言,脱欧之后可见的利益更加明确且吸引人。

4. 世代差异

此次公投可谓反映出不同世代以及城乡地区对于全球化与欧盟的理解与感受。从选民结构来分析,老年人不仅投票率较年轻人高出许多,中华经济研究院的研究报告指出"在65岁以上的族群中有60%支持脱欧,55—64岁年龄层有57%的高脱欧比例",显见55岁以上的族群超过半数均支持脱欧。此外,除了都

---

① LeaveEU.http://leave.eu/downloads/Independence_Facts.pdf,2019/06/13.
② 李淳,杜巧霞,叶长城,吴柏宽,李宜静.英国脱欧后对全球及我国经贸影响[EB/OL].中华经济研究院 WTO 及 RTA 中心咨询回复,中华经济研究院编号 1050604,https://www.trade.gov.tw/App_Ashx/File.ashx?FilePath=../Files/Doc/5f3ca3be-ca49-42f6-8011-8fe61684b455.pdf.
③ Vote Leave. http://www.voteleavetakecontrol.org/why_vote_leave,2019/06/13.

会区留欧票数高于脱欧外,包括南部、中部、西南及东北部地区,均是脱欧派胜出,显示出全球化及欧盟一体化的便利性及经贸优势大多反映在都会区,对于年纪较长、居住于偏乡地区者,受到经贸自由化的冲击往往因自身条件居于弱势、竞争力不足反而深觉留在欧盟弊多于利。

5. 贫富差距与民族主义为脱欧之主因[1]

托马斯·皮凯蒂(Thomas Piketty)的《21世纪资本论》中深刻地描绘了资本主义下的贫富差距现象极其严重:二战结束30年后,财富开始向资产阶级移动,如果各国政府不加以重视,那么可能在未来30年之内,世界各个市场经济下的资本集中度,大约有80%以上的财富会掌握在最有钱的10%人手中。南伊利诺伊大学教授索尔特(Frederick Solt)透过全球的实证分析发现,随着贫富差距的扩大,国家内部的民族主义情绪即会高涨[2],政治人物则会以民族光荣、国家情感、民族文化光荣等诉求,来赢得选举。

三、英国脱欧与留欧的利与弊分析[3]

1. 脱欧派主张

大多数英国脱欧的拥护者认为此举最大的优势、也是他们投下同意票支持脱欧的最主要理由便是从此国家可以重新拿回主导权,掌控自欧盟自由入境英国的人口,以及从非洲和中东地区涌入英国境内日益增长的难民人数。

脱欧派主张[4],英国离开欧盟之后,在贸易、财政、金融自由度、立法各方面均更能自主、有更好的发展。《经济学人》(The Economist)及英国财政部(HM Treasury)做出分析认为脱欧有以下优势[5]:

---

[1] 林子立.川普当选与英国脱欧之比较分析[J].全球政治评论,2017(57):7—12.

[2] Frederick Solt. Diversionary Nationalism: Economic Inequality and the Formation of National Pride[J]. The Journal of Politics, 2011, 73(3): 821-830.

[3] 陈希宣.剖析英国脱欧及其对区域整合与发展之影响[J].全球政治评论,2019(65):89.

[4] Kimberly Amadeo. Brexit Consequences for the UK, the EU, and the United States[EB/OL]. The balance, 29 January, 2019, https://www.thebalance.com/brexit-consequences-4062999; May Bulman. Brexit: People voted to leave EU because they feared immigration, major survey finds[EB/OL]. The Independent, 28 June, 2017, https://www.independent.co.uk/news/uk/home-news/brexit-latest-news-leave-eu-immigration-main-reason-european-union-survey-a7811651.html.

[5] A Background Guide to "Brexit" from the European Union[J]. The Economist, 24 February, 2016; IMF. Country Report-United Kingdom: Selected Issues[EB/OL]. 17 June, 2016, https://www.imf.org/external/pubs/ft/scr/2016/cr16169.pdf; HM Treasury. HM Treasury Analysis: The Long-Term Economic Impact of EU Membership and the Alternatives[EB/OL]. April 2016, https://assets.publishing.service.gov.uk/government/uploads/system/uploads/attachment_data/file/517415/treasury_analysis_economic_impact_of_eu_membership_web.pdf.

（1）贸易自由度提高：英国可重新协商与欧盟的合作关系，不必再受到欧盟法规的约束。

（2）可自由运用经费：英国每年不必再向欧盟缴纳高额会费，可将此笔费用投在国内例如科技研究或新兴产业上。

（3）重得法规自主权：可自主规定包括劳动法规、医疗健保、国家安全措施等。

（4）管控移民政策：不再需要配合欧盟移民政策，可有效管控境内移民制度。

（5）国际地位提升：英国原本在欧盟的影响力就远不如德国、法国，脱欧之后可重新取得话语权与谈判权，在自由贸易与国际合作议题上可提升话语权与国际地位。

（6）金融自由度提高：相较于欧盟法规与程序的繁复，英国一旦脱欧意味着伦敦的金融业绩更有弹性，有助于提高其竞争力。

但是一旦脱欧，英国就必须面对贸易成本上升、贸易规模缩小、外资投资兴趣减少等挑战，伦敦在国际金融中的地位恐怕也将由法兰克福或巴黎所取代，苏格兰也可能借机争取独立导致英国分裂。

2. 留欧派主张

留欧派则强调欧盟成员国的身份可以让英国获得贸易与市场的便利，外来移民可以填补就业市场的空缺，并不会排挤国人的就业机会。留欧的优势有下列几点：

（1）继续留在欧盟可免关税，维持较佳的贸易条件。

（2）享受法规标准化的便利。

（3）补充就业人力。

（4）保留在欧盟及国际机构的影响力。

然而相对的，想要继续留在欧盟的代价就是必须每年支付欧盟昂贵的费用，共同承担欧元区经济成长停滞的问题，并且持续接受移民对边境安全以及社会福利的沉重负担。

思考题：

我们已经学习过全球化的概念与知识。全球化最大的挑战在于是否能解决本国企业对于公平贸易的担忧，即在全球化架构下，国内政策或机构是否给予外国对手任何差异而造成对手的不公平竞争优势，其中也包括劳动条件和环境标准中的差异。

逆全球化或反全球化运动（anti-globalization movement）是批判企业资本主

义全球化的社会运动,也常被称为"全球正义运动"(global justice movement)、"改变全球化运动"(alter-globalization movement)、"反企业全球化运动"(anti-corporate globalization movement)或"反对新自由主义全球化的运动"(movement against neoliberal globalization)。

"逆全球化运动"主要在于反对自由贸易协定(经常被认为是全球化的一部分),基本上主张"反资本家""反垄断"或"反企业",而非反对所有全球化现象。"反全球化运动"支持者所追求和呼吁①的是进一步确立民主代表性、促进人权、公平贸易和永续发展的全球整合形式;主要批评企业为寻求最大利润,牺牲劳工工作安全条件和标准、劳动力雇用和薪酬标准、环境保护原则。同时,目前"逆全球化"论点支持者最关心的为"跨国公司垄断"②议题,主张独立性和主权的完整性。

英国脱欧是"逆全球化"背景下的一个典型案例。如何看待英国脱欧的背后原因与"逆全球化"发展之间的关系,值得我们深思。

(资料来源:综合热点新闻网络资料整理而成,林新奇教授《国际人力资源管理》研究生课程班硕士生简端君同学做出了贡献。)

复习思考题

1. 国际人力资源管理兴起的背景是什么?
2. 什么是全球化?什么是国际化?
3. 现代世界是如何走向全球化的?
4. 中国加入WTO意味着什么?
5. 全球化条件下人力资源管理具有哪些新特点?
6. 人力资源管理发展100多年来表现出什么样的趋势?
7. 21世纪的人力资源管理存在哪些新问题?
8. 如何理解国际人力资源管理的基本概念?
9. 研究国际人力资源管理具有哪些意义?

---

① 反全球化运动并非完全反对全球化,而是主张应确立公平性与永续性。
② 联合国开发计划署(United Nations Development Programme, UNDP)在评估TPP时,也认为"跨国公司垄断"可能成为阻碍联合国"永续发展目标"(Sustainable Development Goals, SDGs)达成的因素之一。

第二章

国际人力资源管理的研究视角与方法

【本章要点】
- 比较管理学及其研究视角
- 跨文化管理及其研究视角
- 跨国公司人力资源管理的研究视角
- 问题导向的国际人力资源管理研究

第一节 制度比较视角

一、制度比较视角的起源

所谓制度比较视角,指的是比较管理学对人力资源管理的研究。该研究主要着眼于国家间管理体系的异同及由此带来的制度特征,所以又叫国际比较管理。这一角度主要从体系、制度特征方面对人力资源管理加以阐述。

比较管理学是一门新兴的管理学科,1950年代末到1960年代初起源于美国。1959年于纽约出版的哈比森(F. Harbison)与梅尔斯(A. Myers)合著的《工业世界中的管理:国际分析》一书,是世界上第一部全面系统地研究各国管理并加以比较的著作。之后,经过了一个曲折的发展过程,现在比较管理学已引起各国企业界和管理学者的普遍关注与重视。

一般认为,比较管理学是建立在比较分析基础上对管理现象进行研究的一门管理学分支学科,它采用系统比较分析的方法,对各国的企业管理理论和实践进行综合研究,探索企业管理的规律和最佳的管理模式,为学习和借鉴外国企业的先进管理经验提供理论指导。

二、发展阶段

比较管理学从1950年代末问世至今经历了三个发展阶段,形成"高潮—低潮—高潮"马鞍形的发展形态。

第一阶段(1950年代末—1960年代末)是比较管理学奠定其理论基础、广泛探索与试验各种方法的时期。在这一时期中,各国学者围绕着管理的可比性、管理的可转移性以及管理原理的普遍适用性的"三性"问题展开了热烈的讨论,提出了各种理论模型,也积累了大量的感性材料,美国的许多大学还开设了比较管理学课程。

第二阶段(1970年代)是比较管理学的低落和积累研究力量时期。从1970年代初开始,比较管理学进入了低潮,主要原因是研究经费来源枯竭,因为跨国度、跨文化的调查与研究需要大量的资金,在第一阶段中,福特基金会等机构曾慷慨解囊,资助学者进行比较管理研究,可是1973年的世界石油危机及其触发的经济危机之后,这种资助逐渐减少。又由于进入1970年代以后,美国的企业管理教育迅速发展,商学院扩展极快,管理学教授短缺,使各院校不愿继续支持教授们搞比较管理研究,而是把他们充实到教学中去。所以,这一时期虽然仍有许多关于比较管理学的论著问世,但总的来讲数量大减。

第三阶段(1970年代末以来)是比较管理学的繁荣发展时期。到了1970年代末1980年代初,比较管理学的发展进入了第三阶段,这时对不同国家和文化中的管理思想、管理方式、管理制度的比较研究又逐渐繁荣。特别是随着日本和德国在经济上的崛起,出现了大量探讨它们成功的经验与管理上的原因的文献。其中引人注目的是美国、日本的管理比较热的兴起,成为比较管理学发展史上的第二次高潮,延续至今。

三、理论学派

由于在比较管理学的发展过程中,许多来自不同领域的学者,如人类学家、社会学家、心理学家、政治学家、生态学家、经济学家、管理学家等,都参与了比较管理学的研究,他们用各自的方法、模式研究不同的问题,得出不同的结论,形成了不同的比较管理学的理论学派,主要有经济发展与环境学派、行为学派、折中—经验主义学派和应变管理学派[①]。

1. 经济发展与环境学派

这一学派的主要代表人物有哈比森、梅尔斯、法默(R.N.Farmer)和里奇曼(B.M.Riechman)。其主要理论观点是:强调管理是经济发展的关键因素,而环境条件又影响着管理过程和管理效果。

该学派的代表作主要有法默、里奇曼合著的《比较管理与经济发展》。

2. 行为学派

行为学派着重分析不同国家、不同文化背景下个体与群体的行为模式,它研究的变量(可变因素)较多,包括管理人员的态度与价值观、激励模式、领导行为等。该学派的主要代表人物有尼根希(A.R.Negandhi)、埃斯塔芬(B.Estafen)、巴斯(B.M.Bass)和波尔玛特(H.V.Perlmutter)等。他们同意法默、里奇曼所选择的影响管理的环境因素,但又增加了一个新的因素,即管理哲学。按照他们的定义,管理哲学是指一个

---

① 赵景华.比较管理学研究:现状分析与前景展望[M].济南:山东大学出版社,1999.

企业对其内部和外部的某些影响力量的明确的或隐含的关系和态度。

该学派的主要代表作有尼根希与埃斯塔芬合著的《比较管理学》、霍夫斯蒂德(Hofstede)的《文化的影响——工作相关价值的国际差异》等。

3. 折中—经验主义学派

这一学派并没有尝试去建立和发展一个综合的、系统的比较管理学理论模式,而是以案例研究为中心,注重实际经验的调查和归纳,从大量的经验事实中迅速地为经过验证的理论做出一般性说明。其主要代表人物是格兰尼克(D.Granick)和欧内斯特·戴尔(E.Dale)。他们对不同国家企业经理的管理经验作了详尽的阐述与比较。

这一学派有不少优点,例如,用这一学派的思路可以较迅速地形成从经验推导而生的知识,而由此积聚的知识又可引出概括性的论断,进而推动研究的深入。

4. 应变管理学派

1980年代兴起的这一学派强调在进行比较管理研究时,不能有固定的比较分析模式。环境对企业组织的影响是实际存在的,管理者应付环境的行为处于这一学派理论的核心地位。该学派的主要代表人物有威廉·大内(William Ouchi)、帕斯卡尔(R.T.Pascle)、阿索思(A.G.Athos)等。

这个学派不仅动态地研究企业的环境因素,而且特别强调对企业内部管理方式与过程的比较研究。

四、发展趋势及问题

从目前一些国家的研究现状看,比较管理学的发展呈现出以下趋势:
- 加强文化对管理影响的研究;
- 调整研究方法,重视应用性专题研究;
- 不断完善比较管理学的学科体系;
- 加强各国学者之间的协作研究。

纵观各国的比较管理学著作体系,大致可分为三类:一是国别体系,就是将比较管理学需要比较研究的所有对象国按一定的顺序排列,分别加以论述,阐明各国企业管理的异同、影响与联系;二是分论体系,就是把比较管理学所要研究的主要问题按某种逻辑顺序排列,再分别阐述,博德温教授主编的《比较管理学——教学、培训与科研》一书就是这样的体系;三是混合体系,即首先分若干章节论述比较管理学的理论问题,然后再分若干章节论述不同国家管理过程的各种要素和环节,如计划管理、组织管理、决策、领导、激励、控制等,并着重说明其异同点。属于这种体系的著作较多。上述三种体系很难说哪一种是完美无缺的,都有不足之处,因此各国学者都在探索。

要想有效地运用以上模型开展管理可行性比较研究,至少还应注意如下五个方面的问题:

(1) 被比较对象的可通约性,即不同对象之间的可比性;
(2) 管理活动的差异性;
(3) 文化的对等性;
(4) 要素对比的整体性;
(5) 比较研究的深入性。

第二节　跨文化管理视角

一、起源与理论假设

跨文化管理的视角,是从文化、价值观的角度来关注人力资源管理的各项活动。它主要着眼于文化观念的异同及由此引起的行为价值特征,所以又叫跨文化人力资源管理。

世界上研究跨文化管理最著名的学者是荷兰人霍夫斯蒂德,他提出的国家文化模型即跨文化比较五维度为各国管理学者所熟悉。他对 IBM 公司分布于全球的员工所进行的行为、价值观等的比较研究,至今仍是跨文化管理研究的范例。

在中国,最早进行跨文化人力资源管理研究的是陆红军于 1980 年代出版的《人力资源发展跨文化学通论》。该书是一部各国学者在中国探讨跨文化人力资源开发的会议论文集,该会议举办了多届,开创了中国学者研究跨文化人力资源管理的先河。此后,随着中国改革开放的不断深入和经济的蓬勃发展,出现了不少研究中外合资企业跨文化管理的著作和调查研究报告。

跨文化管理的研究主要基于对各国管理的不同文化体系的假设。但是,这里存在两个潜在的陷阱,即跨文化管理的假定相似点与假定不同点。前一种陷阱经常出现在英国人与美国人的合作中,相同的语言使他们过高估计了文化中的相同点。这种情况在美国人与加拿大人之间的合作中可能更明显。另外,一些管理者会错误地认为,在一个地区被证实是成功的"与当地人相处"的做法在别的地区也会适用。

文化会在许多方面交汇在一起。所以,知道在某一个国家该做什么,或者决定国家与职能文化在一个多文化的工作小组里是否重要,都不是根本的解决办法。真正需要去做的是指导管理者如何评价文化对管理行为的潜在影响,包括国家的或其他领域的文化。

调查指出,在跨文化管理的环境中,忽略旧制或者墨守成规对管理者都是不明智的。最有效的管理者是这样做的:他们接受成规,并把它们作为起点,但随着他们阅历的增加也在不断地改进这些成规。这些管理者不断地检验、再检验,根据第一手的资料经常修订这些文档。他们很愿意不断地怀疑他们自己和他们的成规,自觉地否定、再定义他们的经验。这要求认真地观察、怀疑性地判断、对解释的追求——那些来自直觉的原因。

二、文化全球化

全球化不仅仅意味着维持现有的主要贸易活动,或者是拥有一个全球性的组织名称,全球化公司的真正意义在于它具有利用文化差异的能力。在一个全球竞争的时代,基于世界范围内的雇员计划已经成为必要条件,而不仅仅是一种空洞的论调。

文化的全球化首先意味着一种世界的秩序,有共同的价值观、财富和组织结构,即:

- 国家与文化都更为开放,彼此之间的影响更大了;
- 不同群体、不同种族、不同宗教信仰的人们的个性和共性都得到足够的承认;
- 不同意识形态、不同价值观的民族相互合作与竞争,但没有一种意识形态凌驾于其他意识形态之上;
- 从历史的角度看,文化的全球化是独一无二的,但它的组成仍是多元化的;
- 就像现在我们认为的开放、人权、自由和民主是有价值的一样,尽管具体的解释会有所不同,但一些价值观会逐步成为共同的价值观[①]。

在跨文化环境中,积极创造某一跨国组织文化变得比消极地同化于某一占主导地位的伙伴民族文化更重要。要想把全球雇员整合成为一个全球性的、紧密结合在一起的组织文化,同时提高地方敏感意识,跨国管理人员必须懂得跨文化的相互作用。

---

① [瑞士]苏珊·C.施奈德,[法]简-路易斯,巴尔索克斯著.跨文化管理[M].石永恒主译.北京:经济管理出版社,2002.

事实证明,存在民族差异的单一文化和比较文化研究在处理跨国管理的问题提供的知识不如针对相互作用研究所提供的知识多。

三、若干经典研究

(1) 阿德勒和巴索罗姆(1992a)对1985—1990年间的国际组织行为/人力资源管理的出版趋势进行了认真研究,并分析了自1970年代以来该领域在研究内容和研究角度方面的变化。

他们调查了73种学术性和专业性管理学期刊,其中包括对5年内发表的(1985年10月—1990年9月)28 707篇文章进行数据库查找,将这些文章和期刊进行分类,据此确定其国际化的程度(参见表2-1)。

表2-1 对73种学术性和专业性管理学期刊的调查(单位:篇)

文化层面 \ 文章分类	国 际 范 畴		
	外国民族	相对国际性	国际间相互作用
文化内涵			
非文化类文章	125	20	47
文化类文章	163	127	179
文化影响			
文化有差异	(152)	(114)	(175)
文化无差异	(11)	(13)	(4)
文章总数	288	147	226
共计	661		

根据读者群划分期刊种类的方法源于巴利(Barley)、麦耶(Meyer)和盖斯(Gash)三人在1988年对《管理科学(季刊)》的研究中所指出的两大论域:"在期刊或书中发表的文章的最常见的读者群有顾问、管理人员或普通读者,其论域主要针对那些实践者。同样,那些读者群为理论家和研究者的论文包含此领域的所有学术思想。"此项调查是在巴利等人的框架基础上利用读者群和研究方法作为衡量标准的(参见图2-1)。

从此项分析可以看出主要有三种趋势:首先,所发表的关于国际组织行为/人力资源管理的文章类型已发生了变化,从外国民族和比较研究转向更多的对国际相互

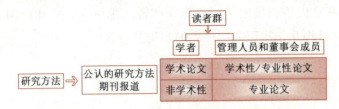

图 2-1　以读者群和研究方法作为衡量标准的调查

作用的研究上；其次，文化及文化在研究国际组织行为／人力资源管理中的重要性已得到人们越来越多的认同；最后，尽管已发表的有关国际组织行为／人力资源管理的文章总数在过去的 20 年里未见增长，但是学术性和专业性的论域领先于国际性、相互作用性以及文化组织行为／人力资源管理文章的论域（参见表 2-2）。

表 2-2　文化动力及策略和结构的演化过程

战略思想	国际性的	多国的	全球性的	跨国的
战略	无	国际具体的情况：地方习俗	全球一体化	地方习俗、全球一体化及全球知识
结构	集权等级体系	分权分级体系	集权等级体系	非分级等级体系，网络体系
文化视角	地方观念	与文化相关的	公司总部优越感	文化协作
文化差异	被忽视	在外国被承认，在外国得适应这种文化差异	在组织内被承认，尽可能同化于优越的组织文化中	在组织内被承认，对公司的优越有益
文化相互作用的动力	文化优越性	文化适应（国外市场和客户）	文化适应（优越组织文化）	文化协作、合作及学习
文化价值研究	无	外国民族和比较研究	缩小文化差异的影响、比较研究及相互作用研究课题	国际相互作用研究，尤其是对有益于公司的跨文化相互作用的研究

在国际组织行为／人力资源管理研究中发现的第二个趋势是：文化对管理行为的影响已越来越受到人们的认同。组织行为／人力资源管理研究趋势显示，现在人们的意见更倾向于差异论。这是由于学术界和专业人士都把文化视为重要课题，并认为文化存在差异。

第二个趋势之所以极其重要，是因为它重点强调了管理人员和研究人员意识到文化在理解和管理全球性公司的人力资源活动中的重要性。由于在公司内以及公司之间相互作用的性质已从具有等级体系的优越感转向平等的网络系统，因此，人们对获得有关不同文化背景下的合作方法以及怎样在一起相互学习知识的需求也在日益增长。

第三个主要趋势显示,学术界和专业人士的论域正在领导与知识经济时代跨国公司有关的组织行为学和人力资源管理文章的新潮流。

(2) 文化间管理概念①。

文化间管理的概念可用一棵大树来形象地表示(见图2-2)。

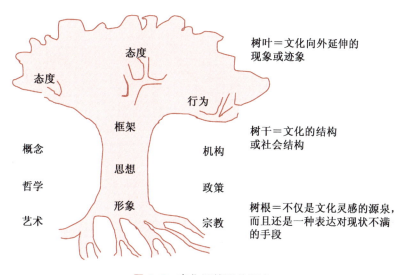

图2-2　文化间管理的概念

(3) 迪斯泰法诺和雷恩(1992)从文献评论中得出以下结论:全球杰出的高级管理人员是那些具有如下才能的人:

① 开发并运用全球决策技巧的能力;

② 在转变和过渡期间显示其管理才能;

③ 跨文化的管理才能;

④ 在宽松的组织结构中的设计才能;

⑤ 与其他人和在其他团队中共事的能力;

⑥ 沟通交际能力;

⑦ 在某一机构中学习知识、灵活运用知识的能力。

阿德勒(1991)发现,文化多样化群体或者非常有效或者非常无效,而单一文化团队的有效性却居中。她下结论说,如果管理得当的话,文化差异可以产生上乘业绩。

迪斯泰法诺和雷恩指出,这些技能的掌握是一项终生性的活动,一个人不可能具有所有这些能力。

---

① [英]帕特·乔恩特,[英]马尔科姆·华纳.跨文化管理[M].卢长怀,孙红英,杨洁译.大连:东北财经大学出版社,1999.

(4) 罗塞利·L.唐在对亚洲跨文化管理的研究中发现,亚洲主要受四本著作的影响:《孙子兵法》《五环论》《三国演义》和《三十六计》。《五环论》是 16 世纪末 17 世纪初由日本武士宫本武藏所著,1980 年被 Bantam 书社译成英文并出版,书名译成《日本管理艺术真经》,很快被公认为日本的哈佛 MBA 水平的教材。

根据这四本书,他归纳出指导东亚人经营的 12 条原则:

① 战略的重要性;

② 削弱对手;

③ 骗术也是一种战略手段;

④ 理解矛盾;

⑤ 妥协;

⑥ 争取全胜;

⑦ 利用对手的弱点;

⑧ 灵活性;

⑨ 搜集情报和信息;

⑩ 抓住相互依赖关系;

⑪ 忍耐;

⑫ 避免情绪化。

此外,中国学者俞文钊等人提出了跨文化管理的两种方式效能分析(参见图 2-3)。

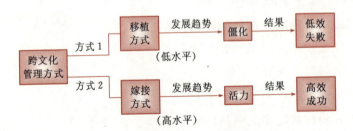

图 2-3 跨文化管理的两种方式效能分析

资料来源:俞文钊等.合资企业的跨文化管理[M].北京:人民教育出版社,1996.

四、跨文化管理研究的一些结论

迄今为止,人们对跨文化管理进行了很多研究,也形成了不少理论观点。上面对跨文化管理理论的介绍只是举其要点,其他有关跨文化管理的理论模型将在第四章加以阐述。

根据学者们的研究,如下结论是可以达成一致的。

首先,在世界上不同经济制度的地方,文化的价值是不同的;

其次,不同文化群体由于价值观和态度的不同,他们的行为也不同;

最后,文化在形成组织和企业运营的组织环境中的作用是很重要的。

第三节 跨国公司视角

一、起源

该视角主要研究跨国公司人力资源管理职能活动,着眼于跨国公司层面的人力资源管理及由此产生的职能活动特征,所以又叫跨国公司人力资源管理。

在中国,对于跨国公司人力资源管理的研究是与中国的改革开放同步的,或者说,是与跨国公司进入中国的时间表相一致的。早在1980年代,中山大学的凛文荃教授就通过问卷调查对日资企业的人力资源管理进行了比较规范的研究。1990年代以来,南京大学的赵曙明教授等对合资企业进行了大量调查研究,其中又以美、日、英、德较为突出,并对跨国公司人力资源管理进行了开拓性的理论与实际研究。其他学者也对这一领域给予极大的关注,进行了许多研究。

学者们在研究跨国企业人力资源管理时主要分两个问题进行讨论:一是探讨国际企业的发展给现代组织的人力资源管理带来的挑战,尤其是跨国企业的跨文化管理问题;二是研究国际企业中人力资源管理的具体问题,包括人员的配备、培训教育、工资报酬等待遇以及我国企业跨国经营的人才问题。

二、关于"跨国公司"的定义

对跨国公司应进行质和量两方面的规定,跨国公司应有如下的性质和特征:① 它必须是在一国以上拥有或控制资产,并从事价值增值活动的企业,即母公司控制下的多国经营实体;② 组成这种企业集团的各个企业之间,在人和资金方面拥有统一的核算体制;③ 企业应具有全球性的经营战略;④ 企业的海外资产和海外收益已达到相当的规模。

舒勒等人(Schuler, Dowling & De Cieri, 1993)提出了关于战略性人力资源管理(SHRM)的整体性框架(参见图2-4)。从图2-4中可以看出,跨国公司在一个世界范围的条件下运行,包括产业、国家、地区特征和跨国组织网等外生环境。例如,欧盟

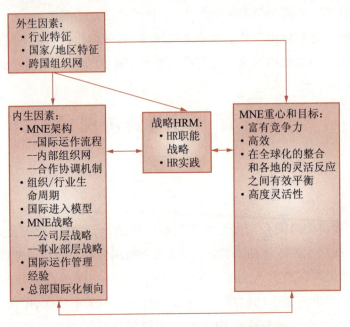

图 2-4　战略性人力资源管理的整体性框架

解除各国贸易壁垒和整合各国市场的举措带来了一个新的跨国组织关系。外生因素直接作用于内生因素,包括 SHRM 的战略和实践、跨国公司的关注点和目标等。

　　内生因素按照从"有形的"到"无形的"排列。跨国企业组织结构涉及国际运营流程、内部组织网和合作协调机制。组织/行业生命周期、国际进入模型和公司战略水平也是影响跨国公司的重要内生因素。最无形的内生因素是国际商务中的经验和总部的国际化倾向。学术方面的发展以及泰勒等人(Taylor, Beechler & Napier, 1996)对独立资源的综合模型表明,内生因素、SHRM 和跨国企业的利害关系与目标之间有互惠关系①。

三、发展趋势

　　以前,人们注重研究更现实的驻外人员管理问题;现在,人们已把注意力转移到研究跨国公司人力资源管理战略性的问题以及跨国公司国外分公司或子公司涉及的问题上,而且更加注重理论发展。

---

①　De Cieri, H. & Dowling, P.J.. Strategic Human Resource Management in Multinational Enterprise: Theoretical and Empirical Developments, forthcoming in Wright et al. (Eds.). Research and Theory in SHRM: An Agenda for the 21st Century, Greenwich, CT: JAI Press, 1999.

正如多厄(Duerr)所指出的那样:实际上,任何有关国际性的问题都是由人而生,所以,最后就必须由人来解决。因此,在适当的时间、适当的地点拥有适当的人,是一家公司向国际化迈进的关键所在。

劳伦特提出的国际性人力资源管理的概念要求是:

(1)母公司应清楚地认识到,它自身管理人力资源的特殊方式反映了母国文化的若干假设和价值观;

(2)母公司应清楚地认识到,它自身的特殊方式与其他(公司或文化)方式相比,既非十全十美,也非一无是处,它只是一种不同的类型,既可能有优势也可能有弱点,尤其是到了海外;

(3)母公司应清楚地认识到,国外子公司可能有着另一种更适合的人员管理方式,从本质上讲它不是很好或很差,但可能在当地是一种更有效的方式;

(4)总部不仅仅是愿意了解文化的差异,也愿意采取积极的措施使之宜于讨论并因此易于付诸行动。

使所有的相关群体共同建立一种真诚的信念,即跨文化的学习,可以开拓出一条更具创造性和有效性的人员管理之路。

道林指出,在被调查的美国公司中,几乎一半的公司认为,人力资源管理与公司国际经营的实质并无联系。蒙克斯(Monks)在对一家爱尔兰跨国公司的9个子公司的研究中发现,它们中的大多数在人力资源方面采用了当地的方法加以管理,公司总部仅仅对人力资源决策中的财务使用状况进行监督。

四、跨国公司人力资源管理的理论发展

根据跨国企业的经营特点和对人力资源的要求,跨国公司人力资源管理可以简单地划分为微观、中观和宏观三个层次的管理视角。

1. 微观视角

微观视角主要是从单个企业人力资源管理工作的角度出发来考虑人力资源管理的问题(参见图2-5)。

2. 中观视角

中观视角是从企业的组织工作角度以及将行业竞争特点分解为行业人力资源管理特点的角度来看待人力资源管理问题(参见图2-6)。

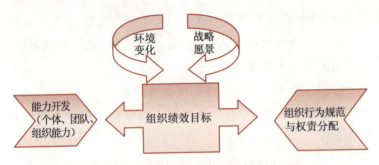

图 2-5　跨国公司人力资源管理的微观视角

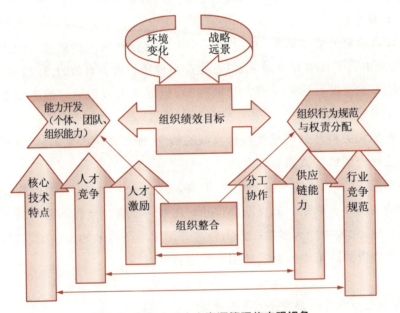

图 2-6　跨国公司人力资源管理的中观视角

3. 宏观视角

宏观视角是从产业竞争的特点提升到国别的人力资源差异和人力资本投资差异的角度来考虑人力资源管理的问题(参见图 2-7)。

与前面的跨国公司人力资源管理的三个层次视角相结合,研究者给出了跨国公司人力资源管理的思维框架,如图 2-8 所示[①]。

对于企业国际化经营而言,人力资源管理系统如何建立?在此,我们引用国外专家的研究成果,将人力资源管理分成三个阶段(见表 2-3)。

---

① Jeffrey P.Katz and Stanley W.Elsea. A Framework for Assessing International Labor Relations: What Every HR Manager Needs to Know, Department of Management, Kansas State University, 1997.

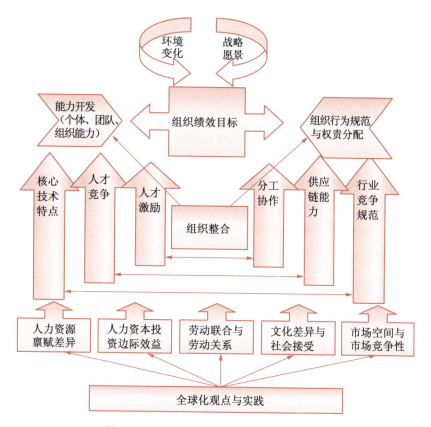

图 2-7 跨国公司人力资源管理的宏观视角

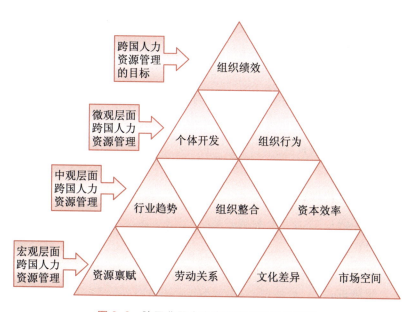

图 2-8 跨国公司人力资源管理的思维框架

表2-3 跨国经营人力资源管理的三个阶段

阶　段	活　动	关 注 点	理论视角	角色
构建HRM系统	基础框架	内部一致	内部匹配	架构者
重新构建HRM系统	根据环境、战略要素调整	变革	内外部匹配	变革伙伴
控制	组织能力发展、管理内容	建设性的管理变革中的冲突	二分法	舵手

第一个阶段是构建人力资源管理系统的基本组成部分并保证它们的内部一致性。一线经理往往认为,这种角色应该由人力资源管理部门来承担。在这种情况下,公司的策略会被臆断,并且构建者可能暂时成为一个保管人,就是说一线经理必须承担人力资源管理的责任,参与人力资源管理系统的构建中来。

第二个阶段是调整人力资源管理系统来适合内外部环境的变化。这就是企业经营管理国际化的过程。跨国企业的国际化需要企业战略和组织的变革,关注的核心在于要重组和创新技术并有效地完成战略。典型地,这需要一线经理和人力资源管理部门的配合,因此,这个角色被称作变革伙伴。

第三个阶段被描述为通过HRM协调。许多人会认为,前两个阶段从字面上或实践上都比较实际,而对第三个阶段可能不那么熟悉。这里的战略因素和人力资源因素不能分开,两者被完全联系起来了。焦点在于,发展组织能力并使其员工在世界范围的持续变革中生存下来,这也是通过建设性的管理来缓解追求短期绩效和长期发展、全球化和本地化、变革需要和执行力等的矛盾。的确,这些矛盾就是跨国公司面临的核心问题。第三个角色被称作舵手,就是表明人力资源管理在对立力量之间的引导作用。

根据相关研究,跨国公司的人力资源管理模式的基本框架包括以下4个方面。

- 人员招募与选拔:
    - ——人力资源规划;
    - ——招聘;
    - ——平等机会管理;
    - ——国际轮换;
    - ——退出管理。
- 培训开发:
    - ——入职培训;
    - ——岗位培训;

——评估业绩和潜力；

——领导力开发；

——职业管理：职业规划、教练和指导、继任者管理。

- 绩效管理：

——管理员工激励和承诺；

——职务评估；

——目标设定和预算；

——绩效衡量；

——评估；

——奖励管理：薪酬福利、非正式奖励。

- 劳动关系等。

随着研究文献的进一步发展，特别是资源依赖和资源基础学说的综合，赵曙明教授认为在内部因素、战略人力资源管理以及跨国公司关注的焦点和目标之间可形成一种相互的关系，这种关系还可能存在于战略问题和战略人力资源管理的战略和实践之间。

加拿大著名的跨文化组织管理学者南希·爱德勒（Nancy J. Adler）研究了跨国企业发展模式，提出了文化差异的变化与世界范围的人事管理变化相同的观点。跨国企业的人力资源管理，必须首先研究不同文化背景下的跨文化管理，了解人们的不同文化价值观、不同的行为方式、不同的激励方法；其次，探讨企业组织发展和世界市场需求的变化。南希·爱德勒将企业的变革和企业跨文化变革分为国内、国际、跨国和全球四个阶段，并提出了各种管理措施。

第四节　问题导向的新视角

一、问题背景

上述三种研究视角各有其特点，可以综合利用，但还不够。在全球化趋势下，无论从制度比较视角、跨文化管理视角或跨国公司管理视角对国际人力资源管理进行分析，都已经无法适应变化迅速的环境发展的需要和企业战略的要求了。特别是，研究国际人力资源管理的目的要求整合各种各样的研究视角，以问题为导向来适应企业的需要，回答现实中出现的越来越复杂的问题。

二、本书的视角

根据德伯拉夫·安科拉等人提出的整合多种视角的分析框架①,结合战略管理理论,本书提出对全球化趋势下人力资源管理或国际人力资源管理的一些看法。基本的研究视角是:从中国企业如何应对全球化挑战出发,从战略管理高度研究国际人力资源管理涉及的现实课题(如图2-9所示)。

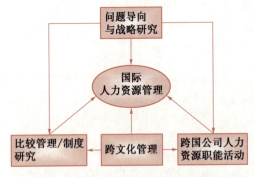

图2-9 国际人力资源管理研究模型

本研究视角的特点是直接(现实)性、战略性和综合性。所谓直接(现实)性,是指从问题出发,而不是从定义出发;从现实需要出发,而不是从学科体系出发;它要直接回答中国企业关心的问题,而不是间接地给予比较性启发或借鉴。所谓战略性和综合性,指不是一般地研究人力资源管理的行为价值、制度、职能活动等的特征,而是从战略角度来整合所有这些研究对象;这种战略性涵盖了国家、企业、人力资源管理职能战略三个层面。严格地说,国际人力资源管理(International HRM)在此应称为全球化趋势下的人力资源管理(HRM under Globalization)。正因为如此,本书可以称为《国际人力资源管理》,也可以取名为《全球化趋势下的人力资源管理》。

三、四种研究视角的比较

关于国际人力资源管理的上述四种研究视角,我们可以用图2-10作一比较。

许多学者早已看到了前述三种研究视角的局限性。比如,赵曙明(2001)认为,成功的人力资源管理除了应该摒弃文化差异带来的信息、知识传递中的失真与停滞外,应从不同文化中获取有利于组织整合和知识创新的因素。全球观念、系统观

图2-10 国际人力资源管理四种研究视角的比较

---

① [美]德伯拉夫·安科拉等.组织行为与过程[M].孙非译.大连:东北财经大学出版社,2000.

念、多元化是培养文化开发与宽容的思想基础,而有效的不同文化的交流与对话,特别是深度对话是实现文化整合和文化共享的重要途径。

随着经济全球化与企业管理国际化进程的发展,国际人力资源由重视对各国之间不同制度的比较逐渐过渡到重视对文化异同性的比较;由国与国之间地区性的比较逐渐过渡到对全球性问题的研究。从研究对象、研究范围的变化,我们不难看出国际人力资源管理的发展趋势。

国际人力资源管理的研究正进入理论形成的第二个阶段。以多元理论和多元方法为基础,下一步的工作必须从微观的层面转移到更高的战略层面上来分析。尽管目前的大多数研究还是基于单个国家,但是越来越广泛的研究已经发现企业国际化进程中所面临的国际人力资源管理问题,而不考虑这些企业的国别。值得关注的是,真正的挑战在于形成一套创新的、有效的研究方法,包括多种不同的团队、许多国家的研究,这些研究会对反复提倡的多种不同学科、不同层次和许多方法的理论发展起到促进作用①。

【信息链接】

美国对中兴公司的制裁与中兴休克事件

1. 事件产生的背景

2018年4月16日,美国商务部宣布,未来7年将禁止美国公司向中兴通讯销售零部件、商品、软件和技术。禁售理由是中兴违反了美国限制向伊朗出售美国技术的制裁条款。自4月17日起,中兴公司股票停牌。5月,中兴通讯公告称,受拒绝令影响,本公司主要经营活动已无法进行。也是在这一时期,中兴事件在国内外掀起轩然大波,由此产生了一股讨论我国跨国企业应该如何开展国际化经营的风潮。作为此次中美贸易摩擦过程中具有标志性意义的一件事情,中兴事件大致可以分为以下几个阶段。

2. 事件起因及其发展

2012年

据路透社报道,2012年,中兴通讯通过签订合同的方式,将一批搭载了美国科技公司软硬件的产品出售给伊朗最大的电信运营商伊朗电信(TCI)。根据美国

---

① 赵曙明,彼得·J.道林,丹尼斯·E.韦尔奇.跨国公司人力资源管理[M].北京:中国人民大学出版社,2001.

的出口限制法规,美国政府禁止美国制造的科技产品出口到伊朗。中兴通讯的这笔生意涉嫌违反美国对伊朗的出口禁令。此次中兴通讯受制裁事件由美国商务部主导,调查重点是中兴通讯是否通过幌子公司采购美国产品,然后将其提供给伊朗,从而违反美国的出口禁令。

2013年

2013年11月,在美国监管机构已经在调查中兴违规的情况下,中兴仍然决定恢复与伊朗的交易。为规避美方监管,中兴制定了《进出口管制风险规避方案》并找到一家位于无锡市的上市公司作为隔断公司,替中兴和伊朗做出口业务。中兴是通过国内贸易的形式,将产品卖给这家中国公司,这家公司再卖给伊朗。对美方监管机构而言,这相当于一方面谈和解,一方面顶风作案。

2014年

2014年,中兴公司一位高管去美国时在机场被扣下检查,美方在与该高管同行的秘书的电脑里面发现了《关于全面整顿和规范公司出口管制相关业务的报告》和《进出口管制风险规避方案》两份机密文件。这两份文件最终成为美方指控中兴违规最重要的证据。

在这一阶段,一个非常关键的人物便是时任中兴美国分公司法律总顾问Ashley Kyle Yablon。刚开始,Yablon负责为中兴准备美国商务部的行政调查,主要是关于中兴与伊朗1.3亿美元的巨额交易。但随后由于Yablon与中兴之间的矛盾爆发,Yablon选择面见FBI探员Carwile,提供一份集合了中兴内部高度机密的报告,报告中详细讲述了中兴是如何通过一系列方案将美国产品卖往伊朗的。

3. 初次审查

2014年3月,美国商务部工业和安全局(简称"BIS")将中兴公司列入"实体名单",主要是基于其获得的两份中兴公司机密文件,《进出口管制风险规避方案》描述了中兴公司通过设立、控制和使用一系列隔断公司绕开美国出口管制的方案,而且明确记载了华为如何出口产品到名列禁运国名单的国家,又能有效地躲过美国核查的做法。该文件认为,中兴应该参考华为的做法,修改自己的作业流程,方可降低被美方查获的风险。由于这份文件已被美国政府查获,华为后来也被美国商务部行政传唤。

当时,美国商务部对中兴通讯实行出口限制,禁止美国元器件供应商向中兴通讯出口元器件、软件、设备等技术产品,原因是涉嫌违反美国对伊朗的出口管制政策。

3月7日,中兴公司向美国政府提出和解,美国政府聘用第三方进驻中兴调查。但是中兴公司非常不适应这样的调查,担心泄露其他信息,在调查的过程中试图隐瞒相关信息。这导致美方十分不信任中兴公司。最终,美国政府对中兴提出的三项指控不仅包括串谋非法出口,还包括阻挠司法以及向联邦调查人员做虚假陈述,并据此判决中兴支付约8.9亿美元的刑事和民事罚金。此外,BIS还对中兴索取3亿美元罚金。

2017 年

2017年3月23日,中兴公司与美国政府就出口管制调查案件达成和解,中兴通讯与美国司法部的和解协议在美国德州北区法院批准后生效。作为和解协议的一部分,中兴通讯同意支付8.9亿多美元的刑事和民事罚金。此外,给美国商务部工业与安全局的3亿美元罚金被暂缓。是否支付,取决于未来7年公司对协议的遵守并继续接受独立的合规监管和审计。作为和解协议的一部分,中兴同意解职其4位高级员工,并对35名其他员工减少奖金或处分。一旦中兴公司违背了该和解协议的任何方面或者公司违反EAR,该禁制令就会被立即激活。

4. 二次制裁

2018 年

2018年4月16日晚,美国商务部发布公告称,美国政府在未来7年内禁止中兴通讯向美国企业购买敏感产品,包括软件、技术、芯片等,理由是中兴违反了美国限制向伊朗出售美国技术的制裁条款。美国商务部官员认为,根据之前的协议,中兴通讯承诺解雇4名高级雇员,并通过减少奖金或处罚等方式处罚35名员工。但中兴通讯在今年3月承认,公司只解雇了4名高级雇员,未处罚或减少35名员工的奖金。

5. 事件结局

2018年6月13日,停牌多日的中兴终于进行了复牌,但付出的代价却十分惨重。为了复牌,中兴共向美支付了14亿美元的民事罚款,并暂缓支付4亿美元罚款;更换上市公司和中兴康讯的全部董事会成员;并接受BIS为期10年的新拒绝令。6月19日,美国参议院以85:10的投票结果通过恢复中兴通讯销售禁令法案。

2018年7月5日,中兴管理层换血,原总裁赵先明等19名高管辞职,新总裁徐子阳上任;美国商务部暂时、部分地解除对中兴通讯公司的出口禁售令。7月

12日,《美国之音》消息,美国商务部表示,美国已经与中国中兴公司签署协议,取消近3个月来禁止美国供应商与中兴进行商业往来的禁令,中兴在缴纳4亿美元的保证金后,正式恢复运营,长达4个月之久的贸易制裁终于结束了。

纵观中兴事件的整个过程,除了企业合规管理、风险控制、核心科技研发等为大家所讨论的话题外,跨国企业如何进行国际人力资源管理也是一个非常热门的话题。中兴企业在接受美国商务部调查时候的主要法律顾问是一名犹太裔的外籍人士,而犹太裔与中兴的客户伊朗之间向来关系不太和睦,这位中兴的法律顾问不仅没有将中兴成功地从泥潭中解救出来,反而让中兴接受了更为严格的审查和处罚。这也让我国更多的大型跨国企业开始思考究竟应该采取怎样的措施来进行国际人力资源管理,究竟应该采用本国核心人才还是国外的人才呢?

思考题:

美国对中兴公司的制裁是中美贸易摩擦当中的热点事件之一。从中兴事件出发,我们该如何看待中美贸易摩擦?透过中兴事件的全过程,结合跨国企业人力资源管理的文献,我们又该如何分析总结跨国企业在国际人力资源管理过程中需要考虑哪些因素?又会受到哪些方面的限制?

(资料来源:综合热点新闻网络资料整理而成,林新奇教授《国际人力资源管理》研究生课程班硕士生何罡同学做出了贡献。)

案例研究:宁德时代:在三线小城做世界一流科研

当前,能源紧张已成为制约全球发展的瓶颈问题。一流的电化学储能技术人才是各国争相抢夺的稀缺资源。

然而,在福建省东北部的三线小城宁德市,竟然聚集着一批锂离子电池研发的国际化行业先锋。

作为革命老区、少数民族聚集地,宁德市曾是全国18个集中连片贫困区之一。党的十八大以来,宁德市深入贯彻新发展理念,全市面貌发生历史性变化,在脱贫攻坚、转型发展等方面成绩斐然。

聚集在宁德市的这批锂离子电池研发人才,立志打造世界一流的创新科技平台,为国家新能源事业解决一系列"卡脖子"技术难题。这群平均年龄不到30岁的年轻人,就是宁德时代新能源科技股份有限公司(以下简称"宁德时代")21世纪创新实验室的研发团队。

1. 主动求变,拥抱智能时代

在新能源领域,宁德时代21世纪创新实验室研发团队有着怎样的"江湖地位"?

2020年6月24日,一封来自2019年诺贝尔化学奖得主约翰·巴尼斯特·古迪纳夫(John B. Goodenough)的贺信发至宁德时代。

这一天,宁德时代21世纪创新实验室宣布正式奠基。该实验室总投资33亿元,规划在未来5年内发展至千人规模,致力于成为新能源领域的全球创新平台和技术引领者。目前的研发团队中,海内外硕博士毕业生占比达63%。

"自2019年9月起,实验室研发团队已开始组建,成员都是我们面向全球选拔的行业优秀人才。"21世纪创新实验室常务副主任欧阳楚英说,"我们在选拔人才时,坚持了很高的标准,既要有很好的学历背景,又要有很强的创新潜能。"

自2017年起,宁德时代就成为全球锂离子动力电池销量榜的冠军。业界普遍认为,这家中国公司的快速成长,源于全球顶尖的人才储备和科技研发投入。古迪纳夫在贺信中表示,作为锂离子电池技术的行业先锋,21世纪创新实验室的研发成果将使社会大受裨益。他坚信,这批年轻人在锂离子电池方面的创新,将在世界范围内减少人们对化石燃料的依赖。

厦门大学博士毕业的魏奕民,是从宁德时代研究院转至21世纪创新实验室的老将。他说:"加入这支团队的人虽然大多非常年轻,但都有很强的家国情怀,希望做出世界级的科研成果,让国家在新能源电池领域占据先发优势。"

作为21世纪创新实验室办公室主任,魏奕民对团队成员都很了解:"大家在科研上非常投入,仅在下一代电池研发一个课题方向上,到现在已产生20多个专利。"

智能时代,没有永远的第一,只有不断超越。"我们做科研的,一直有一个担心,那就是外部'黑科技'会不会有一天突然把我们颠覆了。"博士毕业于上海交通大学的高级研发经理郭永胜也是宁德时代的科研老将。他说:"我们成立21世纪创新实验室的动力之一,就是要开发出自己的'黑科技',自己主动颠覆自己。"

2. 把握机遇,构建产业高地

在一个三线小城,开展世界一流的科研,21世纪创新实验室研发团队的底气与信心来自何方?

"虽然我们偏安一隅,但我们与国际最前沿的科研机构一直保持密切互动。"魏奕民介绍,宁德时代与国内外的一流科研机构、高等院校一直有紧密的科研合作。在坚持自主研发的同时,积极与国内外知名公司、高校和科研院所建立深度合作关系,主导或参与制订、修订超过50项国内外标准。截至2019年年底,公司拥有授权及正在申请的国内外专利合计5 397项。

作为新能源电池领域的独角兽,宁德时代号称国内最舍得投钱做研发的锂离子电池公司,内部学术氛围也相当浓厚。2019年公司研发费用达29.92亿元,同比增长50.28%,共有研发人才5 364名,其中,博士143名,硕士1 943名。"21世纪创新实验室成长于这样的土壤之中,做世界一流的科研,注定是这个团队的基因。"郭永胜说。

为保护共同的地球家园,人类需要一场自我革命,加快形成绿色发展方式和生活方式,已成全球共识。2020年9月22日,习近平主席在第七十五届联合国大会一般性辩论上发表重要讲话时强调,中国将提高国家自主贡献力度,采取更加有力的政策和措施,二氧化碳排放力争于2030年前达到峰值,努力争取2060年前实现碳中和。

"这是中国政府再次向全世界做出的庄严承诺。"21世纪创新实验室的热血青年们从中看到了自己的责任与使命,"实验室以21世纪命名,寓意21世纪是新能源造福人类的世纪,是真正实现可持续性发展的世纪,我们将为之而不懈奋斗。"

"我们优中择优地建立起的21世纪创新实验室研发团队,有足够的底气与信心,以高水平的科研打造面向未来的产业高地,为国家的新能源事业贡献力量。"欧阳楚英说。

3. 创新突破,勇闯科研难关

浮华世界,诱惑无处不在。为什么这批国际化人才愿意在宁德这个地方安顿自己的事业与生活?

"我留学时,就是在一个很小的城市里。我很享受在安静的环境里做科研的人生。"海归博士张欣欣是在实验室全球招聘中脱颖而出的优秀人才,她表示:"从国外大学转到宁德工作,我在科研上并没有感觉到有任何落差。"

唯改革者进，唯创新者强，唯改革创新者胜。在2020年10月举办的第五届动力电池应用国际峰会上，宁德时代董事长曾毓群表示，为迎接能源和交通变革，宁德时代将推进三大应用市场的突破：一是依托动力电池和新能源汽车，摆脱对移动式化石能源——石油的依赖；二是依托锂离子电池储能电站＋可再生能源发电，摆脱对固定式化石能源——火力发电的依赖；三是用电动化＋智能化，为各行各业提供绿色、安全、经济的发展模式。

"这一公司顶层设计，让青年科研人才看到了一个广阔的未来，感到前途光明。方向已定，剩下的就是大家在科研工作中的全情投入了。"欧阳楚英说，"我们也的确幸运，真的凝聚了一批热爱科研的优秀人才。大家在专业上虽然各有凌云志，但在生活上的要求却都很简单。宁德发展迅速，有山有海，空气也好，大家就都很满足了。"

"实验室的科研氛围非常好，定期会有学术交流日。大家在分享交流的过程中，往往会碰撞出一些非常有意思的结果。"张欣欣说，在2020年8月举行的学术交流日上，她就自己的研究方向做了一次演讲。

宁德时代21世纪创新实验室奠基当日，团队成员在诺贝尔化学奖得主约翰·巴尼斯特·古迪纳夫的贺信旁合影留念。林叶子摄/光明图片

"当时就有同事对我说，可以帮助做一些基础原理的确认工作。经过几轮改进之后，大家发现这个东西还挺有价值的。目前，相关专利的申报工作已经启动。"

张欣欣说,"有这样的环境,有这样的团队,对一个喜欢科研工作的人来说,夫复何求。"

（案例来源：罗旭. 在三线小城做世界一流科研——记宁德时代21世纪创新实验室研发团队[N]. 光明日报,2020-11-15.）

思考题：

宁德时代是如何发展起来的？其人力资源理念有什么特点？结合新能源企业发展历程，谈谈数字经济时代国际人力资源管理的新趋势。

复习思考题

1. 国际人力资源管理主要有哪些研究视角或方法？
2. 什么是比较管理学？比较管理学如何研究人力资源？
3. 什么是跨文化管理？跨文化管理如何研究人力资源？
4. 什么是跨国公司人力资源管理？它主要研究哪些内容？
5. 国际人力资源管理应该如何定位？如何进行研究？
6. 问题导向的新视角有什么意义？它的主要特色在哪里？
7. 如何区别国际人力资源管理与人力资源管理国际化？

第三章

国际人力资源管理的模式选择

【本章要点】
- 美国的人力资源管理模式及其特点
- 欧洲的人力资源管理模式及其特点
- 日本的人力资源管理模式及其特点
- 中国人力资源管理的现状与问题

第一节 美国的人力资源管理模式

一、主要内容概述

美国的人力资源管理模式是几种管理模式中产生最早、发展最完善的一种,其影响是巨大的,在其他几种模式中都可以找到美国人力资源管理模式的影子。

通常所说的美国人力资源管理模式始于泰勒的科学管理,后来又出现了梅奥的行为科学管理理论等许多先进的管理思想,因此,本节从泰勒的科学管理说起,先简单介绍美国人力资源管理的两大基础——科学管理和行为科学产生的背景及特点,然后从系统和流程两个角度详细介绍第二次世界大战结束至今美国人力资源管理的特征。

所谓人力资源管理的美国模式,是指以注重劳动力资源的市场配置、自由就业政策、实行制度化的管理、对抗性的劳资关系和强调物质刺激的工资制度为特征的人力资源管理模式,它是现代企业制度、资本主义的大规模生产和精细严密分工的产物。

具体来说,美国的人力资源管理模式具有以下4个特点。

(1) 强调发达的劳动力市场在调节人力资源配置过程中的作用。作为一个典型的信奉自由主义的国家,美国的劳动力市场非常发达,劳动力市场的竞争极为激烈,美国企业对人力资源的需求几乎都是在劳动力市场上得到满足。无论是总经理、高层管理人员、技术人员,还是生产工人,都是通过在市场上刊登广告,经过规范的筛选、招聘程序进行聘用。劳动者则根据劳动力市场的动向,通过在专业、毕业学校、兴趣爱好、与人交往的能力等方面的竞争来获得相应的职位。雇主可以任意招聘或解雇一名雇员,雇员如对现有工作不满意,或是发现了更理想的就业机会,也可以毫不犹豫地另谋高就,这被称为自由就业政策。

(2) 详细职业分工的制度化管理。

(3) 以强烈物质刺激为基础的工资福利制度。美国企业在人力资源管理中极为强调物质刺激的作用,这也是美国企业管理"泰勒制"传统的沿袭。

(4) 对抗性的劳资关系。

二、美国人力资源管理的发展历程

1. 从泰勒的科学管理说起

科学管理诞生的时刻有一个令人难忘的景象:弗雷得里克·泰勒手拿跑表,对一个名叫施米特的铲装工人的操作进行分解试验。泰勒对施米特的每一个操作细节都作了具体规定,如铲的大小、铲斗重量、堆码、铲装重量、走动距离、手臂摆弧及其他操作内容。他使用一只跑表对所有操作进行细致、准确的测量,通过对无效部分的去除和对技术的改进,使施米特的劳动生产率由每天12长吨(1长吨≈1.016吨)增至47.5长吨。

泰勒第一次拿出他的跑表是在1881年,这也就意味着管理学的历程已经超过了100年。被称为"科学管理之父"的泰勒是美国的管理学家,其主要著作有《计件工资制》《车间管理》《科学管理原理》《科学管理》《在美国国会的证词》等。他的理论成果对20世纪的管理实践具有重大的影响。他提出的管理思想主要有以下五个方面。

一是科学地确定劳动定额。泰勒认为,劳动定额是通过成立相应的机构,由专业人员进行时间和动作研究后科学地加以确定。泰勒用科学的方法确定工人们用其现有的设备和原材料所应能完成的任务,这也是科学管理的开始。他认为:"企业里的每一个人,无论职位高低,每天都应该有明确的任务摆在面前。这项任务不应有丝毫的空洞或不明确之处,必须全部加以详细规定,并且应该不是那么轻易就能完成的"。

二是科学地培训员工。泰勒在论述科学管理的四个中心环节时指出:"第一是精心挑选工人,第二和第三是诱导工人,之后是对其进行训练和帮助,使之按科学方法去干活。"具体而言,就是"把工人一个一个地交由一位称职的教师,用新的操作习惯去培训,直到工人能连续而习惯地按科学规律去操作"。

三是科学地选拔与合理配置员工。泰勒主张把过去由工人挑选工作,改为由工作挑选工人。每项工作都应挑选第一流的工人,这项工作应由专门机构来实施。他认为:"应让每一个工人做他的能力和体力所能胜任的尽可能高级的工作。"

四是差别计件工资制。泰勒改变了传统的工资制度,推行差别计件工资制。他主张,通过工时的研究进行观察和分析,以确定工资率(工资标准)等。

五是人员素质。不同的工作岗位对素质的要求有明显的差别,不同人的素质也是有很大差别的。因此,管理工作应按工作性质的不同分门别类,由具有不同才干的人来负责。

泰勒符合了那个时代的要求。20世纪早期的美国劳工绝大多数未受过教育,不善于表达自己,对工厂体系也不习惯。对他们来说,严格规定的工作步骤是切实有用的。因为科学管理的主要措施包括:定额管理;差别计件工资制;挑选第一流工人;工具标准化和操作规程标准化;计划职能与执行职能分开;职能管理:将管理的工作细分,使所有的管理者只承担一两种管理职能;在管理控制中应用例外原理:授权下级,高层管理者只保留对例外事项(重要事项)的决策和监督权;等等。

德鲁克认为,正是由于美国把泰勒的方法系统地运用于工人培训上,它才能开展战时生产,最终打败日本和德国。"现代史上所有早期经济大国——英国、美国、德国——都是通过在新技术领域居领先地位而崛起的。第二次世界大战后的经济列强,首先是日本,然后是韩国、新加坡等——都把自己的兴起归功于泰勒的培训。它使它们能很快就让基本上仍是工业化前的、低工资的劳动力拥有世界级的生产力。战后时期,泰勒的培训成了经济发展唯一真正有效的手段。"

2. 霍桑实验后的人本管理

以泰勒为代表的科学管理理论在人力资源管理方面做出了重要贡献,但他仅侧重于对劳动力的生产技能和管理方法方面的培训与素质的提高,只是为了服务与劳动生产率的提高,对劳动者本身的社会和心理的开发却注重不够或忽视了,甚至将工人当成生产机器,激起工人的反抗,使人力资源的充分开发受到了限制。行为科学学派从认识人的本质出发,提出人性假设,并把它作为人力资源开发与管理的基础和前提,大大地丰富了人力资源开发与管理的内容。

梅奥(George Eilan Myao,1880—1949)是美籍澳大利亚管理学家和心理学家,是人际关系理论的创始人,是侧重"自我实现人"的人际关系学说的代表人物,其主要代表作有《组织中的人》《管理和士气》等。

1926年,梅奥进入哈佛大学从事工业研究。1929年,梅奥在美国西方电器公司的霍桑工厂进行了一项长达九年的关于作为组织中的人的行为的实验研究——霍桑试验。当时,一些管理人员认为,工作环境的物质条件和工人的健康、劳动生产率之间存在明显的因果关系。在理想的工作条件之下,员工能达到最高的工作效率。但是,经过对两组员工——控制组和对照组的比较实验后发现,这一理论是不能成立的。参加实验的两组员工在工作环境、工作时间和报酬等因素发生各种变化时,产量始终保持上升趋势,其生产率并不与工作环境和工作报酬水平成正比。梅奥还从另外的角度来考察这一阶段实验的结果。他认为,参加实验的工人产量增长的原因主要是工人的精神方面发生了巨大变化,由于参加实验的工人成为一个社会单位,受到人们越来越多的注意,并形成一种参与实验计划的感觉,因而情绪高昂,精神振奋。

梅奥指出,工人是从社会的角度被激励和控制的,效率的提高和士气的高昂主要是由于工人的社会条件和人与人之间关系的改善,而不是由于物质条件或物质环境的改善。因而,企业管理者既要考虑到工人的物质技术方面的问题,又要考虑到其他社会心理因素等方面的问题。梅奥等人以霍桑实验中的材料和结果,提出以下3个假说。

(1) 企业员工是"社会人",而不仅仅是"经济人"。企业中的工人不是单纯追求金钱收入的,他们还有社会方面、心理方面的需求,这就是追求人与人之间的友情、安全感、归属感和受人尊重等。因此,不能单纯地从技术和物质条件着眼,还必须从社会心理方面来鼓励工人提高生产率。

(2) 企业中存在着非正式组织。企业中除了正式组织之外,还存在着非正式组织。这种非正式组织是指在厂部、车间、班组以及各职能部门之外的一种关系,从而形成各种非正式的集团、团体。这种非正式组织有自己的价值观、行为规范、信念和办事规则。它与正式组织互为补充,对鼓舞工人士气、提高劳动生产率和企业凝聚力都有很大作用。

(3) 作为一种新型的企业领导,其能力体现在通过提高员工的满足程度,以提高员工的士气,从而提高劳动生产率。金钱性经济刺激对促进工人劳动生产率的提高只起第二位的作用,起第一位作用的是员工的满足程度,而这个满足程度在很大程度上是由员工的社会地位决定的。员工的安全感和归属感依存于两个因素:一是员工的个人情况,即员工由于个人历史、家庭生活和社会生活所形成的个人态度和情绪;二是工作场所的情况,即员工相互之间或上下级之间的人际关系。

20世纪20—30年代,梅奥通过霍桑实验创立了人际关系理论,50年代后定名为行为科学。行为科学管理理论的人性假设是梅奥在霍桑实验的基础上提出的"社会人"人性假说。

霍桑实验提示了工人不仅仅是由金钱驱动的所谓的"经济人",个人的态度、管理的正式与非正式组织的情绪、工人的满意程度及团队的合作关系等对工作效率都有着重要的影响。梅奥在总结和概括霍桑实验的基础上提出了"社会人"的人性假设,他把重视社会性需要、轻视物质需要的人称为"社会人"。后来,沙恩也对"社会人"人性假设进行过研究和阐述。"社会人"人性假设的基本观点如下:

第一,人的工作积极性主要由社会性需要所引起。物质利益刺激对人的工作积极性有一定的影响，但归属感、身份感、尊重感等社会心理因素对调动工作积极性有更大的作用。

第二，人际关系是影响工作效率的最主要因素，工作效率主要取决于士气，而士气的高低又取决于组织成员在家庭、群体及社会生活中各方面人际关系的协调程度。

第三，非正式组织是影响组织成员行为的一种潜在力量。在群体中，因共同的社会需求和情感而形成的非正式组织，以其特殊的价值取向、行为规范与沟通方式，潜在地影响着组织成员的工作积极性。

第四，管理者的领导方式与领导作风对激励组织成员有着不可忽视的影响。

在行为科学理论的人性假设前提下，相应的管理措施主要有4项：

第一，满足组织成员的社会性需要，管理者不能只考虑生产任务的完成，而应关心人、体贴人、爱护人、尊重人，鼓励员工参与管理，尽可能地满足员工对交往、归属、尊重等的社会需要。

第二，建立融洽的人际关系。管理者应尽可能地实行集体奖励制度，避免单纯的个人奖励，善于营造和谐的组织氛围和建立良好的人际关系。

第三，因势利导地做好非正式组织工作，加强对非正式组织的研究，协调正式组织与非正式组织的关系，以形成有利于实现组织目标的合力。

第四，提高组织管理者的素质，组织管理者要由单纯的监督者变为上下级之间的中介，善于倾听组织成员的意见，协调人际关系，运用激励手段鼓舞士气。

3. 第二次世界大战以后至今的美国人力资源管理

第二次世界大战后，由于国际、国内经济形势的变化，美国的人力资源管理进入了快速发展时期，产生了许多具有革命性的管理思想。例如，1980年代的三大管理变革，即全面质量管理、提高员工工作生活质量、工作团队。其中，提高员工工作生活质量标志着人力资源管理的发展。1990年代，美国人率先推动了技术管理和营销管理的创新，并且开始发展文化管理、企业流程再造、学习型组织、战略性人力资源管理等。学习型组织已成为未来管理发展的方向。综观这些管理思想就会发现，第二次世界大战后各种人力资源管理发展的方向是一致的，即由对工作的关心转变到对人的关心，开始注重人和工作的匹配，重视员工在工作中其他需求的满足，尤其是情感需求和成就需求的满足，注重通过人力资源管理来提升组织适应变革的能力，把人力资源管理提升到企业战略高度，认为人力资源管理不仅是企业战略的执行者，也是战略的制定者。人力资源成为企业的第一资源，企业只有拥有高绩效的员工并通过各种激励措施使员工在工作中发挥出他们最大的潜能，才能在激烈的市场竞争中获得竞争优势。因此,第二次世界大战后美国企业纷纷采用各种措施来获得人力资源竞争优势,主要措施有:开展各种人才大战,把招揽优秀人才作为企业的首要任务之一;对企业现有人才进行培训开发成为各企业的主要人力资源战略之一,每个公司都有自己的培训开发计划,根据竞争和组织的需要,对员工进行培训,帮助员工适应迅速变化的技术革命;人力资源管理部门争相制定和改进公司的薪酬和福利计划,以吸引和留住优秀人才。

下面从人力资源管理的8个模块分别介绍第二次世界大战后美国人力资源管理的特点,以便读者对其有更全面的认识。

(1) 美国的人力资源管理是以详细的职位分析为基础的制度化管理。

现代美国的人力资源管理建立在泰勒的科学管理基础之上,企业管理的基础是契约、理性,重视刚性制度安排,组织结构上有明确的指令链和等级层次,分工明确,责任清楚,讲求用规范加以控制,对常见问题处理的程序和政策都有明文规定。比如,大多数企业都有对其工作岗位所设计的《工作岗位要求矩阵》,详细地描述各个岗位对工作职责与人员素质(包括知识、技艺、能力和其他方面)的具体要求。在美国,全国共有 20 000 多种职位名称。这种职业分工对企业招聘新的员工、考核工作业绩、合理地制定员工工资水平和评级、提级等打下了坚实的基础,也为美国公司管理的高度专业化打下了良好的基础。专业化和制度化加上注重市场调节的人力资源管理,使美国企业在进行员工管理时,较为注重员工的个人表现,不搞论资排辈,员工在垂直的上下职位中流动性大,新员工只要能在工作中做出成绩来证明自己的能力,就可能很快得到提拔,而不像日本企业那样论资排辈地"熬年头"。因此,职位分析在美国人力资源管理中具有举足轻重的作用。所谓职位分析,也叫工作分析,是人力资源管理最基本的职能,也是开展人力资源管理其他工作的基础。根据美国劳工部的定义,职位分析即"通过观察和研究确定关于某种特定职位的性质的确切情报和(向上级)报告的一种程序"。换句话说,职位分析就是把员工担任的每个职位的内容加以分析,清楚地确定该职位的固有性质和企业内职位之间的相互关系与特点,并确定员工履行该职位所应具备的技术、知识、能力与责任,即对某一职位工作的内容及有关因素作全面的系统描写或记载。

职位分析主要有以下8个目的:

- 明确职务内容,优化企业组织结构和流程;
- 为企业制定人力资源规划提供信息基础;
- 为有效的人员招聘和甄选提供有关雇员任职资格的信息;
- 为制定合理的雇员培训和发展计划提供参考依据;

- 确定绩效标准，为科学开展绩效考核工作奠定基础；
- 为职位评价、作业环境评价等工作奠定基础；
- 为设计公平合理的薪酬福利及激励制度提供参考依据；
- 为员工提供科学的职业生涯发展咨询信息。

为了准确地描述每个职位，必须收集职位分析所需要的各种与职务相关的资料。职位分析需要收集的信息类型取决于职位分析的目的，比如，以组织优化为导向的职位分析，强调将工作置于流程与战略分解体系中来重新思考该职位的定位；以雇员甄选为导向的职位分析，强调对工作所需教育程度、工作经验、知识、技能与能力的界定，并确定各项任职资格要求的具体等级或水平；以员工培训开发为导向的职位分析，强调工作典型样本、工作难点的识别，强调对工作中常见错误的分析，强调任职资格中可培训部分的界定；以绩效考核为导向的职位分析，强调对工作职责、权限的明确界定，强调职位边界的明晰化，强调对工作职责以及责任细分的准确界定，并收集有关各项职责与任务的重要程度、过失损害的信息，为考核指标的提取以及权重的确定提供前提；以薪酬设计为导向的职位分析，强调对与薪酬决策有关的工作特征的评价性分析，包括工作所需知识、技能与能力水平、工作职责与任务的复杂性与难度、工作环境条件、工作负荷与强度的大小。无论用于何种目的的职位分析，都要收集以下8种类型的信息：

- 工作职责；
- 工作任务；
- 工作背景（物理环境、社会环境）；
- 工作活动；
- 工作联系；
- 工作权限；
- 工作的绩效标准；
- 员工任职资格。

职位分析可以采用多种方法，每一种方法都有其自身的优缺点和适应的场合，因此，必须首先根据职位分析的目的和功能以及所要分析职位的特征，确定所要收集信息的类型，然后根据所需收集信息的类型确定收集信息的方法。收集信息的方法主要有访谈法、问卷法、观察法、工作日志法、文献法等。由于职位分析需要收集的信息是多方面的，因此，有时候在职位分析中同时使用多种方法互相补充，以收集到更全面的信息。

传统的职位分析方法（如访谈法、问卷法、观察法或工作日志法）虽然可以收集到与工作有关的信息,但是在许多情况下这些描述性的方法并不适用。比如,当我们想将每一种工作的价值都加以量化,以便对其价值进行比较,从而确定报酬的时候,量化的工作分析方法无疑是最好的。最常用的量化分析方法是职位分析问卷法、美国劳工部工作分析方法以及功能性工作分析方法。

职位分析问卷法(Position Analysis Questionnaries, PAQ)是一种结构严密的工作分析问卷。职位分析问卷由工作分析人员填写,这要求工作分析人员对所分析的职位要相当熟悉。职位分析问卷共包括194个要素,工作分析人员所要确定的是:这些因素在工作中是否重要;如果重要,其重要程度如何。这种方法将工作按照各个基本领域进行排序,并提供了一种量化的分数顺序或顺序轮廓,这样就可以运用所得出的结果对工作进行对比,以确定各种职位的价值排序。

美国劳工部工作分析方法的主要目的在于找到一种能够对不同工作进行量化的等级划分,以及分类比较的标准化方法。美国劳工部工作分析法的核心是:对每一项工作均按照承担此工作的雇员与资料、人与物之间的关系进行等级划分。

功能性工作分析方法以美国劳工部工作分析方法为基础,它提供的信息要比劳工部工作分析方法多。这种工作分析方法能够获得其他的一些信息,涉及工作的任务、目的以及工作的绩效标准、对任职者的培训要求等。因此,运用功能性工作分析方法可以回答下面的问题:"为了完成工作任务并达到新的绩效标准,需要对雇员进行何种培训?"

职务分析的结果是形成职位说明书和岗位规范。

职位说明书(也称工作说明书)是关于工作执行者实际做什么、如何做以及在什么条件下做的一种书面文件,它体现了以事为中心的职务管理,是指导考核、培训、录用等工作的基础文件。职位说明书并没有一个标准化的格式,但大多数职位说明书都包括以下7个项目的内容:

- 工作标识;
- 工作综述;
- 工作职责与任务;
- 工作权限;
- 绩效标准;
- 工作条件;
- 工作规范。

岗位规范是以职位说明书的内容为依据来回答这样一个问题,那就是:"要做好这项工作,职位承担者必须具备什么样的特点和经验?"它说明什么样的人可以被雇佣来从事此项工作,对于招募来的人应当进行哪些方面的素质测试。岗位规范可以是职位说明书的一个部分,也可以是单独的一份文件。

职位说明书和岗位规范可以用于人力资源管理的各个环节,为各环节工作提供信息基础。例如,职位说明书可以用于工作设计,对工作进行再设计、提高员工工作生活质量、设计职业安全与卫生项目;用于人力资源规划,预测人力资源需求与供给、制订人力资源存量清单、确定满足人力资源需求的方案;用于人员招聘和配置,制作申请表格、向就职申请者进行工作介绍、进行人事匹配、提高甄选的效度;用于绩效考核,提供绩效考核指标及标准和绩效考核申诉及指导;用于薪酬管理,进行职位评价与职位分类、降低人员流动性、确保企业薪酬的内在公平性;用于员工培训和职业发展,进行培训需求分析、职业生涯咨询与指导、员工职业通道设计等。总之,职位分析结果可为人力资源的各个环节提供依据和参考。

(2) 重视进行系统、科学的人力资源规划。

美国企业特别是大型企业非常重视制定系统、科学的人力资源规划。

通常,人力资源规划包括3方面的工作:① 对人员需求的预测;② 对人员供给的预测,包括内部人员供给预测和外部人员供给预测;③ 对前两种预测结果进行比较,如果当前的人力资源状况与未来所要求的人力资源状况之间存在差距,就需要制定一系列的计划来弥补这种差距。在劳动力过剩的情况下,就意味着企业需要制定一个有效的人员裁减计划;在劳动力短缺的情况下,就意味着企业需要发起一场有效的人员招募运动,并且决定是采用内部招聘还是外部招聘。

为了使企业的人力资源规划切实有效,在制定过程中需要注意两个原则:① 必须具有内部一致性。所谓内部一致性,是指招聘、甄选、配置、培训以及绩效评价等人力资源管理活动应当与人力资源规划彼此配合。例如,组织的培训计划应当能够反映组织的新雇员培训计划和甄选计划的要求。② 必须具有外部一致性。所谓外部一致性,是指人力资源规划应当同企业的整体规划相配合,成为企业总体规划的一部分,也即人力资源规划应当反映企业发展战略的要求并且帮助企业战略的执行和实现。例如,企业因为进入(或不进入)新的业务领域,建立(或不建立)新的工厂或降低现有业务活动水平等计划,都会影响企业未来需要的人员数量和结构。

(3) 重视进行严格科学的员工招聘和甄选。

企业经过详细的人力资源规划,发现企业中存在职位空缺并且决定从外部招聘,就要进行有效的招聘和甄选。所谓招聘,是指通过各种方式,把具有一定知识、能力和其他特性的申请人吸引到企业空缺岗位上的过程。第二次世界大战前,美国企业的人员招聘只是直线管理人员站在工厂门口,简单地打量一下找工作的人,然后指着这些人说:"你,你,还有你,其余的下一次再来。"这就是当时的生动场面,他可以只根据职位申请人的身体特征来决策。但是,随着人力资源在企业发展过程中战略作用的提升,人力资源成为企业的一种资产,而且是比资本资源更重要的资源,企业为了获得优秀人才,纷纷展开了激烈的人才争夺战,于是,美国企业纷纷重视进行严格科学的员工招聘和甄选。一般来说,有效的招聘程序需要注意以下 3 个环节。

① 人员来源及渠道选择。职位申请人通常只会对他们有吸引力的企业产生兴趣并进而决定是否愿意来该企业工作,而企业对职位申请人的吸引力来自其对公司的了解,最终被录用员工的素质则来自公司对员工的了解以及招聘渠道的宽窄。因此,招聘渠道和甄选技术的正确选择对有效的招聘程序来说尤为重要。常见的招聘渠道有广告招聘、校园招聘、熟人引荐、专门机构推荐、同业推荐、人才交流会、网络招募、其他渠道等。

② 招聘地域的选择。企业的招聘是要花费成本的,因此,招聘地域的正确选择对企业缩减招聘成本十分重要。如果招聘地域选择太窄,则无法吸引到合格的求职者;如果招聘地域选择太广,则会增加招聘成本。影响招聘地域选择的因素主要有人才分布规律、求职者活动范围、劳动力供求关系等。一般来说,高级管理人员和专家适合在全国范围或跨国范围内招聘;专业人员则适合跨地区招聘;办事人员及蓝领工人一般采用就近原则在企业所在地招聘。

③ 招聘中的公共关系策略。由于招聘同时也是企业的招聘人员走出办公室直接和公众接触,企业招聘人员的形象和素质将直接影响企业在公众尤其是求职者心目中的形象和地位。因此,为了吸引高素质的求职者,提高招聘效率和质量,美国企业在招聘时比较注意公共关系策略的运用,他们不仅把招聘看作填补组织职位空缺的一个有效途径,而且是扩大企业知名度、提升企业形象的公关活动。美国企业通常在以下 5 个方面把招聘活动同提升企业形象的公关活动联系起来:

- 对企业招聘人员进行培训;
- 与媒介机构保持联系并建立良好的关系;
- 宣传本企业的成就以及发展战略和前景;
- 真诚地接待每一位求职者,即使他们并不是企业所需要的人才;
- 向求职者客观地介绍企业的情况,组织初选合格者到企业观摩或实习。

吸引到尽可能多的求职者只是有效招聘的开始,企业能否招到合格的求职者,还取决于企业能否对吸引到的求职者进行科学有效地甄选。不同的职位对任职者的素质要求是不同的,而对不同的素质有不同的测试方法,因此,必须根据测试内容正确选择甄选方法。美国企业使用的 3 种比较有代表性的方法如下。

① 加权申请表与自传式调查表。加权申请表与自传式调查表是针对申请人申请的工作职务所需的各种条件而制定的特殊表格，作为评价求职者能否被选用的依据。

a. 加权申请表。制定某个职位的加权申请表，首先要分析影响该工作成功的各种个人因素（如知识、技能、经验等），然后依其重要程度给每一个因素分配相应的权重。权重的确定既可以参考过去的统计资料或权威机构的做法，尽量减少偏差，以确保对申请者进行客观评价；也可以由企业的人力资源部门根据企业的具体特点来确定，以增加其在本企业的适用性。由于加权申请表可以像各种量化测试那样客观地评定等级或评分，在筛选程序中避免了个人偏见，故美国企业十分重视加权申请表在人员招聘与筛选工作中的应用。为取得良好效果，加权申请表必须针对企业的特殊需求和该企业不同的工作级别，对不同的工作人员使用不同的申请表格。

b. 自传式调查表。自传式调查表又叫履历表，是一种与加权申请表密切相关的表格，它较加权申请表长，包括申请人生活和工作经历的详细资料。

履历表常常是为某一种具体工作而制定的，为了确定与有关工作相连的背景经历，必须进行大量的调查研究工作，然后，请有关专家确定每一项成就与未来工作绩效的某种计量关系。

② 心理测试。在美国，人员筛选时经常使用心理测试，以判断应聘者的气质、思维敏捷性、特殊才干等。常用的心理测试有能力测试、人格测试和技巧及成就测试等。

③ 面试。面试是一种普遍使用的甄选方法之一，它给予招聘者评价候选人并以测试所不能达到的方式直接提问的机会，不仅可以评价求职者的知识、技能等，而且可以判断候选人的为人处世方式与价值观，并有机会评价候选人的其他主观方面，如面部表情、仪表、紧张程度等。

a. 面试的目的。通过与求职者进行面对面的交谈，观察候选人在面试中的表现，以获取有关候选人的各种客观和主观方面的信息，然后利用这些信息评价候选人能否胜任某个职位，在多个候选人中挑选出最适合职位要求的那个人。

b. 面试的类型。面试类型通常有非定向面试、定向面试、情景面试、系列式面试、小组面试、压力面试等。

c. 面试的过程。理想的面试包括5个步骤：第一步，面试准备；第二步，建立和谐气氛；第三步，提问；第四步，结束面试；第五步，回顾面试。

面试作为一种甄选方法，其有效性很大程度上取决于如何实施面试。有一些面试错误会损害面试的有用性，因此，面试人员应当先认识到这些错误，然后在面试过程中尽力避免这些错误。常见的面试错误主要有以下7种。

a. 根据第一印象轻易判断。面试者通常在面试开始的几分钟内就对候选人做出判断,随后的面试通常并不能增加改变这一决定的信息。

b. 强调负面信息。面试者受负面信息的影响要大于有利信息的影响。

c. 不熟悉工作。面试者未能准确地了解工作包含什么,以及什么类型的求职者最适合工作,通常会形成关于什么是最好的求职者的不正确的框框,他们会错误地将被试者与不正确的框框匹配起来。因而,了解工作内容的面试者能进行更有效的面试。

d. 雇用压力。由于雇用员工的压力,面试往往简单、草率、走过场。

e. 求职者次序差异。求职者次序差异是指求职者的面试次序安排会影响面试者对求职者的评价。

f. 非言语行为。面试者可能受到求职者非言语行为的无意识的影响。

(4) 评价中心。

评价中心(Assessment Center)是一种标准化的甄选管理人员和专业人才的方法。它首先由专家分析某种职位要求任职者必须具备的能力和态度,并设计出能够使被试者表现出这些能力和态度的情境性测试方法,然后在既定的控制条件下对被试者实施测试,由一组评审员各自观察并记录被试者的表现,最后综合所有的评价报告,得出对每个被试者的综合评价。典型的评价中心包括模拟练习、无领导小组讨论、公文处理、管理游戏、个人演说等。

(5) 员工的录用既灵活又规范。

经过有效的甄选之后,企业就要做出录用决策。录用手续包括:发放录用通知;索要身份证明材料;发放要求提前阅读的资料;召开新员工欢迎会;新员工准备性学习;举行进场仪式;发放必要证件、制服等物品;进行法定体检;对本人呈报进行调查核实;组织新员工进行上岗前学习。

美国企业实行合同雇佣制,在人力资源管理方面具有很强的灵活性,具体特点是:企业普遍采用聘任制的办法聘用员工,企业和员工之间通过签订雇佣合同的方式来确定双方的权利和义务关系。企业内部的各种管理制度比较规范,实行分级分权管理。一般来说,只有上级主管才对其直接管辖的下属部门的员工有任免权,通常不能越级直接任免或聘用、解雇下属雇员。而且,员工聘用升迁都由行政首脑授权专门的人力资源管理部门负责。

(6) 员工培训制度。

美国公司对员工培训工作十分重视,尤其重视专业知识方面的培训,其主要方式有公司内部短期培训、送出去培训、在职学习、鼓励经理人员攻读高级经理商学班等。总的来看,美国企业较为重视高层经理人员的短期培训,大公司每年花费在这种培训上的费用比例相当高。

(7) 多口进入和快速提拔的人力资源使用政策。

美国企业重能力,不重资历,对外具有亲和性和非歧视性。员工进入企业后,拥有 MBA 学位的人可以直接进入管理阶层。企业的中高层领导既可以从内部提拔,也可以选用别的企业中卓有建树者,一视同仁。员工如果有能力,有良好的工作绩效,就可能很快得到提升和重用,公平竞争,不论资排辈。这种用人原则,拓宽了人才的选择面,增加了对外部人员的吸引力,强化了竞争机制,创造了人才脱颖而出的机会。

(8) 以物质刺激为主的薪酬福利政策。

美国企业人力资源管理极为强调物质刺激的作用。企业多使用外部激励,少使用内部激励,重视报酬的作用。他们认为,员工工作的动机主要就是为了获取物质报酬。员工可以不理解工作本身的价值,但必须理解只有把工作完成好才能获取相应的报酬。员工的报酬主要是刚性的工资,收入的 95% 甚至 99% 以上都是按小时计算的固定工资。第二次世界大战以后,随着竞争的加剧,单一物质激励的缺点越来越明显。因此,美国企业为了吸引和留住优秀员工,开始关注员工除物质需要以外的其他需要,设计多种多样的奖金和福利项目,如对高层经理的股票期权、股票增值计划,对一般员工设立表现奖和员工持股计划等。在这种制度下,优秀员工和落后员工之间的工资福利差别相当大,高层经理的工资和普通员工的工资待遇可以相差几十倍。

三、美国人力资源管理的主要特征

上面我们介绍了各个发展阶段上美国人力资源管理的特点,下面结合实例,从体系和流程两方面分析美国人力资源管理的主要特征。

1. 体系分析

在分析美国人力资源管理体系的特点之前,我们不妨先看一下 IBM 公司的薪酬体系,或许会从中得到一些启示。

IBM 公司的薪酬体系有 3 个特点:
- 以职位为基础。IBM 强调工资要与职务的重要性、工作的难度相称。公司根据各个部门的不同情况以及工作的难度和重要性,将职务价值分为五个系列,在五个系列中分别规定工资的最高额与最低额。

- 以员工的能力和业绩为导向。IBM强调工资要充分反映每个人的业绩。公司首先要对员工进行业绩考核评价;然后在每个部门甚至全公司范围内进行平衡,根据员工的能力和业绩将被考核者分成几个等级;最后,按照不同的考核等级确定不同的薪酬水平。
- 注重市场化运作。IBM强调本公司的薪酬要等于或高于一流公司。这里的一流公司是指能付给员工一流薪酬的公司。为确保比其他公司拥有更多的优秀人才,IBM在确定薪酬标准时,首先就某些项目对其他公司进行市场调查,确切掌握同行业其他公司的薪酬标准,然后制定本企业的薪酬水平,以确保本企业的薪酬水平在同行业中经常保持领先地位。

可以说,IBM的薪酬管理体系在一定程度上代表了美国企业的薪酬管理方式。这种方式之所以具有上述特点并代表了美国薪酬管理的普遍设计模式,是有着深厚的文化渊源的。

基督教和新教文化是美国文化的源头,这种社会文化背景成为美国企业文化的基础,在企业文化中具体表现为:提倡个人主义、英雄主义和理想主义;强烈的竞争意识;强烈的个人奋斗意识和进取精神;强烈的雇佣观念;淡漠的人际关系等。因此,在美国人与人之间的依附关系弱化,上级权威受到一定的约束,鼓励和强调每个人拥有同等权力,等级观念淡薄,崇尚强烈的自我意识,个人价值观浓烈,一切以自我为中心。此外,由于受到工业文明和民主精神的熏陶,美国人往往负有主宰世界和自然的进取型价值观,自由、自主、自立、成功、晋升、掌握权力和理性思维成为主流思想。正是在这种文化背景之下,形成了美国独特的人力资源管理体系:① 灵活的人力资源配置。美国劳动力市场非常发达,劳动力市场的竞争极为激烈,企业和个人都具有充分自由的选择。② 以详细职位分析为基础的制度化管理。美国企业在管理上的最大特点是职务分工极为细腻,这种分工提高了管理效率,降低了管理成本,是现代企业经营的基础,同时也为美国公司高度的专业化打下了基础,特别是对员工的录用、考评,工资的制定,奖金的发放以及职务提升等,都提供了科学的依据。③ 不遗余力的员工培训制度。美国公司对员工培训工作极为重视,尤其是专业知识方面的培训,美国企业还较为重视高层经理人员的短期培训,大公司每年花费在这种培训上的费用比例相当高。④ 强烈的以物质刺激为基础的工资制度。

正是在这种背景下,IBM的薪酬体系才会以职位为基础,在薪酬管理中强调员工的能力和业绩,实行市场化运作,并且使其工资等于或高于一流企业。

2. 流程分析

流程分析是指按照人力资源管理的工作流程进行分析，即从选人、用人、育人、留人、裁人五个环节分析。

(1) 选人。美国企业选人制度的主要特点是以职务分析为基础的自由雇佣制。其具体表现有：

- 以战略为导向的职位分析是美国企业人力资源管理的基石；
- 根据企业战略与职位分析做出人力资源需求计划并进行合理的招聘和选拔；
- 根据职位分析确定工作岗位的能力要求并进行雇员甄选，选人的主要标准是个人的实际能力与工作岗位的匹配程度，一般采取"高不求，低不就"的方针；
- 雇主有权自由雇佣或解雇员工，劳动者可以按照意愿自由择业或辞职，外部劳动力市场发达；
- 整体经济形势与雇佣(就业)紧密相关；
- 员工流动比较频繁，变换工作经常发生；
- 自由雇佣制受到法律和契约的约束。

(2) 用人。美国企业用人制度的主要特点是实行以能力为核心的人才竞争机制，其具体表现有：

- 根据职位分析明确员工的工作职责和内容，以此为基础给员工安排工作任务；
- 实行优留劣汰制，始终保持员工素质与岗位之间的最佳匹配状态，即提高企业适岗率；
- 持续地对员工进行业绩监督和指导，定期对员工进行工作业绩考核与评价，考评结果与培训、薪酬、晋升等密切联系；
- 以能力和业绩为标准实行快速升降制度；
- 市场压力型用人机制，以提高本企业员工的工作积极性；
- 在员工之间创造竞争气氛，鼓励个人奋斗。

(3) 育人。美国企业育人制度的主要特点是以社会教育为主的专业知识与技能培训制度。其具体表现有：

- 社会教育发达；
- 企业大量的培训工作是由社会教育培训机构协助完成的；
- 企业实行专业化人才培训制度，培训内容主要是员工的专业知识和技能；
- 任职前培训与就职中间培训两种形式相结合；
- 培训设施先进，手段多样化。

(4)留人。美国企业留人制度的主要特点是以职位分析和职位评价为基础的职位工资制度。其具体表现有：

- 根据企业战略与职位分析,评价每个岗位对本企业相对价值的高低;
- 根据职位评价,确定应付给每个职务岗位占有者的薪酬(包括基薪、奖励性报酬和福利津贴);
- 根据定期的工作业绩考评,确定奖励性报酬和晋升;
- 公平的报酬与客观的考评、快速的晋升、提供发挥能力的舞台以及成就感,是美国企业留人的重要因素。

(5)裁人。美国企业裁人制度的主要特点是以工作绩效考评为基础的员工优留劣汰制度。其具体表现有：

- 实行员工优留劣汰制;
- 比较自由,市场导向;
- 以企业战略、职务分析与业绩考评为依据;
- 以法律和契约为基础。

由以上对美国人力资源管理模式的分析可以看出,美国人力资源管理模式既有有利的一面,又有不利的一面。美国企业的员工聘任与升降政策、工资政策及培训政策等都能够充分调动人的积极性,特别是对人的潜力的挖掘以及创造性的提高都有很大的促进作用。美国企业的高刺激、高奖励政策更是网罗了一批世界各地的精英。美国企业开发人力资源的综合政策和各种刺激手段,以及不惜工本地吸收人才的做法大大提高了企业员工的素质。与此同时,自由的就业政策、详细的职务分工、严格的考评手段等对提高企业的竞争力、发挥员工的竞争力和降低企业的成本都起了重要作用。一般来说,美国模式在技术与市场变化急剧的行业中更具竞争力。

美国企业快提拔、高奖励、强刺激的管理方式在一定程度上也带来负面影响。短期行为现象甚为严重,许多年轻人工作不到一年就更换了多次工作,这种现象打乱了企业的长期培训计划,影响了企业发展战略的实施。而且,随着收入差距的不断加大,普通员工的流失率也在节节攀升,企业的经营效率必然会受到不同程度的影响。自由的就业政策也给许多员工带来了严重的不安全感,降低了他们对企业的忠诚度;劳资对抗、决策权的过度集中也显示出较大的弊病。在这种竞争高度激烈、环境瞬息万变的市场上,如果缺乏有效而充分的授权和严密系统的管理,员工必然缺乏高度责任心和自觉性,就难以对市场做出敏捷的反应,其成功也是难以想象的。从这个角度来看,美国的人力资源管理模式也并非十全十美,仍然需要适应情况的变化而不断发展。

第二节 欧洲的人力资源管理模式

一、概述

众所周知,人力资源管理起源于美国,人力资源管理的许多理论和实践都是以美国的特殊背景为研究和发展基础的。这些理论和实践在移植到不同背景的其他国家和地区时,都顺应当地的环境而进行了调整,于是就出现了许多各具特色的人力资源管理模式,如日本的人力资源管理、中国的人力资源管理和欧洲的人力资源管理。

欧洲的人力资源管理模式和美国模式的最大区别在于,欧洲模式很大程度上受到来自社会和政府的影响。欧洲模式的人力资源管理与开发具有以下4个特点:① 欧洲的人力资源管理正处于发展阶段,只在某一阶段特定情况下才具有完整意义;② 欧洲的人力资源管理与日益扩展并深入到欧洲各国的联合思想紧密相连;③ 欧洲的人力资源管理体现了多元和包容的思想,但在此基础上尚未进一步发展;④ 欧洲的人力资源管理蕴含了社会平衡理论和社会伙伴思想,这和整个欧洲的传统观念有关(见图 3-1)①。

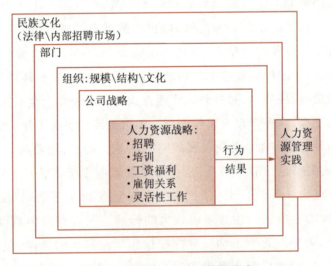

图 3-1 欧洲的人力资源管理模式

---

① 赵曙明,张璐.欧洲企业人力资源管理与开发的理论与实践[J].企业管理,2005(5).

相比较而言,欧洲的人力资源管理又是其中最复杂的一种。一方面,有学者认为,世界上没有哪个地区能像欧洲这样在这么小的范围内集中那么多的不同历史、文化和语言,每一个欧洲国家都有自己的法律、自己的工会、自己的教育、自己的人力资源管理方式、培训体系以及自己的管理文化(Brewster et al.,1992)。霍夫斯蒂德曾经说过,在德国,除非获得允许,否则,什么事情都不准做;在英国,除非受到禁止,否则,什么事都准做;在法国,即使受到禁止,什么事也准做。

另一方面,相对于世界其他地区而言,欧洲各国又存在许多共同的特点,特别是欧洲共同体的建立和2002年1月1日欧元在欧洲12个国家的统一使用更是增强了这种共性。

二、主要特征

1. 体系分析

相对于世界上其他国家和地区而言,欧洲企业的人力资源管理有许多相似之处,自成一体。由于文化的差异使相当多的欧洲人力资源管理者不能接受源自美国的那一套人力资源管理理论与方法,因此,欧洲对人力资源管理的理论研究从一开始就充分考虑到自身的政治、经济和文化特点,并一贯力求基于已有的社会基础来谋求人力资源与企业战略的结合,提出了独特的欧洲人力资源管理模式(赵曙明,1999)。从运作环境来说,欧洲的人力资源管理并不像美国那样自由,充其量是一种有限度的自由,受到较多来自文化和法律方面的影响;从企业组织的角度来说,在较大程度上受到所有制结构的影响;从人力资源管理本身来说,员工管理得到了前所未有的重视。

有人曾经调查过欧洲1 000家大型企业,结果表明,50%以上企业的人事主管都是由董事兼任的,西门子公司的做法就是例证。

对欧洲企业近几十年来的用人情况的分析可以发现,1945—1955年,由于第二次世界大战导致商品极度匮乏,企业大多注意从生产人员中选拔高层主管;1955—1965年,由于市场饱和、产品滞销,企业大多注意从销售人员中选拔高层主管;1965—1975年,由于合资经营、跨国经营的出现,财务问题日趋复杂起来,企业大多注重从财务人员中选拔高层主管;1975年以来,由于市场竞争加剧,人才问题越来越成为各种竞争的关键,因此选拔高层主管的注意力开始转向人力资源管理部门。

2. 流程分析

(1)选人。欧洲企业人力资源管理在选人制度上采取的主要方式是内部招聘。

有研究结果表明,欧洲2/3的企业只有30%从外部招聘高级经理。在丹麦和德国,有半数以上的企业先将员工招收为办事员(部分作为学徒工),然后从中为大多数职位谋求合适人员。西班牙国内有66%的专业人员是从企业内部雇员中招聘的,瑞典的情况也是如此。外部招聘被作为一种辅助方式,其来源主要是劳动力市场。在对员工的挑选上,除了参考申请表和推荐信以外,欧洲企业越来越重视心理测试和面谈。

(2) 育人。欧洲企业人力资源管理的育人制度主要是为员工提供各种培训,强化优质劳动力的培训。从全球来看,在对员工培训的重视程度和投入力度上,德国企业可谓首屈一指,其职业教育和培训体系相对比较完善,尤其是其施行的学徒制培训。欧洲各国一般都在考虑自身特点的基础上参照德国的做法:① 学徒制和初级职业培训。德国的法律规定,凡接受9—10年义务教育后开始进入职业生活、年龄不满18岁的人必须上职业学校学习。类似的规定在欧洲各国也存在。② 再培训和再教育。在欧洲,有18%的蓝领工人、37%的白领员工和45%的专门人才接受再教育和再培训。③ 对职业教育和培训费用的处理。对于有优良培训传统的国家来说,并不需要强制性规定就可保证企业充分参与培训活动,如德国。但也有些国家往往需要通过法律规定才能使企业拨出保证最低限度培训计划的经费,如法国。有些欧洲国家的政府会通过补贴和资助的方式鼓励企业组织员工培训。

(3) 用人。欧洲的人力资源管理在用人制度上强调劳资双方双向选择,自由雇佣。同时与美国一样强调职位分析基础上的绩效考核与升降奖惩制度。一般情况是主张长期雇佣,不如美国那样流动性大。

(4) 留人。欧洲的人力资源管理在留人方面主要采取薪酬留人和文化留人相结合。

薪酬留人主要体现在,在欧洲除少数国家以外,企业一般以全国和行业范围的谈判为其制定工资方案的主要方法。芬兰、德国和挪威等国由于有顾问和联合决策协议制度,除集中谈判外,还通过局部谈判来解决工资问题。在可变工资的实践上,与绩效相关的工资使用最为广泛,绝大部分欧洲国家已将这种形式的工资用于经理和专业技术人员,只有德国企业例外。

文化留人最直接的表现是沟通、授权和员工参与共决制。欧洲各国企业都强调上下级之间的沟通和授权,但是在基层人力资源管理层面的沟通和授权程度却不尽相同。1990—1992年,欧洲各国尝试将人力资源管理各项具体职能细化并授权基层职能部门处理。目前这种授权范围数丹麦最大,几乎涉及所有的人力资源管理职能。在法国,人力资源管理部门还具有辅导功能。在西班牙和意大利,尽管基层人力资源主管的素质也很高,但其授权程度相对较低(Filella & Soler,1992)。

在员工参与共同决策方面,德国最为典型。这是因为德国工人运动历史悠久,因而企业十分重视员工的贡献、权利和福利,充分尊重员工的愿望和成就感,通过法律形式将员工参与共同决策固定下来,成为一种制度。德国企业员工通过企业委员会、监事会两种形式参与共同决策。

(5)裁人。在欧洲,劳资双方虽然实行双向选择和自由雇佣,但是,强调政府参与劳资关系协调,建立劳动关系协调机制,禁止突然解雇。

【信息链接】

德国人力资源开发管理的特色[1]

第二次世界大战结束后,德国大地一片废墟,国民经济遭到了毁灭性的打击,而且还要支付巨额的战争赔款。但是,经过了几十年的发展,德国不仅医治了战争的创伤,还一跃成为仅次于美、日的世界第三大经济强国。德国经济重新崛起的一个重要原因就是德国的高素质人才和丰富的人力资源。所以,探索德国的人力资源开发与管理模式是十分有意义的。

一、德国企业的人力资源开发与管理

1. 实施"双轨制"的职业培训

德国企业的人力资源开发与管理的一个很有特色的地方就是它的职工培训和考核制度,这一制度在德国企业已形成体系化、网络化。

在德国,职工培训有较长的历史传统。19世纪末,为适应工业发展的需要,工业界开始对青年工人进行大规模培训。到了20世纪70年代,学徒工在企业和学校同时接受培训的"双轨制"培训制度开始实行。第二次世界大战后,职工培训作为重建经济的一部分,受到极大的重视,国家用法律的形式规定了受训的专业,政府各部还制定了各类工作的培训标准。据统计,在15—18岁的青年中,每两个人就有一个在职业学校学习,学徒工的培训对德国经济发展和技术水平的提高起了重大的作用。第二次世界大战期间,德国经济受到巨大的破坏,但是技术人才大部分被保存下来了,正是依靠这批技术人才,加上不断培养出的大批熟练工人,才会有第二次世界大战后的"经济奇迹",并使德国成为西方生产率和工资水平较高的国家之一。

---

[1] 吴冠锋.浅析德国人力资源开发管理的特色[J].人力资源开发与管理,2001(3).

在德国的学徒工培训中,学校、企业各自负有明确的责任。学徒工培训统一实行"双轨制",即在企业里学习实际操作,在学校里学习理论知识。在3年学徒期间,每周3天到4天在企业学习,1天到1天半在学校学习,双方共同负责培训,学徒工的生活费由企业支付。企业对徒工培训十分重视,一般投入了大量的时间、人力和财力。大型企业均建有自己的培训中心,选聘具有资格证书或被认可的工程技术人员担任徒工培训的指导教师,用最现代化的设备、教学设施和手段对徒工(包括企业职工)进行专业技能培训。部分企业无能力单独组建培训中心的,则由国家及有关单位资助,通过几个企业联合建立培训中心。徒工在这些培训基地从最简单的钳工基本功训练到学会操作使用现代化数控机床、计算机控制设备等,接受非常严格、规范而又系统科学的职业训练。学徒期满后需经过严格的统考,合格者准予毕业,并取得相应的学历证书和从业资格证书。学徒毕业后,既可留在本企业,也可到其他企业工作,企业把培训学徒看作对社会承担的义务之一。

德国对职工的考核和录用制度是非常严格的,企业录用新工人都从经过培训的学员中挑选,新工人有3至5个月的试用期。考核合格后才能成为正式工人,企业对职工的考核平时主要由上级主管进行,年终时实行总考核以决定是否提供或调整工作。

德国的这种"双轨制"培训体制和模式,经过近半个世纪的实践发展到今天仍长盛不衰,其主要原因在于它的学用一致、理论与实际相结合的运行机制和较为成功地解决了培训制度与就业制度的衔接,从而使大多数的年轻人在就业前学到一门从业技能和知识,为他们今后就业创造了很好的条件,也极大地降低了德国青年人的失业率,安定了社会秩序。另外,训练有素的新生力量源源不断地被吸收进入企业,促进了企业的发展,因此备受企业界的欢迎和推崇。

2. 对在职人员的继续教育和再培训

企业除了承担学徒工的培训任务外,还十分重视在职人员(包括各级管理人员)进行继续教育和再培训。一方面,他们认为工业现代化使工作岗位对人提出越来越高的要求,每个人要适应所从事的岗位工作,就得不断地进行知识和技能的再培训,以提高业务能力和技术水平,增强就业和转业的竞争能力;另一方面,企业也认识到职工素质的优劣对企业的生存与发展极为重要,因此他们在对职工进行再培训方面舍得花本钱。

德国的企业界对职工的培训方法灵活,形式多样,讲究实效,哪种培训有利就采用哪种。从培训的内容上看,有新工人适应性培训、转业改行培训、职务晋升培训、专业人员培训和企业各级管理人员培训等。对专业人员培训往往采取让他们带着要研究解决的问题,举办讲座,开展交流,组织短训班,其目的性、针对性、实用性非常强。

对企业管理人员培训往往采取分层次的办法。对于高级管理人员,主要依靠自学,组织他们到一个条件好的场所,开展讨论交流;对中级管理人员,大多数采取脱产培训的方法,送他们到培训中心去学习;对基层管理人员,往往采取晋升式的教育培训模式,十分具有激励机制,也便于企业从中物色人才,因为这一层人员直接组织工人进行生产经营活动,地位重要,作用不可取代。

为了帮助职工进行业务进修和职业再培训,德国政府和企业界为此做出了巨大的努力,每年为资助职工培训要支付100亿马克。1994年,每3名雇员就有1名雇员参加了讲座、培训班等形式的培训活动。

总之,德国的职业教育事业之所以相当普及和发达,是与国家、社会团体、经济界的高度重视、密切配合及强有力的介入分不开的。成功之处在于他们建立起一整套的职业技术教育培训的法律法规,有较完善的职业教育体系及运行机制,还在于他们在学徒工培训方面的"双轨制"和企业职工培训方面许多有效措施和做法。整个国民的素质,通过继续教育和再培训,整体上很高,正是倚仗这种良好资质和人才优势,才使德国跻身于世界经济大国的地位。用德国前总理科尔的话说,职业教育和职业培训是德国经济发展成功的一个重要经验。

二、德国社会的人力资源开发管理

1. 德国的成人教育

德国是个极其重视国民教育的国家,其成人继续教育事业极为发达。在德国,公民每年都有进修机会,成年人进修深造成为时尚。德国的成人教育同其他国家相比有4个特点:(1)社会各方面参与成人教育,如行业协会、工会组织、大企业等都参与举办各种成人学校;(2)经费来自各个方面,包括联邦政府与州政府、企业界等,个人也承担一定的培训费用;(3)重视实用性教学,突出实际能力的培养;(4)现代科学技术的培训内容不断增加,由于科学技术的迅速发展,新技术、新工艺、新科技的出现及新的生产工艺和过程的产生,引起传统职业岗位的变化和工作内容的变化,要求人们进行新技术、新工艺、新科技成果应用的培训。德国成人教育的类型主要有:(1)补偿教育,对象是对进入职业生涯前未能达到某种学历和资格的从业人员;(2)适应性继续教育,即通过继续教育,使劳动者所掌握的职业能力保持在最新水平上,以适应职业要求;(3)升级教育,即帮助在职员工承担某种在知识、观点、智能等方面要求更高的职业,从而改善其现有的职业地位;(4)转岗培训,即对从事某种职业的人进行另一种与原职业内容不同的新的职业训练;(5)恢复职业能力教育,这是帮助因某种事故或疾病造成的身体、智力或心灵损害,失去正常工作和生活能力的人重新进入职业生活。

2. 应用型人才的培训

培训应用型人才是德国经济发展对人才的必然要求。德国的应用型人才的增加除一般的高等职业技术学校和学徒工培训外,高等学校对学生的培养也按社会的实际需要进行培养,表现在高校学生学习的整个过程。首先,强调学生必须从事一定时间的生产实践;其次,力求使学生的课程设计与毕业论文接触和解决生产实际问题;第三,适应有关企业部门的要求,开设专门化的训练课程。德国对实用型人才的培养还体现在对应用型技术工人的培养上。德国把工人作为人才来培养,他们认为培养技术工人职业教育有两大具体任务:一是造就人才,即培养能干的熟练工人;二是能力的充分发挥,即帮助个人在尽可能大的范围内发挥其内在和现实的能力。正因为如此,德国工人的技术水平和生产率在世界上是首屈一指的。

3. 远程高等教育

在德国,远距离高等教育主要由哈根远距离大学承担。与其他普通高校不同,它不是重点培养高层次的科技人员,而是重点培养应用型、实用型人才。在专业设置和课程开发方面,十分重视职业技术教育,为边远乡村的农民、城市在职的技工、教师、运动员、家庭主妇及残疾人甚至监狱的犯人提供学习深造的机会,以提高他们的职业技术水平及重新择业能力。哈根远距离大学为适应开放性、远距离的教学形式,加强教师同学生的联系,沟通师生之间的信息反馈,采用先进的教学设备,同时学生的来源也打破了地域和国家的界限,其学生分布在德国的各州及波兰、瑞士、匈牙利、澳大利亚、印度、美国、中国等,学生入学不通过入学考试,凡高中毕业都可以入学,但其教学管理十分规范严格的,设立了各个远距离教育学习中心,对学生加以辅导,学生学习的方式是活泼和多样的,对考试和实践性环节却要求很严格,学校采用宽进严出的方式,学生的毕业率较低,从而保持了学生的培养质量。

三、对改善我国人力资源管理的参考

借鉴德国人力资源管理的成功经验,吸取教训,改善和规范我国的人力资源

开发和管理,应从以下六个方面着手。第一,建立面向知识经济的有中国特色的人力资源管理模式。我国的人力资源十分丰富,但素质低下,劳动力市场发育缓慢,传统的管理体制和思想文化阻碍着优秀人才脱颖而出,员工的劳动积极性、创造性没有得到充分发挥。因此,我国要借鉴德国人力资源管理的成功经验,建立面向知识经济的适应我国实际情况的人力资源管理模式。首先,应有高素质创新人才的培养和选拔机制;其次,重视工人在企业管理中的重要作用,还要充分发挥市场在配置人力资源中的基础作用,实现人力资源与物质资源的最佳结合,提高企业的竞争力。第二,充分认识教育的重要性,增加教育投入。如果说知识是知识经济的发动机,教育则为发动机不断地注入燃料。教育可以在两个层次上促进知识经济的发展:在较高层次上,可以直接创造新的知识;在一般层次上,可以提高劳动者的素质。教育承担着为知识经济形成人力资本、开发知识资源的重任。为此,必须站在未来发展的新的战略高度来认识跨世纪教育的使命和作用,加大教育投入力度,提高教育投资占GDP的比重。第三,不断学习,跟上知识经济发展的步伐。在知识经济时代,企业正面临着将自身转变为一个学习型组织的任务,因为教育已成为竞争的武器,学习与企业的前途休戚相关,注重教育和培训工作的企业,其生存能力、适应能力将显得更强。每一个人、每一个企业都必须通过学习不断更新知识、不断创新,跟上知识经济的发展。第四,构建多元化教育模式,推动教育的社会化。为适应社会主义市场经济发展多元化的需要,我国教育必须改变政府包揽包办、集中管理的模式,鼓励社会力量和公民个人投资办学、集资办学、合作办学,形成以国家办学为主体、社会各界共同办学的多元化办学模式,形成国家、集体和个人共同参与教育投资的格局。此外,在抓好基础教育和高等教育的同时,还要大力开展多种形式的职业教育、成人教育,提高广大劳动者的知识素质。第五,加强素质教育。知识经济社会里的知识已不再是传统意义上孤立的公式和符号,而是表现为一个整体态势,表现为多学科知识的交叉、融合和创新。因此,一定要加强素质教育,提高受教育者的适应和创造能力。素质教育应全面注重政治、思想、道德、文化、技能、身心等素质的培养和提高。具体地讲,就是要使培养的人才具有高尚的思想道德和时代责任感,具备广博的知识储备,具有较强的创造能力和良好的个性特征。第六,建立人力资源市场,通过市场进行人力资源的合理配置。我国的人力资源市场尚处于萌芽阶段,只存在零星的职业介绍所、人力资源市场和人才市场,没有形成完整的体系。一个完整的人力资源市场应包括相应的构件:一是市场运行机制;二是市场服务体系;三是社会保障体

> 系;四是政府的宏观调控体系。我们必须从这四个方面出发,建立完整的人力资源市场,进行人力资源的合理配置。

第三节 日本的人力资源管理模式

一、概述

日本的人力资源管理模式是在第二次世界大战以后日本经济复苏和高速发展的时期形成的。它的基本特点是以人为本,重视通过教育培养人才和加强员工系统的在职培训,在员工的培训中,注重教育与企业发展、市场需求的变化和国际化经营需要相结合。要求在职员工不断地接受新知识和新技能,通过对在职员工进行终身教育培训,把企业的未来与员工的未来紧密地联系起来,并注重挖掘员工的工作潜力、进取精神、与人合作的能力以及小组集体智慧等。但是,企业在人力资源管理中不注重市场调节,规范化和制度化的程度比较低。尽管如此,日本企业中独到的人力资源管理制度,为日本的经济腾飞做出了突出的贡献,这是毋庸置疑的。

据研究[1],日本的公司是逐渐地、缓慢地对外国的工厂和设备进行投资的,而且是直到20世纪90年代末,日本才成为一个主要的外国投资者。即使这样,仅仅占它的总生产能力的8%被带到了国外,与美国公司的17%以及德国公司的20%相比,这个数字是相当小的。依据国际人力资源管理的原则,不同国家的企业是在以自我民族为中心的运作和集成的全球运作之间进行划分的,所以,大多数日本企业被划分为最低的等级。进一步说,就是日本企业的子公司的管理位置总是被日本本国的管理者占据着。在过去30年左右的时间里,日本企业在子公司雇佣的本地管理者是美国或者欧洲国家的1/3—1/4。也许正因为日本企业实行的是以自我民族为中心的运作,所以它们十分重视跨国经营中国际要员的作用与培养。

跨国经营中的员工培训已经不是那样注重训导式的灌输,大家坐在一起,一人讲大家听,或大家讨论。现在要求更有效、更节约成本的培训,比如通过一个项目,由导师带领,通过工作提高接受培训者的技术。另外,还有工作轮换、代理职务、异地派

---

[1] Timothy Dean Keeley. International Human Resource Management in Japanese Firms[M]. New York: Palgrave, 2001.

遣、学校教育、外部培训及内部培训等。

二、主要特征

1. 体系分析

日本人力资源管理体系最明显的特点是所谓"终身雇佣制"和年功序列制。

所谓的"终身雇佣制",是指一个人从进入企业那天起,一直到其退休为止,始终效力于一家企业,而企业一般也不能把他解雇的一种制度。用中国话说,就是类似于单位所有制的一锤定终身的固定用工制度。

这种所谓的"终身雇佣制"的说法,最早起源于美国学者阿贝古伦(J.Abegulen)根据其1955—1956年在日本调查研究的结果所写的《日本的管理》。该书认为,日本与美国的公司组织的决定性区别,在于日本企业的这种"终身雇佣制",而美国企业没有。但是,英语原文是"a lifetime commitment",日本人在翻译成日文版时把它译为"终身关系或终身雇佣"。后来,随着日本经济的成功,欧美各国纷纷到日本考察学习,其中,1970年年底来日的经济合作与开发组织(OECD)调查团把这种"终身雇佣"与年功工资制度、企业内部工会合并归纳为日本企业雇佣制度的"三大支柱",从而传播全世界,影响越来越大。

其实,对于日本的所谓"终身雇佣制",存在着很大的误解。多年以来,日本学者一直在努力澄清这个误解,但是国际社会没有多少人倾听,误解一旦形成似乎就无可挽回。这个误解起码有三点:

第一,日本并不存在制度化的"终身雇佣制",这种所谓的"终身雇佣制",其实只是一种约定俗成的习惯性做法,是一种相对稳定的长期雇佣的心理契约,许多国家或企业都存在,并非日本所独有。

第二,这种长期雇佣制或所谓的"终身雇佣制",主要适用于大型企业特别是大型企业的核心员工,而非所有企业的所有员工。在日本,中小企业的用工其实是很不稳定的,人员流动性也很大。至于企业核心员工以外的人员,即非固定工,其用工机制很灵活,没有什么终身雇佣制度。这种做法与现在欧美各国或中国某些企业所实行的以股票期权或"金手铐"来留住核心员工与关键人才的制度安排并无实质性的区别,只不过日本企业所实行的这种"期权"或"金手铐"对企业而言成本更低,风险更小而已。

第三,这种所谓的"终身雇佣制",并非如人们常说的那样由于日本式的东方文化传统而形成,而主要是由于经济背景或商业利益的驱动所造成。1950年代以来,日本经济高速成长,劳动力短缺是一种长期的经济背景,为了保持企业的可持续发展,日本企业逐渐形成一种稳定的用工习惯,这种做法又从技术积累上为日本制造业的特点所强化,而为长期持续的经济景气所支撑。所以,经济背景或商业利益的驱动是所谓的"终身雇佣制"得以实行的主要原因与条件,一旦这种经济背景或商业利益发生变化,所谓的"终身雇佣制"也就开始瓦解了。

在长期的经济高速成长过程中,日本企业一方面实行比较稳定的用工制度,一般不轻易辞退员工,代之以企业内部劳动力市场的活跃;另一方面又比较重视对员工的培训与能力开发,使其适应多方面的工作需要,增强就业能力。此外,更加值得注意的是,日本企业实行的是一种固定工或核心员工(日本人称之为正社员或正规社员)与非固定工(合同工或临时工,日本人称之为非正规社员或契约社员、part-time 等)并举的灵活的用工机制,特别是在低端劳动力市场,比如加工制造业、零售服务业以及业务量变动较大的中小企业中,非固定工的比例非常高。这种非固定工的大量使用,既为企业灵活调节用工以适应市场景气变动提供便利,同时也为社会流动劳动力的就业创造了条件。1990 年代以来,日本经济陷入持续的不景气之中,而社会并未出现如欧美曾经有过的那种大萧条的局面,企业也并未出现如人们预期或想象的那种无法挽救的大败局,应该说很大一个原因是得益于这种灵活的用工制度。换句话说,导致日本经济长期的不景气,不应该归因于日本企业的用工制度,而应归因于由于泡沫经济破灭而导致的企业间连锁关系的恶性循环,即日本特有的那种非市场化的企业间关系机制。

日本的大部分企业过去都推行年功序列制。日本企业之所以长期实行年功序列制,同美国实行以能力和绩效为基础的工资制度一样有着深厚的文化渊源。

日本传统上是一个农耕民族,种族单一,受中国传统儒家文化影响较深,崇尚以儒家思想的仁、义、礼、智、信为基础的文化价值观,价值观以"和谐、安定"为首,强调"忠",重视人与人关系的微妙性,提倡人生价值在于工作,突出论资排辈,具有长期的家族主义传统、较强的合作精神和集体意识。日本的家族主义传统和与之相联系的团队精神,渗透在企业管理的各种制度、方法、习惯之中,使企业全体员工结成命运共同体,企业与社会共存共荣。员工与企业之间保持着很深厚的"血缘关系",员工对企业坚守忠诚,信奉家规,对企业有着很强的归属感。这种文化传统对日本管理的深刻影响便直接体现在日本辉煌几十年的企业年功序列制。

所谓年功序列制,是指依据职工的年龄、工龄、学历等条件决定工资多寡和福利待遇与晋升的一种薪酬制度。年功序列制以终身雇佣制为基础,反过来又对终身雇佣制起到巩固作用。终身雇佣制的基本要求是雇佣关系稳定,防止个人随意"跳槽",

保证企业有足够的廉价、熟练的劳动力,从而使企业生产能顺利地进行。年功序列制能够从经济上进一步把员工长期固定在各自所在的企业里,同时由于第二次世界大战后初期日本工人工资水平极端低下,"高速发展"时期劳动力供给不足,以及中小企业工人工资远低于大企业等情况,实行这种薪酬制度对巩固终身雇佣制可以起到一定的作用。所以,日本企业在第二次世界大战后一直坚持实行这种薪酬制度,并使企业经营管理收到了实效。

但是近年来,由于日本社会就业竞争的加剧,年轻一代也不再满足于老是待在一家企业并且论资排辈等待晋升的来临,而且终身雇佣和论资排辈制度使很多大企业中的老年职工阶层过于庞大,企业承担着过重的经济负担,因此,年功序列制正面临巨大的挑战。为了适应这些变化,日本企业界发起了"新人事革命",广泛地从欧美国家引进能力主义管理,增加高绩效的年轻员工的晋升机会,精简绩效较低的中老年职工。目前,日本大中型企业中,废除或大部分废除年功序列制的企业已占40%以上,引进能力工资制的企业达60%以上。

在这一演进过程中松下公司是一个很好的例子。松下公司的薪酬管理在过去有一个很突出的特点,也是薪酬管理中的一个很重要的方面,就是实行年功序列制。这主要表现在工资和晋升两个方面。根据这种制度,新员工进入企业后,其工资待遇按照资历逐年平均上升,没有明显的差别。在以后的职业生涯中,员工的工资待遇也是随着工龄的增加而持续上升,这种资历工资制与终身雇佣制遥相呼应。

松下公司的年功序列制对其企业经营产生了积极影响,而且对稳定员工队伍、缓解劳资矛盾,增加员工对企业的向心力起着重要作用。但是,由于这个制度在增加工资和晋升上没有按照员工的能力或实力给予差别对待,因此,对于那些同等年龄、工作年限相同的员工来说,工资就完全没有差别,这在一定程度上降低了员工的积极性,所以,年功序列制是有其负面影响的。特别是1990年代以后,随着日本经济进入低速增长阶段,知识经济和科学技术的迅速发展加大了企业结构调整的压力,而长期实行年功序列制则造成企业的经营管理阶层老龄化,越是高层的管理人员年龄越大,其直接结果是企业管理系统僵化,无法适应内外部环境迅速发展的要求。

面对经济的长期萧条和国内外激烈的市场竞争,为了适应知识经济和市场经济发展的要求,更有效地强化对员工的激励机制,松下公司提出了人事变革,其变革的原则就是全面贯彻能力主义,变革的一项重要内容就是学习美国企业,引进能力工资和年薪制,并将管理人员的年薪差距拉大到3倍,以奖优罚劣,增强工作激励的诱导能量。由于传统的考核系统体现不出员工之间的绩效差距,因此难以拉开收入差距,松下公司采用了新的人事考核系统。新的人事考核系统首先把过去7级评价标准改为5级评价标准,从而把考核结果的差距拉大,然后根据考核结果的不同,确定各个员工的工资,使收入充分体现绩效差距。由于各年度的考核结果实行累积,因而时间越长,则收入差距越大。另外,新的标准对考核结果不佳的员工,采取减薪的办法,特别是在未来提薪时,其收入会明显下降。这样,松下公司就建立了一种凭业绩和能力吃饭的机制,而不再是论资排辈。

松下公司在薪酬管理方面的变革体现了一种趋势,即日本企业开始借鉴美国企业的经验,以能力主义取代年功序列制,这也是美日企业人力资源管理模式融合的一个表现。

虽然松下公司已经进行了变革,但目前,年功序列制仍是许多日本企业维持企业秩序的基本制度。能力主义仍处于改革摸索阶段,其中一些细节,如员工能力的评价、工作成绩的评定、对企业长期和短期贡献程度的认定等需要进一步完善,特别是年薪制和职务能力工资制,虽有利于最大限度地发挥员工的积极性,但也出现了工作量如何分配、工作成果快慢不等以及职务不提升、工资不提升进而影响中年以上员工的工作积极性等具体问题。从总体来看,能力主义取代年功序列制是大势所趋。

2. 流程分析

(1) 选人。日本企业选人制度的主要特点是以毕业生选拔为主的招聘制度。其具体表现有:

- 以中等、高等学校毕业生为主,以中途录用为辅;
- 重视本人的基本素质,即可开发性;
- 重视学历和毕业的学校;
- 非常严格慎重:书面测验、面谈、适应性考评;
- 正式录用等程序。

(2) 用人。日本企业用人制度的主要特点是以长期雇佣为主的用人制度(主要适用于大型企业)。其具体表现有:

- 长期(终身)雇佣的惯例;
- 超稳定性:一选定终身的安定感;
- 转职不易:内部劳动力市场为主;
- 命运共同体:会社(公司)主义,以社为家;
- 讲求忠诚、奉献与协作;
- 知识技能的熟练与积累:传帮带;
- 与企业共同成长。

（3）育人。日本企业育人制度的主要特点是以能力开发为目标的企业内部培训制度。其具体表现有：
- 重视员工培训；
- 把员工培训看作企业的安全投资和办好企业的关键；
- 以能力开发为目标；
- 企业内教育训练发达；
- 分层次、分类别、分时期的系统培训；
- 企业办大学；
- 重视轮岗训练和基层锻炼；
- 重视传帮带，重视团队协作。

（4）留人。日本企业留人制度的主要特点是体现年功和能力相结合的薪酬制度。其具体表现有：
- 年功序列工资制度；
- 随企业工龄定期增薪；
- 年功与能力相结合的职务晋升制度；
- 重视职工的福利保险：企业内部退休金制度，住宅贷款制度，社宅制度，休假制度等；
- 重视企业文化建设，重视情感沟通；
- 讲求平均平衡；
- 讲求长期稳定。

（5）裁人。日本企业裁人制度的主要特点是一般不轻易裁人，但是正在变化。其具体表现有：
- 企业极少主动裁人；
- 以平均降薪代替裁人；
- 内部离职；
- 提前退休；
- 优厚的退休补偿。

日本的人力资源管理模式在发展过程中也同样存在其合理和不足的地方。由于日本企业长期稳定的雇佣政策，他们对于员工的培训以及政策的制定都有一个长期的计划，这有利于提高日本员工的素质、技术水平以及知识的积累。而且，劳资关系的全面合作也增强了员工的安全感和归属感，提高了员工对企业的忠诚度。一般来说，日本模式在传统的制造业领域具有相对较强的优势。

然而,日本企业的雇佣政策也给企业带来沉重的负担,它使得许多日本公司机构臃肿,人浮于事,效率低下;而且,优秀人才很难脱颖而出,被压抑和浪费的现象极为普遍。对于业务技术性较强的行业,比如对金融保险服务行业来说,"通才"培养带来很大的负面效应,在亚洲金融风暴中付出了高昂的代价。此外,由于激励手段的单一,特别是收入差别的缩小严重影响和压制了企业经理阶层的积极性和创造性。随着知识经济的兴起,国际竞争不再直接取决于固有的资源、资本或硬件技术的数量、规模和增量,而是依赖于知识或有效信息的积累和应用。换句话说,竞争将直接取决于管理和科学技术的发展水平以及一个国家创新能力的大小。从这个角度讲,日本企业的人力资源管理模式需要从根本上进行改革。

企业竞争的压力迫使日本企业对其以终身雇佣制为基础的人力资源管理模式进行反思。当代企业所需的人才比以往更为多样化,市场配置资源的作用更加突出,而这恰恰是日本企业最薄弱的环节。目前,许多日本企业已经取消了终身雇佣制,年功序列制逐渐被打破,原有的"按部就班、内部提拔"的规则也发生了重大变化。可以说,日本企业人力资源管理的"三大支柱"已经倒下了两支。

第四节 中国的人力资源管理模式

一、概述

与规范化的企业人力资源管理相比,目前我国大部分企业还处在传统的人事管理阶段。无论是在宏观层面还是在微观层面,如人力资源管理理念、制度、模式方面,人力资源管理的规范化技术方面,都与现代人力资源管理存在很大的差距,许多方面还有待于进一步提高和改善。

二、中国人力资源管理的现状分析

1. 中国企业人力资源管理的人性假设

任何一种人力资源管理模式,哪怕是在其形成过程中,在对人实施管理措施的时候,都会自觉不自觉地对人的本性、本质有些假设。通常是根据这些对人的看法、假设,提出相应的管理措施。因此,为了探索中国企业中实施的各种各样的人力资源管理模式,有必要首先探索一下国内企业关于人力资源管理的各种各样的看法或假设。

(1) 国内先进企业的人力资源管理理念。

经过四十多年改革开放的洗礼,中国企业的人力资源管理理念已经有了很大的变化。林新奇教授在"中国人力资源管理新年报告会"上提出,从最近几年发展以及以后的展开来看,主要有四个趋势或者发展的动向值得我们关注和研究。

第一,人才国际化或者国际化流动的概念可能要超越国际,不一定完全站在中国人一边去看,当然我们的立场一定是本国的,但是我们站的角度应该是全球性的竞争和流动,不是某一个国家要吸引过来让你有居住证,让你有国籍、有绿卡,不是这样的概念,人才一定是全球的。现在是"互联网+"的时代,是"地球村"的时代,是全球化的时代,我们应该站在太空上看地球,这样一个人才观或者人才国际化流动的视角,比站在某一个国家的角度来不停拉别人过来或者把别人往外送是不一样的。我们一定要站在全球化的立场角度来看待国际化,我曾提出国际化包含"外国际化"和"内国际化"的概念,现在正是应该把两者整合的时候。

第二,人才竞争已经逐渐地超越个体层面。个体层面非常重要,但现在因为全球化的发展,因为互联网的发展,还有国与国之间边界逐渐在打破,所以人才的流动越来越呈规模化发展。比如,企业都希望能够到外边去并购,去进行股权投资,进行产业资本的运作和整合,这个结果是什么呢?最大的一个结果就是人才整体的流动和引进,而不是一个一个地去吸纳。联想并购IBM的PC事业部时,一下子就跨越到全球企业的行列,为什么?因为联想通过产业并购一下子就把IBM的PC事业部所有管理、研发、营销团队整合到自己的旗下,这个步骤是非常高明的、伟大的一步。最近这个步骤就更多了,我们很多企业现在是整体成规模、成建制去改编这些部队和人才,而不是一个一个用高薪和优惠政策吸纳你。人才流动、人才竞争已经成规模、成建制运作,这是一个非常大的动向。我们相关部门政策、制度、理论、措施我想应该跟上。

第三,人才不求所有但求所用的理念越来越为大家所接受。特别是从个体层面讲人才流动的本质是自由,从组织层面讲人才竞争的本质是平等,人才本身的目的肯定都是生存与发展。自由和平等不是纯粹伦理层面或者一般普世价值诉求,这个里面自由与平等本身就带有一种途径、一种方法、一种机制这样的内涵在里面。在这里面大家可以想一下,我刚才说的马云算什么,他的股权结构我们去看一看,美国的、日本的、中国的,究竟谁占的比重大,最后他在美国上市,贡献产值、贡献利润、贡献收益,最大又是谁。所以在这里边大家看看我们中国的人才竞争和人才流动的理念我很忧愁,我们已经落后人家可能不止15年了,15年也就是2000年前,当别人向你中国团队进行风险投资的时候,他并没有要求你一定要加入我的国籍或者一定要到我这儿来,一定要给你优惠政策给你绿卡,并没有。为什么能做到现在呢?这个理念非常的先进,非常的超前,值得我们借鉴和学习。这是第三个趋势。

第四,所以人才竞争是怎么来的?可以说每一次产业转型升级一定伴随着人才大规模流动和人才竞争,现在正处于全球性产业变革转型升级的一个过程之中。尤其是我们中国我们要转型升级,这里面最重要的就是我们的人才流动、人才竞争要转型升级,要支撑。前面我提到人才流动的本质是自由,人才竞争的本质是平等,这是一个重要的基础,归根结底是人才体制机制的竞争,制度一定要创新,体制机制一定要转型升级,它才能够支撑人才的发展、人才的转型和升级。我想后边的这第四个趋势一定就是我们改革的深化,改革的升级。这几个趋势非常值得我们关注①。

这四十多年期间,许多企业被优胜劣汰了,许多企业坚强地存活了下来,又有许多新的企业诞生了。以下是若干有代表性的中国本土企业的人力资源管理理念,值得我们研究和参考。

- 宁德时代(CATL)——唯改革者进,唯创新者强,唯改革创新者胜。赌性更坚强:光拼是不够的,那是体力活;赌,才是脑力活。
- 字节跳动(ByteDance)——追求极致——追求困难目标;务实敢为——自下而上设定目标;开放谦逊——与他人协同合作;坦诚清晰——保持信息快速流动;始终创业——不设边界,自主思考;不看重公司员工快速扩张产生的成本,而是在意公司 ROI(Return on Investment),即产出和效益与投入之比;重视试错机会,避免过度指令和审批,有更多的人参与决策。
- 腾讯集团——关心员工成长,强化执行能力,追求高效和谐,平衡激励约束。
- 小米公司——真诚、热爱,农村包围城市,扬长补短,引育结合。
- 海信集团——海纳百川、诚信天下。
- 海尔集团——以人为本,充分发挥每个人的潜能,让每个人每天都能感到来自企业内部和市场的压力,又能够将压力转换成竞争的动力。
- 华为集团——人才不是华为的核心竞争力,对人才进行有效管理的能力才是企业的核心竞争力。
- 联想集团——一切以价值创造为核心,办公司就是办人。
- 国家电网——科技创新赋能美好生活。
- 中国移动——一切沟通从心开始。

(2) 国内后进企业的人力资源管理理念。

与先进企业相比,后进企业的人力资源管理其实缺乏理念,即使有,也充满以下

---

① 林新奇.国际人力资源管理:理论与实践[M].北京:高等教育出版社,2016.

误区：忽视现代人力资源管理；没有人力资源战略，认为人力资源随时可以获得；感性决策，浪漫、模糊、急躁；没有市场化人力资源机制；人力资源结构单一；人力资源选拔升降通道不畅；人力资源管理规章不实不细；利益机制不均衡；等等。

根据对国内现有企业的分析，可以看出，国内企业关于人力资源管理的人性假设不外乎两种：

第一种，员工是企业的一种附属物。这种企业将员工视为依附于公司的一种廉价的劳动力。员工是被动的，没有思想，没有主张，只是为公司赚取利润的工具，一切听从领导集体的指挥，毫无主观能动性可言。企业里的所有管理人员都采用一种自我投射式的方式，想象员工的思想行为表现。这种认识观念的形成，通常与公司的"英雄"人物（如公司创始人）的思想观念、人格特征、处世行事的方式有着紧密的联系，并在民营企业、私人企业表现得尤为明显。

第二种，员工是企业活动的主体。这种企业认为员工是积极的、主动的，员工是企业的主人，应该调动、开发员工的工作积极性和创造性。这种观念大多在领导比较开明、民主，企业目标比较明确、所有员工都能认同的企业较为常见。这种观念的形成大多是在残酷的竞争环境中，企业领导集体在理性认识的基础上，提出明确要求，企业所有员工认同的结果。

2. 中国企业存在两种人力资源管理模式

在任何一个企业组织中，认识人和管理人都是相辅相成的。对人有什么样的认识，就会采取什么样的管理措施。根据中国企业关于人性的两种假设，可以知道中国企业存在两种典型的人力资源管理模式。

(1) 以感性家长制管理为特征的管理模式。

这种管理模式是在将员工视为企业附属物的人性认识基础上产生的，有以下5个特点：

- 员工成为企业赚取利润的机器，对于企业决策，员工只能无条件地执行；员工在工作上缺乏积极性、主动性和创造性；
- 人与人之间各自心灵闭锁，缺乏正常的信息沟通程序；
- 一切权利掌握在企业核心人物的手中，企业的一切决策都是企业核心人物人格、思想的外化；企业发展缺乏战略考虑，人人都在"为今天"而活着；
- 企业缺乏健全的人力资源管理制度，一切可能都是机械的、无效的；
- 中层管理人员放弃责任；员工随意破坏企业的管理程序，企业形成一些"小集团"，员工为了保住某一位置，表现出破坏团结的行为。

(2) 以人为本的理性化管理模式。

这是一种在将员工视为企业活动主体、公司主人的人性认识基础上产生的人力资源管理模式,有以下 5 个特点:

- 企业的一切决策都是在科学程序指导下理性研究的结果;企业员工以主人的身份,按照有效的管理程序、信息沟通程序,自觉参与科学决策的制定。
- 企业员工是有思想、有主观能动性的社会人;所有员工在工作上积极主动,充分发挥各自的创造性;每个员工都明确企业的发展目标,团结协作,努力实现企业目标。
- 企业员工之间是平等的协作的关系,彼此悦纳对方;所有员工能以健康的心态对待周围发生的一切;员工为在这样的企业工作感到自豪。
- 企业员工都明确自己的职责,并在各自的岗位上积极工作;工作绩效是衡量员工的主要标准。
- 企业的人力资源管理制度是根据企业战略与员工的行为表现制定的,并不断修正,其目的是最大限度地开发员工的潜力、发挥所有员工的积极性和创造性。

3. 中国人力资源管理存在的误区

从体制方面分析,中国人力资源管理存在如下一些重大的冲突与矛盾,比如:

- 人力与人才:概念的分割与管理体制的冲突;
- 管理与技术:名分错位与职能冲突;
- 就业与失业:失业恐惧与乱炒鱿鱼(程序与公平);
- 发展与生存:近亲繁殖与裙带公司;
- 公与私:宏观管理上的公私对立与微观管理上的公私不分;
- 计划与市场:宏观市场与微观计划的双轨制(内部市场化);
- 流动与分断:城乡/区域/人才/市场;
- 滞后与超前:体制滞后与人力超前;
- 规模与速度:时不我待与欲速不达;
- 大生产与高科技:地区布局和产业层次。

从企业的具体实践来看,中国人力资源管理也存在许多误区。比如,中国是一个人口大国,与之对应的是一个劳动力大国,人们想当然地认为中国人力资源丰富,劳动力廉价。廉价的劳动力是中国企业获得竞争优势的重要构成部分。人们更多地关注劳动力的数量而忽略劳动力的质量。于是,出现了企业人力资源总量过剩、结构性短缺并存的现象。

在中国企业中,人力资源管理工作一直被认为是辅助工作,没有把人力资源管理与企业战略进行充分联系,人力资源管理工作的战略地位得不到承认,人力资源管理没有得到足够重视,人力资源管理对企业竞争优势的支持没有充分体现出来。

由于中国企业没有经过一个严格意义的科学管理时代,不少企业效率低下,从来没有真正明确过每一个岗位在企业中的作用、职责和考核标准,员工对工作的忠诚度、职业道德都不能和先进的企业同日而语。我国多数企业的管理基础薄弱,没有先进的管理思想得以发挥作用的环境。

在实际操作过程中,许多企业在开展绩效管理与绩效考核活动时更多的是关注结果,重视考核结果与奖惩、升迁的挂钩,而忽略了对员工绩效提高作用的发挥。在人力资源开发与管理中,重管理、轻开发的倾向十分严重。基于对中国劳动力丰富的认识,使得企业不愿意承担员工人力资源开发的成本。与国外企业相比,中国企业在员工培训、在职学习等人力资源开发工作方面的制度建设明显不足,不能进行有效的人力资源开发。职业生涯规划与指导在许多中国企业里是一个空白,根据员工职业生涯进行的人力资源开发更是寥寥无几。

三、中国人力资源管理的难点

1. 传统文化与价值理念的影响根深蒂固

价值体系是人们选择与判断的标准。虽然经过四十余年的改革开放,中国的企业已经成为市场经济运行的主体,但是由于受传统文化与价值理念的影响,要想完全与市场经济的运行模式并轨,中国企业存在着种种障碍。比如,国有企业的官本位思想不仅仅体现在对企业制度和管理系统的影响上,同时也体现在员工的职业生涯规划方面,导致其浓重的行政导向,员工职业发展通道挤在管理职位的提升这个"独木桥"上。此外,在现实工作中是忠于领导还是忠于工作?因人成事,中国的企业家只能表现出"不成熟"的特征。在人治高于法治的社会里,领导的权威必然大于制度的权威。在这样的经济社会环境下,人们无法用市场经济的法则来预测和规范企业中人的行为,无法设计真正具有激励作用的制度模式。所以,传统的思想观念若不打破,就无法建立起真正意义上的现代企业管理模式。

2. 缺乏管理机制设计的制度环境

中国企业的人力资源管理机制的建立离不开公司治理结构的完善。因为人力资源管理机制必须建立在合理、规范的公司治理结构之上,而公司治理结构又深刻影响企业的人力资源管理机制。由传统的国有企业转变而来的中国企业的治理结构十分复杂，加上中国传统文化的影响，使得这些曾经在中国国民经济中占有支柱地位的国有企业的治理结构成为一个讨论了多年却依然没有定论的难题。在所有者缺位而又不得不考虑所有者利益的情况下进行价值分配，对管理者来说是一件非常困难的事情。因为管理者无法知道所有者对价值分配的满意度，而只是靠一种政治觉悟进行分配，这样就使经营者面临危险，人力资源管理者在制度安排上面临困境。

3. 管理基础薄弱，传统惰性大

中国的企业跨过了科学管理时期，这一课的缺席导致中国企业的管理基础薄弱，并且传统惰性大，表现在企业普遍缺乏责、权、利全方位考虑的工作设计体系，对员工职责的表述宽泛、模糊，员工缺乏对工作职责的认同和基本的职业道德，员工的职业化程度不高，这些都不利于企业工作效率的提高和现代管理理念的引入。

现代企业人力资源管理思想适用于成熟的管理技术和员工职业化程度较高的企业，中国企业跨过了严格的科学管理阶段，如何在这种特殊的环境下，根据企业实际情况引入现代管理思想就成为中国企业人力资源管理的一个难题。

4. 劳动力市场建设不完善，社会保障水平偏低

改革开放以来，中国劳动力市场的发育取得了很大的发展。比如，企业用人自主权基本确立，职工自主择业的空间扩大；颁布了《劳动法》，制定了一系列有关调整劳动关系的法规、规章；劳动力市场中介机构获得了发展等。所有这些政策，都在促使市场机制在劳动力资源的配置过程中发挥着越来越大的作用。但是应该看到，中国劳动力市场由原有的计划经济体制向市场化的转型并没有完成，劳动力市场功能的发挥仍然具有很大的局限性，劳动力市场的发育和建设仍然面临着许多挑战和亟待解决的问题。

在众多问题中，以下4个问题值得特别关注：① 劳动力市场机制的发挥问题；② 人力资本在劳动力市场上得到合理回报的激励信号的发挥问题，而人力资本回报激励信号的发挥与市场机制的发挥息息相关；③ 结构性失业问题；④ 统一的社会保障体制的建立问题。

当劳动力市场机制的作用不能得到有效发挥时，面对这样一个市场，企业在做人力资源规划、核算预期劳动成本的时候，无法运用正常的市场理论来判断和预测，非市场因素太多，导致企业招聘员工的成本较高。目前，我国的社会保障制度建设还不

够完善,社会保障水平低下,覆盖范围狭窄,社会保障制度在不同地区、不同所有制企业中存在很大差距,员工进出成本很大。

【案例参考】

字节跳动的国际人力资源管理

字节跳动公司简介

字节跳动(ByteDance)成立于2012年,以今日头条这款资讯类产品起家,到今天成长为有6万名员工,涉足教育、电商、游戏、搜索、社交等领域,产品日活跃用户达7亿的全球化创作交流平台,目前已经建立了包括今日头条、抖音、西瓜视频、悟空问答、TOPBuzz、Faceu、飞书等在内的产品矩阵,被业界公认为是中国互联网企业的第二梯队、后起之秀。八年来,字节跳动在阿里、腾讯、百度三大互联网头部企业的阴影下和互联网激烈的市场竞争中快速成长,给外界的形象一直是"年轻化""创新""技术导向""快节奏"。字节跳动的业务成长史见图3-2。

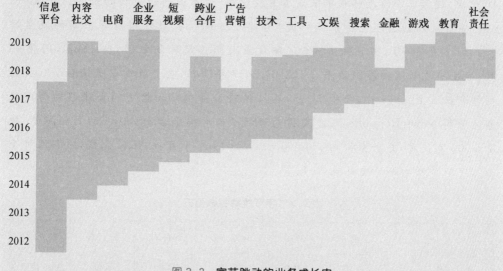

图3-2 字节跳动的业务成长史

字节跳动的国际化发展历程

字节跳动的发展历程大致划分为三个阶段:第一阶段,初创期(2012—2014年),在这一阶段,字节跳动依靠今日头条这款产品起家,有了初始用户,但其组织架构、运作逻辑、商业模式尚不明晰,网络效应较弱。第二阶段,快速成长期(2015—

2017年),在这一阶段,字节跳动抓住短视频的风口,成功地进行了二次创业,并依靠"社交＋内容"的模式打造平台生态圈,用户规模迅速扩大,网络效应不断增强。第三阶段,战略转型期(2018—至今),在这一阶段,字节跳动面临组织内外部的压力,进行战略变革,加速全球化布局。2018年,字节跳动创始人张一鸣将企业愿景从"做最懂你的信息平台,连接人和信息,促进创作和交流"升级为"全球创作与交流平台"。

2012年年底,在字节跳动最初的办公地点——锦秋家园里,团队已经开始讨论国际化的事情,在取"字节跳动"这个名字的时候,就想好以"ByteDance"作为英文名。到2015年,字节跳动经历了三轮融资,估值达5亿美元,国内业务也已经初具规模,确立了信息流广告盈利模式,字节跳动开始启动全球化,布局海外市场。2015年8月,今日头条海外版TopBuzz在北美上线,标志着字节跳动全球化的开始,公司第一次启动了全球化的团队,第一次有了外籍员工。字节跳动是一家"Born to be global"的公司,与老牌互联网企业相比,它全球化的脚步迈得更早也更急切。2017年8月,抖音海外版TikTok正式上线,从此"引爆"全球,目前全球的下载量约为19亿次,连续三个季度蝉联苹果商店下载量第一,是国内最成功的出海App之一。

字节跳动的国际化扩张战略是"自建＋并购",在海外市场寻求新的流量增长。2016年10月,字节跳动投资了印度最大的内容聚合平台Dailyhunt,同年12月,控股印尼新闻推荐阅读平台BABE;2017年2月,全资收购了美国移动短视频创作者社区Flipagram,同年11月,不仅收购了猎豹移动旗下的全球移动新闻服务运营商News Republic,还参与猎豹移动子公司播平台Live.me的B轮融资,投资5 000万美元,并全资收购了musical.ly;2019年4月,LARK上线,服务海外企业。字节跳动的融资史见表3-1。

表3-1 字节跳动的融资史

	2012.7	2013.5	2014.6	2016.12	2017.8	2018.10
融资阶段	A轮	B轮	C轮	D轮	E轮	pre-IPO
融资金额(美元)	100万	1 000万	1亿	110亿	222.22亿	40亿
估值(美元)			5亿	10亿		750亿

2020年,字节跳动展露出对国际业务前所未有的重视。3月,字节跳动创始人张一鸣在内部信中宣布了公司的架构调整:他将出任全球CEO领导公司全球

战略和发展,接下来会花更多的时间在欧美和其他市场。

据国外媒体报道,截至北京时间2021年6月17日,字节跳动的TikTok 2021年在美国市场的营收有望达到5亿美元。当前TikTok在美国和其他地区的发展速度"像火箭一样",创造了一种新的移动视频体验,让YouTube和Facebook望尘莫及。

据2018年字节跳动发布的数据,TikTok已进入全球150多个市场,覆盖39种语言,全球月活用户达5亿。2019年TikTok成绩非常出色,然而意想不到的是,2020年一开局,新冠疫情突如其来,在外出需求普遍下降的大背景下,包含短视频在内的线上泛娱乐应用流量皆增,TikTok的增长因此又添了一把火。在今年的第一季度,TikTok在iOS和Google Play的总下载量达到3.15亿次,超过所有应用的历史记录。

现在谈及海外短视频市场,TikTok是绝对无法绕过去的玩家。在全球多个国家和地区全面铺开是TikTok的落地策略,TikTok已经形成了在全球攻城略地的趋势。

字节跳动的环球"挖人"之路

2021年3月,字节跳动官方重磅发布,迪士尼前高级副总裁凯文·梅耶尔加盟字节跳动,担任TikTok的CEO,6月1日正式入职,同时还将出任字节跳动的COO(首席运营官),直接向公司CEO张一鸣汇报。此消息一出,不但震惊了国内,在北美也引发了不小的舆论震荡。纳斯达克报道的标题是:迪士尼痛输一员大将给了TikTok。

凯文·梅耶尔的入职是字节跳动全球化招贤纳士的标志性事件。事实上,自从字节跳动开启国际化布局后,其在全球广纳人才的步伐就已经开始了。相较于从国内大批量选拔人才派驻海外,显然,直接聘用国外本土的顶尖人才是更好的办法。他们可以凭借各自过去的经验,让字节跳动不走他们之前所在企业的老路,规避掉不少风险点。

以美国为例,总部设在加州山景城的TikTok采取了完全本地化运营的策略,员工都是从美国当地知名公司高标准高薪招聘来的。布莱克·钱德利,原Facebook全球商业合作事务负责人,其在Facebook任职约十年,曾一手搭建起Facebook在海外的商业化团队,对亚太、拉美等新兴市场极为熟悉。加入TikTok后,布莱克·钱德利成为TikTok全球商业化业务副总裁,负责提升全球商业化业务。

2019年下半年开始,字节跳动的国际高管布局脚步明显加快,仅2020年的

5个月,就有6位行业丰富经验的大咖加入,平均每月入职一位高管。比如,华纳音乐集团前高管奥莱·奥伯曼,出任字节跳动的音乐总监;谷歌前资深员工提奥·伯特伦,出任字节跳动欧洲政府关系与公共政策总监;前微软首席知识产权顾问埃里希·安德森,就任字节跳动法务副总裁;前Youtube全球创意总监瓦内萨·帕帕斯,出任字节跳动北美市场负责人。

字节跳动的人才管理——与业务相匹配

字节跳动的国际化人才管理也秉持了国内管理模式的一贯风格,字节跳动的管理模式与其高速成长的业务模式相适应,具有独特之处。早年间,字节跳动的推荐算法使其在一众创业公司中脱颖而出,并使得它能够进入各类领域或与各领域的头部玩家进行合作。利用"千人千面"的个性化智能推荐技术,批量生产并快速推向市场验证产品,这一算法逻辑有无限应用场景的可能。"千人千面"的个性化推荐虽然在短时间内构成了技术壁垒,但它并没有带来一劳永逸的竞争优势。搜狐、网易等传统资讯媒体,以及百度、腾讯等互联网巨头,都纷纷布局个性化推荐。字节跳动的推荐算法也许是行业领先的,但并不是稀缺的、难以模仿的技术,也并不是不可超越。那么,字节跳动的竞争优势到底在哪里?梳理其业务成长轨迹可以发现,字节跳动不断推出新的产品服务,不断丰富产品的应用场景,始终保持着敏锐的市场嗅觉,即使是在今日头条已经成为业内最大的资讯平台时,也没有止步不前,而是看到了新的市场机会,并快速切入了短视频市场。从内容赋能平台,到短视频、搜索、小程序,字节跳动懂得"拥抱变化"、抓住机遇,建立优势。字节跳动的整个成长过程可以看作高频创业的历史。

在高速成长、始终创业的业务发展背景下,字节跳动也形成了独特的公司经营和人才管理模式,与高频创业的业务风格相匹配,又反过来助力其继续前进发展。字节跳动的管理模式可以从"一个原则、两个交互、三个层次"来理解。

"一个原则"是指应用"优秀的人才+充分的信息"的组织管理形式,来替代传统的直线式、强控制的管理方式,以达到最高效的组织运作以及最大的经营效益。当人才掌握详细的、公开透明的工作信息以及明确的组织目标后,不仅能够高效地完成工作,还能够产生自驱力,当更多的人参与到决策中时,也有助于组织内部的创新。提供"充分的信息"的背后是平等、高效的沟通机制的支持。

"两个交互"是指机制和文化。字节跳动的固定组织模块可以分为后台、中台、前端、生态圈四大部分,联系四个固定模块的交互模块是组织的沟通协作模式、人才管理机制以及企业文化指引。克莱顿·克里斯坦森在《创新者的窘境》中指出，一个机构的能力主要表现在其流程和价值观上。流程是将劳动力、原材料、现金、信息等生产要素转化为产出的方法；价值观是组织成员做决策时所遵循的原则。

张一鸣自创业初就对人才的招聘和管理有着极高的标准。即使在公司成立初期面临人手紧缺的窘境，张一鸣也没有放弃对员工的高要求，通过高薪吸引业内领先企业的优秀人才。他的人才观是"和优秀的人做有挑战的事，就是成长的最好方式"。一方面，招聘优秀的人可以降低培养成本，当授予其充分的信息后，他可以高效地进行工作产出，降低了控制成本，而且组织成员的高素质也可以作为招聘的亮点来吸引其他新员工。另一方面，可以营造人才与人才之间的良性协作氛围，促使成员间相互学习，共同成长，并沉淀知识成果，通过信息共享机制传达给整个组织。字节跳动在进行人才招聘时，对人的关注点不在于学历或者经验等背景，而是聚焦对方的特质是否契合岗位要求、是否契合公司文化。

张一鸣在2016年源码资本码会提节上提出了字节跳动人才激励机制的三大原则：最好的ROI（投资回报率）；让人才得到成长；让人才愉快工作、愉快生活。其中最核心的是ROI理念，张一鸣将员工的薪酬支出看作ROI的投入，关注其产出是否能达到高的ROI，而不是单纯地将薪酬支出看作企业的经营成本。如果人才能创造高ROI，他就值得最具竞争力的薪酬。字节跳动按照岗位级别和绩效评估确定薪酬，破除"熟人溢价、新人溢价、资历溢价"。保证内部公平的同时，兼顾外部市场的竞争力，始终"pay top of the market"：HR部门每年都会对市场薪酬进行调研，保证公司的薪酬标准在业内保持领先地位，并以期权、高额年终奖吸引顶级人才。而且每年会在年终奖之外，给每位员工发放一个特别的普惠红包，根据员工司龄划分不同的额度。

充分的信息包括工作背景信息和工作目标信息。字节跳动提供给员工有关市场环境、行业格局、业务数据、财务数据等详细的背景信息，以及明晰的工作目标，这个目标不仅仅是员工自身的业绩目标，也包括企业层次的经营目标。字节跳动的OKR体系强调信息的公开透明，每个人的OKR都是公开的，每个人都可以知道管理层在做什么、下属在做什么、其他部门的人在做什么。OKR的制定过程既有自上而下的战略目标分解，也强调组织成员之间的目标共享、互相看齐。以此保证员工对自身的工作有充分的了解，能形成从工作目标到工作方法的完整的认知链条。

"三个层次"的第一层次是个体工作层，第二层次是沟通层，第三层次是协作层。

在个体工作层，对于员工个人的工作，需要给予充分的工作信息。当涉及成员之间的互动时，公司采取全渠道式的沟通网络，无论是上下级之间的交流还是同级员工之间的交流，都强调平等、开放、高效的原则：在交流时尽量弱化层级，灵活地调整汇报关系；鼓励群聊和充分的沟通，减少低效的一对一沟通；尽量减少规则和审批，促进信息的高速流转。公司还设置有每双月进行的"CEO 面对面"；非正式信息沟通渠道有字节圈、飞书群聊兴趣小组，在这两个平台上组织成员可以自由地分享工作、生活感悟，以及对新旧产品提出自己的建议和看法，并得到相关人的反馈。字节圈还设置了匿名机制，每两个月有 3 次匿名发言的机会，鼓励成员积极指出公司的不足。在团队协作时，鼓励内部信息透明，并利用内部协作系统作支持。字节跳动内部有近 100 个人的工具开发团队，开发 OKR 系统、飞书等内部 IM 工具、共享文档等功能，这些基础工具是"充分的信息"原则的底层技术支持，是组织运转的重要基础设施。

张一鸣一直强调要减少"control"，即减少指令、审批等可能导致信息滞后、损耗的环节。当然，减少"control"并不是完全杜绝"control"，当遇到重点项目的统筹、新业务的早期阶段、紧急突发情况的应对等状况时，仍然需要自上而下的管理控制，这也体现了张一鸣的悖论管理思想。

除了使命和愿景，字节跳动也依靠价值观，即"字节范"（ByteStyle），来引导和形成员工的工作方式和工作文化：追求极致、务实敢为、开放谦逊、坦诚清晰、始终创业。2020 年 3 月，随着经营情况的变化，"字节范"又增加了一条新文化：多元兼容，适应了全球化业务快速扩张的现状。

张一鸣在创业过程中表现出低调务实、富有野心、拥抱变化、延迟满足感、慎独等特质。张一鸣有意把公司作为产品来打磨，他也将他的特质融入了字节跳动的组织设计中，体现在企业文化、机制流程等方方面面。他公开演讲中的许多经典名言都化作了"字节范"；组织的运作逻辑体现了他极客式的产品思维，强调高效、始终创新、平等、自由。他向员工展示了清晰的使命愿景，作为引领企业向前发展的指南针；利用六条企业文化和扁平化、灵活的组织设计，激励员工始终保持创业热情、保持好奇心、保持创造力，不拘泥于条条框框的繁琐的制度流程，而是以最简洁的沟通协作完成最高效的任务。

除此之外，与其他出海企业的人才管理相比，字节跳动也有独特之处。2018 年 3 月，张一鸣在与清华大学经济与管理学院院长钱颖一教授的对话中表示，希望在三年内实现全球化，实现的参考标准是产品的海外用户占比从 10% 上升到

50%。2020年,字节跳动正朝着这个目标发力并接近成功。根据Appin Business 2020年4月披露的数据,TikTok和抖音两款产品中,海外用户占比超过43%,接近一半。张一鸣还提到,公司全球扩张的基本原则是"Talent First":优先考虑人才的需求,主动招人才,而不是等人才来找公司;人才在哪里,就把办公室开到哪里。2020年3月,张一鸣在字节跳动八周年的全员信中宣布,字节跳动已在30个国家、180多个城市设立办公室,拥有超过6万名员工,到2020年年末,公司员工将扩张到10万人。

字节跳动的本土化人才策略

在全球各地兴建办公室是为了给本地化人才策略的实施铺路。在扩张海外市场的过程中,公司会面临形形色色不同于国内的难题,如来自国家的强力监管、海外企业并购问题、如何与当地企业合作、如何进行本土化运营并实现商业化等。面对这些问题,选用本地化人才是一条行之有效的解决办法,因为他们更熟悉当地的市场情况、政策法规、生活习惯等,有助于开辟新市场,规避风险。

在海外市场,字节跳动坚持聘用当地人才,同时贯彻了国内扩张时期的"挖人"策略。字节跳动向Facebook、Google、微软等全球知名企业的"挖人"的作战,在2018年就拉开了帷幕。2018年9月,山口拓也离开老东家Facebook,加入字节跳动,任职TikTok韩国、蒙古和日本的公共政策负责人。同年10月,曾任Google和Facebook首席公共政策官的Helena Lersch加入字节跳动,担任全球公共政策负责人。11月,有华纳音乐13年工作经验的Farhad Zand加入字节跳动,担任TikTok欧洲音乐合作负责人。12月,曾任索尼助理副总裁的Chhandita Nambiar加入字节跳动,担任印度娱乐业务负责人,负责Helo的商务拓展。

2019年1月,聘用了Youtube全球创意总监Vanessa Pappas作为TikTok北美和澳洲市场负责人。3月,前Facebook招聘总监Ross Baron担任TikTok西欧地区招聘负责人。6月,前Facebook印度政府关系经理Nitin Saluja加入,担任TikTok公共关系负责人。8月,前GroupM南亚地区CEO Sameer Singh加入,担任印度商业化副总裁。10月,在迪士尼担任过7年副总裁、曾是印度时代媒体集团首席运营官的Nikhil Gandhi加入,担任印度市场负责人,全权负责TikTok在印度的运营;前华纳集团高管Ole Obermann加入,担任音乐总监。12月,前Google资深公共政策顾问Theo Bertram担任欧洲政府关系与公共政策总监。

2020年1月,有10年Facebook工作经验的Blake Chandlee担任TikTok全球商业解决方案副总裁;有15年谷歌工作经验、曾任谷歌信任与安全(Trust &

Safety)亚太地区和全球负责人的 Arjun Narayan 加入,担任字节跳动信任与安全亚太总监;有 20 年微软首席知识产权顾问工作经验的 Erich Andersen 就任字节法务副总裁。4月,前万事达公司公共政策副总裁 Rohan Mishra 加入字节,担任 Helo 印度市场负责人;曾担任过 Hulu 和三星美国品牌与文化营销副总裁的 Nick Tran 出任 TikTok 北美市场营销主管。6月,字节跳动设立澳大利亚办公室,由前谷歌高管 Lee Hunter 担任 TikTok 澳大利亚总经理;前谷歌高管 Brett Armstrong 担任 TikTok 澳大利亚全球商业化解决方案(GBS)总经理。同时,前迪士尼高管 Kevin Maye 将担任字节跳动海外的首席运营官和 TikTok 的全球 CEO,负责 TikTok、Helo、音乐、游戏等业务,以及包括企业发展、销售、市场、公共事务、安全、法务等在内的部分职能任务。张一鸣将 TikTok 的海外管理全权交给了 Kevin。

在人才选用上,字节跳动会让当地人才担任管理层,负责分公司或子公司的运营。一方面,可以引进当地的人才,因为他们更熟悉本地的市场规则、政策法规,相对来讲可以更好地避免经营风险;另一方面,通过放权,留住本地优秀人才,利用字节跳动独特的经营管理模式,扁平化、多元平等、追求高效的组织文化风格建立起他们对公司的认同。在某一年 3 月的内部信中,张一鸣提到,作为字节跳动全球 CEO 的他,未来花更多的时间和精力在欧美和其他市场,同时帮助新加入的高管融入。目前字节跳动管理问题员工的敬业度和满意度统计结果下降了。他希望在未来三年走遍所有有办公室的地区,建立全球化的多元兼容的组织,激发每个人的创造力。

字节跳动的海外团队高管人才招聘具有以下特点:

(1)招聘最优秀的人才,这和张一鸣一贯的招聘态度一致。字节跳动一直对标 Facebook、微软等知名高科技企业,在选人时也偏好于从这些优秀公司"挖人"。引进的高管都是有知名互联网企业或文娱传媒行业的丰富的工作经验且获取了一定的职业成就。

(2)在设置海外团队的管理人员时,字节跳动把市场、运营、公共关系等职能的中高层职位都开放给本地化人才。在全球主要市场,字节跳动实行 GM 负责制。字节跳动一进入印度市场,该市场的运营管理、战略和增长负责人、印度区销售和品牌伙伴关系总监、公共政策总监都是印度本地人。

(3)重视安全、政府关系、法务方面的事务,大力引进此类优秀人才。这与近些年来公司在海外市场受到日益严峻的政府管制有关,这些管制甚至影响到公司的扩张速度和正常的日常运营。如何处理好与当地政府的关系,如何改造产品使其适应当地的法律法规、生活文化习俗,是每个出海产品关注的重点,也是字节跳动的"痛点"。因此,字节跳动亟需这方面人才的助力。

字节跳动何以要实现国际化战略

字节跳动靠短视频迅速崛起,成为新一代流量巨头,抖音是其主力军。如今字节跳动开始大力开拓海外版图,主要是因为国内短视频的用户增长已经逐步触及天花板,而海外的短视频用户增长还有很大的空间。

从国内的短视频平台排名来看,抖音短视频、快手、西瓜视频分别以5.30亿、4.25亿、1.41亿的活跃用户规模占据市场前三列,火山小视频以1.41亿活跃用户规模排名第四。在这四个平台中,除了快手都属于字节跳动旗下。

由此看来,字节跳动在国内的短视频用户增长已经逼近天花板,难以再有较大幅度的上升。早在2012年字节跳动刚刚创业起步时,内部就已经开始讨论全球化。2018年,张一鸣更是定下目标,要在三年内实现全球化,即超过一半的用户来自海外。在瞬息万变的国内商业市场,不前进就是后退。国内用户增长几乎达到上限,但是国外的短视频市场还处在蓝海状态,存在巨大的空间,为了吸引更多的用户,字节跳动需要开拓新的市场。为此,字节跳动将国际化战略提上日程。

字节跳动为何全球"挖人"

与社交巨头一样,字节跳动旗下的TikTok因为其App属性,面临着被多国政府的监管机构"刁难"的挑战。自TikTok上线并走红以来,海外政策风险成为影响其发展的重要因素。

据2019年12月外媒报道,由于TikTok在美国用户激增,字节跳动公司正努力吸引美国广告商,并试行了应用内购物功效,来测试"创作者市场",以满足品牌商和网红的需求,但可能面临知识产权规范方面的阻碍。

此外,因种族主义、色情低俗、暴力等内容,加上侵犯青少年隐私及数据安全等问题,TikTok不断地招致印尼、日本、英国、美国等政府的审查、封禁和罚款。如2018年7月,TikTok在印尼被封禁,原因为该App传播了对青少年产生不良影响的内容;2019年2月,TikTok因侵犯了美国《儿童在线隐私保护法》被美国政府指控,最后以TikTok支付570万美元(近3812万人民币)罚金收尾,成为美国当时最大一笔民事罚款。

最近一次是美国当地时间2020年3月4日(北京时间2020年3月5日凌晨),

一场美国国会参议院关于TikTok数据安全问题的听证会在华盛顿召开,这也是TikTok在2019年12月之后第二次被列入国会讨论。美国共和党参议员,也是此次听证会召集人乔希·霍利公开表示将提交法案,拟禁止美国联邦政府雇员在其设备上使用TikTok,禁令将适用于所有美国政府发行的设备。乔希·霍利指责TikTok母公司字节跳动与中国政府共享数据。一位美国企业研究所的常驻学者德里克·史剑道甚至表示,字节跳动有必要出售TikTok 51%的股份给美国公司以获继续发展。

根据公开的信息显示,2018年7月到2020年3月,字节跳动在海外遭到政策监管的事件至少9起,处罚聚焦于数据与内容两大方面。

随着TikTok在全球范围内的扩张,"众口难调"的问题愈加突出。由于各个国家和文化对于企业责任、道德准则、个人与政府角色的定义和理解都不尽相同,一家互联网平台就需要在满足全球用户口味的同时还能够保证自己的安全,让世界各地的监管部门都可以容忍其商业模式。这正是字节跳动目前面临的最大挑战。

字节跳动CEO张一鸣明确表示,希望三年实现全球化,即海外用户占比从10%上升到50%。对于全球扩张,原则是"Talent First"——优先考虑人才,即人才在哪,就把办公室开在哪。为了更好地实现全球化,字节跳动引入的人才也都是本地高管,越发淡化了公司的中国背景。

在TikTok各项数据爆发性增长的同时,其面临的陌生挑战也越来越大,因此开始加快吸纳海外高管的步伐,以尽快完善全球化战略,相较于聘用国内高管进行管理,这些土生土长的管理者显然更懂如何玩转海外市场。

目前,字节跳动外海业务线口过于分散。据不完全统计,字节跳动的子品牌包括:综合资讯类产品TopBuzz、News Republic;短视频类产品Tik Tok、Flipagram、Vigo Video、BuzzVideo等,而这一系列复杂的业务线口,显然需要一个对于市场走向了如指掌的团队以及团队领袖来进行整合规划。

以凯文·梅耶为例,探讨字节跳动"挖人"的原因。凯文·梅耶在迪士尼的最大成就是领导了流媒体Disney plus的开发并于×××年11月推出,承担起疫情时代迪士尼公司很大的营收希望,此前他一度被认为是迪士尼下任CEO的候选人。

随着Tik Tok在全球大流行,其与唱片公司和艺术家也正在激烈交火,音乐行业的三大唱片公司要求Tik Tok支付更多音乐版权费用,从而导致Tik Tok与整个音乐行业的关系剑拔弩张,但截至目前仍然没有好的长期解决方案。在很多人看来，由于自带迪士尼光环，凯文·梅耶的加盟会让Tik Tok受益颇多。拥有与好莱坞及华盛顿谈判大笔交易并建立关系的丰富经验和能力，凯文·梅耶恰好对如何与其他公司和顶级人才建立合作关系非常擅长。他上任后的重要业务内容就是推动音乐及游戏业务为字节跳动带来更多商业化表现，可以说这正是Tik Tok当前亟需的。

值得注意的是，字节跳动约一半海外高管来自Facebook、Google等国际互联网巨头，这些在海外大厂重要业务有过任职经历的精英加入，一方面为TikTok构建起强大的海外管理团队，帮助其进一步推进业务发展，实现全球化；另一方面，海外高管团队的搭建，有利于TikTok更好地应对不同市场的监管政策，使得Tik Tok与字节跳动北京公司之间建立更清晰的关系。

字节跳动的企业文化

字节跳动公司在成立八周年之际更新了企业文化（其内部称为"字节范"），新增"多元兼容"，旨在打造多元化的全球团队。所以，现在字节跳动的文化价值观共六项："追求极致""务实敢为""开放谦逊""坦诚清晰""始终创业""多元兼容"。

在海外各国建立强有力的本土化团队，是字节跳动实现海外野心的重要一环。因此，字节跳动需要采取措施在保证原有文化不被破坏的同时，让新员工快速融入这种文化。

首先，尽量物色愿意去接受改变的人加入团队，青睐年轻、不害怕改变、愿意拥抱变化的伙伴加入。面试时，候选人聊着聊着开始即兴演讲，这是国际化人力资源在欧洲招聘时遇到的场景。

字节跳动一直是多元兼容的践行者，强调多元兼容，是希望在任何团队里都不会有人因为是众数而获得更多优待，也不会有人因为是少数而享有更少的权益。团队越多元，团队成员身上的各种身份标签就越不重要，大家的注意力更集中在每个人的角色岗位上，团队更专注做事，凝聚力也越强。

所以我们能看到，字节跳动公司没有工号，也没有职级和等级概念，实施的是一套"依赖于人和文化，而不是管控"的创业型管理体制，相对于其他同规模的企业更敏捷、更具战斗力。经过八年的积累和沉淀，字节跳动内部形成了信息畅通的企业文化，大家都坦诚清晰，管理者敢于放权，同时鼓励员工创新、吐槽，始终保持创业心态，追求极致。

字节跳动最近三轮融资，都是由美元基金主导，目前估值已高达900亿—1 000

亿美元。很显然,单靠中国市场,必然撑不起这样的估值,拓展海外市场是它必须要走的路。

虽然不可忽略当前在全球化中的审查难题以及水土不服问题,但是不得不承认,不论是估值还是产品使用数据,字节跳动都显示出前所未有的增长势头。伴随着人才的海量布局,以及像梅耶这样的全球高级人才加入,字节将推出什么样的商业模式和产品,如何搅动全球娱乐和科技行业,非常值得期待。

（案例来源：综合相关新闻报道和网络资料整理而成。林新奇教授《国际人力资源管理》课程班硕士生周清、李佳斐同学也做出了贡献。）

第五节　比较与选择

一、人力资源管理模式比较

第二次世界大战结束以来,特别是 1990 年代以来,随着世界经济全球化进程的加快,随着跨国公司的逐渐增多,由企业员工的多元化带来的文化和价值观的多元化对各种管理模式提出了挑战。各个国家的人力资源管理都在相互碰撞与整合。美国引入日本的人本管理以增加员工的忠诚感,日本则引进美国的能力工资制度以弥补年功序列制的缺陷。尽管由于历史基础和文化价值差异等方面的原因,导致各国人力资源管理模式具有许多的差异,而且这些模式间的差异有许多的表现,然而从现实的角度出发,各种人力资源管理模式在面临未来发展的挑战下,要想在竞争中取胜,必须互相借鉴、互相融合,这是必然的选择。

中外许多学者对各国的人力资源管理模式进行了比较研究,提出了许多见解与看法。比如,南京大学赵曙明教授等通过对美、日、德、韩四国的人力资源管理模式的多维度的比较研究[1],认为这四个国家的人力资源管理模式各有本国鲜明的特点,它们在形成本国人力资源管理模式的过程中存在较大的基础差异,并遵循了不同的发展路径。它们的差异基础主要表现为历史和文化价值约束。美国和日本的人力资源管理模式由于风格上的巨大差异和各自在本国取得的成功而备受瞩目。韩国则充分接受与消化美国与日本的人力资源管理模式,结合本国的特点和历史发展进程,创造

---

[1] 赵曙明,武博.美、日、德、韩人力资源管理发展与模式比较研究[J].外国经济与管理,2002(11).

了混合型的韩国人力资源管理模式。相对于美国和日本而言,德国人非常强调约束权力的平等,在工作中讲究照章办事甚至呆板,愿意努力工作,具有一定的创新精神,对组织采取有限度的忠诚,关注职位保障。德国企业重视各个季度和年度的利润,考核周期短,做事快捷,重视眼前利益,尊重传统,注重承担社会责任。这四个国家的人力资源管理模式的差异,体现在人力资源管理的各个层面上。无论是企业的基本理念还是具体的管理职能,四国的人力资源管理由于存在明显差异而呈现丰富多彩的特色,而且四国的人力资源管理都在本国取得了一定的成功,特别是美、日两国截然不同的风格和特色的人力资源管理模式都在本国取得了良好的效果,有效地降低了企业的成本,提高了企业效益,增强了本国企业的核心竞争力(见表3-2)。

表3-2　美、日、德、韩人力资源管理模式的差异

国家差异	美　国	日　本	德　国	韩　国
	松散的集体	有较强的内聚力	松散的集体	大　家　庭
等级差别	以职能联系的管理等级	非常强调普遍的等级	等级弱化	普遍强调森严的等级制度
雇佣关系	劳资买卖关系,忠诚度低,流动频繁	终身雇佣制	双向选择,自由雇佣	准长期雇佣
人际关系	对立,人情关系淡薄,人际理性、制度化管理,顺序是法、理、情	和谐,人际微妙,和为贵,顺序为情、理、法	强调合作,照章办事,人际关系单一	强调员工忠于企业主
培　训	工会为具体工作进行在职培训、职业培训、工作表现培训、人才管理培训	为多种工作进行在职培训,经营即教育	国家、企业共同提供培训,以能力为本位,加强关键能力培训	普遍的在职培训和同工种有关的培训
管理手段	集中在特定范围的特定工作,突出专业化	工作轮换、范围灵活	专业分工严格,强调技术和工作效率	大量工作轮换,范围机动灵活
绩效评估与升迁	能力主义,强力表现、快速评价、迅捷晋升、现实回报、无情淘汰的考绩制	年功序列制和日本式的福利型管理,重视能力、资历和适应性三者平衡,晋升机会平等	小幅度定期提薪、晋升、调换工作,公平竞争的择优机制	竞争的择优机制,重视员工责任感、忠诚感
劳资关系	劳资对立、零和思维	劳资和谐,缓和劳资矛盾	政府干预,劳资协调机制,职工回忆,社会伙伴关系	稳定协调,工会力量弱,力量对比悬殊
市场化	市场调节,竞争-淘汰机制	市场化程度低	高度发达的人力资源市场,禁止突然解雇	发达的市场化、转职生成机制
员工参与管理	有限度地参与管理,强调各司其职	强化员工的主人翁意识、职工建议制	职工参与决定制,联合管理	—

续 表

国家差异	美 国	日 本	德 国	韩 国
	松散的集体	有较强的内聚力	松散的集体	大家庭
招聘与引进	全球范围内的发达市场体制	重视教育、崇尚名牌大学，强调基本素质，注重与学校的合作	市场机制完善	—
法律规范	法律条文众多，重视保护雇员利益	有一定的约束性法律条文	法律条文众多，政府行为规范，专业化的司法组织	政府与企业主同属一条线
薪资水准	市场化运作，看重能力、绩效	基于学历和服务年限	高工资，人员精干	最初学历、能力、绩效

资料来源：赵曙明，武博.美、日、德、韩人力资源管理发展与模式比较研究[J].外国经济与管理，2002(11).

日本学者认为，日本人力资源管理与欧美比较具有的特点如表 3-3 所示。

表 3-3　日本与欧美人力资源管理的差异

	日本的人力资源管理	欧美的人力资源管理
招聘	应届大学毕业生的定期招聘 ——按公司要求 ——终身雇佣	一般社会人的不定期招聘 ——就职/专业技能 ——短期/雇佣时间多样化
雇佣合同	面向不特定业务的雇佣	面向特定业务的雇佣
业务(职务)区分	不明确，涵盖性	有明确的定义
工作调配	公司内进行有计划的、定期的工作调换	几乎没有有计划的、定期的工作调换(几乎不可能)
确定薪金的基础	年功、能力	业务内容
由业务内容决定的薪金差距(范围)	范围狭窄(几乎无差距)	范围大(差距大)
薪金水准	公司独自的水准 公司的收益(业绩)	该业务在市场上的薪金水准
评价/考核(评估)	能力/个人的力量 涵盖性的评价 潜在的能力 集团/团队的业务达成度 迄今为止积累下来的成果 无反馈	业务与接受的任务(结果/业绩) 对特定业务的评价 业务达成度 个人的业务达成度 单年度的成果 反馈
晋职晋级/晋薪	长期性的评价·缓慢的晋升 年功序列体系 (公司内工龄越长、职务越高，收入越好)	根据业绩考评，即时影响晋升，根据结果/实力主义晋升

续 表

	日本的人力资源管理	欧美的人力资源管理
人才开发·能力开发	OJT+OFF-JIT(内部培训) 工作调配的内部培训	自主的能力开发,自我开发(公司外的 OFF-JT)换工作(跳槽)
工会组织	公司内部工会	行业性、社会性工会
文化	无需语言的相互理解 对隐私的干涉(存在非正式的个人网络) 集团的利益即个人的利益 中长期扩大战略 同一化公司(单一民族,单一语言)	明示基础上的合意 无干涉 个人利益而非集团的利益 获取短期利益的战略 多样化的社会(异文化社会)(多民族,多语言)

资料来源:日本神户制钢人力资源管理研究所,2002.

二、人力资源管理模式选择

如果比较日、美、中管理模式或管理文化的特点,我们可以发现它们分别可以被概括为主妇型管理、丈夫型管理与家长制管理。其模式如图 3-3 所示。

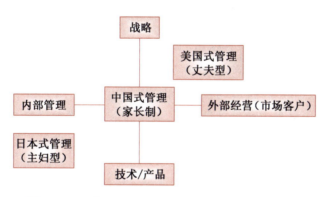

图 3-3　HHP(Housewife, Husband, Paternalism)模式

1. 日、美、中管理特征的描述

根据管理的主要职能,我们提出如下管理模式比较的标准,即 4 个维度:内部管理(组织、人事、决策、沟通等)、外部经营(市场与客户)、技术与产品、战略。

日本式管理其实就是主妇型管理。其特征是:管理精细(对内),经营周到(对外,市场与客户),不断改善,追求完美(技术,产品),短见(战略)。总体倾向是:重内部管理与产品、技术和客户管理,轻战略与市场开拓,比较细腻、温情、认真、忠实等。

一般认为,日本企业在品质管理、作业现场管理以及对员工的教育培训等方面做得十分出色,但是比较缺乏长期战略,也不擅长组织,过于追求完美,开拓精神与勇气不够等,这些都是主妇型管理的表现。至于日本企业文化中"内协外争,亲和一致"的"家"的意识和氛围,也体现了主妇型管理的特征。

美国式管理可以概括为丈夫型管理或男性型管理。其特征是:理性(对内分权与变革);开拓(对外市场的扩展性经营);创新(技术,产品);远见(战略)。总体倾向是:重战略、市场开拓与技术创新,内部管理与产品及客户管理的精细化稍微不足,比较豪放、进取、果敢、理性等。美国企业管理崇尚努力和勇气,比较能够允许和宽容失败,主张说了就做,强调速度,重视从上到下的果断决策,以及全球化战略与引领知识经济的能力,处处显示了美国企业丈夫型管理的特征。

中国式管理主要是家长制管理。其特征是:粗放性(内部管理);感性型(对外市场与客户经营);适用满足性(技术,产品);机会主义(战略)。总体倾向是:偏重产品生产与市场占有,处于一种不稳定的变动状态,比较保守、实际、权威、感性等。中国企业很难做大、做强、做长久,本身就是家长制管理的一种表现和结果。

2. 调查统计数据的再分析

根据国际跨文化比较学者 G.霍夫斯蒂德于 1974 年对 IBM 公司在 50 多个不同国家的职员进行的问卷调查及其以后的研究,他认为在文化比较的四个维度上——权力差距、个人主义与集体主义、男性度与女性度、回避不确定性,日本和美国具有很大的差异,其中尤以后三个维度的差异最大。

比如,在个人主义与集体主义指数上,美国的个人主义得分是 91 分,名列全球第一,即最为倾向于个人主义;日本的个人主义得分却只有 46 分,几乎只是美国的一半,倾向于集体主义。

在回避不确定性方面,日本名列第 7,得分为 92 分;而美国名列第 43,得分仅为 46 分,正好是日本的一半。其含义是美国更倾向于开拓未知领域并积极进取,而日本对不确定性比较谨慎,趋向保守。

在男性度和女性度指数上,日本名列第一,女性度的得分为 95 分,在全世界女性度最高,而美国女性度的得分为 62 分,远比日本男性度的得分还高。所谓男性度,其定义是自信、坚强,注重物质成就,具体指标包括:收入,即有机会获取高收入;认可,即当你做出成绩时容易得到认可;进取,即有机会从事更高级的工作;挑战,即能从事挑战性的工作,个人通过工作有一种成就感。与此对应,所谓女性度指的是谦逊、温柔,关注生活质量。其具体指标有:领导,即与直接上司有良好的工作关系;合作,即能在同事们合作很好的集体中工作;生活地区,即能在自己和家庭理想的地区生活;职业安全感,即关注职业安全感,不必为被解雇而担心。

至于权力距离,日美之间虽然差距不是太大,但日本权力距离的得分为54分,排名第33,美国权力距离的得分为40分,排名第38,也略有差异①。

如果把霍夫斯蒂德的调查研究结果与HHP模式相比较,我们可以发现,日本恰恰属于主妇型管理范畴,美国则正好归于丈夫型管理范畴。

根据某管理顾问公司进行的一项对中国10家代表性企业的问卷调查,在中国,无论是传统工业企业、先进工业企业、初期知识企业和成熟知识企业,所有企业的共同特点是:对战略、文化、工作等维度的评价都相对较高,而对组织、沟通、制度等维度的评价普遍相对较低。这说明中国企业缺乏规范化、制度化的内部管理,或者对其重视不够。

日本学者对跨国公司在中国的合资企业的调查研究也表明,日本企业与中国企业或美国企业在战略、技术与产品、内部管理、外部经营等各个方面存在显著差异②。比如,日本企业特别强调5S内部管理(整理、整顿、整洁、整齐、整肃),注重全面质量管理,注重内部的平衡与协调,注重工作与雇佣的稳定性,不喜欢跳槽与流动,注重客户关系,合作谨慎,严守合同,等等,并把这一套做法和制度全盘照搬到中国,要求中国的子企业员工也一丝不苟地照学照做。日本企业的做法和制度有许多优点,但与中美企业管理风格不同,因而也引起了很多麻烦和困扰。越是知识性高、竞争性强的员工或企业,其困扰越大。

3. 对三种管理模式的考察与评价

从三种管理模式的理论意义和应用价值来看,可以认为,在以产品大生产和制造业为主要竞争力的时代或地区,日本式管理(主妇型管理)应该占有较大的优势。日本曾经以其同时做到了降低成本与提高质量从而实现有效经营而称雄全世界,并以精细的内部管理特别是温情主义的人力资源管理体制和周到有效的内部沟通机制而赢得世界性的赞誉。然而,进入1980年代特别是1990年代以后,随着全球化竞争的加剧和知识经济时代的到来,日本的主妇型管理愈来愈不适应,终于导致了日本经济的长期衰退和国际竞争力的大幅下降。在需要开拓与竞争的年代,单靠内部管理与技术及产品的改善是远远不够的,必须要有战略的眼光和创新的勇气,即大丈夫精神③。

---

① [荷]G.霍夫斯蒂德著.跨越合作的障碍——多元文化与管理[M].尹毅夫等译.北京:科学出版社,1996.
② [日]园田茂人.证言:日中合作[M].东京:大修馆书店,1998.
③ [美]迈克尔·波特等著.日本还有竞争力吗[M].陈小悦等译.北京:中信出版社,2002.

美国式管理恰恰具有这种大丈夫精神。它以领导世界潮流为己任,勇于开拓和创新,具有长远的战略眼光和理性的操作计划,并且能够包容各种不同的文化与人才,所以特别适应全球化与知识经济的挑战。美国经济从1980年代开始复苏并且从总体上看愈来愈具有活力,美国跨国公司建立了世界性的产品与技术标准,国际化经营程度愈来愈高,竞争力愈来愈强大,这些都与其丈夫型管理具有密切的关系。

中国是一个崇尚权威的国家,并且具有几千年的中庸主义传统。这种文化反映在管理上,就是所谓的家长制管理。家长制管理的优点是灵活、实用、决策快速。但其缺点也是明显的,这就是不确定性和非规范化。中国企业一直做不大、做不强或做不久远,与此密切相关。好的"家长"能使一个濒临倒闭的企业兴旺发达,不好的"家长"则可以使一个好企业倒闭破产。人存企兴,人亡企灭,这是中国企业的规律。所以,家长制管理也许适应于一时,适应于中小企业的经营管理,但肯定不适应于全球化大企业之间的竞争和知识经济时代的管理。

日、美、中管理模式虽然显示出很大的差异和不同的结果,但也各有千秋,很难断定其就一定具有特别明显的优劣之分,主要看其适应的对象与时期。也许正因如此,才出现了在不同时期及不同地区或行业,对日美管理模式评价的极大反差。中国式管理并不完全定型,也许这与其感性、适用、机会主义等特征不无关系,因而也不存在特别的褒贬意见。所以,如果要实现管理国际化,并不一定就要照搬某一种特定的管理,而是应该根据当时、当地的实际情况进行综合的整合与提升,也就是进行管理创新。

【信息链接】

美国人力资源管理考察报告[①]

将对员工成本的关心转移到对员工产出的关心上来,提高生产率和效益才是人力资源管理的真正目的。

科学、合理的价值定位永远是吸引和保留人才的前提。在此次走访的8家公司中,均对此有足够重视,员工薪酬主要由3部分组成,即基本工资、年终红利与长期福利。

诱人的薪酬制度

摩根和高盛两家证券公司员工的薪酬还要加上股东回报率(股东回报率=总效益÷总股本),基本工资的确定主要依据市场供需量、岗位对公司效益产生的重

---

① 徐剑.美国人力资源管理考察报告[J].经理人,2001(4).

要性、员工从业经验和学历水平,当然,还要考虑员工的技能水平。员工工资一般由部门经理在给定的范围内划定。为了达到吸引和保留人才的目的,摩根和高盛等公司均将自己公司员工的定位置于不低于75%的同业公司水平。

在美国,某个岗位的基本工资的高低并非由公司自己决定,而是请咨询公司进行市场调查,给出该岗位的市场平均价格、最高价格和最低价格,公司再依据自己的经营战略、应聘者情况确定该岗位员工的最终定价。还须指出的是,各个公司在确定岗位工资水平时,很少在公司内进行横向比较,而是将其拿到市场中去做比较。比如,IT部门某一岗位的工资是在考虑了市场上该岗位的定价而确定的。

为了抵消通胀所造成的损失,各个公司每年对所有员工工资均有4%左右的自然增长,当然,公司会依据自己当年的经营情况在一定幅度内(一般在3%~5%)进行定夺。由于已成惯例,在1997年通货膨胀呈负增长时,各个公司依旧按比例增加了员工工资。

年终红利对各个公司而言,均占有相当的比重,在证券公司(如摩根与高盛)更是占到员工全年工资的80%左右。在美国再保,从前只有达到一定级别的员工才能拿到红利,而今天,公司正在做出改变,以使全体员工都能享受公司的成功。红利所得的多少是依据地位而逐步在比例和绝对值上同步增长的。地位越高,拿到的红利数目和占工资的比重也越高。为了激励普通员工中的佼佼者,美国再保还设立了专门的表现优秀奖以促进员工发展。

随着人本管理的深入人心,长期福利已越来越为各个公司所关注。长期福利一般包括健康险、意外伤害险、牙科保险等。在美国再保,员工每年仅须支付5%的保险费用,其余均由公司承担,公司每年平均为每位员工支付的保险费用可达6 000美元。为了体现亲情,公司还为员工家属提供保险。

为了解决带婴员工的后顾之忧,高盛公司还为他们准备了临时性托儿所。

对于像高盛这样的全球性公司,常常会遇到干部外派的问题。他们的做法和特点是:

外派干部均有相应的工资与福利补贴,提供津贴以平衡员工远离家乡所造成的物质损失与精神损失。

短期外派享受优等地区的工资和福利待遇,长期外派则视情况而定,一般如超过6个月,则按当地水准支付薪酬。

外派员工福利实行弹性制,例如,在英国以优惠价提供汽车,到香港则提供住房补贴。

总之，各个公司在员工薪酬方面的投入是毫不吝啬的。因为他们认为这是最值得投入的地方。美国再保公司每年拿出经营费用中的75%用于支付员工薪水与各种福利，总数大约在1.7亿美元，人均为11.3万美元。

面向"观众"的组织架构

高盛公司人力资源部门的架构与职能令人深省。其总部人力资源部门共有20人。

在讲究功能多元化的今天，高盛公司却将仅有20人的人力资源细分为8个室，最重要的原因只有一个，即扁平化和最大限度地满足"顾客"，即员工的各种需求。诚如管理大师彼得·杜拉克所说："人事部门要转变观念和行为模式，首先必须调整方向，将对员工成本的关心转到对员工产出的关心上来，提高生产力和效益才是人力资源管理的真正目的。"

亲情管理激发人的潜能

高盛公司和美国再保公司在亲情管理方面做得尤为突出。如果说摩根、麦肯锡等老牌公司仍在一定程度依靠其品牌来招揽人才，高盛与再保则正以其润"物"细无声的亲情管理在建立和强化其今日与明天的品牌。从在校园中举行面试到暑假"短工"；从建立多种奖学金到采取切实措施"滋润"其员工成长；从员工与经理共同制定考核与发展目标到员工不同意经理评价可签不同意意见；从为外派员工提供各种津贴到车子或房子的弹性福利制度……这一切无一不透露出人本管理的精髓。这一切也正是工作与生活、财务价值与人力资本的真正平衡。人的潜能的裂变也正始于此。

关键是"土壤"问题

所有公司均视新人质量为其明天能否生存和发展的关键。各个公司均把重点放在名牌大学，这不仅是这类学生素质好，还因为他们是时代精神的代表者，更是未来的创造者。他们最不保守，最具想象力与创造力，他们敢于挑战权威……一个不断容纳新鲜血液同时又能"吐故"的公司怎能不快速发展和成长呢？

并非所有美国公司都能做得这般好。某国际型大公司中一位来自银行的员工将一个合理化建议向其主管的主管汇报时，得到的回答却是："你有资格到我这汇报吗？"竹节文化与大企业病从来就是世界500强不断变更的主要诱因。这给我们的深刻启示是，要保证新人质量，必须有能够吸引人才的文化与机制，同时更要有适合人才成长和发展的"土壤"。

公平公正的竞争机制

在我们所到的8家公司里，员工的薪酬均是严格保密的，这么做的目的在于引导员工眼光向前，看谁为公司创造了更多价值，看谁的技能和素质成长得最快，做到这一切的前提是公正或基本公正，从更深层次分析则是员工对企业文化的认同和信赖，员工的认同与信赖就是企业的核心竞争力，因为它代表员工的向心力与凝聚力。很难想象一个丧失了员工向心力与凝聚力的企业能够成功。

公平公正的激励机制还反映在给予员工充分解释的机会，甚至允许员工发表可能是片面乃至错误的"解释"。从拟人的角度去看，公司实际是个"巨人"，而"巨人"的信誉与肚量常常决定了他能有多少朋友以及能走多远。相应的企业文化就好比"巨人"的"情商"，它必定要为人们所认同和接受，要有先进性，要顺应时代潮流……

公平公正的激励机制更突出表现在考核内容上。双方认同的、以客户为导向的、切合实际的和可随形势变化而做出调整的考评指标正是公平与公正的具体体现。

公平公正的激励机制的另一特点是鼓励人们说真话，要尽力做到坦诚。在走访的几家公司，他们均做得很好。这固然与东西方文化的差异有关。但是，随着中国加入WTO和全球经济一体化的逐步实现，东西方先进文化必将会进一步融合。

认同市场是根本

对于美国公司薪酬体系的调研，给我们最深刻的体会是：公司在制定政策时，认真遵循市场价值规律，然后再结合公司实际情况确定自己的薪酬定位。较为典型的是岗位不在公司内部作横向比较，而是拿到市场中去与同行相比较。

其次是尽可能减少非生产性开支。据统计，在我国内地的外方独资公司的非生产性开支（应酬方面的开销）每年较国内企业少80%以上，相应地他们把这部分钱用在提高员工工资的竞争能力上。在摩根，如同大多数美国公司一样，是没有一部公车的。这样做一方面节省了大量成本，另一方面也保持了公司的"净化"。

在西方，各个公司均不惜成本，在依从市场价值定位的前提下保持自己在人才竞争中的领先地位。对于杰出的人才则更是如此。此外，公司还在福利方面大做文章，例如，自1992年以来，在美国以公司名义开办的旨在方便公司员工的各类托儿所已从几十家、几百家猛增到3万多家。在他们看来，尽力关心员工生活是令员工与公司保持和谐的最佳方法;在他们看来,提供反映市场价值定位的薪酬是对人才的基本认同与尊重。

美国再保公司重视员工与经理的沟通,并巧妙地将员工考评与发展有机地结合起来,从而既促进了员工技能的提高,又使日后安排的培训更具针对性和计划性。

高盛公司格外重视员工的培训工作,所有提供的免费培训均是以尊重员工的意愿为前提的。这种以公司价值导向为先,结合员工实际需要,不断"滋润"员工的方法至少在高盛是成功的。

案例研究:IBM与腾讯的人力资源三支柱模型与实践对比

1996年,托马斯·斯图尔特在文章中称,人力资源部为官僚机构,是毫无客户导向的服务意识,人力资源职能的大部分将被外包。2005年,基思·哈蒙兹认为人力资源从业者:论天资不是公司中最聪敏的人;追求效率大过创造价值;代表企业的利益工作;常隔岸观火。2014年,拉姆·查兰在《哈佛商业评论》上撰文《是时候拆掉人力资源了》,认为众多500强的CHRO总是令CEO感到失望。由此可见,传统人力资源管理难以为战略制定提供有价值的洞察;同时HR与业务体系脱节,常陷于事务性工作,效能低下。1995年,面对人力资源管理的困境,戴维·尤里奇提出四角色模型——重新定义人力资源角色与胜任素质。四角色模型指出:公司的人力资源管理人员主要分为四个角色——战略伙伴(战略落地过程中的合作伙伴);变革先锋(通过流程重组和文化再造,成为持续变革的推动者);效率专家(搭建资源优化配置的平台;成为人事服务运营的专家);员工后盾(管理会议上是员工的代言人,努力促进员工对公司多作贡献)。然而,在四角色模型提出后十年后,仍然很少有企业的人力资源从业者能胜任四个角色;四角色模型都很难与部门或岗位逐一对应,一个HR要同时扮演多重角色,并不利于四角色的专业化发展。

2007年,IBM经过17年探索,从组织层面实现了人力资源部重构,并提出了HR三支柱模式,重新定义了人力资源的四角色模型。HR的三支柱模式是指:(1)专家中心COE——人力资源战略价值选择。作为领域专家,要通晓人力资源管理理论,掌握HR相关领域精深的专业技能,追踪、对标最优实践;(2)人力资源业务伙伴 HRBP——业务策略的选择。作为人力资源通才,要掌握 HR 各职能的专业技能,同时要了解所在部门的业务;(3)共享服务中心 SSC——人力资源平台与服务的选择,标准化服务的提供者,研究员工需求。

COE(Center of Expertise,专家中心)是指以人力资源顾问、人力资源高级经理为主的专家中心、政策中心。在有些大型跨国企业,会把几个部门合称为COE。主要负责:落地集团总部的整体决策;对各事业部的管理目标、管理手段提供支持;相关管理制度和流程的创新、优化和修订;发现并总结推广最佳实践。一般由战略家——参与制定战略,向员工解读战略或人力资源专家——运用人力资源专业知识设计业务导向、创新的人力资源政策、流程和方案或研究者——了解行业前沿,与专业咨询与研究机构联结战略;保持对竞争对手动向敏感度担任。人力资源角色及其胜任素质分类如表 3-4 所示。

表 3-4 人力资源角色及其胜任素质分类

角 色	胜任素质分类
战略定位者	解析全球背景;解码客户期望;合作制定战略议程
可信赖的活动家	创造价值,赢得信任;影响他人并建立联系;提高自我认知;强化人力资源专业知识
组织能力构建者	利用组织的能力;匹配战略、文化、实践和行为;创造有意义的工作环境
变革拥护者	发起变革;维持变革
人力资源创新与整合者	通过人力规划与分析优化人力资本;培养人才;塑造组织和沟通实践;驱动绩效;建立领导力品牌
技术支持者	通过技术提高人力资源活动的效用;利用社交媒体;通过技术联系各方

人力资源三支柱中 HRBP 担任着企业战略和文化大使、业务部门的 HR 咨询师、员工管理的政委和变革管理者四种角色。HRBP 与传统 HR 的区别如表 3-5 所示。

表 3-5 HRBP 与传统 HR 的区别

维 度	传统 HR	HRBP
HR 个人角度	基于事务性工作的素质要求	对业务有深入了解
	业务模块分工,任务型工作	HR 通才,熟悉 HR 各模块的知识和工具
	单打独斗	团队性要求高
	难以突破岗位和职责边界	目标导向,突破性工作

续　表

维　度	传统 HR	HRBP
组织角度	与业务部门相分离，跨部门速度慢	与业务融为一体，响应快，速度感强
	成本控制型	增长导向型
	决策自上而下，灵活性差	自下而上地自我驱动，高灵活性
HR 服务	功能性、基础性、共性服务需求	多样性、社交性、个性化地精细服务需求
	服务模糊、延迟感、滞后感	服务直观，体验感佳
	单向传递，缺乏反馈机制	及时服务反馈，强服务交互，良性循环

HRBP 打破传统 HR 的思维，培养客户思维；加强个人学习，扩大影响力；用业绩说话，增强话语权；设置与之适应的 HR 构架，明确定位职能；设计 HRM 流程（管理权责、汇报关系、薪酬考核）；加大专项培训投入，加强培养力度。一般由具有强的沟通协调能力和亲和力以及灵活性、具备战略思维以及组织诊断能力的人担任。

SSC 是指企业集团将各业务单元所有与人力资源管理有关的行政事务性工作（如员工招聘、薪酬福利核算与发放、人事信息管理、劳动合同管理、新员工培训、咨询与专家服务等）集中起来，建立一个服务中心。传统的担任 SSC 的胜任素质包括沟通能力、服务意识、解决问题、执行力、主动性、信息收集能力、灵活性、成就导向等。但是根据互联网时代对新能力的要求，对 SSC 增加了用户研究的产品能力——需要员工有较强的需求洞察能力和用户调研能力；立体多元的服务能力——需要员工有较强的应变能力，不断更新服务技术意识，主动拓展 HR 服务渠道网络；以及跨界多维的数据能力——需要员工有较强的数据挖掘、分析、应用能力。

IBM 的 HR 三支柱模型及其实践

IBM 作为全球最早实施三支柱模型的企业，其每一次变革都基于客户价值，伴随着人力资源的支撑，随需而变。人力资源管理始终在通过人力资源的变革去支撑企业的战略转型和系统的转变，人力资源一直跟着战略和业务走。IBM 推行所谓真正的三支柱模型，它让整个经营模式、商业模式又发生了一次剧变，人力资源开始出现了人力资源共享中心、人力资源业务伙伴和人力资源专业团队。直到 2010 年，IBM 的人力资源三支柱改良到四支柱。更加符合一切成本导向，一切从效率出发。增加 IST，向上整合运营团队，提高效率，减少成本；向下贴近业务，充分把握COE制定政策。从根本上发挥人力资源管理的最大效用,整合组织资源,并且实现效率最优(见图3-4)。

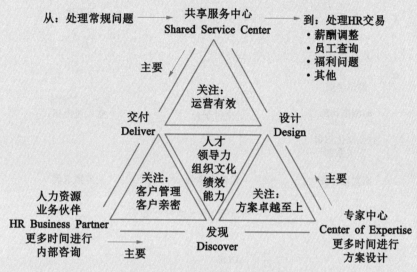

图 3-4 IBM的HR三支柱模型

腾讯的HR三支柱模型及其实践

2010年3月,借鉴国际盛行的HR三支柱架构模式,尤其是为了更好地落实企业的战略目标,腾讯正式提出建立人力资源领域专家中心(Center of Expertise, COE)、共享服务中心(Shared Service Center, SSC)和人力资源业务合作伙伴(HR Business Partner, HRBP)的HR三支柱组织架构。

2014年,腾讯将SSC升级为共享交付中心(Shared Deliver Center, SDC),搭建起HR业务运营和功能管控的统一平台;腾讯人力资源体系中的COE下设四个部门,分别是人力资源部、腾讯学院、薪酬福利部、企业文化与员工关系部,COE的主要作用是根据公司的战略导向,拟定有战略延续性的HR政策与制度,在公司HR管理中发挥前瞻性的牵引作用。HRBP深入各事业群和职能系统内部,确保HR服务与业务部门的深度融合,为业务部门提供有针对性的解决方案;SDC提供了HR服务的统一交付平台,在很大程度上提高了HR事务性工作的效率。

1. 腾讯的COE

在腾讯,COE是最先成立的HR支柱,经过近8年的探索、变革,腾讯COE中的文化、培训、绩效等职能围绕着组织活力、精兵强将等组织与人才的战略导向,很好地支撑了组织战略的落地(见图3-5和图3-6)。

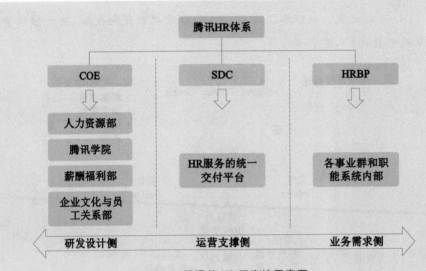

图 3-5　腾讯的 HR 三支柱示意图

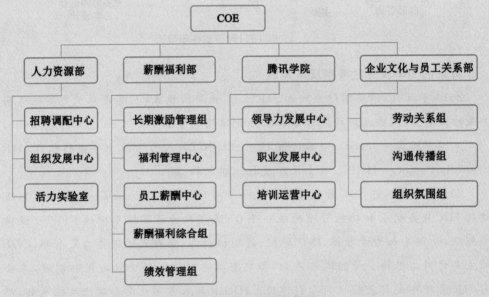

图 3-6　腾讯 COE 的架构图

2. 腾讯的 HRBP

在腾讯的 HRBP 组中仍然分为 HR 三支柱：Function 组主要与 COE 对接，一方面保证政策落地，另一方面驱动 COE 完成任务；BP 组是传统意义上的 HRBP，他们参与到业务当中，打破模块的界限，针对业务问题提供完整的解决方案；助理组与 SDC 对接，主要处理事务性工作，一个助理要对接多个 HRBP(见图 3-7)。

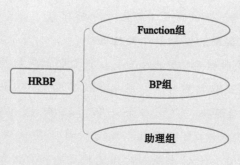

图 3-7　腾讯 HRBP 的分工

3. 腾讯的 SSC 与大共享平台

腾讯从用户需求出发,从被动响应到主动关注用户需求;从服务于基础人事工作到同时满足多端需求;从共享事务到共享资源;从数据化分析到大数据管理,也因此将传统的 SSC 升级为 SDC(见图 3-8)。真正完成了从用户需求出发,交付超预期的服务;用做产品的思维做 HR,走进腾讯的"产品化 HR";关注乐趣与个性,随时随地玩转"企鹅帝国"。

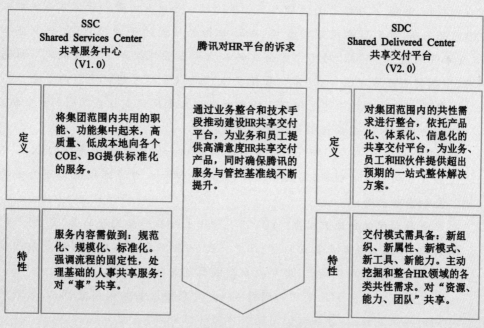

图 3-8　腾讯 SSC 与 SDC 的差异

除此之外,腾讯紧扣战略进行了一系列大数据人力资源实践,其中包括对离职进行预警的"红线"项目,降低运营量的"先知"项目(分析员工问询问题并提前做好解答)以及助力招聘与保留的员工稳定性分析项目等。

腾讯三支柱模型实践的挑战及中外比较

相比 IBM 的三支柱模型,腾讯的三支柱模型仍然是机会导向大于战略导向,企业组织架构仍以直线职能型为主。因此导致了以下 3 点挑战:

- HR 三支柱未达预期:COE 在企业中"上不来,下不去"(欠缺调研+专家文化);HRBP 难以"自杀重生"成为战略业务伙伴(业务阻力+精力有限+增量不增质);SSC 未能与时俱进地进行角色升级(未升级成 SDC+缺乏数据平台支撑+不重视 SSC)。
- HR 三支柱的定位与四角色不匹配(不利于专业分工,影响三支柱未来的人才基础)
- HR 三支柱难以协同发展(消除了职能模型间的协同问题,增加了职能工作内部协同问题)

跨国公司在中国实施的共享服务中心并不等于 HR 三支柱,只是其在人力资源管理的"一张面孔"战略部署。而很多以活下去为目标的中小企业,人力资源实践停留在以招聘、薪酬、人事服务为主的人事管理阶段。导致人力资源管理本身的职业化程度并不高,对于战略规划与管理、统计分析等技能的关注较少,欠缺业务知识、变革管理能力。因此,对于中国企业的人力资源管理变革来说是挑战与机遇并存,中国的企业管理还存在"云"(管理实践)"雨"(管理思想)"沟"(西方企业过去 100 年的成功道路),但这也使得互联网时代迎来 HR 三支柱实践创新的良机。

中国企业 HR 三支柱模型的设计理念是:

- HRM 的负责人:各部门管理者对公司产出和流程负最大责任,HR 三支柱是管控模式的创新,高层管理者、部门经理和人力资源经理必须结成转型的合作伙伴。
- 三支柱之间的健康大乱序:HR 三支柱中也存在一套完整的选、育、用、留、裁,但因三支柱专业背景同质、目标一致,可把业务端各种各样的复杂问题在 HR 三支柱内部消化,混序之后形成简单易行的方案。
- 三支柱可以解决 HR 的协同问题:从对立到协同的构架搭建;从割裂到协同的组织流程;从分散到协同的人才与知识经验。

中国企业 HR 三支柱模型不仅从组织内部进行探究,还从人与环境的视角,强调 HR 三支柱与技术、组织变革、人才的互动关系,即从 SSC 升级为 SDC(见图 3-9)。其特点是强调平台化,信息技术的发展提高了 SDC 的产品、用户属性,同时，SDC 对于另外两个支柱的大数据决策支撑作用；二是明确 HR 三支柱服务的对象，包括组织、人才（管理者和员工）、业务；三是兼具文化内：HR 三支柱的房屋模型融入了中国传统"家"文化的思想精髓，强调协同发展。

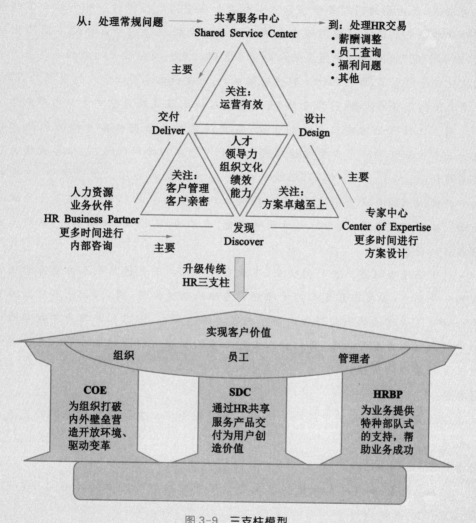

图 3-9　三支柱模型

从整体来看，互联网时代给了企业人力资源转型的机遇。互联网的快速发展给组织变革与人的管理带来了巨大的推动力。人和组织都趋向于被动到主动的自管理模式。在这样的情况下，人力资源管理和新的组织形式会相互影响，组织有序的机制依托于组织人力资本价值的重新定位和相应人才战略的调整，自组织的发展也会为人力资源管理的变革性突破创造条件。

通过对腾讯和IBM三支柱模型的人力资源管理实践对比,我们可以进一步看出三支柱模型在西方和中国的不同应用场景和由此带来的差异和挑战。对于三支柱模型来说,西方企业实践先于理论,而中国企业实践滞后于理论。对于研究者来说,最重要的问题是如何让三支柱更加在中国能行得通。如何结合实践来解释这些企业的三支柱应用模式与理念是怎样克服中西内外部环境不同而出现的"水土不服"的问题。中国企业人力资源管理三支柱模型最大的创新点是基于中国文化背景的变革,即用强联系取代弱联系,同时重视信息资源和人情资源的获取,三者共同构成资源流动、行为互动、有一定制度规范及连结关系的企业内部网络。

对于已经开始搭建三支柱的企业,需要注意的是三支柱自身协同问题的解决。三支柱模型的一个重要优势是解决了HR内部的协同问题,包括各模块流程之间的协同、人才、知识、信息、经验的协同、总体战略的协同。但现实中,三支柱内部的协同问题并没有解决,三支柱内部会纠结于各自的职责,导致各自为政的局面。从中短期来看,需要三支柱明确职责,不争功,不推诿;长期来看,需要三支柱各自的自我升级。

对于还没有搭建三支柱的企业,不应盲目跟风。三支柱只是人力资源管理转型的一个形式,实质内容是人力资源能否为组织创造价值,因此,企业不应因为它是人力资源管理的热点而盲目追捧。在思考组织架构、组织人才与产品战略的匹配中确认好人力资源战略,再结合人力资源架构和战略的匹配来考量人力资源管理三支柱模型的价值。

思考题:

通过案例比较,分析中外企业运用人力资源管理三支柱模型的不同特点与实践效果。

参考文献:

[1] 李梅君.浅议三支柱模型在人力资源管理转型升级中的作用[J].现代商业,2020(20):80-81.

[2] 杨晨光.浅析以HRBP为导向的企业人力资源管理三支柱模型应用——以Y集团为例[J].商讯,2020(1):5-6.

[3] 岳洋.企业实施人力资源组织模式转型三支柱模型的研究[J].商场现代化,2018(24):69-70.

[4] 陈燕玲.人力资源三支柱管理模式在D会计师事务所的应用研究[D].西南交通大学硕士学位论文,2018.

[5] 刘芳.三支柱模型对人力资源转型的意义[J].商场现代化,2017(17): 65-66.

[6] 陈婷.HR三支柱模型在国有企业中的应用研究[J].现代国企研究,2018(9):115.

[7] 黄鹤.人力资源三支柱模型下的信息化建设研究[J].中国管理信息化,2017(8):67-69.

[8] 藏悦帆.人力资源三支柱模型在企业的实践启示[J].劳动保障世界,2019(2):4.

[9] 罗扬.人力资源三支柱模型在企业中的应用[J].现代经济信息,2017(9):35-36.

[10] 廖點;胡益龙.基于人力资源管理三支柱模型的HRBP体系再造[J].企业改革与管理,2019(1):61-62.

[11] 王健菊,任红怡.共享经济下人力资源管理三支柱模式应用研究[J].经营管理者,2016,32:193-194.

[12] 王晓林,基于三支柱理论的人力资源组织再造研究:以SXGP为例[J].中国人力资源开发,2016,24:46-53.

[13] 王春花.传统人力资源管理与三支柱模式的中间模式探析[J].人才资源开发,2017,10:254-255.

[14] 陈洪权,陈舒文.人力资源部被"炸掉"之后——基于HRBP战略本土化转型思考[J].中国人力资源开发,2015,20:16-21.

[15] 陆德玉.企业的不同阶段如何更好地运用HR三支柱模型[J].人才资源开发,2017,16:157-159.

(资料来源：综合新闻报道和网络资料整理而成,林新奇教授《国际人力资源管理》研究生课程班硕士生金奕彤同学做出了贡献。)

复习思考题

1. 国际上有哪些主要的人力资源管理模式？
2. 美国人力资源管理模式的主要特点是什么？它在世界上具有什么样的地位和作用？

3. 欧洲人力资源管理模式的主要特点是什么？
4. 日本人力资源管理模式的主要特点是什么？
5. 中国人力资源管理是否具有自己的模式？其特点是什么？
6. 如何理解国际人力资源管理模式的选择与国际管理战略的关系？
7. 如何比较和选择国际人力资源管理模式？

第四章

国际人力资源管理的文化沟通

【本章要点】
- 文化与沟通的基本概念
- 比较文化或跨文化管理的理论模型
- 各主要国家企业文化的特点及其对人力资源的影响

第一节 文化比较与沟通

一、文化的定义

"文化"这个词在英文与法文中均为 Culture,原从拉丁文 cultura 而来。拉丁文中的 Culture 有好几种意思:一为耕种的意思;二为居住的意思;三为练习的意思;四为留心或注意的意思;五为敬神的意思。

文化学的奠基人泰勒在其所著的《原始文化》中给文化的定义为:"所谓文化,就其广泛的民族意义来说,就是知识、信仰、道德、法律、风俗及任何人作为社会成员而获得的所有能力和习惯的复合的总体。"

人类学家马格利特·麦德(Margaret Mead)研究萨摩亚群岛时,把文化定义为"行为的共同方式"。管理学者艾德·斯凯恩(Ed Schein)对文化的定义是:一套基本的假设——解决外在适应力(如何生存)和内部集成(如何共同生活)的普遍问题的共同方法——它被各个时期所包含,并从一代传到下一代[①]。斯凯恩的定义在于它直接接触到管理者所要面对的最重要挑战:寻找解决外部适应力的方法——发展战略和解决内部集成的方法——组织设计、人力资源管理。这些解决方法——战略、结构、人力资源管理——被深深根植于文化之中。总之,"文化是管理的必备条件,它可以改变人的共同信仰、价值观念、人生态度以及逻辑思维方面对某个特定的社会团体的人的认识,诸如观察、思维、分析原因、行为、反应以及相互影响等"。这个定义说明文化不是静止的,它随时间的推移而进化。

管理心理学将文化限定在特定的界限内,认为文化影响某一人群总体行为的态度、类型、价值观和准则。文化是在一定环境里人们的集体精神的程序编制。

文化具有以下 4 个特征:

- 文化不是一种个体的特征,而是人类群体的特征;
- 文化是一种观念形态,是精神活动的产物;
- 文化具有相对的独立性与稳定性;
- 文化是发展的,具有强烈的时代性和发展性。

---

① [英]帕特·乔恩特,[英]马尔科姆·华纳编.跨文化管理[M].卢长怀,孙红英,杨洁译.大连:东北财经大学出版社,1999.

从广义上说，文化是一种除政治、经济、军事以外的观念形态、精神活动的产物。文化是一个复杂的总体，它表现为一定时期人们的知识、艺术、宗教、信仰、道德、习俗、心理等传统。

公司文化或企业文化的概念最先是由美国管理学者托马斯·彼得斯和小罗伯特·沃特曼在他们合著的《成功之路》一书中提出的。他们认为，美国最佳公司成功的经验说明，公司的成功并不是仅仅靠严格的规章制度和利润指标，更不是靠电子计算机、信息管理系统或任何一种管理工具、方法、手段，甚至不是靠科学技术，关键是靠公司文化或企业文化。这里的"文化"是指一个企业或一家公司里独特的价值标准、历史传统、道德规范、生活信念、习惯作风等，并通过这些"文化"将内部的各种力量统一于共同的指导思想和经营哲学之中，汇集到一个共同的方向。

二、文化的演变及发展

管理文化的核心是什么？威廉·大内总结说，管理文化的核心是使工人关心企业。

美国学者赫茨伯格（Frederick Herzberg）通过对近2 000人次的问卷调查，于1959年指出，工资、职务保障、良好的工作条件和人际关系等属于保健因素，没有这些因素将引起许多不满。但是，具有这些因素只能消除不满，不能引起满意感和调动积极性。工作本身及其发展前途、成就、得到赏识、赋予责任等才属于激励因素，有了这些因素才会有满意感和积极性。这就是激励的双因素理论。因此，调动员工积极性的管理措施，应该从工作本身着手；应进行工作再设计，使工作内容丰富化和多样化，并使员工增强责任感和使命感。

如果说1980年代以前的管理理论都侧重于技术方面的话，那么，进入1980年代以后，管理理论强调的重点是组织文化或企业文化，并一度出现了"企业文化热"。这也是当时企业管理实践发展的必然要求。在这一时期，由于跨国公司的发展，母公司必须研究各子公司所在国的民族文化（如价值观念、社会风俗习惯、政治制度、经济水平、科学教育文化状况等），研究适用于子公司所在国的有效的管理模式和管理方法。

文化管理事实上可以被描述为企业文化理论逐步发展的结果。作为在管理理论基础上发展起来的企业文化理论，是对原有管理理论的总结和创新。它从一个全新的视角来思考和分析企业这个经济组织的运行，把企业管理和文化之间的联系视为企业发展的生命线。企业管理从技术、经济、制度等功能性层面上升到文化层面，是管理思想发展史上的一场革命,它给企业管理带来了生机和活力。

三、文化模型

世界著名的跨文化管理学家霍夫斯蒂德把文化比喻成洋葱:最外表的一层称为象征物(Symbols),如服装、语言、建筑物等,人的肉眼能够很容易看见;第二层是英雄人物性格(Heroes),在一种文化里,人们所崇拜的英雄的性格代表了此文化里大多数人的性格,因此,了解英雄的性格在很大程度上也就了解英雄所在文化的民族性格;第三层是礼仪(Rituals),礼仪是每种文化里对待人和自然的独特表现方式,如中国文化中,主要场合吃饭时的位置安排很有讲究,又如日本人的鞠躬和进门脱鞋;最里面的一层是价值观(Values),指人们相信什么是真、善、美的抽象观念,也是文化中最深邃、最核心的部分。

根据霍夫斯蒂德教授的定义,文化是一个环境中的人的"共同的心理程序"(Collective Mental Programming),也就是一个人群的成员赖以区别于另一人群成员的共同思维方式,文化包括价值体系,价值观是文化的基石。文化不是一种个体特征,而是具有相同的教育和生活经验的许多人所共有的心理程序。既然如此,不同的群体、区域、国家之间,这种程序就互有差别。这是因为他们的心理程序是在多年的生活、工作、教育下形成的,因而具有不同的思维模式和行为方式。

在管理和组织中,人们运用文化及其影响的方法主要有两种:一种是差异论,这种方法认为之所以需要研究文化,是因为国与国之间的文化及其管理是不同的;另一种方法是权变理论,指重视各种条件的相互联系、相互作用,结合个人、集体、物质、社会因素等诸多条件,通盘考虑,灵活处理各种管理问题,在组织行为学中很常见。差异论认为,诸如价值观念和行为的差异、经济发展的阶段差异以及全球资源分布不均衡导致了全球差异。权变理论认为,由于各公司在技术、结构及全球战略上存在差异,并不一定都需要进行跨文化管理。

在国际人力资源管理研究中发现的一个趋势是,文化对管理行为的影响已越来越受到人们的认同。组织行为学或人力资源管理研究显示,现在人们的认识更倾向于差异论。这是由于学术界和专业人士都把文化视为重要课题,并认为文化存在差异[1]。

---

[1] [英]帕特·乔恩特,[英]马尔科姆·华纳编.跨文化管理[M].卢长怀,孙红英,杨洁译.大连:东北财经大学出版社,1999.

四、沟通

1. 什么是沟通

沟通(Communication)有许多种定义,包括:
- 沟通是信息的交换和意思的表达,也是人与人之间传达思想观念、表达感情的过程;
- 沟通是人们通过符号或工具,有意识或无意识地影响他人认知的过程;
- 沟通除了思想与观念交换的过程外,其最高目的是凭借反馈的手段达到彼此了解与意思分享的境界。

2. 沟通的层次与类别

沟通的层次与类别有很多,包括:
- 个人内部沟通;
- 人际沟通;
- 小团体沟通;
- 组织内沟通;
- 组织间沟通;
- 公众/大众沟通;
- 跨文化沟通;等等。

3. 如何进行有效的沟通

沟通的目标是使接收者理解信息的含义。当沟通是有效的时候,它在两者之间建立了一座桥梁,使他们能够共享情感和知识。通过运用这座桥梁,双方能安全地跨越因误解而往往使人隔绝的鸿沟。

斯蒂芬·罗宾斯在《组织行为学》一书中,提出了跨文化沟通的4条原则[1]:
- 没有证实相似性之前,先假设有差异。大多数国人常常自认为别人与自己非常相似,但实际情况并不如此。来自不同国家的人常常是非常不同的。因此,在未得到证实之前,应先假定你们之间有差异,这样做会减少犯错误的可能性。

---

[1] [美]斯蒂芬·罗宾斯等.组织行为学[M].孙健敏等译.北京:中国人民大学出版社,2020.

- 重视描述而不是解释或评价。相对描述来说,对某人言行的解释和评价更多是在观察者的文化和背景基础上进行的。因此,你要留给自己充分的时间,根据文化因素调整你的角度进行观察和解释,在此之前不要急于做出判断。
- 移情。传递信息之前,先把自己置身于接收者的立场上。发送者的价值观、态度、经历、参照点是什么?你对他的教育、成长和背景有什么了解?试着根据别人的原本面貌认识他。
- 把你的解释作为工作假说。当你对新情境提出一种见解,或站在对方一国文化的角度上思考问题时,把你的解释作为一种工作假说对待,它还有待于更进一步的检测。仔细评价接收者提供的反馈,看看他们能否证实你的假设。对于重要决策,你还可以与文化背景相同的同事一起分析检查,以保证你的解释是准确的。

第二节　跨文化管理模型

一、威廉·大内的"Z型组织"模式

跨文化管理又称交叉文化管理,就是在跨国经营中,对不同种族、不同文化类型、不同文化发展阶段的子公司所在国的文化采取包容的管理方法,其研究的是在跨文化条件下如何克服异质文化的冲突,并据此创造出公司独特的文化,从而形成卓越有效的管理过程。其目的在于如何在不同形态的文化氛围中设计出切实可行的组织结构和管理机制,在管理过程中寻找超越文化冲突的公司目标,以维系不同文化背景的员工共同的行为准则,从而最大限度地控制和利用企业的潜力与价值。

企业文化管理虽然产生于美国,但其思想根源却在日本。第二次世界大战以后,日本经济以惊人的速度增长,引起了美国企业界和管理学界的关注。

威廉·大内是美籍日裔学者,加利福尼亚大学洛杉矶分校的管理学教授。他从1973年开始研究日本公司的企业管理方法,认为面对日本的挑战,美国应当从日本成功的经验中吸取有益的成分。他经过长期研究,写出了他自认为是"阐述处理日本企业管理和美国生产力中根本性问题的书"——《Z理论——美国企业界怎样迎接日本的挑战》。

一次,威廉·大内为他的两名攻读博士学位的研究生安排了一次与某公司副总经理会晤的午餐会。这家公司是美国最受尊重的、规模最大的公司之一,它的名字经

常出现在"最佳管理的十家公司"的名单里。午餐会是为了给这两位未来的管理学家提供一个向客人提问的机会。这位客人的地位和经验使他能够对这些问题具有独特的洞察力。讨论了许多问题之后,这两位研究生把他们的兴趣概括在一个问题中:"据您看来,美国企业在1990年代里将要面临的关键问题是什么?"客人的回答是:"关键问题不是技术或投资,也不是规章制度和通货膨胀,关键问题将是我们如何对这一事实做出反应——日本人比我们更懂得怎样管理企业。"

日本在科技方面比美国差,资源贫乏,为什么经济会高速增长?美国最终从管理学上找到了答案:日美在管理方面有很大不同——美国管理过分强调诸如技术、设备、方法、规章、组织结构、财务分析等"硬"的东西;而日本企业认为管理工作的关键是企业通过对全部员工的教育包括领导的身体力行,以身作则,树立起共同的信念、目标和价值观,产生一种"大家同心协力共赴目标"的氛围。

美国通用汽车公司的"别克"部派出一组工程师和经理前往日本,访问他们在东京的经销商。在此之前,美国的许多观察家对日本的成功虽然感到惊羡,却断定日本是一个不能向之学到多少东西的国家。然而,"别克"访问团却得出了不同的结论。他们认为,日本获得成功的办法也可以在密歇根州弗林特市行得通,因而着手设计自己的模式。"别克"最终装配厂当时是全公司(美国通用汽车公司)效率和质量最低的工厂之一。他们以这个厂为试点,以近似日本的管理方式重新设计对该厂的管理。不到两年,该厂的效率和质量在全公司范围内上升为第一名。改革通用汽车公司内问题成堆的"别克"厂的管理思想,被威廉·大内提炼、概括为"Z理论"。它向人们昭示:使工人关心企业是提高生产率的关键。

威廉·大内在分析了美国占多数的A(America)型组织和日本类型的J(Japan)型组织之后,提出了他所设计的"Z型组织"模式。"Z理论"主要有以下7个要点:

- 企业应该长期雇佣职工,并为其服务,使工人感到职业有保障,这样,企业遇到危难时,职工也会节衣缩食地与企业同命运、共荣辱。
- 管理手段必须是下情上达式,即由工人参与制定、决策,并及时把情况反馈给上级,以便随时调整管理指令。
- 下层管理者不仅有权就地处理问题,还要协调基层人员的思想、制定出联合方案,并立即上报。
- 中层管理者承担统一思想的角色。一方面,把来自下层的各种建议统一调整,达成一致意见;另一方面,可以对上级下达的指令提出异议,并迅速反馈回去。
- 劳资关系亲密无间。企业主管处处关心职工的生活、福利等,只有这样,企业才能繁荣。
- 重视对职工的各项培训,特别注意让每个职工得到多方面的工作锻炼和实际能力的培养。
- 考核职工是全面、长期的任务,包括生产技术、社会能力等综合性内容。

为建立一种"Z型组织",威廉·大内提出必须建立一种"Z型文化"。他在1981年4月出版的《Z理论——美国企业界怎样迎接日本的挑战》一书的最后一章明确提出:一个公司的文化由其传统和风气所构成。此外,文化还包括公司的价值观,如进取、守势、灵活性,即确定活动、意见和行动模式的价值观。一家Z型公司的所有领域或方面,从其战略到人事,没有不为这种文化所涉及的,即使产品也是由这些价值观所决定的。他清楚地认识到,一个经济组织不只是一种经济的产物,同时也是一种社会文化的产物,反过来,它又对文化产生巨大影响,因此,企业的经济文化是一个双向互动的过程。

美国人从日本管理中找到这些差别后,又深入美国的企业去调查研究。在对美国经营得非常成功的若干企业进行调查研究的基础上,企业管理学界认为,这些成功的企业普遍重视"软"的因素,都把企业文化作为公司的立脚点。因此,他们得出结论:企业文化是管理的核心,是管理成败的关键因素。从此,企业文化管理便在全球流行起来。可以看到,受日本管理思想的影响,加上美国人对自身管理实践的检讨和反思,才产生了现代管理中的企业文化。企业文化所涉及的不是具体的管理方法问题,而是对管理要素的认识问题,是属于高层次的管理理论问题。在企业文化管理战略这个层次上,管理的目标不是具体的管理制度、管理方法,而是强调在生产管理中要关心人、尊重人、信任人,强调团队精神、整体观念和员工的主人翁意识。

二、强有力的企业文化五要素模型

美国哈佛大学教育研究院的教授泰伦斯·迪尔和麦肯锡咨询公司顾问爱伦·肯尼迪在对80家企业进行详尽的调查后,于1981年7月出版了《企业文化——企业生存的习俗和礼仪》一书。该书用丰富的例证指出,杰出而成功的企业都有强有力的企业文化,即为全体员工共同遵守,但往往是自然而然约定俗成而非书面的行为规范;并有各种各样用来宣传、强化这些价值观念的仪式和习俗。正是企业文化这一非技术、非经济的因素,导致了这些企业的成功。企业文化影响企业中的每一件事,大至企业决策的产生、企业中的人事任免,小至员工们的行为举止、衣着爱好、生活习惯。

在两个其他条件都相差无几的企业中,由于其文化的强弱,对企业发展所产生的后果就完全不同。

迪尔和肯尼迪把企业文化整个理论系统概述为 5 个要素,即企业环境、价值观、英雄人物、文化仪式和文化网络。

(1) 企业环境是指企业的性质、经营方向、外部环境、社会形象、与外界的联系等方面。它往往决定企业的行为。

(2) 价值观是指企业内成员对某个事件或某种行为好与坏、善与恶、正确与错误、是否值得仿效的一致认识。价值观是企业文化的核心,统一的价值观使企业内成员在判断自己的行为时具有统一的标准,并以此来选择自己的行为。

(3) 英雄人物是指企业文化的核心人物或企业文化的人格化,其作用在于作为一种活的样板,给企业中其他员工提供可供仿效的榜样,对企业文化的形成和强化起着极为重要的作用。

(4) 文化仪式是指企业内的各种表彰、奖励活动、聚会以及文娱活动等,它可以把企业中发生的某些事情戏剧化和形象化,来生动地宣传和体现本企业的价值观,使人们通过这些生动活泼的活动来领会企业文化的内涵,使企业文化寓教于乐。

(5) 文化网络是指非正式的信息传递渠道,主要是传播文化信息。它是由某种非正式的组织和人群以及某一特定场合所组成,它所传递的信息往往能反映出员工的愿望和心态。迪尔和肯尼迪把企业文化分为 4 种类型:强人文化;拼命干、尽情玩文化;攻坚文化;过程文化。

三、企业文化的两个层次模型

科特和詹姆斯·赫斯克特在他们 1992 年合著的《企业文化和经营》一书中对企业文化进行了深入的讨论。

他们发现,根据文化的不同特性可分为两个层次:在较深层次的不易察觉的层面,文化代表着企业共同的基本价值观念。这些价值观念是一个人类群体所共有的;即使这一群体中的成员不断更新,文化也会得到延续和保持。在不同的企业组织中,人们的观念差异极大。有的企业,人们认为金钱万能;有的企业,人们强调技术革新或企业员工之间的和睦融洽。在这一文化层面,企业的改革难度极大。究其原因,部分在于企业成员没有真正认识到那些使他们凝聚在一起的企业价值观念。

在较易察觉的层面,文化体现了企业的行为规范或经营风格。新聘用的员工在同事们的鼓励下,会自觉地效仿这些行为方式或经营风格。例如,一个劳动群体中的人们一贯辛劳勤奋,一个群体的人们一贯待人热忱,另一个群体的人们穿着刻板保守。在这一层次上的文化,改革起来虽仍很难,但并没有基本价值观念层面文化的改变那么艰难。

第一层次的企业文化是人们共同的价值观念,是深层次的、稳定的企业禀赋,是难以改革的;第二层次的企业文化是部门行为规范,是浅层次的、易变化的。

四、革新性文化的8种品质

托马斯·彼得斯和小罗伯特·沃特曼在《成功之路——美国最佳管理企业的经验》一书中认为,超群出众的企业必然有一套独特的文化品质,这种文化品质使它们脱颖而出。彼得斯和沃特曼提出了革新性文化的8种品质,分别是:贵在行动;紧靠顾客;鼓励革新、容忍失败;以人促产;深入现场,以价值观为动力;不离本行;精兵简政;辩证地处理矛盾。

(1) 贵在行动。出色的企业贵在行动,其最重要和最明显的表现,就是它们愿意尝试。贵在行动有两层含义:一是强调组织的流动性;二是提倡企业实验精神。组织的流动性表现在管理人员经常走出办公室搞巡视管理、周游式管理、看得见的管理,在无拘无束、随随便便的气氛中与各类人员广泛接触、交流信息、研讨问题。巡视管理是一种丰富多彩的信息交流活动,它既能促使人们采取更多行动、进行更多实验、学习更多东西,又能更好地保持联系。

(2) 紧靠顾客。紧靠顾客主要表现在对服务、产品质量的执着,开拓合适的市场和倾听用户的意见。把售后服务当成法宝,对用户的每一条意见都给予迅速答复。高级管理人员必须深入管理第一线,越过中层而直接同那些负责回答用户来信的下级专业人员定期碰头。经常开展巡回上门和短期现场服务,对用户提出的每项建议,从用户自身的立场来看,都应该是最为经济实惠的。坚持百分之百合格的质量和可靠性,善于倾听用户意见。

(3) 鼓励革新、容忍失败。革新是让企业的闯将发挥更大的作用。出色的公司结构安排就是从创造革新闯将出发的。尤其是他们的体制故意设计得有些"漏洞",使那些闯将们得以有空子可钻,搞到所需的资源,把事情办成。出色的企业里有对革新起促进作用的信息沟通制度,即非正式的、程度非常强烈的、有具体物质手段支持的、通过自发性的及时检查来监控的信息沟通制度。

(4) 以人促产。优秀的公司总是把普通员工看作提高质量和生产率的根本源泉,必须把员工当作同伴来看待,待之以礼,尊重他们。而不是把资本支出和自动化作为提高生产率的主要源泉。

（5）深入现场，以价值观为动力。出色的企业依靠有连贯性的价值观体系来驱动，这些价值观几乎总是用定性的而不是定量的词汇来表达，并都带有树立这套价值观体系的领导人个性的标记。领导人所能做出的最大贡献，就是阐明企业的价值观体系，并给它注入生命力。这就要求企业领导既是思想能手，又是行动能手。要靠企业领导人躬亲实践他想要培育的那些价值观，诚恳踏实、持之以恒地献身于这些工作，并应辅之以非比一般的坚韧去加强这些价值观。

（6）不离本行。出色的企业不依靠购买和兼并其他企业来搞多种经营，强调以自身的专长技术作为贯彻所有产品的共同轴线，而不去搞自己不知道怎样去经营的行业。作为一般规律，经营绩效最佳的企业主要是通过内部发生的多样化来获得进展，有时出色的企业也搞些购并，但应以可以控制得住为原则。如果控制不住，还不如及早甩手。

（7）精兵简政。出色的公司一是结构简单，二是班子精悍，这两项品质是互相紧密地纠缠在一起的，并且是自我完成性的。组织形式简单了，办事所需的人力也就少了。优秀的企业管理体制可以用三根支柱来描述：符合业务高效率需要的稳定性支柱，即保持一种简单而又始终如一的基本组织形式；符合经常性革新需要的创业精神支柱，建立以创业精神的多少及贯彻执行情况为基础的测量考核制度；符合避免僵化需要的打破旧习俗的支柱，即能定期改组。

（8）辩证地处理矛盾。出色的企业既有宽松的特性，又有严格的特征，做到既严格控制，又坚持让普通员工享有自主权和发挥创业精神、革新精神。他们把执行纪律和自主这对矛盾统一起来，总是既集权，又分权；既给员工以工作的意义，又给他们以物质的满足；既向员工交代任务，又给他们一种自尊感。能很好地处理短期利益和长远利益的矛盾，有一套长期适用的价值体系，并且依靠每个员工每时每刻的行动来支持这些价值观。

五、文化价值观的两种诊断模型

1. 克拉克洪—思托特柏克模型

克拉克洪—思托特柏克模型（Kluckhohn & Strodtbeck，1961）又称价值观取向文化模型，有6个比较维度：人的本性；人的本性是否可以改变；人与自然的关系；时间观念；做事方式；人际关系。根据对这些问题的不同回答，判断其不同的文化价值观。这些不同的价值观又反射出不同的管理内涵（见表4-1、表4-2）。

表 4-1 价值观取向文化模型

基本问题	反应/回答的类型		
	A	B	C
基本人性	大多数邪恶	善恶兼备	大多数善良
人可以改变吗	可以	可能	不能
人与自然的关系	自然支配人	可以协调	人支配自然
时间观念	看重过去	看重眼前	看重未来
行为方式	存在型(自发的/情感的)	混合型(寻求内在发展)	工作型(重行动,努力工作)
人际关系	权力主义	集体主义	个人主义

资料来源：Kohls, 1984：84—85；Kluckhohn and Strodtbeck, 1961：Ch.1.

表 4-2 价值观取向文化模型的管理内涵

人性本恶	自然支配人	存在型
需要严密监视的、权力主义的领导,需要培训,谨慎的人事选拔,控制型集权化组织	产品和战略受当地资源制约,命运决定结果,战略计划不太重要	领导和员工都不希望过于努力工作
人性本善	人支配自然	实干型
可以信赖,不需要严密监视,较少的控制机制	产品和战略不必遵循自然周期,研究与开发可改变自然	领导期望员工努力工作,员工期望努力工作以得到回报
注重发扬过去的传统;将遵循传统作为激励工具	战略计划是短期的,激励方式强调直接的奖酬	战略计划是长期的,将目标设定工作作为激励工具
权力型	集体型	个人型
从精英阶层和上流教育系统选拔领导,下属不希望往上爬	团队工作对团队单个成员来说就是激励,选拔限于群体成员	领导和组织强调个人成就和奖励;对组织的长期依附性低

资料来源：John B. Cullen. Multinational management: a strategic approach[M]. Cincinnati, Ohio: South-Western College Publishing, 1999.

2. 霍夫斯蒂德的国家文化模型

著名的跨文化管理学家霍夫斯蒂德提出的国家文化模型包括 5 个比较维度：权力距离；不确定性规避；个人主义／集体主义；男性度／女性度；长期取向／短期取向。

所谓权力距离,指的是不同国家在对待人与人不平等这一基本问题上的不同态度,它包括:员工是否敢于表达与其管理人员相反的意见;下属对其上司作决定的方式的看法;下属对其上司作决定的偏好。

不确定性规避是指具有某种文化的人们对不确定性和未知情景感到威胁的程度。这种感觉是因为紧张而产生的,人们需要对未知的情景做出可靠的预测,需要成文或不成文的规则。

个人主义指的是人与人之间的关系比较淡薄,人们只顾及自己及其直系家属。与此相对照,集体主义则强调人与人之间的紧密关系,相互结合在一起,组成一个集团,这种集团为他们提供终生的保护,他们必须始终忠诚于自己的集团。

男性度又称为阳刚气概,女性度又称为阴柔气质,指的是在某种文化中所表现出来的类似于性别角色的社会特征。比如,男性一般表现为自信,坚强,注重物质成就。其具体项目包括:关注经济收入;关注社会的认可;强调进取,希望获得从事更高级工作的机会;勇于挑战,希望通过从事具有挑战性的工作而获得成就感;等等。相比之下,女性则往往表现得谦顺,温柔,关注生活质量。其具体项目包括:关注与直接上级保持良好的工作关系;关注与同事们的很好的合作;关注是否能在理想的地区生活;关注职业的安全感;等等。

长期取向或短期取向是霍夫斯蒂德在后来的研究中加进去的一个重要评价维度,指的是对于战略的看法或是否具有长远的眼光和工作计划。

这些维度特征所折射出的管理内涵是不同的,如表4-3—表4-7所示。

表4-3 权力化程度的管理内涵

	管理过程	低权力化程度	高权力化程度
人力资源管理	管理人员选拔	受教育的成绩	社会阶层;名校教育
	培训	针对自主能力	为了同一/服从
	评价/晋升	业绩	服从;值得信赖
	报酬	差别小	差别大
领导风格		参与;直接监督较少	X理论;密切监视
激励假设		喜欢工作;给予报酬	不喜欢工作;强迫
决策/组织设计		分权化;监督者少	金字塔型;监督者多
战略		多样的	支持掌权者或政府

表 4-4　不确定性规避的管理内涵

管理过程		高规避性	低规避性
人力资源管理	管理人员选拔	资深者；期望忠诚	过去的工作表现；教育
	培训	专业化	适应型培训
	评价/晋升	资历；专长；忠诚	个人表现的客观资料
	报酬	根据资历和专长	根据表现
领导风格		任务导向	非导向的；人员取向；灵活
激励假设		寻求安全；避免竞争	自我激励；互相竞争
决策/组织设计		大组织；正规化	小组织；缺乏规范性
战略		避免风险	承担风险

表 4-5　个人主义/集体主义的管理内涵

管理过程		低个人主义	高个人主义
人力资源管理	管理人员选拔	群体性；重学历	个人特征；公认标准
	培训	集中于公司需要的技能	取得个人成就所需的一般技能
	评价/晋升	缓慢；重资历，重群体	根据个人业绩
	报酬	根据身份；家长制	市场价值；外部报酬
领导风格		体现于职责和承诺	基于业绩的个人奖惩
激励假设		道德参与	精算；个人成本效益
决策/组织设计		群体；缓慢；大组织	个人职责；小组织
战略		—	—

表 4-6　男性度/女性度的管理内涵

管理过程		低男性度	高男性度
人力资源管理	管理人员选拔	与性别无关；与学校的联系并不重要	工作依性别划分；与学校的联系重要
	培训	工作单位	职业生涯取向
	评价/晋升	工作表现；较少地按性别指定	不断的性别跟踪
	报酬	薪金差别小；闲暇时间多	为更多薪资收入宁愿工作时间加长

续 表

管理过程	低男性度	高男性度
领导风格	更富有参与性	X理论；权力主义
激励假设	生活重于工作	工作重于生活
决策/组织设计	本能/群体；小组织	果断/个人；大组织
战略	—	—

表 4-7　长期取向/短期取向的管理内涵

	管理过程	短期取向	长期取向
人力资源管理	管理人员选拔	客观评价公司可以直接使用的技能	与个人及背景特征相适合
	培训	限于公司目前的需要	投资于长期就业的技能
	评价/晋升	快速；基于技能贡献	缓慢；培养技能和忠诚
	报酬	—	—
领导风格		利用经济收入刺激	建立社会责任
激励假设		必要的直接的奖酬	当前报酬次于长期目标
决策/组织设计		逻辑分析；重环境	综合分析；重关系
战略		快速；可计量的回报	渐进；长期利润与增长

第三节　企业文化模式与管理特点

一、美国企业文化模式与管理特点

美国是一个多民族的移民国家，这决定了美国民族文化的个人主义特点。

美国的企业文化以个人主义为核心，但这种个人主义不是一般概念上的自私，而是强调个人的独立性、能动性、个性和个人成就。在这种个人主义思想的支配下，美国的企业管理以个人的能动主义为基础，鼓励员工个人奋斗，实行个人负责、个人决策。

因此，在美国企业中个人英雄主义比较突出，许多企业常常把企业的创业者或对企业做出巨大贡献的个人推崇为英雄。企业对职工的评价基于能力主义原则，加薪和升职只看能力和工作业绩，不考虑年龄、资历和学历等因素。

以个人主义为特点的企业文化缺乏共同的价值观念，企业的价值目标和个人的价值目标是不一致的，企业以严密的组织结构、严格的规章制度来管理员工，以追求企业目标的实现。职工仅把企业看成实现个人目标和自我价值的场所和手段。

多数研究者认为，当今美国管理的优点包括：以选择传统的管理概念为基础；新的组织结构的发展；重视质量以及学习型组织和世界级组织。

人们必须意识到，许多"新兴"的美国管理一点也不新，而是仍然以传统的管理思想为基础。这一新模式的例子包括权力下放、顾客和高知识含量产品的生产。

美国传统的组织设计源于德国社会学家马克斯·韦伯(Max Weber)提出的规范模式，其主要特点包括：

- 鲜明的劳动分工；
- 职位等级化，下属受上级控制和监督；
- 始终如一的规章制度有助于确保在工作中尽职尽责和相互配合；
- 在尽职尽责中不掺杂个人感情；
- 根据技术资格聘用员工，不许随意地裁员。

这种传统方法的核心内容主要有4个基本结构因素：工作的定义、分部责任制、管理幅度以及分权管理和权力下放。

传统的美国管理重点强调管理人员在组织结构中所起的实现目标的职能。追溯到20世纪初，美国管理借鉴了法国管理先驱者亨利·法约尔的规划、组织、命令、合作和控制等项职能。这些职能经过多年演变，形成与美国传统管理最密切相关的三种职能：决策制定、沟通和控制。

目前，美国管理继续采纳那些有助于降低成本、提高质量并能获取市场份额的新的而且又具创见性的思想，尤其是把更多的注意力转向为顾客提供服务、全面质量管理、速度、信息技术、不断进步、创见性的人力资源管理方面。

美国管理当局认为，在进入21世纪从事全球国际商务活动之时，对地方差异和文化差异的认知是组织成功与否的关键所在。

二、欧洲国家的企业文化模式与管理特点

欧洲文化受基督教的影响，基督教给欧洲提供了理想人格的道德楷模。基督教信仰上帝，认为上帝是仁慈的，上帝要求人与人之间应该互爱。受这一观念的影响，欧洲文化崇尚个人的价值观，强调个人高层次的需求。欧洲人还注重理性和科学，强

调逻辑推理和理性的分析。

虽然欧洲企业的精神基础是相同的,但由于各个国家民族文化的不同,故其企业文化也存在差别。

1. 英国

英国人的世袭观念强,一直把贵族视为社会的上层,企业经营者处于较低的社会等级。因此,英国企业家的价值观念比较讲究社会地位和等级差异,不是用优异的管理业绩来证明自己的社会价值,而是千方百计地使自己加入上层社会,因此在企业经营中墨守成规,冒险精神差(参见表4-8)。

表4-8 英国文化概况

主要特征	一些相关特点	主要特征	一些相关特点
在细分的社会阶层里	政治自由化	保守主义	很少冒险,渐进主义
权力差别指数低	对接受权威的看法不尽相同	个人主义	保守的行为举止,在工作中投入感情不大
不确定性回避程度较低	正规化较低(几乎没有成文规定)	容易冲动	人员之间的竞争较为激烈

2. 法国

法国人最突出的特点是民族主义,诙谐幽默、天性浪漫但充满优越感,因此,法国人的企业管理表现出封闭守旧的观念。

3. 意大利

意大利人崇尚自由,以自我为中心,所以在企业管理上显得组织纪律性差,企业组织的结构化程度低。但由于意大利的绝大多数企业属于中小企业,组织松散对企业生存的影响并不突出。

4. 德国

德国人的官僚意识比较浓,组织纪律性强,而且勤奋刻苦。因此,德国的企业管理中,决策机构庞大,决策集体化,保证员工参加管理,往往要花较多的时间论证,但决策质量高。企业执行层划分严格,各部门只有一个主管,不设副职。职工参与企业管理广泛而正规,许多法律都保障了职工参与企业管理的权利。职工参与企业管理主要是通过参加企业监事会和董事会来实现。德国的《职工参与管理法》规定,2万人以上的企业,监事会成员20名,劳资代表各占一半,劳方的10名代表中,企业内推举7人,企业外推举3人;1万—2万人的企业,监事会成员16名,劳方代表8名,其中,企业内推举6人,企业外推举2人;1万人以下的企业,监事会成员中的劳资代表各占一半。

以这些研究成果为基础,史蒂文斯描述了每一种文化下组织的"隐含模型":对法国人来讲,组织意味着"人的金字塔"(正规化和集中化);对德国人来讲,组织就像"润滑良好的机器"(正规化却非集中化),管理人员的作用仅限于在意外情况发生时进行干预,因为规范已可以解决问题;对英国人来讲,这更类似于一个"乡村市场"(既不正规化也不集中化),不是由权力等级和规范决定结构,而是由机构的需求来决定结构①(参见表4-9)。表4-10是对民族文化比较研究的概述。

表4-9 欧洲管理特点的比较

层面	西欧	北欧	东欧	南欧
	公司式	商业性	管理式	工业式	家庭式
管理特征: • 行为 • 态度	凭借经验的感觉	职业思想	发展直觉	好交际的感觉
机构模式: • 职能 • 机构	推销术交易	控制等级制	生产体制	人事网络
社会思想意识: • 经济学 • 哲学	实用主义的自由市场	国家的统治	完整的社会市场	人道主义的公有制
文化形象艺术	英国式的戏剧	高卢(法国式)建筑	德国式的音乐文化	拉丁舞

表4-10 民族文化比较研究

研究者	视角	方法	涉及内容
霍夫斯蒂德(1982,1991,1991a)	行为差异	所进行的与价值观相关的调查	鲜明的民族文化
特拉姆皮纳(1984);汉姆登·特纳和特拉姆皮纳(1993)	行为差异	两难推理	资本主义的7种文化不同的支撑点

---

① [瑞士]苏珊·C.施奈德,[法]简-路易斯,巴尔索克斯著.跨文化管理[M].石永恒主译.北京:经济管理出版社,2002.

续　表

研 究 者	视 角	方 法	涉 及 内 容
莱瑟姆和纽保尔(1994)	不同的人生观	对艺术、宗教、文学、社学和社会思维的比较调查	4种不同的管理体系构成欧洲一体化的基础
本休斯(1994)	智力体系类型	对最喜欢的文体的比较分析	需开发一种均衡的文体,以避免组织知识缺陷
塞德(1991,1994)	民族文化	对原文文体及内容的比较分析	重视差异并认识到我们应把文化视为自我组织的部分
泰布(1988,1994)	民族的和社团的	对文学、文化和工作作风的调查	设计一种非正式的文化模式
玛兹内夫斯基(1994)	价值取向差异	价值取向培训对业绩评估的影响	设计协同作用一体化模式
迪·斯泰法诺(1992)	价值取向差异	安全研究文献回顾	全球最有影响的高级管理人员个人简介
阿德勒(1991)	组织行为/人力资源管理出版趋势	文献回顾	转向跨文化相互作用对文化重要性的认识,既有学问、专业又强的人士的领导才能
哈勒和维尔波特(1981)	参与决策制定	IPC调查表	决策制定的5种方法和权力转移的影响
劳伦特(1983)	经理人员关于管理的理论	调查表	国家理论,组织作为权威体系

三、日本企业文化模式与管理特点

日本是一个单一民族的国家,社会结构长期稳定统一,思想观念具有很强的趋同性。同时,日本长期受中国儒家思想的影响,注重"和""信""诚"等伦理观念,高度重视内部人际关系的和谐。这些因素决定了日本企业文化以亲和一致的团队精神为其特点。"和"被日本企业视为管理中最高的哲学观念,是企业行动的指南。

以团队精神为特点的日本企业文化,使企业上下一致地维护和谐,互相谦让,强调合作,反对个人主义和内部竞争。企业是一个利益共同体,共同的价值观念使企业目标和个人目标具有一致性。企业像一个家庭一样,成员和睦相处,上级关心下级,权利和责任划分并不那么明确,集体决策,取得一致意见后才做出决定,一旦出了问题不归咎于个人,而是各自多作自我批评。企业对职工实行终身雇佣和年功序列工资制。

日本是一个自然灾害频繁、固有资源贫乏的岛国,国民的生存危机意识强烈,工作勤奋努力,做事刻板而认真,大量吸收西方先进文化,重视科学技术和理性管理,善于与本国传统文化相结合。日本的"拿来主义"文化,转化成巨大的生产力,促进了日本经济的快速发展。

尽管日本经济的成功有很多原因,但最主要还是归功于它的人力资源开发体制。反过来,经济增长又进一步增加社会投资,使得这个体制更加完善。这是对社会公益事业互补的一种良性循环。这个体制可归纳为①:

- 日本社会各阶层对教育的普遍关注;
- 日本企业重视人力资源开发,所有员工在内部得到不同程度的培训;
- 人力资源开发与工业体系有效结合;
- 特殊培训学校培养出相当于西方技能等级水平的技术工人;
- 基础教育的学生及格率高;
- 授予称号的各级教师比率高;
- 征税体制保证政府投入培训计划以及赞助提供培训的公司。

【案例参考】

本田汽车公司的身教重于言教

日本本田公司的创始人和总裁本田宗一郎总是身先士卒,自己率先去干棘手的事、艰苦的活,亲自做示范,无声地告诉人们,你们也要这样做。因此,虽然他有点粗暴,但是年轻人并不讨厌他,反而更加佩服他的表率作用。

1950年,也就是藤泽武夫进入公司的第二年,有一天,为了谈一宗出口生意,本田宗一郎和藤泽武夫在东京滨松的一家日本餐馆里招待外国商人。

外国商人在厕所里不小心弄掉了假牙。宗一郎听说后,二话没说跑到厕所,脱光衣服,跳下粪池,用木棒小心翼翼地慢慢打捞,捞了好一阵子,木棒碰到了一个硬块,假牙找到了。打捞出来后,冲洗干净,并作了消毒处理,宗一郎首先试了试。假牙失而复得,宗一郎拿着它,又回到了宴席上,高兴得手舞足蹈。

这件事让完全失望的外国人很受感动。藤泽武夫目睹了这一切,认为一辈子可以和他合作下去。后来,藤泽武夫成为丰田的中流砥柱。

---

① [英]帕特·乔恩特,[英]马尔科姆·华纳.跨文化管理[M].卢长怀,孙红英,杨洁译.大连:东北财经大学出版社,1999.

那么肮脏的活儿给钱让人干就是了。但是,那不就是以金钱来打肿脸充胖子吗?本田宗一郎最讨厌这种人,所以就亲自跳进粪池打捞起来。人们由此懂得了在金钱面前谁是高尚的,谁是渺小的。

【案例参考】

丰田汽车公司的企业文化

日本丰田集团成立于20世纪30年代末,在世界各国拥有各类子公司500多家,总员工超过28万人。其产品主要是汽车部件,包括钢铁、有色制品、化纤制品、塑料制品、橡胶、玻璃、各种日用品用具等。2019年,丰田汽车销量位列世界第二名,约1 074万台;2020年,丰田汽车销量位列世界第一名,达952万台。丰田集团2021财年的销售额为313 795亿日元,营业利润为29 956亿日元,纯利润为28 501亿日元,市值达到1 766亿美元。

企业管理界人士普遍认为,丰田的成功经验是:积聚人才,善用能人,重视职工素质的培养,树立良好的公司内部形象。作为企业文化和人力资源管理结合中的一部分,丰田公司的企业教育取得了很大的成果。较高的教育水平和企业人才培训体系的建立,是企业乃至社会经济飞速发展的基础。这一点,在丰田的企业文化和人力资源管理中得到了证实。丰田公司对新参加工作的人员,有计划地实施主业教育,把他们培养成为具有独立工作本领的人。这种企业教育,可以使受教育者分阶段地学习,并且依次升级,接受更高的教育,从而培养出高水平的技能人才。

在丰田,教育的范围不仅仅限于职业教育,而且还进一步深入到个人生活领域。教育的目标具有生活中的实际意义而能够为员工普遍接受。有人问:"丰田人事管理和文化教育的要害和目标是什么?"丰田的总裁曾作了这样的回答:"人事管理和文化教育的实质是,通过教育把每个人的干劲调动起来。"丰田教育的人本思想是以"调动干劲"为核心。

非正式教育在丰田叫作人与人之间关系的各种活动,是丰田独有的教育模式,这种教育就是前述的关于人的思想意识的教育。非正式教育的核心是解决车间里人与人之间的关系,培养相互信赖的人际关系。光靠提高工资、福利、保健等的劳动条件,还不能成为积极地调动员工干劲的主要因素。丰田创造出一系列精神教育的活动形式,这种活动是以非正式的形式和不固定形式的做法进行的。

非正式的各种活动有以下两个方面:

(1) 公司内的团体活动。是根据员工的特点,将员工分成更小的团体。团体小可使参加者更加随意、亲近地接触,这对于培养员工的团队意识是很有帮助的。一个人可以根据各种角色和身份参加不同的团体聚会。通过参加这些聚会,既开展了社交活动,又有了互相谈论的机会。为了这种聚会,公司建造了体育馆、集会大厅、会议室、小房间等设施,供自由使用。公司对聚会活动不插手,也不限制。职工用个人的会费成立这种团体,领导人是互选的,并且采取轮换制。所以,每一个人都有当一次领导人来"发挥能力"的机会。这些聚会都有一个共同的条件,就是把这些聚会作为会员相互之间沟通亲睦、自我启发、有效地利用业余时间,向不同职务的会员进行交流的场所。

(2) 个人接触和"前辈"制度。丰田公司为了让新参加工作的职工熟悉新环境,曾提出了"热情欢迎新职工"的课题,在这方面,采取个人接触的形式。这种形式的做法是:选出一位前辈,把他确定为新职工的专职前辈。这位前辈担负着对所有事情的指导工作,这种做法产生了很好的效果,专职前辈的任职期间一般为6个月。在工作上、生活上、车间里,专职前辈都给予指导和照顾,对人际关系、上下级关系给予协调。公司方面把这个"前辈"的做法加以制度化。此外,还有领导个人接触的制度,这是对工长、组长、班长施行"协助者"的教育,是一种进行"商谈"的训练。

另外,还采用"故乡通信"的做法。班组长每日轮流给新职工的家寄信。新员工进公司的第一个月,由组织写信和寄小组照片,寄丰田画报和丰田报。如何使这股团队亲情不断、不倦地持续下去?这是丰田领导者一直在思考的问题。这个问题不是单纯的福利保健活动,而是要作为企业长远的精神建设方面的问题对待,他们正为开展更加多种多样的活动而冥思苦想。1970年代以后,20岁以下的职工占到50%。他们的思想意识、价值观念和欲望同20世纪五六十年代的职工相比发生了很大变化。为这些人创造出一个使他们满足而有吸引力的工作环境,是件很不容易的事情。然而,公司不断地进行积极的努力,继续创造能培养"生存的意义和干劲"的土壤。

四、中国企业文化的现状

1949年以前,受外国资本和封建官僚买办控制的企业中,劳动者处于被残酷剥削和压迫的地位,完全没有自由与平等,因此也谈不上有什么企业文化。老一代民族企业家所创办的企业倡导诸如"民生精神"之类的经营理念,可以说具有一定的代表性。但是,由于民族资本的地位,决定了这种地道的中国企业文化的影响微乎其微,不成气候。

中华人民共和国成立以后,国有企业成为中国经济的主体,苏维埃模式成为国有企业经营管理的主要模式。这是一种高度集权的计划经济体制,企业文化建设既体现企业的社会主义共性,形成注重国家利益的大集体观念和艰苦奋斗精神,如1950—1960年代出现的"两参一改三结合"的"鞍钢宪法"和"三老四严"的"大庆精神"等,普遍突出集权体制下的"官本位"观念和管理活动行政化等。特别是在"文化大革命"期间,强调"以阶级斗争为纲",实行绝对化的政治挂帅,企业文化成为政治的附庸和摆设,连中国是否存在真正意义上的企业都是一个疑问。改革开放以来,传统计划经济体制逐步转换为社会主义市场经济体制,企业开始成为市场活动的主体,企业文化建设的环境得到改善。特别是现代企业制度的建立,使企业文化建设获得了内在的动力。

中国是一个历史悠久的文明国家,中国的传统文化博大精深,它对中国人价值观的影响,对于中国人行为方式的影响,对于中国企业经营管理模式的影响等,都是潜移默化而又深刻久远的,其中既有积极的一面,也有消极的一面。比如,中国员工具有传统的"孺子牛"精神和艰苦奋斗精神,这是企业文化中的精华部分,但同时也存在严重的小农意识和平均主义思想。企业追求政治化,经营管理具有高度集权性及行政性,家长制管理作风严重,封闭与保守意识浓厚,特权主义、人情关系大于法律关系,压抑人才,不讲效率,缺乏创新等。

当代管理已经转向知识管理或文化管理,中国的企业文化建设却刚刚起步。随着市场经济体制的建立,外来的文化尤其是市场观念对中国的传统文化形成了极大的冲击,两种文化相互冲突。如何解决传统文化对市场精神的限制作用,创造一个公平竞争的环境,解决集体主义下个性的发展、自我实现与社会压力的冲突,物质需要与精神需要的冲突,使企业的所有人员都能最大限度地参与企业与社会的工作,改变与形成有益于员工素质提高的企业环境等诸多问题,成为摆在中国企业特别是国有企业面前的一个重要课题。

第四节 跨文化人力资源管理

理查德·M.霍吉茨与弗雷德·鲁散斯(Richard M. Hodgetts and Fred Luthans)根据国际管理学领域中的大量研究成果,总结了文化对管理的影响的一些主要方面,参见表4-11。

表4-11 文化对管理的影响

类 别	文化内容	对 管 理 的 影 响
人与自然	命运的主人	使用正确的奖励,能够使员工对计划高度支持
	宿命论	对计划承诺弱,需要强有力的正式控制,需要大量使用外派人员
变 革	尝试变革	规划与实施变革或许是可行的
	维护地位	规划与实施变革或许是不可行的,需要强烈的激励刺激与控制机制
权 利	企业重要	管理者或许能够高度授权给下属
	关系重要	管理者或许对下属进行低度授权,需要有力的控制机制及大量使用外派人员
工作关系	以业绩为基础	雇员在工作中有较高的积极性
	以关系为基础	圈外雇员或许缺乏工作积极性,家庭成员或圈内成员或许具有工作积极性,需要强烈的工作刺激与控制,需要大量的外派人员

资料来源:John J. Lawler. Human Resource Management in International Settings[Z]. Gender and Agribusiness Seminar, February 1999.

在跨文化人力资源管理中,大致有以下几种战略:母国中心主义取向的跨文化人力资源管理战略;多中心主义取向的跨文化人力资源管理战略;全球中心主义取向的跨文化人力资源管理战略。

一、一个对美日企业的比较研究观点

美国和日本的人力资源管理模式是资本主义发展不同阶段的典型代表。从美国模式来看,其设计的初衷是要通过简化工人的劳动内容,削弱工人在分配谈判中讨价还价的地位,以保证投资者的利益。与此同时,一般职工的劳动积极性低,对企业无任何忠诚可言,为企业主动做出贡献的兴趣不大,劳动关系具有对抗性。这种模式

于20世纪60年代以前在广阔的国内市场和巨大的市场需求中是行之有效的,并形成了美国企业管理上的成功和在世界上的统治地位。从60年代开始,随着市场的饱和以及西欧、日本经济的恢复和竞争力的增强,美国模式的内在弱点就显得很突出了。美国大型企业的决策高度集权,对瞬息万变的市场反应迟钝,因此在竞争中屡屡败北。从日本模式看,它能够较好地调动广大职工的劳动积极性,使之自觉地根据生产中和市场上出现的新情况,调节自己的活动内容,适应市场的变化,但日本的劳动力市场落后,不利于人尽其才,优秀人才不能被迅速提拔到重要管理岗位发挥潜力,过剩劳动力也不能在不同企业和部门进行有效的重新分配,这就造成了日本企业在资源分配上结构性调整能力差的弱点。在20世纪90年代以前非结构性的市场环境变化中,生产中没有大的技术突破,产品品种虽有变化但大的结构没有变化,日本企业则灵活自如,如鱼得水,表现出强大的竞争力;但从90年代开始,世界经济进入知识经济时代,出现了较大的结构性变化和突破性技术进步,日本企业就会感到无法适应,在竞争中逐渐处于劣势①。

美国企业界和管理学界都十分重视通过改变组织结构来提高劳动生产率。20世纪50年代和60年代出现了分权式结构的浪潮,20世纪70年代出现了矩阵结构式管理的浪潮。为了搞清结构与经济效益的关系,美国麦肯锡咨询公司成立的结构研究组走访了美国和欧洲的十余所工商管理院校的学者,经过考察和研究得出结论:任何一种明智的管理都涉及7个变量,即结构、战略、体制、人员、作风、技巧、共有价值观。

美国哈佛大学的安东尼·阿索斯(Anthony Athos)和斯坦福大学的理查德·帕斯卡尔(Richard Pascale)运用上述7S模型,对比了日本企业和美国企业在管理上的区别,特别是对比了日本松下公司及其优秀领导人松下幸之助和美国国际电话电报公司及其成功的领导人哈罗德·吉宁(Harold Geneen)之间的区别,结果发现,松下公司和国际电话电报公司最主要的区别既不是在它们的整体战略上,因为它们的战略非常相似;也不在矩阵式的组织结构上,因为两家的组织结构几乎完全相同;甚至也不在制度上,两家公司均有非常详细的计划和会计报表。两家公司真正的区别在于管理作风、人事政策以及最重要的精神和价值观上:美国企业家重视硬件,日本企业家不但重视硬件,更重视诸如共有价值观、作风、人员、技巧等软件因素。

具体来看,日本企业家总是反复向员工宣讲共有价值观、企业基本信念的重要性,指出它是大公司最为重要的"秘密武器",并尽心尽力地使员工个人目标同化于企业目标,建立起全体员工共享的价值观。美国企业家却认为不干涉员工的个人生活

---

① 杨瑞玲.美日人力资源管理模式比较[J].当代亚太,1999(8).

和基本信念是天经地义的。即使在某些方面和日本企业很相似的美国公司,也没有深入地以精神价值观作为号召,没有使用细致入微的同化过程来团结员工。

美国传统文化重视自我的价值,忽视集体的价值,认为自我是宇宙的中心。日本则相反,比较重视集体的价值,认为自我是成长的障碍,而不是可以依赖的一个支撑力量,因而要求个人行为与集体活动的一致,并在企业生活中对谦虚和自我克制给予很高的评价。

二、跨国企业人力资源管理过程中的文化制度建设

在进行人力资源管理的过程中,文化因素有着举足轻重的作用,各个国家、各种类型的企业都十分重视自身的文化建设,跨国企业尤其如此。因为跨国企业是多种文化交融的综合体,在某种程度上可以说跨国企业的人力资源管理就是不同文化之间的协调。

跨国企业文化是一种全新的文化,是多重文化接触碰撞的结晶。这种文化碰撞实际上是一个全新的文化筛选机制。从跨国公司的建立开始,实际上就是一个多元文化进化均衡的过程,几种文化通过长时间的交流碰撞,优胜劣汰,然后重新进行组合排列,一种全新的跨国企业文化就产生了。

一种全新文化的优势就在于所有的一切可塑性特别强,可以发挥后发优势。跨国企业可以借鉴其他比较成功的企业文化,结合自身的实际情况,让不同的文化互相交融,最终形成一个相对均衡的文化。稳定之后,进行人力资源管理活动的成本就会大大地降低。

跨国企业文化不是单一的文化,它最少有两种或两种以上,不同的文化具有不同的运作程序,不同的思维习惯就会导致不断的冲突。所以,跨国企业文化的文化异质性强,往往代理成本较大。但是,也有可能是不同的文化相互保持距离甚至是进一步的相互谦让,形成一种管理者所企求的格局。当几种不同的文化相互谦让甚至是互相合作的时候,在企业内部进行人力资源管理活动的成本就会大大地降低。

跨国企业文化的历史包袱较轻,是一种原始的多重文化分化、竞争、优化组合之后形成的全新文化。这样的文化是在不断面临环境的挑战中产生的,所以基本上可以顺应当前和未来一段时间内的环境变化。

在进行跨国企业文化建设时,要注意把跨国企业的文化建设当作一个历史过程,要注意吸收其他相对成功企业的积极的文化因子,发挥后发优势;还要注重引导和推动包括潜在的和显化的一切制度形式,因势利导,变跨国企业的不利因素为有利因

素;要求同存异,积极协调,减少冲突,增进合作。

研究认为,在跨文化环境中,积极地创造跨国企业文化变得比消极地同化一个占主导地位的伙伴民族文化更重要①。要想把全球雇员整合成一个全球性的、紧密结合在一起的组织文化,同时提高地方敏感意识,跨国管理人员必须懂得跨文化的相互作用。为此需要:

- 建立面对面的人际关系;
- 创建国际化的项目小组;
- 发展国际化的管理培训和发展方向;
- 建立利益共享体系,即鼓励地方上提出意见;
- 寻求灵活的管理方法,鼓励不同的价值观存在。

三、国际人力资源管理应该关注的若干问题

从人力资源管理的各项流程来看,在跨文化人力资源管理中应该关注以下问题。

1. 企业社会化政策选择问题

- 在价值观和观念上的差异会不会阻碍国际对话?
- 当地的标准或预期的社会化和本国的政策有什么不同?
- 在当地经营的管理人员应该和本地环境融合在一起还是将自己区别开?
- 如何与当地网络相互作用?
- 在公司手册中应该以多大程度明确公司的策略?
- 应该以多大程度组织人员的流动?

2. 员工政策选择与人力资源开发问题

- 当地的新员工招募和本国的政策有什么不同?
- 熟悉什么样的知识在本地的组织中会得到认同?
- 熟悉这些知识对公司领导有没有帮助?它会在多大程度上阻碍交流和学习?
- 对公司来讲,积累跨区域的经验和知识有多大重要性?
- 这些做法对培训的特点和内容有什么作用?谁应该参加这些培训?

---

① [英]帕特·乔恩特,[英]马尔科姆·华纳.跨文化管理[M].卢长怀,孙红英,杨洁译.大连:东北财经大学出版社,1999.

3. 员工行为表现评估问题

- 和国内表现评估的政策比较，当地的政策有什么明显的差别？
- 如果对当地的行为规则强加干涉而使当地人员异化，或者降低积极性的话，对公司有什么样的危害？
- 当地的经营有没有特定的方式在不降低积极性的基础上减少表现评估的负反馈？

4. 薪酬与奖励问题

激励雇员的付酬方法依赖于文化价值。阿古尼斯（Aguinis，2002）指出，雇员获取报酬的依据有绩效（公平原则）、均等（平均原则）或基于他们的需要（需要原则）。一般来说，个人主义文化普遍采用公平原则，而集体主义文化更多采用平均原则[1]。

- 当地的喜好和本国的情况有什么明显差别？
- 奖惩的目的是引入竞争还是合作？是信息共享还是个人创造？
- 这些是否有可能被其他非物质的回报所激励？
- 一种"外国的"回报方式是否可以吸引年轻人？是否吸引那些更具有灵活性或者对当地管理实践已经失望了的非模范管理人员？

5. 职业生涯发展问题

- 当地的人员流动与猎头的观念和本国的观念有什么差别？
- 在选拔高潜质的人才过程中，有没有什么我们没有意识到的偏见？
- 在高级管理层中外国人占多大的比例？
- 在多大程度上，职业发展路径偏好某一种文化特点？

【案例参考】

两个企业的管理激励文化比较[2]

这是一位中国员工的真实经历。一年前，我从一家位居世界500强的美国独资公司辞职时，家人和许多朋友都让我仔细考虑一下再决定，不要那么草率，但我

---

[1] Pan Fan, K., Zhang Zigang, K. Cross. Cultural Challenges When Doing Business in China[J]. Singapore Management Review, 2004(1).

[2] 刘蓉编写。

还是离开我服务了5年多的十分有感情的公司，加入现在一家国有杂志出版企业。其中的原因是多方面的，激励不够与发展空间狭小恐怕是主要的离职因素，下面我仅从先后两个企业在激励方面做一个简单比较，来说明激励对员工与企业发展是十分重要的。

我原先工作的那家美资公司是一家历史悠久的传统消费品制造与销售企业，已有一百多年的历史，在同行业中属佼佼者，内部的管理机制与体系沿袭了许多年。抛开具体业务（在中国假冒知名品牌的现象对洋货冲击十分严重），只就人力资源管理工作而言，它存在3个问题：

（1）管理机制僵化，信息交流不畅。由于已有的规章制度已延续了很长时间，在与本地的国情和发展变化的速度不相适应时，未能做出及时的修正并且与员工之间缺乏双向沟通的渠道，导致管理模式历年不变；公司内部在经营不景气的情况下，也未及时通报给员工做出解释，员工士气低落。

（2）无激励机制，业绩考核形同虚设。公司所有员工的收入是固定的。即使非常努力地工作，也不要指望公司提供一笔额外的奖励，没有可以学习与效仿的对象，在这种状态下，员工需求得不到满足，前景黯淡。

（3）员工无职业发展空间。员工在本职岗位上只是做着重复性的工作，缺乏岗位轮换机制与发展计划，员工从入职起工作就已经定位，培训发展的空间有限，企业与员工都缺乏长远的成长规划。

我离开美资公司后，在收入大致相等的情况下加入目前的这家国有企业。

与美资公司不同，它没有现成的成熟的管理制度与模式，它是1990年代初凭着几个年轻人的才智与勇气创立的，并通过艰苦卓绝的奋斗发展成为业界翘楚，拥有6本独立刊物、4家全资或控股公司的媒体集团。

加入杂志社的第一天，第一个突出的感觉是不适应。人事管理近乎于无，每本杂志在管理上各自为战，制度有一些但谈不上有约束力，只是两位文人老板的领导艺术让我没有心灰到掉头就走。入职后我组织做了杂志社第一次员工满意度调查，出乎我的意料：非常满意的占10%，比较满意的占60%，基本满意的占24%，总体满意度高达94%，而且有2/3的员工较上一年更加满意，这不排除因为企业经营状况良好、前途光明的一方面，但是不是还有其他因素在吸引大家呢？通过一段时间的观察与熟悉，我对4个方面深有感触：

（1）领导有亲和力，以身作则弹性管理。两位创业老总个体修养好，聪明能干，并极具敬业精神，关心员工工作，愿意与员工沟通，听取大家的反映。这在无形中创造了一个宽松和谐的工作环境。

(2) 奖惩分明、及时,评选优秀员工,树立学习典型。每本刊物的编辑部与广告部都有工作量与业绩的任务说明,每月或每季度都根据员工完成情况兑现奖励或扣除奖金,这已经成为员工们工作的共识与工作常态。

(3) 宣传员工与企业共同发展,树立企业文化,信息交流充分。杂志社每月出版一期月报,老总每月都会刊登文章,阐明办刊的理念与近期发展态势与走向、杂志社整体信息交流、技术创新的推广、新进员工介绍、员工心得、奖惩信息等,包括了杂志社的方方面面。

(4) 尊重员工的发展愿望,并尽可能地提供机会。每位员工都可以依照自己的兴趣,在能力适合的基础上提出调换岗位的要求,杂志社总体考虑后,会给员工明确合理的答复。这种做法增加了员工的归属认同感,满足了人的社会及尊重的需要。

以上大致介绍了两种不同性质企业的特点:一个是先进成熟的但忽视了员工自身需要与利益、缺乏激励的西方模式;一个是正在成长的稚嫩的但充满活力与亲和力的内资企业,它们有着两种截然不同的生存现状,原因是什么呢?从激励理论中我们也许可以总结出一些答案。

案例研究一:聚龙集团印尼投资公司案例研究

随着全球化程度的不断加深,企业中各种文化之间的碰撞日益成为常态,其中,宗教文化作为全球文化中最为长寿多彩的文化之一,在时代变迁中始终屹立。宗教文化在人力资源管理中究竟扮演着怎样的角色?聚龙集团印尼投资公司的案例研究,将为我们了解宗教文化氛围中的人力资源管理以及宗教文化因素在企业人力资源管理中的应用及影响提供某些启示。

一、宗教文化与印尼的人力资源管理

宗教具有顽强的生命力和无与伦比的传播力,这一点已得到了历史验证。宗教既相对保守,使其本质依存;又与时代趋同,随着社会价值取向的变化而转化自己的社会角色。宗教是一种社会意识、社会现象,同时也是一种文化现象。宗教的

本质是一种精神寄托和终极关怀。从功能上来讲,其原始功能为寄托人的苦恼与不安,使人获得希望与安心;从社会角度来讲,宗教对于善恶意志的倡导,有助于匡正世道人心,确立伦理道德,此外,宗教作为一个社会实体,也有着其他的政治、经济等方面的功能。

宗教文化作为一种社会文化现象,具有其特异性。宗教文化作为由人创造的文化,却异化为一个高于人并且控制人的神圣对象,具有异化性。宗教文化对于信仰者而言,具有超出一般意义上的文化的规范力和限制力,具有很强的组织性。宗教文化通常来说具有排他性,信仰某一个宗教的信仰者通常不会也不能再信仰其他宗教。宗教文化中其实包括很多解释世界真理的理论,具有包罗世间万象的丰富性。

宗教文化可以分为三个不同的层次,首先是物质层,即宗教相关的器物,如寺庙教堂、佛像圣物、佛经圣书等;其次是制度层,即宗教文化中的组织结构、教阶制度、宗教礼仪、宗教法规、修持方式等,如佛教的"五戒十善"、基督教和犹太教的"摩西十诫"等;第三是精神层,包括宗教经典、宗教教义等。

从宗教文化的特色和现象来看,宗教文化是一种以宗教为核心的文化,但如果从宗教文化的功能性来看,其具有的引导和约束信众的功能在企业管理尤其是人力资源管理方面,其实是能够转而应用的。

伊斯兰教是世界性的宗教之一,与佛教、基督教并称为世界三大宗教。中国旧称大食法、大食教、天方教、清真教、回回教、回教、回回教门等。截至2019年年底,世界人口约70亿人中,穆斯林总人数大约是16亿,分布在204个国家和地区,占全世界总人口的23%。

伊斯兰教在世界范围内分布较为广泛,尤其以亚洲、非洲为主,1953年5月11日,中国伊斯兰教协会在北京成立。因此,对于中国的企业而言,与伊斯兰教宗教文化相关的人力资源管理是非常必要的。

大多数穆斯林国家实行混合型经济体制,企业类型主要有国有、合资和私营企业等。各国不同性质的企业,其企业文化和经营特色各不相同。但相同的地理位置、历史渊源、文化特色和社会背景,尤其是相同的宗教生活,又都使穆斯林的企业文化带有独特的穆斯林伊斯兰特色。

伊斯兰教影响着穆斯林人生活的各个方面。在传统的穆斯林企业家的精神世界中,伊斯兰思想是他们的人生哲学。他们认为,只有将伊斯兰传统宗教文化和现代商业理念精华相结合,才能构建真正的企业文化。但大多数穆斯林公司的企业文化是作为一个长期目标提出的,通过传统力量和身体力行来让员工形成这一理念。很多员工并不清楚本公司的企业文化,但工作环境、氛围、上司的管理方式以及相应的规章制度,却反映了本企业特有的宗教文化传统。

企业文化决定了企业的管理特色,这在私营企业占绝大多数的穆斯林国家显得尤为突出。穆斯林国家的私营企业大多采取传统的家族经营模式,那是传统部落酋长会议和家族会议的翻版。维系这类企业生存与发展的不是严格的规章制度和法律条文,而是具有强大渗透力和感染力的宗教文化。企业就像一个大家族,员工是这个家族中不同辈分的成员,总裁的职责是处理这个大家族里发生的一切琐事和纠纷。

位于东南亚的人口大国印度尼西亚(简称"印尼"),既是一个宗教国家,其鲜明的穆斯林宗教法律基础形成了特有的人力资源管理特点,同时印尼也是一个拥有最多华人华侨的国家,在印尼发展的中国企业非常之多,因此,中国企业在当地的人力资源管理必须结合宗教文化。

目前,印尼的人力资源的主要特点是人力资源的整体受教育水平较低,由于宗教原因,女性参与工作的比例较低,结合有限的医疗资源,整体印尼的人力资源中员工的多样性和预期寿命较低。

在人力资源成本方面,印尼目前最低工资的标准较高,且遣散费标准较高,因此人力资源成本相对较高。其中,技术人员相对于普通体力劳动者工资更高。印尼对于员工试用期和休假也有规定,试用期不得超过3个月,按照岗位每4个月或者6个月有12天的探亲假。另外,还有对于工作时间、加班的具体规定。法规方面没有强制性的工人福利。

结合宗教文化、教育、法规等方面,印尼的人力资源SWOT状况如下:

S(优势):整体人力资源丰富,企业选择较多;近年来,小学阶段的教育普及有较大进展;无强制性的工人福利。

W(劣势):中学入学率低,教学质量差;女性参与工作少,限制了一些选择;最低工资较高,生产力水平较低。

O(机遇):印尼大城市的大学生和技术工人越来越多;国内大学声誉不断提升;人口发展乐观,人力资源预期仍然会比较丰富。

T(挑战):高增长的人口可能对教育资源带来进一步的压力;人力资源雇佣不够规范,阻碍了工人职业技能的培养;工会普遍存在,可能存在不稳定因素。

人力资源管理上,西方的人力资源管理体系偏重于制度的约束力,而在印尼的伊斯兰传统中,个人的魅力和感召力却是凝聚群体最有效的手段。印尼企业通常认为,企业的人事管理不能完全依靠严密的规章制度,而应注重在日常相处中施加人格影响,让手下员工口服心服才更有效。因此,许多公司的负责人都与下属员工保持着良好的友情关系,主张给员工适当权限,充分发挥他们的创造力,建立一种宽松和谐的劳资气氛。他们相信,宽松和谐的人际环境会激发出员工们的忠诚和创造力。

宽容精神是穆斯林人在人事协调上的一大特点,他们主张用人格魅力和公关手腕来协调公司的人事关系。从理论上讲,这是在力求营造一种企业文化,一种以忠诚为核心的内部管理环境。在他们看来,冰冷的教条规章也许能制约一时的越轨,但难以长期笼络人心。

平均原则是伊斯兰教的一个重要价值观,它决定了在传统家族企业里的分配制度。企业的利益共同拥有、平均分配,这是家族和睦团结的保证。但这种"财产共享"不等于家族同姓者都可占有一份财产。在同一个家族内,不同成员分享的利益不同,要视贡献、血缘远近等主客观因素而定。不同家族拥有不同的财产分享细则,这些细则融合了伊斯兰教的继承法和具体家族的习俗。少数现代意识较浓的家族,正在逐渐接受按劳分配的制度。由于家族企业是血缘关系和经营原则的结合,因此,达成利益分配的共识是家族产业得以延续的前提。这一共识在受到严重冲击时,会直接导致企业分裂。

由上可以看到,在印尼的人力资源管理中,具有非常浓重的宗教文化色彩。

二、聚龙集团印尼投资公司及其人力资源管理

聚龙集团的总部位于天津市滨海新区,是一家集油料作物种植、油脂加工、港口物流、粮油贸易、油脂产品研发、品牌包装油推广与粮油产业金融服务为一体的全产业链跨国油脂企业。

2006年,为了响应国家"走出去"的号召,聚龙公司正式启动对外农业产业投资,在印度尼西亚布局以棕榈种植园开发为主要标志的油棕上游产业。目前,聚龙公司在印尼已经拥有总面积近20万公顷的棕榈种植园,并配套建有3个压榨厂,2处河港物流仓储基地,1处海港深加工基地。伴随着国际贸易的深入与国际农业产业投资的发展,聚龙公司的大宗原料油已在印度尼西亚、印度、韩国市场,在印度尼西亚创立的自有品牌包装油 Oilku 已经进入非洲市场。目前,聚龙公司在马来西亚拥有期货交易中心,在新加坡拥有国际贸易采购中心,在肯尼亚、加纳等8个国家建立了办事机构并开展相关业务。其组织架构如图4-1所示。

图 4-1　聚龙集团的组织架构

作为在海外投资的民营粮油企业，聚龙集团印尼投资公司初期的发展较为迅猛，但是公司的前期发展是有着一些环境优势的，包括印尼本土油料产业的优势、两国关系的密切所带来的政策优待以及当地华人华侨的支持。随着公司的跨越式发展，在经营及人力资源管理上就开始出现问题，出现员工消极怠工、人员流失、文化不契合、经济效益欠佳等现象，公司的发展进入瓶颈期。

聚龙集团印尼投资公司现有员工近9 800人，其中，中方员工为213人，其余均为印尼人和印尼华人。员工的主要分布包括雅加达聚龙投资公司、马辰区聚龙物流公司、楠榜省巽他海峡码头物流区、加里曼丹12个园区、苏拉威西1个园区、苏门答腊1个园区。主要核心管理岗位为1∶1∶1的组成结构，企业称之为"团长、政委、参谋"体制，即中国人、印尼华人和印尼人。该组成结构主要分布在各种植园和雅加达总部的高层管理团队，总部的贸易部、环境部、财务部、金融期货部、人力资源部和销售分公司则根据实际情况进行人才匹配，目前，各区域、部门的最高负责人均实现1∶1∶1的模式。

出于以下三个方面的考虑，印尼区配置了较多的中国员工：第一，中国籍员工了解公司目标，大部分人是和聚龙共同成长起来的，对公司有感情，对领导的风格和公司的文化都了如指掌；第二，为了能充分维护母公司的利益，印尼区的关键岗位都由中方员工担任，这也显示了母公司的影响力；第三，公司日后的发展方向是全球的棕榈油市场，这就需要大量拥有全球视野和有海外工作经验的高管，目前在印尼区就是一个培养的过程和锻炼的机会。

印尼区的基层人员大多是印尼本地人，主要出于以下3方面的考虑：(1)基层员工主要是在种植园从事种植工作，不需要太多沟通交流的技巧；(2)雇佣当地人可以帮助解决当地的就业问题，既可以节省工资成本，又可以与东道国建立良好的外交关系；(3)对于种植的基础工作需要人力操作较多，密度和频次较高，大规模地引用本国人员成本太高,也不能适应当地的气候特征,为此,以低要求的基础工作为当地落后区域解决就业问题,既可以满足企业用工需求,又能为企业的海外投资降低人工成本,还能为企业的海外可持续发展提供优质的平台,可谓一举三得。

印尼区工作人员的招聘与选拔

在国际企业中任职需要比在国内企业任职考虑得要多得多,在这其中多采用跨文化角色饰演、小组讨论来衡量候选者对不确定性的耐性有多强、与人的交流能力、对新事物的接受程度等。

印尼区工作人员充分尊重东道国印尼的民族、宗教和种族特点,并深层考虑了当地的传统习俗和劳动立法,借助于劳动力市场、人才中介机构以及猎头公司,在印尼招募东道国的员工。

印尼区工作人员的培训与开发

(1)对印尼本地高层的培训。印尼本土高层对聚龙集团的企业目标、管理风格等不太了解,这必将引起合作当中的误会和隔阂,影响工作效率。所以,印尼区工作人员对印尼本土管理层的培训非常重视。培训主要包括两方面:一方面是对宏观上的,比如中国政策、概况,聚龙的企业目标、文化,拉近他们和聚龙的距离,产生认同感;另一方面是具体的,微观的,如产品的功能、生产技术及效用等方面的知识培训。

(2)对印尼区层级较低员工的培训。基层员工主要都是当地农民,没受过正规教育,甚至不识字,更不用说会外语;从小没有离开过故乡,接触的人不多,经历的事也少,对外面的世界了解的也较少,接受新鲜事物困难,对他们的培训更加重视文化的差异。因此,印尼区聘用本地人担任中层管理人员,由他们对基层员工进行直接管理,减少与一般员工的文化冲突。

印尼区工作人员的薪资管理

跨国企业的海外公司的薪酬需要顾及很多方面,不仅要遵守印尼的劳动法,考虑印尼社会的薪资水平,还要视聚龙公司的经营效益及时做出调整。

为了提高东道国员工的工作绩效和满意度,推动公司的发展,印尼区在本土员工的薪酬政策上始终坚持合法性、竞争性、激励性、公平性。具体做法如下:

(1)基本工资与薪资调查。印尼区根据印尼薪酬政策的规定,根据当地薪资标准,结合聚龙的具体情况,支付员工工资。

(2)奖金制度。要和聚龙集团总的薪酬体系指导思想相一致。印尼区实行激励奖金制度,包括年终奖一次性发放、每季度的绩效奖金和计件工资。对于有特殊贡献的员工,还有单独奖励。

(3)津贴、福利制度。印尼区遵守当地的法律、法规,在设计津贴与福利时,做到入乡随俗;另外,尊重印尼当地的宗教信仰和价值观,每逢穆斯林节日都会带薪休假,重大节日公司还会派发礼物,职工生日也会购置生日蛋糕等。

聚龙集团印尼投资公司人力资源管理存在的问题

针对聚龙印尼公司人力资源管理存在的问题,对其中的与宗教文化相关的因素进行分析,可以看到主要的问题如下:

企业缺乏长远的人力资源规划;语言、文化隔阂问题;人员流失率高;中印(尼)员工存在的薪资差别问题;人才选拔上的不完善致使员工工作不满意;管理风格单一;员工的职业生涯陷入困境;等等。

结合印尼作为穆斯林国家的特色,以及刚提到的穆斯林企业的特色,产生上述大部分问题的根本原因其实是与宗教文化相关的。在穆斯林国家里,伊斯兰教的经济思想和宗教伦理对穆斯林企业的经济运行起到非常重要的作用,在聚龙印尼公司的人力资源管理中,只重视了法律、法规层面的要求,而没有考虑印尼员工宗教文化方面的因素。

伊斯兰文化指出,人与人之间的和谐是人与造物主之间和谐的发展。人是由造物主创造的,都是阿丹的子孙,应相亲相爱,和谐相处。人作为社会的人,也只有借助社会的方式,才能促成人与人之间的交往、沟通,化解人与人之间的矛盾和冲突,这是构建和谐社会的重要基础。《圣训》说:"爱人如爱己,方为真信士。"就是说,信仰的更高境界是就像爱自己一样爱别人。

印尼员工对于人与人之间的平等与和谐的关系有着比较多的要求,如果感受到与他人的不平等,就可能存在消极的感情。此外,对于受到宗教文化影响较大的员工而言,身处在一个对于他的信仰并不支持甚至不了解的环境中时,很容易出现对于周围同事难以认同的问题。

由于存在可能产生的消极情感和身份认同问题,因此,在穆斯林国家的人力资源管理中,需要对当地民众的宗教文化予以较大程度的重视。

宗教文化的应用前景

宗教文化树立一种特定信仰,形成一种文化形态,传播一种意识行为,依托于一种社会实体。在社会发展的不同阶段,往往同时得到上层人士和普通民众的拥护。企业发展和品牌传播的终极目的其实与宗教可以进行类比:信仰即品牌,文化形态则是企业文化,意识行为是消费习惯,社会实体是企业。

聚焦到人力资源管理方面,宗教的重要标志是"满足成员因对危机的担忧而产生的寻求生存保障的满足和极度关怀"。特别是在一个人心涣散、安全感缺乏、信仰缺失的时代,宗教文化的关怀更容易将不同的个人和群体凝聚起来,形成一个具有相同信仰的集体。

联系到现代社会中对企业成员的训练、教化和对品牌的忠诚度培养,以及团队力量的有效释放,现代管理可以从宗教文化对教徒的控制方式中汲取营养。同时,宗教文化通过淡化眼前的困难、描绘理想的彼岸取得强大的控制力。

结合宗教文化中的三个层面中的要素,首先是物质,即寄托文化的物品,企业人力资源管理,企业文化的建设,乃至品牌和消费习惯的传播,都可以依循于这类物品,结合一定格式化的定期行为、语言、绘画、音乐、建筑、歌舞、仪式等的文化行为,对受众进行系统、反复的教育,像宗教生活一样与日常生活习俗融合在一起。

其次是制度,宗教文化短期以戒律制度规范言行,长期以舆论、伦理、道德等修正统一思想,实现集体自律。双剑合璧,可以让集体产生巨大的认同感和凝聚力,从而使宗教文化具备强大的生命力。

最后是精神,企业的文化要得到员工认可,就不要再指望自卖自夸式的宣传,而必须依靠社会去丰满。我们既可以怀旧念祖,又要允许标新立异;既要定义流派,也要设立话题去争论。由此,充分引导、利用人们对历史和未知的好奇,因势利导地将受众的思想汇聚成河,并在对大势的把握中蜿蜒前进。这种教导可以是典籍、是形象、是案例、是口号甚至是传说,重要的是让成员接受、喜爱,并主动与信仰融为一体。

千百年来,宗教作为一种文化现象,在促进文化交流、统一民族思想、维护社会稳定等方面贡献巨大。它以精神、制度、器物三个层面熏陶和影响他人,渗透到社会生活的各个方面。在企业人力资源管理中,值得深入分析、研究和总结。

思考题:

收集相关案例,思考宗教文化在国际人力资源管理中的影响与作用,应该如何进一步发挥其积极面、克服其消极面?

参考文献:

[1] 樊帆.多元化环境因素下跨国工程建设企业的人力资源管理[J].人力资源管理,2012(7):105-105.

[2] 曾凤鸣,敖灵.论现代企业管理中传统宗教智慧的运用[J].经营与管理,2018,411(9):30-34.

［3］龚学增.宗教问题概论[M].2011.

［4］王曦.聚龙集团印尼投资公司的人力资源管理研究[D].××大学硕士学位论文,××××年.

［5］马晓莉.我国海外建筑企业人力资源本土化研究[D].武汉理工大学硕士博士学位论文,2007.

［6］邱云姬.跨国公司的跨文化管理[J].洛阳师范学院学报,1999(1):36-38.

［7］潇萌.全球化多元管理战略[J].企业科技与发展,2009(3):34-34.

［8］王珊.国际工程建设承包项目人力资源管理浅析——以巴基斯坦N-J水电项目为例[J].人民长江,2014(5):50-52.

［9］刘磊.穆斯林企业文化及管理特色[J].穆斯林世界研究,2004(5):42-45.

［10］德拉.中国与也门企业员工激励机制的差异化探讨[J].商场现代化,2018.

［11］张爽.青海穆斯林企业家行为研究[D].青海民族大学硕士博士学位论文,2009.

［12］Abdus Sattar Abbasi, Kashif Ur Rehmanm, Amna Bibi,等.伊斯兰管理模式[J].中国穆斯林,2011(6):49-55.

［13］朱琳.伊斯兰经济思想在穆斯林企业管理中的实践[J].中国穆斯林,2012(6):22-26.

［14］Munqith M. Alazzawi.中国建设企业在中东的人力资源管理挑战[D].清华大学硕士博士学位论文,2013.

［15］林力.中国穆斯林商业文化特点探析[J].中国穆斯林,2012(1):25-28.

（资料来源：综合相关文献和网络资料整理而成，林新奇教授《国际人力资源管理》研究生课程班硕士生张妹婷同学做出了贡献。）

案例研究二：葛洲坝国际公司的跨文化管理

中国葛洲坝集团国际工程有限公司（以下简称"葛洲坝国际公司"）成立于2006年，是中国能建旗下上市公司——中国葛洲坝集团股份公司的全资子公司，负责归口管理全集团公司的国际经营业务，肩负着引领统筹全公司发挥集团国际业务板块整体协同发展的使命。葛洲坝国际公司在创立之初就非常注重管理创新和企业文化建设。在走向国际化的道路上,葛洲坝国际公司坚持秉承葛洲坝集团的优良传统,坚定"四个自信",坚持革故鼎新,在创造辉煌经营业绩的同时,更形成了"积极、向上、健康、阳光"的精神风貌,逐步孕育出具有鲜明国际特色的经营理念、核心价值观和行为准则,为来自全球的近3万名员工打造了充满信任、相互尊重、合作共赢的广阔平台,为提升公司的国际竞争力奠定了坚实基础。自成立以来,葛洲坝国际公司发挥集团国际业务引领作用,携手集团各子公司大力推进实施国际发展战略。目前,市场开发覆盖亚洲、非洲、南美洲、大洋洲、中东欧等149个国家和地区。公司积极履行央企"走出去"的社会责任,实现了与所在国的和谐共赢,在海外树立了中国公司的良好形象。公司取得的成绩,得益于充分发挥了企业文化建设在转变观念、凝聚力量、提升管理、开拓市场、履行央企责任等方面的重要作用,实现了核心价值理念在全体员工中的内化于心、外化于行。

一、鼎新经营观念,树立全球化视野

在国家"走出去"战略的大背景下,葛洲坝国际公司应势而生,做大做强国际业务不仅是公司自身的需要,更是中国企业融入全球化趋势的必然选择。

公司正确认识国际国内市场的差异,加强对国际经营政策、方法的研究,提高"走出去"的能力;确立了以人为本的理念,实施素质工程,着力培养国际化经营管理人才;面对外部环境的挑战,审时度势,坚持有所为有所不为,牢牢把握发展机遇,着力防范经营风险;形成了海纳百川的企业文化和积极向上的精神风貌,倡导充分尊重属地国的文化习俗和宗教信仰,兼容并蓄,引领中外员工砥砺前行;结合实际,与时俱进,以观念的革故鼎新带来了全球化视野、全球化思维,并进而演化成发展的不竭动能,有效应对了国际局势的风云变幻,确保了公司持续健康地发展。

二、加强道德建设,打造文化品牌

欲涉远者,须善修其身。公司坚持以人为本,注重思想道德建设,从公司层面对社会主义核心价值观基本理念进行实践和凝练,并始终不渝地把企业文化建设提升到战略高度,在走向国际化的道路上不断扬弃与创造,着力打造具有国际公司特色、能够提升国际竞争力的企业文化。

公司开设道德讲堂,将社会主义核心价值观教育与公司的发展、员工的成长紧密结合,公司确立了"诚信、公平、共赢"的企业理念,员工形成了爱岗敬业、"我与企业共成长"的自觉意识;提倡关爱社会、关爱企业、关爱他人的精神,开展学雷锋、"传递关爱、筑梦未来"等活动,引导员工通过参与社会公益、社区服务等形式回馈社会,在员工队伍中传递了正能量,激发了员工的厚德善行;积极推行跨文化管理,以开阔的胸襟广纳中外有为之士,积极促进中外员工之间的文化融合,建立了"改善人民生活、促进社会发展"的共同愿景与共同追求,使不同国家、不同种族的员工产生强烈的企业归属感;在继承葛洲坝国际公司优良传统的基础上不断丰富企业文化内涵,元旦万人长跑、"葛洲坝之夜"文艺汇演、"知、思、行"读书活动等成为企业文化行动的特有符号,成为传递企业文化的有效载体,激发了员工的主人翁精神和"积极向上、健康阳光"的精神风貌。

三、引导员工思想,凝聚发展整体合力

针对国际公司员工队伍平均年龄在35岁以下,队伍年轻、富有朝气、思想活跃,同时海外项目员工远离祖国和亲人,在异国特定的环境下、在价值多元化的冲击下,员工的思想情绪容易波动的思想政治工作"新常态",公司党委、工会、共青团以关注员工生活需求、关注员工思想动态、关注员工沟通交流、关注员工素质提升这四项"关注"为重点,着力发挥思想政治工作的优势,为公司生产经营保驾护航。

推动建立有利于员工发展、成才的人文环境和制度体系,协助行政在人才引进、培养、使用等方面彻底突破传统思想的束缚,为员工成长提供了良好平台,坚定了员工立足岗位、与公司共成长的信念;加强对员工思想的沟通与引导,通过个别走访、集体座谈、调查问卷、员工信箱等灵活多变的形式,实现与员工的有效沟通,并以员工思想分析会制度为主要形式,分析研究员工的思想动态,一年来梳理、解决员工提出的共性及个性问题110余个,提升了公司的管理效率,实现了对员工思想的良性引导;坚持以人为本,将思想工作与为员工办实事、解难事结合起来,对涉及员工切身利益(如职业生涯规划、岗位晋升、休假、培训等)的具体问题,积极研究制订并严格落实相关政策,为创建和谐企业、凝聚发展合力提供了有力保障。

四、塑造国际文化,提升核心竞争力

公司自成立之始,就始终不渝地把企业文化建设提升到战略高度,在走向国际化的道路上不断扬弃与创造,着力打造具有国际经营特色、能够提升国际竞争力的企业文化。近年来,公司党委从进一步丰富企业文化内涵、促进中外员工跨文化融合、以文化融聚国际资源和提升公司核心竞争力出发,重点加强了诚信文化、自信文化、包容文化和执行文化培育,做到了用文化凝聚人、影响人和带动人,

保持了国际事业旺盛的生命力。

（1）包容文化。面对不同人文背景、不同宗教信仰、不同风俗习惯的外籍员工，将他们团结在葛洲坝国际公司的旗帜下，共同为国际事业而奋斗，这是集团国际业务健康发展的重要一环。积极探索外籍员工的跨文化管理，构建中外员工相互尊重、相互包容的企业文化，使外籍员工逐步融入葛洲坝国际公司的文化体系之中，着力打造中外员工一家亲的理念。在外籍员工中积极开展跨文化培训，在与中外员工的融合中，不断学习和吸收先进的企业文化，充分尊重东道国的文化习俗，尊重外籍员工的宗教信仰，组织外籍员工到中国总部参观、接受培训，参与集团万人长跑等企业文化活动，提高了他们对公司核心价值观的认同度，增强了他们对公司的归属感。

（2）诚信文化。秉承"诚信、公平、共赢"的发展理念，对外严格履约，全面兑现承诺，以诚信文化推动公司与国内外金融机构、咨询公司、设计单位、有实力的企业等谋求广泛合作，有效地增强了国际资源的融合力和感召力，一大批有实力的国内外设计、咨询及施工单位，不同肤色、不同民族和国家的人员在国际业务平台上共谋发展和奋斗，成为葛洲坝国际公司业务的有生力量。大力践行社会责任，历年来累计投入逾2 000万元，广泛参与东道国的教育培训、捐赠救援、道路维护、社区建设等公益活动。广泛使用当地员工，目前公司在建国际项目共聘有外籍管理和劳务人员4 000余人，有效地拓宽了当地民众的就业渠道，受到当地政府和民众的广泛赞誉。

（3）自信文化。在公司上下打造自信文化，在员工中大力倡导"积极、向上、健康、阳光"的精神风貌，提倡关爱社会、关爱企业、关爱他人的精神，在员工中传递了正能量，营造了朝气蓬勃、积极向上的人文氛围；通过感受公司快速、稳定、健康发展所取得的业界排名前列的骄人成绩，坚定了员工对公司国际业务发展理念、管理制度、人才成长环境、合作共赢理念、包容文化等国际特色文化的自信，在全公司范围内塑造了自信文化，为打造国际一流跨国公司的目标奠定了发展自信。

（4）执行文化。大力加强公司执行文化的塑造、执行机制的完善、执行流程的优化，通过制度梳理，流程再造，保证制度更加有效，同时加强制度执行力的监督和检查，提高制度的落地执行力；通过举办"提高执行力"辩论赛、"自信合作高效"素质拓展等活动，有效地激发员工以扎实的执行力贯彻公司各项制度，推进执行各方面工作的自觉性，为国际业务制度的有效执行提供文化保障。

与此同时，公司十分注意坚持以丰富文化产品塑造企业形象、打造企业品牌。

坚持以不断丰富的企业文化产品作为传递企业文化的有效载体，组织开展了CGGC国际版形象宣传片、形象宣传PPT、陆续推出系列专业画册、企业文化系列画册。探索并形成了"国际化、属地化"的资源配置理念、"举一反三、持续改进"的纠错理念，"一点一策，一国一策"的市场开发和项目管理策划理念等20多条经营管理理念。通过全员讨论以及一系列特有的文化产品活动，增进了员工对打造提升具有国际竞争力的企业文化的理解，增进了员工对公司核心价值观和目标愿景的认同，提升了企业形象。

思考题：

如何看待中国企业在海外履行企业的社会责任？应该如何做好跨文化管理？

参考文献：

[1] 陈红梅,梁敏.跨文化管理——"一带一路"背景下中国企业走出去的"软实力"[J].对外经贸,2018(9)：87-89.

[2] 陈伟,彭程,杨柏.跨企业知识共享、知识泄露与创新绩效——基于供应链视角的实证研究[J].技术经济,2016,35(6)：1-7.

[3] 陈晓华,曾帅.在"走出去"之路上焕发"中国风采"——记全国电力行业企业文化建设示范单位葛洲坝国际公司[J].当代电力文化,2017(2)：42-43.

[4] 高臣,马成志."一带一路"战略下中国企业"走出去"的跨文化管理[J].中国人力资源开发,2015(19)：14-18.

[5] 舸靖.在国际工程承包市场上再展宏图——葛洲坝集团公司实施"走出去"战略的做法与体会[J].国际经济合作,2004(2)：7-11.

[6] 李彦亮.跨文化冲突与跨文化管理[J].科学社会主义,2006(2)：70-73.

[7] 林新奇,王富祥.中国企业"走出去"的人力资源风险及其预警机制[J].中国人力资源开发,2017(2)：145-153.

[8] 文岗,李刚,卢毅,彭伟.国际工程项目人力资源管理风险及控制策略[J].长沙理工大学学报(社会科学版),2010,25(4)：12-16.

[9] 徐奇琦.中国企业实施"走出去"战略的障碍与对策分析[J].河北企业,2019(7)：98-99.

[10] 周施恩."走出去"企业应该树立怎样的价值观？——葛洲坝国际工程有限公司的经验及启示[J].中外企业文化,2019(8)：48-52.

（资料来源：综合新闻报道和网络资料整理而成，林新奇教授《国际人力资源管理》研究生课程班硕士生陈安琪同学做出了贡献。）

复习思考题

1. 什么是文化？什么是文化沟通？
2. 国际人力资源管理中有哪些比较文化模型？
3. 著名的跨文化管理模型有哪些？它们各有什么内容？
4. 跨文化沟通的实质是什么？如何把握其重点？
5. 美国的企业文化有什么特色？它对美国的人力资源管理有哪些影响？
6. 欧洲的企业文化有什么特色？它对欧洲的人力资源管理有哪些影响？
7. 日本的企业文化有什么特色？它对日本的人力资源管理有哪些影响？
8. 中国的企业文化有什么特色？它对中国的人力资源管理有哪些影响？
9. 在跨国企业管理中，应该如何把握文化沟通的要点？
10. 跨文化沟通与组织变革是什么关系？
11. 如何做一名胜任的跨文化管理者？

第五章

中外合资企业的人力资源管理

【本章要点】
- 中外合资企业的发展概况
- 中外合资企业人力资源管理的特点
- 中外合资企业人力资源管理存在的问题

第一节 中外合资企业概况

一、中外合资企业在我国的发展概述

据国家商务部的数据,目前,在华投资的跨国公司已经超过100万家,世界500强公司中已有490余家在华投资。

我国吸收外商投资连续近30年居发展中国家首位,今年继续保持强劲增长态势。2021年,全国实际使用外资金额11 493.6亿元人民币,同比增长14.9%(折合1 734.8亿美元,同比增长20.2%;不含银行、证券、保险领域)。2022年1—8月,全国实际使用外资8 927.4亿元人民币,按可比口径同比增长16.4%(折合1 384.1亿美元,增长20.2%)。

据北京市商务委员会统计,2021年,北京市实际利用外资155.6亿美元;2022年1—8月,北京市实际利用外资152.4亿美元。根据统计数据,2022年前8个月的外资金额就已逼近2021年全年金额,势头正猛。截至2021年12月,北京市新增落地410个外资项目,全市新设外资企业1 924家,落地外资达204亿美元。

作为中国内地吸收外商投资规模最大、外资总部机构最多的城市,外资企业在上海市的作用举足轻重。2021年,上海市实际使用外资达到225.51亿美元,同比增长11.5%,再创历史新高;新设外资企业6 708家,同比增长16.6%;吸引合同外资603.91亿美元,同比增长16.9%;新增跨国公司地区总部60家,累计达到831家,新增外资研发中心25家,累计达到506家。

越来越多的迹象表明,跨国公司进军中国的步伐正在加快。跨国公司的标志及产品商标上,越来越多地出现了中文名称,如甲骨文公司在英文(ORACLE)标志下面全部加上了中文"甲骨文"3个字。有的跨国公司则在酝酿给自己的驻京机构起个中文名。甲骨文这家年收入101亿美元的全球第二大独立软件公司,将其重要的商业和技术全球性会议放在中国召开。CEO埃里森特宣布的一系列新的中国策略令人吃惊:在中国深圳和北京中关村设立两个全球研发中心,亚太区总部从中国香港移师北京。

2022年,北京世界500强企业共有410余家,相较2021年有所下降。国际知名会计师事务所德勤近期发布的有关调查报告显示,51%的中国首席财务官仍对当前中国的经济环境持乐观态度。未来12个月,首席财务官对中国经济环境保持乐观预期的比重降至43.2%,但仍远高于亚洲其他地区、美国和欧洲的21.5%、26.5%和12.8%。本次调查中,26.5%的受访者来自能源、资源及工业行业,20.6%的受访者来自科技、传媒及电信行业,17.7%的受访者来自金融服务行业,12.8%的受访者来自生命科学与医疗行业,8.8%的受访者来自消费行业等。虽然多数受访者认同可持续发展战略将带来的积极影响并已推动相关工作,但企业的重视程度因行业性质有所不同。国家"双碳"目标对能源、资源及工业等传统行业的影响最为显著,金融服务、科技、传媒及电信行业也受到较大影响。

关于外资企业在中国雇员的总数,有关数据显示,截至2021年年底,外资企业已经占市场主体2%的比重,带动了约4 000万人的就业,占全国城镇就业人口的1/10,贡献了我国1/6的税收和2/5的进出口。

二、中外合资企业对我国经济和社会发展的贡献

专家认为,每年几百亿美元的外资流入中国,它们带来的不仅是经济的增长、先进的技术和生产工艺,还带来了其先进的管理经验,这些无形资产正是中国经济持续发展的动力之一。外资公司通过投资,可以给东道国提供有形资产和无形资产,如技术、知识、管理、企业文化等示范效应,从而刺激东道国的经济发展。因此,许多发展中国家甚至发达国家都欢迎跨国公司的投资。过去曾经害怕和防范、限制跨国公司投资的一些发展中国家,如印度尼西亚、印度、拉美各国等,现在也采取了开放政策,积极吸引跨国公司去投资。从我国同外资公司合作的实践中,可以看出它们对推进我国经济走向现代化具有以下10个方面的积极影响。

(1) 促进我国工业经济结构的调整、升级和优化。以上海为例,截至2022年5月底,落户上海的跨国公司地区总部累计达到848家,外资研发中心512家,其中,工业制造业占比50%以上。这些大公司投资的大项目,普遍具有技术档次高、知识含量高、产业化程度高的特点。推动了上海工业产业结构的调整和优化,并促使上海新的工业支柱产业的形成。

(2) 补充我国资金不足,迅速形成规模经济的生产能力,增加了社会的有效供给。如桑塔纳轿车合资10年,即形成了年产20万辆整车的生产能力,2018年,上海大众在中国交付汽车突破421万辆。

(3) 引进高新技术,推动我国技术水平和开发能力的提高。

(4) 注意培训中方人员,开发我国人力资源。

(5) 促进配套企业的生产协作,带动了关联产业的发展。如上海大众汽车公司

建立后,为了提高桑塔纳轿车的国产化率,积极促进中国汽车零部件工业同该公司配合发展。

(6) 有利于我国建立现代化资金和技术密集型产业、基础产业及基础设施,并开拓部分产品的国际市场。

(7) 国有老企业同跨国公司合资后经济效益大大提高,保证了国有资产的保值、增值,增加了财政收入。如天津摩托车厂合资前亏损 8 000 多万元,1993 年同日本本田公司合资之后,并通过国际招标方式从德国、日本、美国、意大利等国引进了适应大规模、多品种、高效率生产的加工生产线,目前已形成年产 50 万整车、40 万台发动机的生产能力。

(8) 可以有效地替代进口和扩大出口。

(9) 有利于企业学习、应用、推广外国的科学经营管理经验,促进我国跨国公司的成长与发展。

(10) 来华投资的跨国公司出于其本身利益考虑,愿促进其本国政府改善同中国的政治、经济关系。

三、中外合资企业人力资源管理现状

自从我国实行对外开放,允许外商在我国投资以来,外资企业犹如一支劲旅,在我国经济发展中起着不可忽视的作用。尤其是近年来,随着我国市场经济体制的逐步健全,对外商投资政策的限制进一步放松,而且出台了许多优惠政策,逐步拓宽了外商的发展空间,在这种情况下涌现了许多成功的外资企业,如美国的 IBM、微软、惠普以及日本的松下、索尼和韩国的三星、LG 等。透视这些成功企业的成功之路,探索他们成功的秘诀,我们不难发现这些企业都有一个共同的特点,那就是他们都无一例外地有各自独特的经营管理模式,这些模式是在企业的发展过程中形成,并根据企业所处环境的变化和不同时期经营战略的不同而不断调整,以满足企业在不同发展时期的需要。从人力资源管理角度来说,这些企业也分别形成了各自完整的人力资源管理体系。

(1) IBM 的个人业务承诺计划。IBM 每个员工工资的涨幅,都有一个关键的参考指标,那就是个人业务承诺计划。制定承诺计划是一个互动的过程,员工和他的直属经理坐下来共同商讨,立下一纸一年期的军令状。经理非常清楚手下员工一年的工作目标及重点,员工自然也要努力执行计划。到了年终,直属经理会在员工立下的军令状上打分。当然,直属经理也有自己的个人业务承诺计划,上一级的

经理会给他打分,层层"承包",谁也不能搞特殊。IBM 的每一个经理都掌握了一定范围的打分权力,可以分配他所领导团体的工资增长额度,有权力决定将额度如何分给手下的员工。

(2) 思科以业务拉动人。思科的业绩发展不是先找人来开拓市场,而是市场业绩在前跑,然后找人跟进这项业务。以业务拉动人的高速发展模式使思科在 40 个季度中没有一个季度让股东失望。思科还认为士气跟工作和家庭生活的平衡关系很大,公司需要帮助员工寻找一个非常好的平衡点。员工在思科工作,既能够胜任挑战,又有许多学习的机会,而且也能对家庭有所照顾,这三个加在一起才能提高满意度。

(3) 摩托罗拉员工必须回答的 6 个问题。摩托罗拉在招聘员工时有一条标准,那就是员工的发展意识,他既要能发展自己,又要能发展别人。摩托罗拉公司每个员工都有一张 IDE 卡,上面非常简单地写了 6 个问题:① 您是否有一份对摩托罗拉公司成功有意义的工作?② 您是否了解并具备能胜任本职工作的知识?③ 您的培训是否已经确定并得到适当的安排,以不断提高您的工作技能?④ 您是否了解您的职业前途,并且它会令您鼓舞,切实可行,而且正在付诸行动?⑤ 过去的 30 天来,您是否获得了中肯的意见反馈,以有助于改进工作绩效或促成您的职业前途的实现?⑥ 您个人的情况,例如性别文化背景是否得到正确对待而不影响您的成功?这是员工每个季度都要问自己、问公司的 6 个问题。每个季度的 IDE 问话实际上就是考核,既考核自己,也考核主管。到年终对 6 个问题做总结,这是绩效管理的一部分。

(4) 新加坡华点通集团的人才自我管理。由 3 名有资深国际管理背景的团队领导人组成的新加坡华点通集团公司,积极推行人才自我管理,公司内部没有明确的职务和职责划分,大家通过团队和项目进行协作。每人在月初给自己制定绩效目标,月末进行自我分析,总结达成情况并提出改进办法。在此环境下,人才潜能得到很大激发,团队协作非常有效,大量时间和精力完全倾注在如何提高为顾客服务及专业水平上。

为了全面了解外资企业人力资源管理的现状和特点,下面将从人员配置、员工培训与开发、绩效管理、薪酬与福利政策 4 个方面进行分析①。

1. 人员配置状况

中国加入 WTO 使设在中国的外资公司面临巨大的发展机遇,同时也遇到争夺

---

① 课题组.跨国公司人才资源开发研究[J].公共行政与人力资源,2001(5).

市场的激烈竞争。要适应这些竞争，关键在人才。鉴于世界范围内关键人才的紧缺，原本的人才配置战略已经不能适应发展的需要，必须作战略上的调整。许多外资公司已经把人才本地化作为长期的人才战略。根据调查，目前上海的外资公司（包括国际金融机构）的重要职位（总经理、首席代表、财务总监、销售总监、人力资源总监）多数由亚裔外籍人士（包括华裔外国籍及高层次的留学归国人员）担任，少数仍为欧美人士，但派驻中国的欧美人士数量在不断减少。这几年来，人才本地化的战略已经取得显著的成效。

人才招聘工作是外资公司人力资源部的一项重要工作，也是关系到公司发展的重要环节。在当前激烈的人才竞争中，跨国公司的人才招聘已经走出了等待应聘者上门的旧模式，在实践中创造了许多新的、有效的招聘途径和方式，如通过互联网招聘已经成为外资公司招聘人才的主要渠道。在人员甄选技术上，许多外资企业根据本企业对人员的具体要求设计了不少独具特色的甄选技术。

【案例参考】

跨国公司特殊招聘法

日产公司——请你吃饭

日产公司认为，那些吃饭迅速快捷的人，一方面说明其肠胃功能好，身强力壮，另一方面他们干事风风火火，富有魄力，而这正是公司所需要的。对每位来应聘的员工，日产公司都要进行一项专门的"用餐速度"考试——招待应聘者一顿难以下咽的饭菜，一般主考官会"好心"地叮嘱应聘者慢慢吃，吃好后再到办公室接受面试，那些慢腾腾吃完饭者得到的都是离开通知单。

壳牌石油——开鸡尾酒会

壳牌公司组织应聘者参加一个鸡尾酒会，公司高级员工都来参加，酒会上由这些应聘者与公司员工自由交谈，酒会后，由公司高级员工根据自己的观察和判断，推荐合适的应聘者参加下一轮面试。那些现场表现抢眼、气度不凡、有组织能力者会得到下一轮面试机会。

美国电报电话公司——整理文件筐

先给应聘者一个文件筐，要求应聘者将所有杂乱无章的文件存放于文件筐中，规定在10分钟内完成，一般情况下不可能完成，公司只是借此观察员工是否具有应变处理能力，是否分得清轻重缓急，以及在办理具体事务时是否条理分明。那些临危不乱、作风干练者自然能获高分。

> **松下电器——70分以上我不要**
>
> 到松下应聘,该公司都要求应聘者据实给自己打分,那些给自己打70分以上者公司一般不予录用,该公司认为自认为优秀的人员,或者眼高手低,不服管教;或者跳槽率高。因为公司要的是"适当"的人才,70分就已足够。
>
> **摩托罗拉——拒答隐私方录用**
>
> 摩托罗拉公司会故意问应聘者几个难堪的问题,如:是否结婚?什么时候要小孩?你乐意性开放吗?以问题为个人隐私为由拒答者,公司持赞赏态度,他们认为这些应聘者不会因个人的眼前利益而屈服压力,有个性,重尊严,工作上就会少受诱惑,坚持原则,以公司利益为先。

2. 有效的员工培训与开发

企业要保持其市场竞争力,就必须不断地更新和提高自身的经营能力,而人员发展直接关系到经营能力的提高。人员发展有诸多的途径和相应的实施计划,培训是其中运用最为广泛的一个途径。美国培训与发展协会(ASTD)的标志性杂志《培训与发展》于2021年对全球777家跨国公司的一份调查结果显示,这些公司的培训支出在2020—2021年度增长了近12%,达到923亿美元。另外,培训员工工资支出飙升62%,达到687亿美元。而其他培训支出(即差旅、设施、设备)从去年的294亿美元降至155亿美元。

培训不仅是发展员工能力的一个有效途径,也是吸引、激励和留住人才的一个有效方法。由于许多外资公司采用将员工送往海外总公司进行培训或选派经理参加国内的MBA教育的做法,在提高人员能力和拓展他们视野的同时,无疑也加深了员工对公司内外部环境的了解和认识,从而起到获得员工认同、激励和留住关键人才的作用。根据翰威特公司的商会调研,约有81.0%的在沪外资公司为符合资格的员工提供海外培训。外资公司的人员发展计划主要包括培训、轮岗(包括派往海外工作)、专人指导以及培养经理候选人等。其中,培训是覆盖面最大、运用最为广泛的一种人员发展计划,其对象涉及公司中全部的管理人员及非管理人员,后几种计划一般只针对管理人员或绩效优秀、具有发展潜质的员工。

外资企业制定合理而有效的培训与发展计划,通常要经过以下4个步骤:

(1) 分析培训与发展需求。分析和确定培训与发展需求的主要方法如下:

① 管理层根据公司的经营策略确定公司的人员要求,由人力资源部门分析并确

定相应的人员培训与发展需求。

② 由经理或主管人员根据部门及个人的绩效考评结果来分析和确定部门及个人的培训与发展需求。

③ 由人力资源部对各部门员工进行培训与发展需求分析。

④ 由员工自己提出培训与发展需求,并得到部门经理或主管以及人力资源部的认可。

(2) 制定培训与发展计划。常见的培训与发展计划在内容上大致分为4种:

① 管理能力发展(如领导能力、绩效管理、项目管理等);

② 专业技能发展(如销售、财务管理、市场营销等);

③ 基本技能发展(如沟通、团队协作、解决问题、演讲等);

④ 一些基础性培训(如员工入职培训、公司文化和价值观教育)。

管理能力发展的主要对象是公司里的中高层管理人员以及具有发展潜力的员工;专业技能发展主要针对的是不同业务和职能部门中人员的专门发展需求;基本技能发展以及基础性培训的对象可以是公司中的所有人员。

(3) 实施培训计划。在培训开始之前进行充分的组织和准备是成功地实施培训计划的有力保障。

(4) 评估培训计划的有效性。外资企业在培训计划实施后通常从4个层面对计划的有效性进行评估。

① 第一层评估:员工对培训计划的反应。

② 第二层评估:员工是否通过培训学到培训所要传授的知识与技能。

③ 第三层评估:员工对所学内容的应用。

④ 第四层评估:经营结果。

3. 系统科学的全程绩效管理

系统科学的全程绩效管理是外资企业人力资源管理策略的一个显著特征。绩效管理经常被视为仅仅是每年年末的一次正式性绩效评估。然而,大部分外资企业有效的绩效管理系统包括的远不止这一内容,它是由4个相互独立的阶段组成的连续性程序。该程序的起始是正式目标的设定,中间是阶段性的跟踪,最后是一次正式的绩效评估。因此,年末的评估并非仅仅是着重于过去的成就如何,而且是为下一绩效管理周期设定目标的步骤。

外资企业的成功绩效管理的第一个步骤是:公司向员工传达公司的使命和愿景目标(公司往何处发展);战略(如何实现目标);价值观(原则和信条)。与此同时,公司需要确保员工对公司当年的首要任务有明确的了解。通常,大多数公司有自己的目标和战略,但员工们却并不一定知道其内容。在中国,有些公司不愿意向员工传达公司的目标和战略,因为他们担心员工们可能会将此信息传给公司的竞争对手。问题是,如果员工并不了解公司的经营目标,又如何能够让他们为实现这些目标做出贡献?因此,有效的绩效管理的首要步骤是公司必须设定经营目标,并将这些目标明确地传达给员工。

第二个步骤是将公司目标分解到员工身上,员工也必须将自己的个人目标与所传达的公司目标相联结。前两个步骤的成功取决于两者之间的联结关系。公司需要确保员工的努力与公司的目标和首要任务相吻合,还要确保员工的个人目标也能够得以实现,这一点是至关重要的。为此,要认真考虑以下涉及设定有效个人目标的普遍性问题:员工的个人目标是否与公司的目标相关?员工的首要任务是否与公司的首要任务相符?员工的目标是否可衡量和可跟踪?员工设定的目标须符合5项标准——具体、可衡量、可实现、有结果及有时限,这通常被称为"聪明目标"。

第三个步骤是通过反馈和指导来培养能力,即让员工知道如何去做,其目的是保证员工实现个人目标的正常进展,并且保证他们能够实现在第二步骤时设立的目标。根据威廉·罗思韦尔(William Rothwell)所做的一项调研"超越培训与发展:提高员工绩效的最新策略",缺乏反馈是导致绩效问题的最重要原因之一;相反,提供及时、有效的反馈则是解决绩效问题的最有效的方法之一。反馈和指导在绩效管理中起到双重作用。一方面,它能确保员工做的是正确的事情,并且为实现自己的年度目标而努力;另一方面,它能够培养和提高员工的能力和满意度。

第四个步骤是绩效评估,绩效评估的主要内容为:对照年初设立的目标来检查当年的绩效,确认所取得的成绩,确定有待改进的关键方面或重要的发展需求,以及制定下一年度的行动计划。

因此,外资企业的绩效管理是一个持续不断的循环程序,如果实施得当,它将有助于公司长期及短期的成功。

4. 激励性的员工薪酬福利计划

在外资企业中,虽然薪资并不是影响人才去留的首要因素,但良好的薪酬与福利计划在吸引、激励和留住人才方面所起的作用是十分显著的。外资企业的薪酬与福利计划大体上可分为5个部分:工资管理、短期奖励计划、长期奖励计划、福利计划和特殊待遇。

(1)工资管理主要是对现金形式的薪酬进行管理和发放,在绝大多数外资企业中,现金薪酬的主要构成为基本工资、固定奖金、浮动薪酬以及现金津贴。

在外资企业中,与确定员工基本工资有关的主要因素包括:设计一个同公司整体薪酬策略相一致并为薪资管理提供依据的薪酬结构;根据个人的业绩和成就、公司及部门的业绩、绩效评估的结果、个人在工资级别/带中所处的位置、个人胜任能力和技能水平、竞争性的市场或行业工资价位以及任职时间等因素确定合理的工资增长幅度;薪酬标准不仅要保持内部均衡,而且要同市场进行比较,保持企业薪酬标准的外部竞争性;由固定年奖和节假日奖金组成的固定奖金;包含住房津贴、伙食津贴、交通津贴、服装津贴及洗衣津贴等形式的现金津贴,许多公司还向员工发放一些特殊津贴,如结婚津贴、生育津贴、死亡津贴等。

（2）短期奖励计划是绩效评估周期短于 12 个月的各种奖励计划,主要包括:基于员工个人绩效的个人业绩计划;基于团队绩效的团队业绩计划;基于公司的整体利润,可能涉及公司大部分员工的现金利润分享计划;为有特殊贡献的个人或团队设立的特别表彰奖励;综合考评公司、团队和个人绩效的综合业绩计划。

（3）长期奖励计划指的是绩效评估周期长于 12 个月的各种奖励计划,主要包括:为改善员工住房条件的住房援助计划;与股票有关的奖励计划,如股票期权计划、股票增值权计划以及单个股票授予计划;针对那些市场流动率高且对公司具有重要价值的一些职位而设立的留任奖金计划;为员工设立的内部储蓄计划以及其他内部贷款等。

（4）福利计划包括法定福利计划以及补充福利计划,后者又包括补充医疗计划、补充保险福利、补充退休计划等。

（5）有些外资公司还对高级管理人员实行了特殊待遇,主要包括公司专车、俱乐部会籍以及子女教育补助等。

上面仅仅从制度上介绍了外资企业人力资源管理的薪酬福利计划,下面通过案例和数据资料的形式介绍整体外资企业员工的薪酬状况。

企业通用性职位一般有 50 个,包括市场、销售、财务、人事、行政、商购、计算机、系统、制造、质量、秘书、翻译等。根据大洋网[①]公布的对北京 30 多家外企薪酬调查结果表明,在华外资企业通用职位薪酬一般职员的月薪在 2 500 元—6 000 元,主管、主任、督导的月薪为 4 000 元—1 万元,经理的月薪为 5 500 元—1.5 万元,总监的月薪为 8 000 元—2.5 万元。

在外企雇员平均年薪方面,互联网企业为 1.3 万元—1.5 万元,快速消费品企业

---

① https://www.dayoo.com.

为7 000元—1.1万元,金融咨询企业为1万元—1.2万元。

在调薪制度上,83%的企业每年调薪一次,10%的企业每年调两次;在薪资增幅上,1997—1998年度增幅为11.4%左右,1998—1999年度增幅则下降为5.8%左右,2000—2001年度增幅达到10%,2001—2002年增长11.6%,2003年至今,平均年增幅保持在10%左右,其中高科技企业薪资增幅已连续多年排列第一。

在参与调查的企业中,82%的企业建立了中方账户,分别按员工工资的61%、59%、49%建立,服务项目分别为劳保福利、养老保险、医疗保险、教育费、住房公积金、工会费。另外,68%的企业为员工建立住房基金,38%的企业有健康保险,55%的企业有雇员娱乐,69%的企业有女职工生育费,56%的企业有交通补贴,32%的企业有食品补贴。

奖金方面,一般公司都实行年底双薪。70%以上的公司发放销售奖,其中32%的公司销售奖每年发放一次,9%的企业每年发放两次,50%的企业每月发放一次。

高科技行业的薪酬比传统行业至少高3倍,而且能提供其他行业无法比拟的健全的福利项目及丰富的培训机会。比如,在以房地产行业为代表的传统行业中,总监级员工的年薪约为20余万元,而在高科技行业中,总监级员工的年薪均超过70万元。

高科技公司不仅提供具有竞争力的薪酬,还为员工提供除工作餐、通讯、体检、法定住房公积金、补充住房公积金、法定养老保险、法定医疗保险、补充医疗费用、工伤保险、失业保险、人事服务费、俱乐部会员资格外的补充福利项目,如人寿保险、意外伤害保险等,以期吸引和留住更多的优秀员工为公司效力。这一点在外资背景的公司中表现得尤为明显。

高科技公司非常重视员工职业生涯的发展,为员工提供丰富的培训机会。在本次调查的公司中,有90%以上的公司为员工提供涉及专业技术、产品知识、语言等多方面的培训。这些公司每年将为每个员工支付超过其4个月月薪的培训费用。

四、中外合资企业人才战略的发展趋势——人才本地化策略[①]

1. 外资企业实行人才本地化策略的必要性

人才历来是国家和公司争抢的资源,因为推动现代社会发展的两个轮子——管理和科技都以人才为载体,必须落实到人才;企业间竞争的王牌武器是人才,而非硬

---

① 丁义.外资企业人才本地化问题研究[J].人力资源开发与管理,2002(3).

件,人才具有不可替代性,人才的个性化色彩又非常浓厚,特别是特殊人才,不具模仿性,而竞争中就是要看企业是否拥有独特的东西,因此,人才的竞争首当其冲。在竞争中,外资企业不受民族文化和国家疆界的限制,利用其分支机构所在地的人才,大力推动人才本地化,从而有效地降低成本,扩大市场,并获取高额利润。这样,人才本地化逐渐成为全球普遍的现象,也成为众多外资企业重要的人才战略。

从现实来看,不少美国跨国企业认识到只有中国雇员最了解中国国情,应该以完全信赖的态度让他们放手工作,美国在华投资企业的人事管理在一定程度上已经当地化,人事部门经理均为中国香港或内地雇员。例如,柯达公司在福州设有工厂,人员已经大部分实现本地化;国际商用机器中国有限公司总裁已由中国公民担任;中国惠普公司外方员工由占全体员工的20%降到4%以下;特斯拉中国区总裁也由中国人担任。

人才本地化的实质是跨文化管理,即外资企业在对东道国的分支机构实施管理时,既要保留从母国带来的先进的、优秀的管理模式,又要利用本地人才找出能够适应本地环境的新的管理模式,将本地的制约因素降到最低,从而获得经营的成功。外资企业在经营管理时,所面对的常是与母国文化根本不同的文化,以及由这种文化所决定的有着不同的价值观念、思维模式及行为方式的形形色色的人。在外资企业的经营中,可以毫不夸张地说,凡是外资企业大的经营失败,都是因为忽略了文化差异。因此,许多外资企业已经把人才本地化作为长期的人才策略。我们可以从文化差异需要及成本需要两个方面分析外资企业实施人才本地化的必要性。

(1) 文化差异需要。

文化差异对决策的影响一般有两种情况。

第一种情况是决策者依据自身文化特点对来自不同文化背景的信息做出价值判断。这在外资企业经营中发生的概率比较高。决策者自觉或不自觉地依据自身的价值标准与行为习惯做出判断,由于文化差异可能导致这种决策失误。日本丰田公司曾经迟迟不肯在中国投资生产汽车,由于日本文化中的多疑与稳健传统,使得丰田公司始终认为要等到中国投资环境全面改善后才能进行大规模的投资。但是,他们没有认识到中国的投资环境是在外商投资过程中逐步改善的。坐等投资环境改善的结果,是将良机拱手送人,德国大众成为领先者。

第二种情况是组织中不同民族文化背景的群体各持己见,存在差异,这些差异或导向冲突而致事业失败,或导向融合而致双赢。肯德基两度进军中国香港,先败后胜的案例值得参考。1973年,肯德基家乡鸡的第一家分店在香港开张,大摇大摆地闯入了香港市场。在一次记者招待会上,肯德基公司主席夸下海口,要在香港开设50—60家分店。然而,肯德基在香港并没有风光多久。1975年2月,首批进入香港的肯德基全部关门停业。其原因是,香港的肯德基由肯德基母国管理人员直接策划,由于他们对香港的风土人情不够了解,又没有启用香港当地的人才实施策划与管理,从而引发一系列经营与管理失误:在食品的口味上,为了适应香港人的口味,肯德基采用了本地产的土鸡,却仍采用美国的喂养方式,即用鱼肉饲养。这样,便破坏了中国鸡特有的口味,甚是令香港人失望;在广告用词上,家乡鸡的广告词"好味到舔手指",不能使香港居民产生美感;在服务模式上,家乡鸡采用了美国式服务,即外卖店方式,顾客驾车到店,买了食品回家吃,店内通常不设座位。香港情况不同,人们通常在买食物的地方进餐。家乡鸡不设座位的做法,等于遣走了一批潜在顾客。这样,家乡鸡虽然吸引了许多人前往,但是回头客就不多了。

八年后,肯德基卷土重来,在营销策略上进行了适当的改变。最重要的改变是放手将特许经营权交给香港太古集团的一家附属机构,利用香港本地的人才进行策划经营。由于香港本地人深知香港的文化传统,他们据此采取了一系列适应当地环境的经营对策,包括改变广告词、增设店内座位等,使香港迅速成为肯德基的一个大市场,分店数目占肯德基在世界各地总店数的 $1/10$ 强,成为与麦当劳、汉堡王和必胜客并立的香港四大快餐食品店之一。肯德基终于被接受了。

文化差异也会对人际关系产生影响。文化差异对人际交往的影响多以冲突的形式表现出来。不同的文化模式决定了不同的沟通方式。企业管理过程在某种意义上就是沟通的过程。无论是决策目标的贯彻,还是管理标准、管理程序的执行,没有恰当的信息沟通,组织就不可能形成有效的合力去实现组织的目标。在信息沟通中,如果沟通双方有不同的文化背景,往往会增加交往的障碍。对于分别来自个人主义价值观和集体主义文化取向背景的人来说,他们对待同一事物会存在截然不同的态度。不同文化背景的人际关系影响到企业管理方式的选择,如员工的尊重需求与参与意识等。人才本地化策略能在很大程度上克服这方面的不足,提高在东道国经营管理的效率。

(2) 经济成本需要。

跨国企业提高竞争力的一个重要措施是降低劳动力成本。这一点对劳动密集型产业或工序尤为明显,对技术密集型企业也有重要意义。一般而言,设计和销售活动设在市场附近,研究开发和大型工程放在能提供训练有素的科学家和工程师的地方,装配和组装应在廉价劳动力所在地。人才本地化的广泛流行,是企业追逐高额利润动机和目的驱动的结果,是在全球范围内最大限度地获取比较利益的目标所决定的。实行人才本地化所带来的成本效益是显而易见的,尤其表现在外籍人员和本地人力资源的价格反差方面。

人才本地化策略导致的成本降低给外资公司带来的效益十分明显。在通常情况下,一个派往国外的管理人员,必须由公司投入大量经费,进行较长时间的全面深入的有关东道国知识的培训。同时,外派人员离开熟悉的生活环境,到一个陌生的经济、技术相对落后的国度工作,公司必须支付一定的费用以补偿其心理成本及知识技术老化的成本,并补贴其往返于母国与派驻国之间的差旅费用。这与培养国内企业的管理人员相比较,极大地增加了管理成本。直接聘用公司所在地人员则免除了上述支出,而且可以充分利用东道国低工资的优点,以远远低于母国工资标准却明显高于东道国平均水准的工资,提高工资竞争力,从而吸引高素质的人才。

除了薪资福利的外在成本差异之外,还有企业的潜在成本差异。比如,关于企业生产经营的广泛信息,这种信息的形成不可能在短期内得到,即使花费大量成本也不易获得。信息形成的经济性及其对企业和雇员的意义,充分显示了企业内部劳动力市场的价值。

2. 外资企业实施人才本地化策略的可能性

经济合作与发展组织的研究报告指出,中国的劳动力成本优势主要取决于两个方面的因素:一是农村大量富余劳动力要向城市转移;二是由于中国地域广阔,当中国沿海地区、东部地区的劳动力成本提高以后,中部地区的低价劳动力就会很快补充过来,当中部地区的劳动力成本提高以后,西部地区的廉价劳动力也会很快补充过来。这样一个梯度转移的过程,使得中国可以向全球源源不断地提供相对廉价的劳动力。

中国的劳动力资源不仅成本低廉,而且质量也越来越高。中国每年培养的800多万名大学生中,200多万名是工科学生,也就是未来的工程技术人员,这为中国的劳动力保持高素质提供了智力保证。

第二节 中美合资企业的人力资源管理

一、主要内容概述

2022年,美国在华新设企业达860家,其中,埃克森美孚、霍尼韦尔、英威达等公司不断加大在华投资。据中国美国商会和上海美国商会2022年发布的《美国企业在中国》白皮书显示,中国仍然是美国企业的首选市场,83%的企业报告称没有将制造或采购转移出中国的打算。近三分之二的中国美国商会会员公司继续将中国列为首要市场,许多美国企业认为,要成为全球赢家,在中国市场保持竞争力至关重要。为了说明中外合资企业的管理之道尤其是人力资源管理策略,本节首先对比介绍IBM中国和微软中国的人才战略,然后介绍惠普中国的人员培训计划。

二、IBM与微软的案例研究

数年前出版了两本书,影响很大。一本是号称外资企业"打工女皇"的吴士宏写的自传《逆风飞飏——微软、IBM和我》(1999),另一本是紧随其后出版并与之观点对立的《追随智慧——中国人在微软》(凌志军著,2000)。这两本书的对立与比较,可以让我们稍稍领略到美国跨国企业在中国的管理实际特别是人力资源管理的具体情况。

吴士宏曾经长期担任IBM在中国的许多重要工作,也担任过微软中国区的总经理。她的体会和感受也许具有一定的代表性。她是如此评论IBM中国公司的:"IBM的商业机器是由复杂的管理、严密的程序、矩阵式的组织构成的,各功能部门之间的平衡、稳定、协调配合是最重要的,因此才会在人才培养方面花大价钱。IBM所经营的业务涵盖IT产业相关的所有方面,雇员规模将近30万,人力资源储备必须充足。IBM对优秀人才的定义也不一样,他不要求有能立即兑现的工作能力和经验,但是要有更广泛、更综合的潜力,或者说要有能被培养塑造成'IBM人'的素质"[①]。

与IBM相对照,吴士宏评论微软中国公司时说:"微软对人力资源的原则是:需要人时,立即到市场上去找最现成的,最短时间就能担当某个具体的工作;对人员培训的原则是5%,95%靠自学和在职'实习';公司业务成长而员工没有能'跟着成长'时,就会被淘汰"[②]。

从该书的字里行间可以看出,吴士宏的评论由于其个人的恩怨难免带有某种偏见,但也不能说一点没有根据。我们要做的是去除其道德伦理评价的因素,还原其与管理学特别是人力资源管理有关的种种机理与要素。下面从IBM和微软的人力资源体系来阐述这一机理。

1. IBM(中国)的人力资源管理案例

IBM公司的全球雇员已超过29.78万人,业务遍及160多个国家和地区。1992年正式成立IBM中国有限公司。

[①] 吴士宏.逆风飞飏——微软、IBM和我[M].北京:光明日报出版社,1999:106.
[②] 同上书,第11页.

IBM 的人力资源管理理念是：
- IBM 以员工为企业最重要的资产，"尊重个人"被公司奉为最高信条；
- 注重"尊重员工"，协助自重，适才适职，发挥潜能；以"人才培养，技术提升"为原则；
- 强调"杰出尽职的人才组成团体是成功之本"；
- 把每位员工实现自身人生价值的过程，凝聚为企业发展源源不绝的强大动力。

IBM 在中国的人力资源策略是实现人才本土化：
- 建立高绩效文化；
- 贯彻"致胜，执行，团队"的精神；
- 提高员工的专业技能。

人才本土化是 IBM 目前的政策和方向。1992 年 IBM 中国公司成立时不到 200 人，现在已增至 1 500 人，发展速度相当快。公司总裁来中国时反复强调："这是中国的公司，将来是要中国人经营的。"但这并不表示，今天说明天就可做到，关键是看每个人的能力。随着企业变迁，规模扩大，对每一个高层职位的要求也越高。只有个人成长速度比公司成长速度快，才能脱颖而出。1996 年 IBM 中国公司在本地一线经理人员不到 40 来个，一年以后已达到 80 个。他们有一个"领导课程"，主要讲述做主管需要具备的条件，测试个性是否适合做主管。公司给员工提供"双向前程"，即可根据自己的个性和兴趣选择管理路线或专业人员，薪资是与他的贡献成正比的，专业人员并不一定会比管理人员的薪资低。

IBM 公司在中国招聘人才注重的条件是：
- 符合公司的业务要求；
- 具备不断学习的意愿和能力；
- 具备应变能力；
- 拥有团队精神；
- 能够创新，积极向上，有雄心壮志；
- 业务要求是技术加经验。

首先，要考虑公司需要什么样的技术、能力的人，是要本科生还是硕士、博士。从一般的人力资源需要状态来看，IBM 主要考虑以下要点：① 要具备逻辑分析能力。要快速、经常地学习，要有持续学习的能力。因为高科技行业以前是十年一代产品，现在可能是几个月就一代，更新速度非常快。如果员工不能及时学习就会落伍，一旦落伍就会被淘汰。② 要有适应环境的应变能力。进入新环境就不能再按老习惯做事，必须具备适应、协调和沟通的能力，以适应职位的要求。③ 要注重团体精神。不论制造、销售还是服务，绝不是一个人单独完成的，需要每个人都有团队协作精神。

最后,无可厚非,要具有创新能力。

品德是任何聘雇的先决条件。他们要对一个应聘者的过去进行考察,看原单位的记录。品德这一关过不去,其他免谈。还要看应聘者的个人特质与技术能力。比如销售,看他是否具备销售人员需要的技能、知识。至于产品知识,公司会有完整课程训练他。

IBM 的招聘工作一年四季都在进行,对应聘者一律公平处理,不会因为是高级经理或其他有影响力的人推荐,就会把他安插进来。他们特别强调学校招聘,这是从更长远的人力资源角度考虑。现在还通过网络形式从全国及美国招聘人才。

IBM 将员工作为重要资产进行培训。IBM 对员工的信条中,以尊重个人为最高原则。一个人再能干,也不过有一双眼睛、一双手。个人的视野和能力是有限的,要让公司员工都充分发挥其潜力,做出更多贡献,获得更多酬劳,从而形成良性循环。

IBM 以员工为企业最重要的资产,注重"人才培养,技能提升"的原则,为员工准备好最完备的条件以及广大的空间来帮助他们实现自己的理想。培训不仅仅是技术能力方面,还有处事能力、人际关系训练及一些策略性训练。员工进公司前 3 个月,主要给予介绍公司的组织部门、管理思路、经营理念、企业文化等,对管理人员和营销人员的工作流程进行分析。以后就质量管理、谈判技巧等进行深入训练。在主管培训方面,帮助新主管重新了解公司,重新定位,并且 IBM 在新加坡设立了管理训练中心,新任主管在 3 个月内接受新主管训练。每年各部门主管进行 3—5 天训练,如网络组织管理培训和遥控组织管理培训。

对员工的培训本身就是投资,比如:投资 1 元,一两年后企业会拿 4.5 元。既然对员工提供了训练,就需要把他的潜力发挥出来。对员工,只要用对地方,就会事半功倍。所以,IBM 不光训练人,而且要会用人,更要懂得留人,留住他的心。提供舒适的工作环境,相当分量的薪资、良好的福利保障都是留住人才的基本措施。公司不完全靠高薪吸引人,而是同时让员工具有公平感、安全感和成就感,真正让员工觉得未来的梦在这里能够实现。IBM 有完善的福利项目,包括带薪假期、住房补助、进修资助、医疗及退休保障计划,IBM 还替员工建立了团体人寿保险、人身意外伤害保险等保险计划,还经常组织旅游、音乐会等休闲活动,使员工在轻松、温暖的大家庭氛围中身心俱佳,使每位员工都能潜心工作,不断创新。

IBM 在中国的薪资制度是[①]:

- 论功行赏制;

[①] 参见中国人力资源网等.

- 加薪非必然；
- 能者多劳多得；
- 个人承诺计划；
- 让员工的烦恼有机会表达。

IBM的薪金构成很复杂，但里面不会有学历工资和工龄工资，IBM员工的薪金跟员工的岗位、职务、工作表现和工作业绩有直接关系，工作时间长短和学历高低与薪金没有必然关系。在IBM，学历是一块很好的敲门砖，但绝不会是获得更好待遇的凭证。

在IBM，每一个员工工资的涨幅会有一个关键的参考指标，这就是个人业务承诺计划——PBC。只要你是IBM的员工，就会有个人业务承诺计划。制定承诺计划是一个互动的过程，你和你的直属经理共同商讨这个计划怎么做得切合实际，几经修改，你其实和老板立下了一个一年期的军令状，老板非常清楚你一年的工作及重点，你自己对一年的工作也非常明白，剩下的就是执行。到了年终，直属经理会在你的军令状上打分，直属经理当然也有个人业务承诺计划，上一层经理会给他打分，大家谁也不特殊，都按这个规则走。IBM的每一个经理掌握了一定范围的打分权力，他可以分配他领导的那个团队的工资增长额度，他有权力决定将额度如何分给这些人，具体到每一个人给多少。IBM在奖励优秀员工时，是在履行自己所称的高绩效文化。

IBM的个人业绩评估计划从3个方面来考察员工工作的情况。第一个方面是致胜。胜利是第一位的，首先你必须完成你在PBC里面制定的计划，无论过程多艰辛，到达目的地最重要。第二个方面是执行。执行是一个过程量，它反映了员工的素质，执行是非常重要的一个过程监控量。第三个方面是团队精神。在IBM，如果你只是埋头做事那是不行的，必须合作。IBM是非常成熟的矩阵结构管理模式，一件事会牵涉很多部门，有时候会从全球的同事那里获得帮助，所以，团队意识应该成为第一意识，工作中随时都要准备与人合作。

IBM的薪金是背靠背保密的，薪金没有上下限，工资涨幅也不定，没有降薪的情况。如果你觉得工资实在不能满足你的要求，那只有走人。

如果因为工资问题要辞职，IBM不会让你的烦恼没有表达的机会，人力资源部会非常惋惜地挽留你，而且跟你谈心。

IBM会调查员工的真实要求是什么：一是看他的薪金要求是否合理，是否有PBC执行不力的情况，如果是公司不合理，IBM会进行改善，公司对待优秀员工非常重视；二是看员工提出辞职是以增资为目的还是有别的原因，通过交谈和调查，IBM

会让每一个辞职者有一种好的心态离开 IBM。

为了使自己的薪资有竞争力,IBM 专门委托咨询公司对整个人力资源市场的待遇进行非常详细的了解,公司员工的工资涨幅会根据市场的情况有一个调整,使公司的工资有良好的竞争力。

IBM 的工资与福利项目如下:
- 基本月薪——是对员工基本价值、工作表现及贡献的认同;
- 综合补贴——对员工生活方面基本需要的现金支持;
- 春节奖金——农历新年之前发放,使员工过一个富足的春节;
- 休假津贴——为员工报销休假期间的费用;
- 浮动奖金——当公司完成既定的效益目标时发出,以鼓励员工的贡献;
- 销售奖金——销售及技术支持人员在完成销售任务后的奖励;
- 奖励计划——员工由于努力工作或有突出贡献时的奖励;
- 住房资助计划——公司提供一定的数额存入员工个人账户,以资助员工购房,使员工能在尽可能短的时间内用自己的能力解决住房问题;
- 医疗保险计划——员工医疗及年度体检的费用由公司解决;
- 退休金计划——积极参加社会养老统筹计划,为员工提供晚年生活保障;
- 其他保险——包括人寿保险、人身意外保险、出差意外保险等多种项目,关心员工每时每刻的安全;
- 休假制度——鼓励员工在工作之余充分休息,在法定假日之外,还有带薪年假、探亲假、婚假、丧假等;
- 员工俱乐部——公司为员工组织各种集体活动,以加强团队精神,提高士气,营造大家庭的气氛,包括各种文娱、体育活动、大型晚会、集体旅游等。

IBM 的双向沟通机制如下所示。

如果员工自我感觉非常良好,但次年初却没有在工资卡上看到自己应该得到的奖励,会有不止一条途径让员工提出个人看法,包括直接到人力资源部去查自己的奖励情况。IBM 的文化中特别强调双向沟通,不存在单向的命令和无处申述的情况。IBM 至少有 4 条制度化的通道给员工提供申述的机会:

第一条通道是与高层管理人员面谈(Executive Interview)。员工可以借助"与高层管理人员面谈"制度,与高层经理进行正式的谈话。这个高层经理的职位通常会比员工的直属经理的职位高,也可能是员工的经理的经理或是其他部门的管理人员。员工可以选择任何个人感兴趣的事情来讨论。这种面谈是保密的,由员工自由选择。面谈的内容可以包括员工对问题的倾向意见、员工所关心的问题,员工反映的这些情况公司将会直接交给有关的部门处理。所面谈的问题将会分类集中处理,不暴露面谈者身份。

第二条通道是员工意见调查(Employee Opinion Survey)。这条通道不仅直接面对员工的收入问题,而且它会定期开通。IBM 通过对员工进行征询,可以了解员工对公司管理阶层、福利待遇、工资待遇等方面有价值的意见,使之协助公司营造一个更加完美的工作环境。很少看到 IBM 经理态度恶劣的情况,恐怕跟这条通道关系密切。

第三条通道是直言不讳(Speak up)。在 IBM,一个普通员工的意见完全有可能送到总裁的信箱里。"Speak up"就是一条直通通道,可以使员工在毫不牵涉其直属经理的情况下获得高层领导对其关心的问题的答复。没有经过员工同意,"Speak up"的员工的身份只有一个人知道,那就是负责整个"Speak up"的协调员,所以,员工不必担心畅所欲言所带来的风险。

第四条通道是申诉(Open door),IBM 称其为"门户开放"政策。这是一个历史悠久的 IBM 民主制度,IBM 用 Open door 来尊重每一个员工的意见。员工如果有关于工作或公司方面的意见,应该首先与自己的直属经理恳谈。与自己的经理恳谈是解决问题的捷径,如果有解决不了的问题,或者员工认为其工资涨幅问题不便于和直属经理讨论,可以通过 Open door 向各事业单位主管、公司的人事经理、总经理或任何总部代表申述,员工的申述会得到上级的调查和执行。

2. 微软(中国)的人力资源管理案例

1993 年,微软开始挺进中国。1997 年 12 月 12 日,比尔·盖茨来到清华大学作学术报告,在飞回美国的班机上,盖茨下定决心,在中国设立一个世界级的研究院。随后,盖茨向中国派来特使李开复,其任务就是在北京建立一个世界级的研究院,发现中国的智慧,并将他们吸纳进微软中国研究院。盖茨凭直觉判断:14 亿中国人中,聪明人并不少。

1998 年,微软继剑桥研究院之后开设了中国研究院,其主要任务是发现中国的研究人才,并将这些智慧吸入微软研究院。

以下是《21 世纪经济报道》(简称《21 世纪》)对微软亚洲研究院前任院长李开复博士(任期:1998—2000)及继任院长张亚勤博士(任期:2000—2014)进行专访的内容,也许从中我们可以领略微软的人力资源管理文化[①]。

---

① 范君,侯继勇.微软中国研究院:资本帝国与中国智慧相结合[N].21 世纪经济报道,2003-6-15.

【案例参考】

微软(中国)的人力资源管理

《21世纪》：比尔·盖茨对亚洲研究院期望非常高，公司为此投了多少钱，你带了多少人来到中国？

李开复：做研究最重要的是人，投资居次。在中国做事情，总会有人问投了多少钱。但微软做研究的方式与做产品不同，不是拨一笔款，花完，再拨下一笔款，再花完。做研究主要看能够找到什么样的员工，这些员工有什么样的创意和想法，微软尽力珍视这些想法，实现这些员工的创意和想法。对于研究院的发展我们有一定的规划。当初的预期是每年增加20—30人，六年打造100人的团队，资金预算是8 000万美元。但实际上，研究院做到第四个年头，也就是2002年时，人数就已经超过了100人，现在更是达到150人，8 000万美元也应该花光了。

《21世纪》：让你筹备中国研究院时，盖茨有没有和你立下军令状，必须在几年内达到什么要求？

李开复：没有特殊的任务。但比尔曾经说过："微软中国研究院要做的事情就是要找到世界上最具创意、最聪明的人，给他们足够的空间，让他们做自己想做的事情，中国有世界1/5的人口，1/5的人里面一定有很多有创意的人。"微软最初创立中国研究院时，计划主要做在中国、在亚洲应用的研究；但研究开始，并一项一项成功之后，就再也没有这种特殊的地域限制了。2001年，来上海参加APEC会议的盖茨将中国研究院升级为微软亚洲研究院。2002年，成立仅四年的亚洲研究院超过微软剑桥研究院，成为微软全球第二大研究院。今天如果需要聪明的、有创意的又务实的人来做一个研究项目时，比尔第一个想到的就是亚洲研究院。

《21世纪》：微软在全世界有三个研究院，跟其他研究院相比，亚洲研究院有什么不一样的地方？

李开复：主要是文化不同。一个团队的文化在于其创始人。张亚勤、张宏江、沈向洋、我以及其他的创业员工有几个共同的特点：年轻，敢于突破，觉得没有什么不可能；务实，我们既在研究部门工作过，又在产品部门工作过，知道研究工作与产品的结合点，了解市场的需求；投入，我们很高兴我们的研究能这么快地体现到产品中去，这对于我们是很大的一个鼓舞。同时，微软下属各个研究院所从事的工作不存在太大的差别。微软的原则是以人为本，有什么样的人才给什么样的项目和经费。有些工作甚至是凭个人兴趣：某一个研究员对于某项工作特别有兴趣，有一个好的创意，就能得到一笔经费。当然，公司特别重视的项目除外，比如高信度的计算，由盖茨亲自往下推，全球研究院统一行动。

《21世纪》：近年来，很多优秀人才都来到了微软。以前是微软追随中国智慧，现在是中国智慧追随微软吗？

张亚勤：确实是这样，我们首先是花了很大的精力，做了很多工作，到中国各个高校里面去吸引这些智慧。随着我们工作的成功，我们就提供了一个环境，使得高智慧人才愿意过来。这是一个很自然的过程，没有谁在追谁的意思，这是两相情愿的结果。就像谈恋爱，一定是两个人共同的化学反应。

《21世纪》：微软亚洲研究院从中国的高校中招了很多学生，吸引他们来到微软亚洲院的原因是什么？

张亚勤：最重要的原因就是这些学生在我们这儿能够更快地获得成功。每个人拿到博士学位后，都有一条自身发展的曲线，也即是三年、五年之后自己能做什么、最想做什么。除此之外，公司也有一条发展的曲线，那就是三年、五年之后能发展到什么样的规模。个人发展的曲线一定要与公司发展的曲线相弥合。每个人来到研究院时，研究院就提供一个环境，以使这两条曲线互相弥合：个人做得越好，对公司的贡献就越大，就发展得越快，他自己的能力就发挥得越好。同时，在研究所做的工作能够影响到千千万万的人，能够以最快的速度体现到产品中去。如果一个人只想多发论文，在学校里面也能做到。但是在微软研究院，如果你有一个很好的创意，你又做了很好的研究，你不但可以发表论文，而且你的研究成果可以很快地转化到产品中去。放到Windows、Office里面，让亿万人使用。

《21世纪》：微软亚洲研究院在中国取得了成功，中国人的智慧在微软得到了发挥，但也有人认为微软亚洲研究院，甚至说你挖走了中国的人才，你怎么看这个问题？

李开复：正常的人才流动对于软件企业是一件很好的事情。而且，是必需的一件事。比如，在美国，硅谷就是这样，每人转换一次环境都可以学到更新的东西，正常的人才流动可以增加学习的机会。在微软亚洲研究院，不是没有人离开，也有人才流失。有些人得了博士、博士后之后继续回校教书，有些人到了别的公司，有些人到了美国。但我并不觉得这会对微软亚洲研究院造成多大的冲击，我觉得正常的人才流动对于整个生态系统是一件好事。有人觉得研究院在清华或是在其他高校招聘了1名教授、20个博士、40—50个硕士,就觉得我们挖走了这些高校的人才。但微软研究院同时回报给这所高校的可能是5—10个客座教授、10—20项研究计划、100多场讲座、新开1门课。这对于这所高校是一件正面还是一件负面的事情,高校比我们更清楚。我对此也有信心。至少微软亚洲研究院的收获与付出是相当的。

《21世纪》:微软在中国发现人才,吸纳自己需要的智慧,但微软在中国设立这个研究院,为中国的信息产业的发展带来些什么呢?

李开复:改变主要集中在教育和研究两方面。学校里刚毕业出来的学生能到微软亚洲研究院工作,做世界最好的研究,这无疑增加了他们今后从业的信心;同时,中国的研究机构和大学能够最早分享微软亚洲研究院做出来的成果,他们甚至比美国同行还要更早地看到研究成果。微软亚洲研究院很乐意向中国的高校和研究机构公开管理经验,这些独特的管理经验对于中国的研究机构有很大的帮助;我们在教学上与很多高校里的教授合作,给中国的大学提供了许多世界一流的用中文编写的课本。我们在实验研究方面会与学校、研究机构建立一些合作,比如建立联合实验室、投资一些科研项目、建立一些科学基金会,这些工作对于中国的基础研究有很大的帮助。

张亚勤:改变是一种互动的效果:有了这么多聪明人才,微软亚洲研究院才能以最快的速度获得最大的成功;同时,微软研究院的成功,也对中国整个IT产业起到许多正向的推动作用。比如,每年都有好几百中国学生来这儿访问,或是来这儿工作,一些人留下来了,更多的却回到了学校。他们把微软研究院的管理方法、企业文化、研究方法带回学校去传播了。

《21世纪》:微软亚洲研究院成果转化率那么高,是管理机制的原因还是微软亚洲研究院对研究成果转换的重视呢?

张亚勤:这两者都很重要,但我觉得更重要的是心态。来这儿工作的每一个人,都希望自己的研究成果能进入产品,能帮助人们的生活、工作和娱乐。他不仅要考虑如何发表论文,而且还得思考这一技术如何让人使用。有这样的想法,做学问就很有目标。我们一直强调做有用的研究,对于有用的研究,我们有四点定义:第一点是做一流的研究,要么不做,要做就要做世界上最好的研究;第二点是做主流的研究,或者是三五年之后能够变成主流的研究,而不能仅凭好奇心的驱使,特别是大项目,投那么多钱,建立那么大一个团队,一定要是看得见、摸得着的,一定是有希望的、代表学术界主流的研究;第三点是有用的研究,而且是五年、十年内有用的研究;第四点是最关键的,也是我们与其他公司最不相同的,那就是相关性,不仅有用,而且要对公司的发展有用。有很多公司,比如施乐 Palo Afto 研究中心,在过去一百年里,他们的许多创新技术对整个产业起到很大的推动作用,但施乐 Palo Afto 研究中心所做的这些研究成果很多并没有被公司采用,施乐公司当然也很少在其中受益。最后,这一研究中心也名存实亡了。这些研究成果没有被公司应用于产品有两方面原因:一是公司管理层缺乏远见,没有很好地把研究成果进行有效地转换,以至于错过了商机和发展一个新兴产业的大好机会;二是研究院管理层缺乏责任心,没有不遗余力地把研究院的成果向产品部门推荐。研究院作为公司的智囊,必须帮助公司制定其核心技术战略。在微软研究院,所有的人都以此为己任,通过各种渠道影响公司的决策层。我们经常与产品部门的人沟通,影响他们,促使他们考虑使用我们的研究成果,影响微软公司五年、十年之后的产品。

3. 考察与分析

通过具体考察 IBM 和微软的案例,我们可以发现,无论是 IBM 还是微软,它们的管理尤其是人力资源管理模式并无优劣之分,可以说都代表了跨国企业典型的管理理念、战略和做法。所不同的是,它们各自拥有不同的事业领域和核心竞争力,由此导致了人力资源管理战略和具体策略取向的差异。IBM 以经营 IT 硬件为主,企业的核心竞争力在于服务,市场营销人员是其最关键的人力资源。正如 IBM 第二代总裁小托马斯·沃森所说的那样:"计算机是一个高度专业化的市场,主要依赖的是销售和系统专业知识。"[①]微软则不同,它所从事的事业是计算机软件的开发,必须以技术取胜,也就是以智慧取胜。所谓追随智慧,其实说的是知识是微软的核心资本,知识型员工是微软的核心人力资源。在这里,知识能力是竞争的主要内容,而创新又是知识竞争的主要手段。在知识创新的过程中,学习或创新的速度成为衡量员工最重要的标准。于是在软件开发行业,流行着所谓的"35 岁退休"的观点。因此,微软实行"公司业务成长而员工没有能跟着成长时,就会被淘汰"的人力资源战略,也就不足为怪了。

IBM 公司的本地化是成功的。最重要的是它的文化、理念得到本地人才的认同。

---

① [美]小托马斯·沃森著.父与子:IBM 发家史[M].尹红等译.北京:新华出版社,1993:289.

其文化的核心是人本管理,注重人才的培训、学习,努力把IBM公司塑造成一个学习型组织,不断适应变化的环境。IBM努力把中国员工塑造成IBM人,把IBM文化灌输给中国员工。

IBM中国坚持人才本地化,使中国员工没有处于组织之外的感觉。这也使得中国员工能够融入IBM,成为IBM的一分子。良好的福利待遇并不是IBM公司吸引中国年轻人的最重要因素,而是良好的企业文化即人本管理。IBM中国的员工在公司内部可以看到自己的职业生涯不会因为种族、文化的不同而受到影响,这却是很多在外企工作的中国员工最大的担忧,因此,公司不能只靠高薪吸引人,而应同时让员工具有公平感、安全感和成就感,真正让他觉得未来的梦在这里能够实现。否则,无论怎样的福利、高薪都不能吸引留住本地人才。IBM中国给中国员工提供良好的平台,每个员工都以IBM为荣,同时又给予良好的薪酬福利培训使员工充分发挥自己的才能为公司作贡献。

特别通道对企业意义重大。IBM的四条特别通道可谓纵横交叉,密而不漏,直达员工,大有与员工肝胆相照的坦诚。组织严密、运行高效的企业,也总有层次复杂、偶有漏洞、对员工关心不周的时候。而且,企业管理越规范,组织就越庞大,越容易形成官僚之气,不利于员工反映情况。现代企业讲究人性化管理,员工的情绪与企业的效率息息相关,对员工的关心仅仅靠金钱是不够的,必须了解员工的真实想法,才能管理好员工,激发员工的工作热情。所以,无处不在、畅通无阻、安全有效的对话通道是员工贴近企业的最佳通道。特别通道将企业制度界面人性化,给员工一种心理上的安全感和随和感,人在放松的情况下才有活跃的思维,特别通道从形式上消解了企业无法避免的层级关系和信息不对称的弊端,让信息除了由高层往低层流动,还可以从低层向高层流动。互联网的最大特色是信息传播平民化,现代企业无法逃离技术带来的信息新流向。所以,开通企业上下级的特别通道,是未来企业在组织模式中极具活力和极其重要的部分。

曾经有人撰文批评中国企业缺乏对员工的关心、大量人才流向外企的事实时悲叹道:哪怕企业给员工一点点温柔就够,可是事实总是哪怕一点点温柔都是奢求。和员工建立直接通道在IBM作为一种双向的文化影响着IBM的每一个人。任何一种制度的实施,在很大程度上依赖员工对这项制度的价值的真正理解和接受。如果一项制度将员工推到不可信任和需要教诲的对立面,真正的沟通是无法形成的,只会形成相互的不信任。失去信任感的企业很难将一种很好的管理制度执行下去。好的沟通渠道,能够形成通达的企业氛围,人和企业制度达到互动,就会激发员工开动脑筋,改进工作,形成健康活泼的企业文化,这将从根本上保留一个企业的价值。这就是IBM当初为什么吞并Lotus后仍保持其独立性的主要原因。重视企业文化的建设,相当于给企业做保健操。

公司不同,文化也不同。不管企业文化是软性的还是硬性的,这都不是最重要的,重要的在于员工是否相信企业的价值观,重要的是企业文化能否凝聚员工的向心力。

国内企业在这一点上与国外企业的差距很大,尤其是与跨国大企业如IBM等比较时更是如此。IBM是一家百年企业,它的塑造历经百年,独特的企业文化和人力资源管理制度方法,尤其是本案例中的薪酬管理方面非常值得国内企业学习。

企业的薪酬管理是极为重要的。这涉及价值分配问题,与激励相结合,价值分配得好,可以激发员工极大的积极性从而创造更大的价值。在当今社会,随着员工文化程度的提高,金钱已经不是最好的激励因素。员工有更为重要的需求,如尊重、缓解压力的需要等。这就是说,在职业培训中,沟通成为新的激励因素。因此,在价值分配当中应注重教育、培训机会的分配,甚至沟通也成为一种有效的激励手段。

薪酬应首先与员工的努力相匹配,这既是绩效考核系统的延伸,也是人力资源管理的核心问题,IBM公司在这一点上做得非常出色。业绩评估有多种,这是一种全面考核制度体系,从计划到执行再到团队,尤其是不光强调结果还强调过程管理,这一点是非常值得国内企业学习的,国内企业往往只注重绩效而不重视达到目标的过程管理。

另外,IBM公司非常重视员工的自我发展、自我激励,从而构造一种企业文化,在这种企业文化中每个人都有自己的职业生涯规划以及自己的计划、任务。这一切都使得激励变成一种自我激励。公司不必强迫员工工作以达到企业目标,员工会自愿为企业努力工作。IBM的企业文化不是一朝一夕建成的,而是历经长期的打造、锻炼而成的。优秀的文化是一个企业人力资源管理的最高境界。因此,欲建立中国的跨国公司,必须塑造我们自己的优秀的企业文化。只有塑造自己的文化,才能真正使员工有向心力以及对企业忠诚,中国企业才能真正做大做强。IBM的企业文化融化在每个员工的行为方式及举止言谈中,这种文化把每个员工塑造成真正的IBM人,这才是其他企业最难以学习和模仿之处。

在华投资的跨国公司人才的本地化是投资成功的必由之路,投资的本地化必然带来人才的本地化。因此,应该看到IBM明确的人才本地化策略对于本地人才有极大的吸引力。跨国公司如果仍然抱着仅仅雇佣母国人才的想法,认为本地员工永远是一个打工仔,本地员工就不会认同组织的文化,公司也就难以得到发展。

【案例参考】

惠普中国的人力资源培训[①]

惠普是1939年由美国两位年轻的发明家比尔·休利特和戴维·帕卡德创建的。目前，惠普在全球IT产业拥有重要的地位，其资金、技术、信息、服务和解决方案均在同行业中处于领先地位。

1985年，中国惠普有限公司成立，这是中国第一家高科技技术合资企业，现已成立了8家分公司、27家支持服务办事处、9家独资和合资企业以及30个支持服务中心。为了使这些子公司和部门成功地运作，就必须尽快实现它的本地化运作，这就使培训公司内部的中国员工的问题突现出来了。

为此，惠普在1985年成立了中国惠普培训事业部，迄今已有37年的发展历史，是惠普全球教育及培训体系中的重要组成部分，致力于向中国用户提供组织良好、高质量、高水平的培训服务，帮助企业培养优秀的管理及技术人才。中国惠普教育培训部总经理郭崇华说："我们有一个全球化的策略，所以，惠普在全球的培训有着相同的行为标准，惠普公司的人无论来自美国、马来西亚或别的国家，都带有明显的'惠普烙印'。"原来，惠普早已形成一套有效的培训制度（包括专业、技术、市场、管理等诸多方面，分为公共基础、员工及经理的初、高级课程）和鼓励创新的人才机制。重视对员工的培训和发展这一方针，在中国惠普也得到了切实的贯彻。公司组建十年来，随着公司业务量的不断增加，员工队伍日益壮大，中国惠普的培训工作也愈显突出。中国惠普有限公司的三大目标之首就是"培养一流国际人才"，其他两个目标是"提供全面创新服务"和"与中国共同成长"。

初到惠普，首先是新员工培训，这将帮助一个人很快熟悉并适应新环境。这个培训的目的有三个：第一，了解公司的文化；第二，确立自己的目标；第三，清楚业绩考核办法。这为员工设计自己的职业生涯打下了良好的基础。

接着，员工要和自己的老板一起确定目标，他（她）会拿到一张单子，上面清楚地写着何时参加什么样的培训。员工自己也可以提出一些自己的需求，对那张单子作一些相应的调整。以后，人事部门就依据调整后的单子不断地安排课程。在这一阶段，课程主要是与工作紧密相关的技术类培训，如编程、系统管理等。

---

① 参考资料：人力资源开发与管理[EB/OL].惠普中国教育培训网，2002-12.

几年之后，员工通过公司内部招聘可能会成为一线经理，加入公司内部管理工作中来。新工作有了新目标，当然员工自己对培训课程也会有新需求，根据这个目标，考虑他（她）的需求，公司部门领导结合自己的经验又会给他（她）做一份新的培训计划。与人事部门协调之后，确立每门课的内容和进度，这份计划开始实施。这个阶段的课程主要包括沟通、谈判以及基本的管理培训。

"为了帮助年轻的经理人员成长，我们有一个系统的培训方案——向日葵计划（Sunflower Program）。"郭崇华说，"这是一个超常规发展的计划，帮助较高层的经理人员从全局把握职位要求，改善工作方式。"

员工在第三阶段培训中主要是参加一些管理类的课程，另外，惠普还会不定期地从北美、欧洲及亚洲等地请来多位专家，为经理人进行培训。此外，经理人在某些时候会收到一些图表，上面写明了客户和同事是如何看待他（她）的。

培训过程是由"硬的"到"软的"，提供的培训课程从技术业务知识到沟通技巧再到文化、思维，是一个不断深化的过程。这体现了惠普在培养人方面的一种哲理——在需要的时候提供必要的培训。在惠普所学的课都是公司花钱提供的，有些在国内上，也有在新加坡、美国进行的，课程的形式多种多样。

员工进入惠普，一般要经历四个自我成长的阶段：第一个阶段是自我约束阶段，不做不该做的事，强化职业道德；第二个阶段是进入自我管理阶段，做好应该做的事——本职工作，加强专业技能；第三个阶段是自我激励阶段，不仅做好自己的工作，而且要思考如何为团队做出更大的贡献，思考的立足点需要从自己转移到整个团队；第四个阶段是自我学习阶段，学海无涯，随时随地都能找到学习的机会。

中国惠普培训事业部下属的惠普商学院及惠普IT管理学院是惠普培训最具特色的两大学府，它们的独特之处在于4个方面。第一，百分百的惠普特色。讲师全部是中国惠普公司的高层经理，从总裁孙振耀先生开始，包括几位副总裁及大批高层经理都是"授权讲师"。这些经理均在惠普任职多年，在授课过程中，他们将这些宝贵的经验与学员进行交流，使学员获得了传统高校商学院鲜有的"第一手"资料，因此深受学员的欢迎。第二，注重课程的实战性。它的课程全部是惠普公司管理经验与教训的总结和提炼，有极强的可操作性，学员能够在培训后很快地将所学内容运用到自己的实际工作中，真正起到通过培训改进工作方法、提高管理质量的作用。第三，生动的教学方式，确保了良好的授课效果。案例教学、小组讨论、角色扮演等，正是通过这些多样化的教学方法，学员们在掌握实战经验的同时彼此也成为朋友，这可以算是一种意外收获。第四，让员工快速成长。就拿惠普IT管理学院来说，虽然它成立仅有半年时间，但是已经为400人次提供了培训服务。这意味着，每周都有近20位企业高层IT管理者坐在IT管理学院的教室里聆听惠普的IT管理专家授课。这也代表着惠普在加强IT管理培训，传播惠普企业文化。一位参加过培训的惠普合作伙伴说，对于像他这样的正在成长期的ISV，惠普的课程有很强的指导性，尤其是项目管理和CMM培训。在获得学员赞誉的同时，惠普的培训也为整个市场销售起到潜移默化的作用。另外，据透露，在年底，伴随着中国制造业的大发展，惠普还将推出一个惠普工学院，主要面向制造业行业的高层管理者。

显然，那些受过良好培训的员工对惠普中国公司的竞争对手来说很具吸引力，他们只要提供更高的薪水就可以诱使在惠普受过培训的员工"跳槽"。如果受过培训的人员被成功地"挖走"，这样从惠普培训中受益的是它的竞争对手。因此，惠普旨在提高自身员工能力水平的相关培训的后果可能是公司成本的增加。对此，惠普的一位培训经理说："我仍然干，这是坚定不移的，因为培训本身能使员工素质不断提高，使员工的无形价值不断升值。一些人走掉以后没什么关系，但绝大多数人还不是这样。"

在有些合资企业中，培训在所在国人员看来是跨国公司对外国员工的工作激励。这样，向所在国成员提供培训可能有利于留住那些有能力的所在国人员，从而弥补了跨国公司所投入的培训成本。虽然有些人在接受了惠普培训之后，会"跳槽"到其他企业，但大多数还是会留下来为惠普服务，作贡献，而惠普从这些员工中的收益无疑是巨大的。1989—1996年，中国惠普的培训费用总额为870万美元，惠普中国投资有限公司表示将继续遵循这一原则，在中国招揽英才，培养出更优秀的人才。

随着中国改革开放政策的不断推进和经济全球化的影响，许多世界著名的跨国公司纷纷来华投资建厂，然而，很多跨国公司有这样的误区，即"我有一班人马来管理，因此对方管理人员的素质不重要"，它们真正来到中国以后才发现中方管理人员素质差距较大，从而在信息等方面产生误导和干扰，致使许多跨国公司不得不退出中国市场。惠普中国投资有限公司在中国却扎下了根，"茁壮成长"起来了。所以，那些曾经在中国市场上"失败"过的跨国公司应该积极地向惠普学习，真正走向本地化发展的道路，不断增强其国际竞争力。

【案例参考】

福耀玻璃美国工厂的人力资源管理实践

随着全球化发展和中国经济的崛起,中国企业在实现"引进来"的同时,也在一步步地"走出去"。福耀集团于2014年在美国俄亥俄州代顿市投资修建玻璃工厂,迈出了"走出去"战略的第一步。在美国建厂的过程中,遇到许多人力资源管理问题和挑战,包括薪酬、工作保障以及劳动关系等方面的问题。那么,福耀玻璃美国工厂是如何化解矛盾、克服危机的呢?从国际人力资源管理的视角出发,又应该如何看待他们的实践?在全球化经营的过程中,中国企业需要什么样的管理方式革新,进行人力资源管理模式的转型,以便与全球化管理的相关要求相适应呢?

一、企业背景介绍

福耀集团1987年成立于中国福州,创始人为福建商人曹德旺,是一家专注于汽车安全玻璃的大型跨国集团,于1993年在上海证券交易所主板上市,2015年在香港交易所上市。经过三十余年的发展,福耀集团已经在中国16个省市以及美国、俄罗斯、德国、日本、韩国等11个国家和地区建立了现代化的生产基地、研发以及商务机构,全球雇员约2.7万人。迄今,福耀集团已经成长为中国第一、全球规模最大的汽车玻璃供应商,改变了世界汽车玻璃行业的格局。

2016年,福耀走进美国,在美国俄亥俄州的代顿市创建了一家大规模的福耀玻璃制造子工厂。代顿市曾经是美国的工业重镇,在辉煌时代云集了好几家美国大型的汽车工厂,通用汽车公司就是其中的代表。然而,随着本土制造业从20世纪80年代开始衰退,当地的汽车厂陆续倒闭。2008年12月,通用汽车公司关闭了代顿市的最后一个工厂,数千人因此失业,原厂址也沦为"铁锈地带"。

曹德旺的出现为通用和代顿带来了转机。2008年12月,在美国考察了几个城市后,曹德旺看重了位于代顿市莫瑞恩区的通用汽车旧厂房。几经谈判,最终曹德旺以1 500万美元(约为1亿元人民币)买下了占地18万平方米的厂房,并准备将这座已经废弃多年的厂房改造成福耀玻璃在美国的第一家工厂。2016年10月,福耀玻璃美国工厂正式竣工投产,成为全球最大的汽车玻璃单体工厂。

福耀公司显然是当地的一家明星企业。几乎遇见的每一个当地人都有个朋友或者亲戚在福耀工作或者工作过。福耀已经在莫瑞恩雇佣了2 000名美国员工,超出和莫瑞恩区以及俄亥俄州政府当时约定的1 500名。据福耀董事长曹德旺向美国当地媒体透露,福耀仍将继续雇佣当地员工至3 000人。这对于人口只有6 000余人的莫瑞恩区来说,显然是一个巨大的就业来源。

然而,全球化的经营必然需要管理方式的革新,而人力资源管理作为企业管理的重要组成部分,必然要随着全球化经营的开展而不断转型,使之适应全球化管理的相关要求。促成人力资源管理国际化的直接原因,就在于国际直接投资的迅速增长以及经济全球化的趋势。过去四十年间,国际直接投资的增长是世界经济的主要潮流,经济全球化使企业的经营规模扩大到国际范围,同时也使国际人力资源管理成为1980年代以来人力资源管理的重要创新领域。

福耀美国工厂的发展过程中,面临一系列国际人力资源管理的挑战。除了最广为人知的工会问题外,还面对着横向的员工与员工之间、纵向的主管与一线工人之间的矛盾和冲突。此外,福耀玻璃厂也面临着许多员工薪酬、福利和工作保障方面的问题。

依据2016年由美国著名导演史蒂文·博格纳尔和朱莉娅·赖克特夫妇历经4年对福耀玻璃厂进行拍摄完成的纪录片《美国工厂》,我们可以看到福耀玻璃厂在美国经历的一些真实情况。该片开拍之初,福耀董事长曹德旺就表示:"我做什么你看到了都可以拍,你拍到可以拿去播"。因此,尽最大可能地减少了人为的偏好和干扰。该片曾获得美国奥斯卡金像奖最佳纪录长片奖项,内容翔实准确,得到业内最高标准的承认。

福耀玻璃美国工厂是中国第一个严格意义上"走出去"在美国建厂的工厂,在其发展的过程中体现了众多国际人力资源管理需要解决的矛盾,具有特别的意义和重要性。

二、面对的问题及解决措施

1. 薪酬和激励问题

福耀玻璃给美国工厂的工人开出的薪酬是十分具有竞争力的。福耀给工人的时薪比当地平均工资的13美元还要多出3美元。中外员工的工资体系也不一样。美国员工按小时领工资,中国员工仍然拿着在中国每月几千元人民币的工资,外加每天50美金的餐食补助,整体比美国员工的薪资水平偏低。

但是美国员工相对的高薪显然与其工作能力不匹配。中国员工又聪明又勤快,学得快做得快,有些美国员工却学得很慢,无法达到工作要求,有的员工不能顺利地完成自己的工作。但中国员工干活又多又快,通常外国工人无法完成的工作,中国员工会在周末加班补回来,换句话说,中国员工就是来收拾烂摊子的。为此,福耀工厂设置了5点考核评分体系,主管会根据工作质量和效率来评分。但对于无法完成工作任务的美国员工,福耀的管理者也会睁一只眼闭一只眼,并不想因此引起劳资矛盾或者解雇员工。据一位受访者说,美国员工和中国员工的工作节奏完全不一样。中国工人喜欢一鼓作气地把工作做完,而美国人工作节奏比较松散,经常在工作的时间内想办法偷懒,如聊天、喝下午茶、玩手机、打电话等。但福耀工厂一般不会立刻开人,除非被开除的员工是因为旷工太严重,根本不来上班。

由上面的资料可以看出,福耀工厂在薪酬与激励方面面临的问题主要有:(1)美国员工的生产质量和培训效果不符合工厂的预期;(2)部分员工对于现行薪酬政策不满;(3)美国员工工作动机不足,工作效率达不到中国员工和工厂的要求。

2. 员工工作保障问题

在员工的工作保障问题上,福耀工厂也面临激烈的观念冲击。2016年曹德旺刚刚开始在美国建厂之时,美国工人在生产方面出现了许多问题,具体体现在美国工人干活的速度太慢,过很长时间才能生产一块玻璃,而且这块玻璃往往极其容易炸裂,达不到品控的要求。为了提高工人的生产质量和效率,福耀挑选了几位美国高管去中国培训,亲眼看见了中国工人的工作环境:工人不带安全防护镜,捡玻璃的手套不是防割手套,在没有任何劳动保护的情况下,直接就用手去捡玻璃。

美国高管回国之后将这套管理方式运用在美国工厂之中,结果却引起美国工人对于工作保障问题的集体质疑和强烈反感。美国工人不理解为什么工厂能够要求他们加班,还要让他们冒着生命危险干活;有工人指出,自己在通用工作的15年时间里,从来没有受过工伤,然而来到福耀之初,就遭受了工伤;更有工人以此指出福耀工厂的血汗工厂属性。到刚投入生产不到一年的2016年时,福耀就有11位工人向美国职业安全与卫生管理局发起投诉,指责福耀未能保持工厂内工人的安全生产。除了有毒气体泄漏,管理层不提供手套导致多人在生产过程中手被割伤。此外,还有多家美国媒体报道称,福耀因为生产环境的安全问题以及管理漏洞遭到前员工起诉,尽管曹德旺在最近一次接受媒体采访时称,这些媒体的报道"不实",而且指责对方并没有来工厂采访过自己的高管。

工作保障问题是一个值得重视的问题。这是因为,相比于其他面向脑力劳动者为主的跨国企业,如微软、亚马逊、摩根斯坦利等,以玻璃厂、钢铁厂为代表的制造业,工人们随时面对的是高温高压的危险环境,安全问题自然成为员工最为关心的问题之一。在这个关键的问题上,福耀工厂方的举措有所缺失,这是因为中国工厂对可能的工作风险容忍度很大,而且中国素来有不要命的"铁人精神",然而这种精神在以美国为代表的重视人权的西方社会并不被提倡。这样的文化差异导致美国工人对福耀工厂的安全保障产生巨大的质疑和不满。其实,福耀工厂也在逐渐通过自我改进。例如,莫瑞恩市政府相关负责人曾评论到,"这是个巨大的上亿美元的投资项目,涉及上千名外籍员工,福耀需要时间去学习和克服文化差异的问题","比如工厂里的安全标识,包括紧急情况下工人如何离开?如果有设备损坏了,用什么程序去维修?而不是直接跳进来维修。这些在美国都是有完备的国家标准和流程的。与中国不同,这些都需要学习的过程"。"福耀非常善于学习,当被告知这个安全标准需要如何执行的时候,他们就很快做出了调整。"

国际人力资源管理必须严格执行当地的法律法规。在工作保障方面,福耀还需要注意,一切的措施都应该按照当地的法律法规进行,绝对不能有违反当地法律的现象出现。

3. 员工关系问题及解决方法

在福耀玻璃美国工厂中,美国员工和企业之间的冲突围绕在要不要建工会这个问题上。美国有自己的工会制度传统,每个工厂原则上都需要成立自己的工会。诞生于19世纪的美国工会体系以保卫成员福利为主旨,从美国劳工联合会——产业工会联合会和从这一组织分裂出来的改革胜利联合会为首,就成员的工资、福利和劳动环境进行集体谈判。成员缴纳固定会费即可入会。经过接近100年时间的发展,较大的工会甚至可以在国家和联邦层面支持候选人。此外,美国高等教育机构中甚至开设专门研究工会的课程和学科,如康奈尔大学,罗格斯大学等名校。

在福耀工厂的发展过程中,最大的工会对手是UAW。UAW(United Automobile Workers)的全称是全美汽车工人联合会,成立于1935年。在成立之初由当时的实际领导人沃尔特·鲁瑟与通用、福特、克莱斯勒三大汽车公司进行罢工开战,要求这些公司签订提高薪资福利的合同条款,确立了其对于美国汽车行业绝对的影响力。UAW诞生时,正值汽车工业的上升期,为加大生产,工人福利得不到保障,有不少汽车工人因为生产事故而丧生。随后而来的几次斗争,让不少工人意识到只有组成工会斗争才能获得权利的保障。

在福耀工厂在代顿市建立之前，UAW确实为原通用汽车的员工做出了一些贡献，以UAW为代表的美国工会组织会为了自己的会员全力攫取利益。具体而言，2007年，UAW工会成员的平均工资为28美元/小时，这个数目和非UAW的公司差距不大，但是在福利方面，差距非常惊人。GM公司平均为每位员工的福利支出为每小时73美元，相比之下，没有工会存在的丰田公司只有48美元/小时。如果计算通用、福特、克莱斯勒三大汽车公司的平均支出，则比其他公司高出30美元/小时。

从表面上看，工会代表着较为弱势的工人群体的权益，将工人有效地组织起来与资本家抗衡和博弈以争取利益，似乎是一个百利而无一害的组织形式。然而事实上，包括通用汽车在内的许多美国工厂的破产很大一部分原因就是来自工会。当经济运行平稳的时候，一切都还能维持表面上的和平，但是当危急来临时，往往工会和企业就会面临同归于尽的情况。其中最典型的例子发生在2008年的经济危机之时。在当时最坏的情况下，通用和克莱斯勒几乎申请破产，只是最后因为美国政府的财政支持了通用，欧盟允许菲亚特收购克莱斯勒才避免了两家公司的直接破产。如果关闭三大汽车公司，将导致24万名产业工人失业，98万名和汽车产业有关的工人失去工作，连带的工作损失将高达300万人。对于一般的工人来说，一年内将会失去1510亿美元的收入，地方政府也将在3年内损失1560亿美元的税收。美国的GDP将下降0.2%，而且是在不计算失业的情况下。代顿市其实就是一个较为典型的受害城市，在通用汽车工厂关闭后，当地大批工人失业，成为铁锈城市中的一员。汽车行业因为其高度工业化的生产方式，衍生出来的工种多、劳动重复率大且强度高，但在经历过三年困难时期、依靠纯制造业从福建走向世界的曹德旺看来，美国工会除了保障效率低的员工不被解雇，没有什么别的作用。也正是由于以董事长曹德旺为首的福耀工厂中方高管意识到工会的存在可能会给工厂发展带来的隐患，建厂伊始，中方就明确表示反对建立工会。

在没有工会的情况下，为了安抚工人的情绪，福耀工厂方在成本允许的范围内为工人提供切实的福利措施。此前，正是由于工会拖垮了之前的通用，因此曹德旺才决心不在福耀美国工厂内部采用工会形式。这本来是符合长远战略目标的，但是引起美国工人强烈的不满。这并不意味着没有解决的办法。事实上，福耀内部也在积极考虑解决问题的办法。自从2020年1月7日开始，福耀开始为员工提供免费午餐，这项举措受到大量员工的欢迎和认可。

思考题：

收看《美国工厂》这部纪实作品，对照整个事件的全貌，从双方利益冲突和对抗的劳资关系视角，思考两种文化的碰撞以及这些现象背后的深层逻辑，例如，曹德旺为什么坚决不允许设立工会？为什么中国工人宁愿冒着巨大的工伤风险从事不安全的操作？福耀为何要在美国投资建厂？应该如何进行国际人力资源管理？等等。

参考文献：

[1] Dickmann, M. (2003). Implementing German HRM abroad: desired, feasible, successful?[J]. International Journal of Human Resource Management, 14(2), 265–283.

[2] Edwards, T., & Kuruvilla, S. (2005). International HRM: national business systems, organizational politics and the international division of labour in MNCs[J]. The International Journal of Human Resource Management, 16(1), 1–21.

[3] Farndale, E., Raghuram, S., Gully, S., Liu, X., Phillips, J. M., & Vidović, M. (2017). A vision of international HRM research[J]. The International Journal of Human Resource Management, 28(12), 1625–1639.

[4] Ferner, A., Tregaskis, O., Edwards, P., Edwards, T., Marginson, P., Adam, D., & Meyer, M. (2011). HRM structures and subsidiary discretion in foreign multinationals in the UK[J]. The International Journal of Human Resource Management, 22(03), 483–509.

[5] Kamoche, K. (1997). Knowledge creation and learning in international HRM[J]. International Journal of Human Resource Management, 8(2), 213–225.

[6] 房宏君.基于SSCI的国际人力资源管理研究文献分析[J].科技进步与对策,2012,29(14):145-149.

[7] 林新奇.国际人力资源管理(第3版)[M].上海：复旦大学出版社,2017.

[8] 徐珊.跨国企业国际人力资源管理文献综述[J].现代商业,2020(20):63-65.

[9] 张明.国际人力资源管理的差异性及其战略[J].管理科学,2013(2):102-105.

[10] 张庆红.国际人力资源管理的研究现状、现实驱动与关键问题分析[J].

管理科学,2016(4):120-125.

[11] 赵曙明,高素英,耿春杰.战略国际人力资源管理与企业绩效关系研究:基于在华跨国企业的经验证据[J].南开管理评论,2011(1):28-35.

（资料来源：综合热点新闻网络资料整理而成，林新奇教授《国际人力资源管理》研究生课程班硕士生赵泽珺同学做出了贡献。）

第三节　中日合资企业的人力资源管理

一、主要内容概述

第二次世界大战后，尤其是1955年以后，日本经济持续高速增长：1955—1978年，年均经济增长率高达10%～20%；1979—1986年，年均经济增长率仍保持在4%～9%；1950—1990年，平均每人所得从1 230美元增至23 790美元（以1990年价格计算），年均增长率达7.7%，远高于美国同期的1.9%。在40年时间内，日本国民生产总值相继超过法国、英国、德国，跃居世界第二位，成为仅次于美国的第二经济大国。1990年代以来，已进入成熟期的日本经济，面临着新的挑战和历史性的转折，遇到了一些困难，但1991年的经济增长率仍为4.5%，而同期美国为负0.7%。据日本财务省发布的2021年年度国际收支初值显示，反映日本与海外货物、服务和投资交易情况的经常项目盈余为12.644 2万亿日元，较上年度减少22.3%。对于资源极度匮乏的日本来说，能在战败的惨境下实现经济快速复苏很重要的一个原因是日本企业向外扩张，充分利用别国资源的发展战略。据统计，在世界排名100位以内的20家日本大公司中，已有15家在华投资，而且普遍经营状况良好，在我国享有较高的知名度。同样值得注意的是，日本传统的年功序列制和终身雇佣制的人力资源管理方式已经受到挑战，日本的许多企业尤其是跨国企业已经开始改变，正在借鉴和引进美国的管理方式，实行人才本地化策略等。

最近十多年来，日本学者对此做了许多研究。其中有两本书值得注意：一本叫作《证言：日中合作——频发麻烦的处方笺》（园田茂人编著，1998年出版），另一本叫作《在中国成功的人事与失败的人事》（田中信彦著，1996年出版）。这两本书通过学者与记者在中国进行的大量案例调查和访谈，归纳出中日合资企业或日资企业在中国所遭遇的种种困惑,特别是人力资源管理上的问题。

日方管理者感到困惑的主要有:
- 为什么中国对日资企业不喜欢?
- 为什么等着盼着人才也不来?中国不是劳动力过剩吗?
- 对现场作业人员为什么不教就不能理解?
- 为什么不明确评价就不好好工作?奖金标准一定要明摆着?
- 为什么就业规则要用"性恶论"而不是"性善论"?
- 中国员工在想什么实在是不明白。如何理解他们的行为方式?
- 为什么在中国人眼里规章制度只是对付别人的?
- 派往中国的日本驻地员是"苦行僧",太难了。

中方员工感到困惑的主要有:
- 就这么低的工资还要我们怎么样?
- 为什么就日本人的工资高?
- 企业内纪律太严、太烦琐了。
- 为什么不信任我们?
- 企业将往哪里去?我们的前途在哪里?
- 日本式组织关系太不好理解了。
- 菠菜(报告联络相谈)是什么?根回(事先沟通商定)是什么?
- 职业提升太慢了,无法忍受。

分析上述各种问题可以看到,日资企业的人力资源管理战略基本属于民族中心主义。其主要的表现可以概括为以下几个要点:
- 决策由东京总部或外派社长做出;
- 日本人占据主要关键职位;
- 牢牢把住核心技术不转移;
- 实行日本式管理风格;
- 比较稳定的雇佣和平均的报酬;
- 暧昧的感性化沟通。

日本一桥大学研究中日合资企业管理的著名专家关满博教授对于日本企业在中国的表现有许多精辟的见解。他在一本书中写道:"事实上,这十几年来日本企业在亚洲其他国家和地区以及在中国的投资活动,可以说是对过去的对外贸易的一种替代方式,多数只是建成了一个个'出口产品生产基地',以达到通过迂回方式向亚洲其他国家和地区出口的目的。这与原在东京横滨地区的工厂在日本东北地区建立一个新的地方工厂没有什么区别。这些设在亚洲其他国家和地区的'出口产品生产基地',是为了谋求'广大的土地'和'廉价而丰富的劳动力'而来的,它们从日本运来零部件,用日本人管理工厂并以达到日本式的管理为目标。"但是近些年来,随着经济全球化趋势的加剧,日本的跨国企业也逐步认识到:"用日本人管理工厂并以达到日本式的管理为目标"已经不再适应全球化的经营管理,企业要想获取竞争优势,必须改变其传统的管理理念,实施人才本地化的用人策略。

二、索尼公司与松下电器的案例研究

以下案例可以形象地说明日资企业人力资源管理的特点。

【案例参考】

索尼公司的用人策略[①]

走进索尼公司设计别致的会客区,紧张热闹又时尚宽松的氛围,彻底改变了印象中日本公司严肃、刻板的形象。在这里,索尼(中国)有限公司人力资源部部长张燕梅为我们讲述了一个真实的索尼。

记者:索尼是否会招收没有经验的大学生?

张燕梅:这要根据不同的岗位和不同的需要,我们不会刻意强调刚毕业的大学生与有经验者的区别,也不会刻意对大学生的专业提出要求。索尼认为新员工一开始不懂并没有什么,只要认真学就可以了。

记者:索尼的择才标准是什么?

张燕梅:回到索尼创建初期提出的口号:永远争第一,永远不模仿他人。要实现这个口号,我们在选择员工时就会注重五大标准。首先是好奇心,他对新生事物是否有很强的猎奇能力,是否有很强烈的创造欲望。其次是恒心,既然好奇了就应该尝试去做,不能半途而废。第三是灵活性,因为一个产品包括很多环节,有多项功能,因此必须要有灵活性,和大家配合,这一点很重要。同时索尼是一个非常注重研发的公司,每年有那么多研究项目进行,并不是每一个都可以被市场认可的,所以第四点要求员工有很好的心理素质,能接受失败,承受打击。第五点就是乐观了,为某个环节的失败而放弃全部是最大的失败,对我们来说,员工只要

---

① 资料来源:中国人力资源网.

接受经验教训,把下一件事情做好就可以了。

  记者:索尼用什么样的方式去考查评价应届毕业生应聘者,比如在校成绩等?

  张燕梅:现在的大学教育有了很大的变化,索尼不会过于关注考试成绩,因为成绩起的只是参考作用,它只证明过去,而不代表你将来能做什么。我们在招聘时,会通过不同方面的不同方式来考查应聘者是否具备索尼要求的素质。

  比如根据他在校期间参加的各种实习和活动,考查他各方面的能力,通过他给我们讲一些成功的小故事,看他的兴趣和创造力。还有考查大学生的简历和投寄简历的方式,这些都可以看出一个人的性格。

  另外,面试时我们也会看他的着装、交谈时的仪表仪态等。同时根据职位的不同,也会安排一些笔试,比如做行政的人看他做一张报表需要多长时间等。

  记者:进入索尼公司,一般要经过几道关?

  张燕梅:简历是第一次筛选。然后我们会先给应聘者打电话,这也是一次筛选,接下来是第一次面试,我们会由人事部门做一个基础性的考试,第二次会由业务部门来见,第三次会由相关的负责人来见。

  索尼是非常珍惜人才的,如果觉得一个人才不太适合自己部门,但他的确非常优秀的话,我们会推荐给其他部门,所以,在索尼经常可以看到一个部门的人带着应聘者到其他部门转来转去。

  记者:应聘跨国大公司的竞争是激烈的,但对公司来说,获得优秀人才的竞争也越来越激烈,索尼如何去争取优秀人才?又如何去留住人才?

  张燕梅:与其说争取,还不如说吸引。了解、喜欢甚至对索尼着迷的人很多,这些不是靠一时的宣传广告可以获得的,而是通过我们50多年的努力证明,索尼的产品不是单一的商品,它代表一种乐趣、时尚和对生活的追求。人才也一样,不是单靠人力资源一个部门去抢去夺,而是靠"SONY"这个品牌。我们所要做的,就是加强大家对索尼的了解,让大家喜欢索尼,让人才被索尼的工艺吸引,然后把人才的心也吸引过来。

  记者:在中国,本地化被认为是留住国内优秀人才的有效举措,索尼在这方面是否有明确目标?

  张燕梅:我们不太喜欢这个提法,索尼就是索尼,没有什么本地和外地一说。现在大家对一个企业,会习惯说这是美国的微软、日本的索尼等,但我们希望大家说的就是微软、索尼。在人才方面也一样,人才就是人才,而不是说你是外国人就能胜任,你是中国人就不能胜任。我们不会给自己限定一个三年内本地化百分之多少的限定，不会机械化地作秀给别人看，而是成一个上一个，来一个胜任一个。

索尼公司在国外已经成立很多年了，员工来自新加坡、马来西亚、日本、中国等国家。但索尼中国还很年轻，员工的平均年龄才27岁左右。这些年轻人经过几年的锻炼，将来会是很好的管理人才。但现在我们不能为了做一个"本地化"的标牌而拔苗助长，当然，只要是好的人才，索尼就一定要给他机会。

【案例参考】

松下电器的用人之道[①]

——访松下电器人事总务中心部长陈恺

1918年，松下幸之助在日本大阪创办了松下电气器具制作所（松下电器的前身），从生产灯泡插座开始，到目前成为世界著名的综合型跨国电子企业，松下走过了85年的风雨历程，其大大小小的企业遍布全球40多个国家。迄今为止，松下在中国已经成立了53家合资及独资企业。

2002年9月2日，在松下电器（中国）有限公司9周年社庆之际，我们采访了松下（中国）人事总务中心部长陈恺，让我们从人事的角度领略一下松下80多年的文化底蕴以及松下（中国）不同寻常的变革之路。

打破年功序列，调整特称升格制

记者：2001年松下出现的80多年来的首次全社亏损，迫使松下开始反思管理方面的问题，松下在人事政策方面作了哪些调整和改革？

陈恺：1990年代松下的管理经验是引进先进的管理模式，当时的工资结构分为四块，即年龄工资、岗位工资、能力贡献工资以及职务工资，这四块工资都是与职工不同阶段的需求相联系的，比如根据员工不同年龄段的生存要求，特别设立了年龄工资，以保证员工的基本生活需要。这种思维方式充分体现了人性化，毕竟松下是日本企业里实行终身雇佣制的代表之一。当大学生毕业参加工作，公司就为他设计了一个年龄工资曲线：二十来岁消费需求较少，工资福利上升缓慢；二十七八岁结婚生子，需求加大，薪资相应加大；三十多岁经验能力达到顶点，薪

---

① 资料来源：中国人力资源网.

资也达到顶点；四十岁以后又会逐渐下降。这就是松下多年总结出来的年功序列薪资体系，它在松下的历史发展过程中起到稳定职工队伍的作用，也是松下能做到终身雇佣制的原因之一。

随着社会的发展，产业结构、技术水平和职工的观念都发生了巨大的变化，多年形成的年功序列工资体系下过高的人件费支出给松下造成沉重负担，当公司意识到这个问题之后，松下在人事制度方面着手改革。欧美企业常常大批裁员，但松下并没有这么做。根据企业的情况，松下在日本本土实行提前退休制度，同时在中国推行了更为大胆的人事制度改革，打破具有80多年历史的年功序列工资体系，取消年龄工资和能力贡献工资，在保留岗位工资和职务工资的同时，加大奖励力度，转变工资支付观念，注重个人能力和贡献。

记者：现在的奖金是否还是跟过去的能力贡献工资一样？

陈恺：不一样。能力贡献工资是相对固定的，无论工作业绩好坏，最后根据职工个人的评价结果工资都会有所上升，只不过被评价为A的人多增加一点工资，被评价为C的人少增一些。现在就截然不同了：完成本职工作被评价为B的，工资不升不降；完成工作业绩优秀的，工资增长幅度加大；工作业绩差的，工资下降；评价低到一定程度，调整工作岗位或辞退。在松下以往的观念里，奖金是工资的滞后支付，通过改革，我们转变了对这种观念的认识。

记者：刚开始推行这项改革时是否曾引起较大反响？

陈恺：随着中国改革开放的推进，以业绩作为考核评价主要依据的做法已经开始在中国推行，因此，公司的中方职工是可以接受的。由于松下多年来实行的是年功序列薪资体制，作为日方管理者，面对这么大的变化还是需要有一个理解和认识的过程。他们会问："奖金怎么可以是零？""这样会不会影响我们的生活？""我们的生活水平是不是会下降？"等等。在这项改革推出前，人事部门曾做了半年的准备工作，在外部做了薪资水平调查，在内部针对不同层次的干部、职工做了多次说明工作，最后形成公司决议，实施了企业内部的人事制度改革。

松下幸之助一贯主张对部下的培养是管理者的责任，部下在工作中出现的问题或不足一方面是职工本人努力不够，另一方面是责任者的指导教育不够，这在公司的管理干部中已经形成一种理念。受这种理念的影响，他们对部下工作中出现的不足，不愿意完全归咎于职工本人，在评价部下或发放奖金时总是留有余地，在条件允许的情况下尽量保持相对较小的差距。要想彻底打破传统观念，实现彻底的"成果主义"，还需要有一个过程。很多管理者毕竟在松下工作了几十年，要想让他们从思想上一下改变固有的观念确实很难。作为公司决策管理者，面对的是市场经济中企业生死存亡的改革需要，因此，他们很清楚必须要推动企业改革，以适应不断变化的市场需求。

记者：在松下的评价体系中，员工会被评为AA、A、B、C、D五个等级，评价标准是什么？

陈恺：作为一般员工，主要评价依据是其工作业绩完成情况；作为管理者，要对所管辖部门的整体经营业绩负责，更重要的是要承担对部下培养的责任；达到一定级别的管理干部，不但要担负以上责任，还要与公司整体经营业绩联系。

记者：对部下的培养怎么去衡量？

陈恺：松下从成立初期就以培养人才著称，"制造产品之前先制造人"是松下幸之助非常著名的论断。现在松下中国公司仍然保持着相对多的日方管理人员和工程技术人员，这是因为本地干部的培养需要一个过程，同时由于电子信息技术的迅速发展，日方派遣的工程技术人员承担着松下电器中国与日本之间技术交流的任务。但是，任何一个跨国公司都面临着如何把中国人培养成合格干部的问题，让他们替代外方人员的岗位做经理、课长或责任者。作为部门负责人，有责任在实际工作中去培养部下，我们把这种培养方式叫作"OJT"培训，实际上是通过在实际工作中的沟通、交流去培养部下，开拓部下的思路，提高他的思维能力。如果只告诉他怎样去做每一件事，不通过自己的思维，他永远也无法成长为一个合格的干部。

员工的成长和进步可以通过松下特有的干部体制——特称升格制体现出来。特称是对员工能力资格认定的一种制度。特称可分为以下几个层次：主担、副参事、参事、副理事、理事等。特称资格直接与本人的工资挂钩，理论上只有具备了一定特称的人员才有资格提升为管理干部。因此，企业职工更关心的是自己特称资格的提升。一定层次的特称资格代表着职工个人的能力。它既体现了职工的个人能力，也代表着职工在某一方面的经验积累达到了一定程度。职工经过自己的努力只要达到了相应的能力水平，都有可能经过认定被授予特称资格。

特称资格认定非常严格，首先，需要在相当长的一段时间内表现出很好的工作业绩；其次，必须达到一定的工作年限，具备一定的岗位级别，经部门领导推荐才可作为候选人参加选考。选考前要参加级别研修培训，培训前先做一个网上下载的作业，获得听课资格。培训通过后，还要参加公司内部组织的闭卷笔试，内容包括社会大事、松下经营理念、年度经营方针以及公司内部的改革等。上述各项准备工作通过后才有资格作为候选人参加升格研修。参加升格研修者需要根据自己承担的工作制定研修课题,通过半年以上的工作实践,最后发表自己的研修成果,完成答辩,经公司组成的评审小组认定,报公司领导批准后就可以升格了。整个特称升格过程需要一年时间。

记者:您怎么评价特称升格制度?

陈恺:这跟松下多年整体的人事制度有关,在松下的发展过程中确实起到了稳定员工队伍的作用。举个例子,三个人一起进到公司,能力都很好,如果一个升为经理了,另两个很有可能就要跳槽,松下的特称制解决的就是这个问题,如果另两个不能升为经理,他们可以升为主担,虽然没有职务,但得到的报酬是一样的,做到了同样能力水平享受同样劳动报酬。作为松下中国的改革措施之一,我们在保留特称的基础上,增加了职务工资,因为承担管理职务与不承担管理职务者在职责上是不同的。同时,为防止人浮于事,我们也将特称资格人数限定为一定的比例。

记者:您在日本企业工作适应吗?

陈恺:这应该也有一个过程,我觉得这是对企业文化适应的问题。松下企业文化中独有的东西对于企业的发展应该说还是有好处的。我自己也走过了从新奇、学习到适应的过程。

记者:松下的企业文化可归纳为什么呢?

陈恺:你要让我用两句话归纳可能比较难,但我可以跟你谈几件能体现企业文化的做法。比如敞开式办公,除了副总经理以上是单间办公室以外,其他人全都是敞开式办公。可能有人会说这是领导在监视部下,但实际上这正是松下OJT培养人才方式的体现。因为我们意识到行为的作用非常大,能起到相互学习、相互影响、相互监督的作用。

另外,我们实行每天早会制,有人说这是类似于一种带有宗教色彩的企业文化制度。早会要求全体职工都要参加,从搞卫生的阿姨到部门经理轮流主持早会,在大家面前自由发表三五分钟的演讲,这样的做法一是交流了信息,二是锻炼职工在大家面前讲话的能力。早会前员工要一起唱社歌——"开朗的胸怀,昂扬的志气,光荣的中国松下电器!光阴似水,永恒无尽,青春焕发,自强不息,心中有爱与光芒,还有理想无际……";办公室的广播里每天朗读松下电器的7种精神——产业报国之精神;光明正大之精神;团结一致之精神;奋发向上之精神;礼貌谦让之精神；改革发展之精神；服务奉献之精神。所有人都站着开早会、唱歌，朗诵七种精神，旨在培养松下员工的自豪感，这也是松下多年形成的企业文化特点。

记者：业界讨论最多的热点问题是什么？您对这些问题有何看法？松下的情况怎么样？

陈恺：一个是怎样留住人才，一个是白领压力。就中国目前的状况而言，随着市场竞争的激烈，企业历史的延长，人员年龄在逐年增大，今后遇到的肯定是人才竞争和员工后顾之忧的问题，公司在这方面做了很多工作。为了稳定骨干职工队伍，解决骨干职工及老职工的后顾之忧问题，公司建立了补充养老保险和补充商业医疗保险制度。从保险金额上应该是对员工具有一定吸引力的。根据测算，我们希望松下电器职工退休以后，他们的生活水平能够高于社会平均退休职工的生活水平，退休金总收入达到在职期间的一定比例。

白领压力问题是目前社会上谈论很多的话题之一。我认为生活在这个社会上没有压力是不可能的，关键是怎样缓解超负荷的压力。对于在激烈的市场竞争中生存的松下电器，如果没有压力，这个企业也就不存在了。松下中国成立将近10年，遇到这么多问题，肯定需要由公司全体员工共同来分担和解决。在强大的压力面前怎样缓解超负荷压力呢？我提些建议：首先，要学会自我调整，学会适当地发泄，比如找人诉说，使压力获得一个释放的通道；其次，工会组织需要经常开展集体活动，放松职工身心，减轻工作压力。

记者：这种压力跟日本企业自身有关系吗？

陈恺：有关。首先企业氛围非常严肃和紧张，在这个环境里，有一种无形的力量对你施加着影响。你可以看到，晚上下班，到点打铃了，大家都会为工作在自觉地加班，这种氛围会让你觉得即便下班了也不好意思独自离开。当然，工作是无止境的，不能想象通过无休止的加班来完成全部工作，但我每天从出家门到进家门，在外面的时间不会少于12小时。这种习惯的养成已经使我融入了松下的企业文化之中。

记者：那您说其他员工也会习惯吗？还是心里会有意见？

陈恺：我觉得可能会有意见，但是日本公司的确有它很特殊的企业文化，要想在这个公司发展，就要使自己不断地去适应这种企业文化。在选择一个新职工时，除了要考核他的专业基础知识、人品，更重要的是看他是否能够适合公司的企业文化。

记者：什么样的人适合松下呢？踏实肯干的？服从的？

陈恺：这得根据不同的岗位需要，我面试的时候常会问到血型，我不完全信这个，但我个人觉得有一定的参考价值。我曾经看过一篇报道，说百万年薪的工作岗位适合B型和O型血的人，而远离A型血。A型血的人比较认真，适合做按照固定模式具体操作的工作；B型血的人思维活跃，富有开拓精神，而且有自己的很多想法，并能通过自己的努力去实现它；O型血的人外向，适合做营销或其他与人打交道的工作；AB型血的人性格相对比较中性。

从企业文化的角度，我们认为一个人的发展是需要一个过程的，体现他能力的一部分因素是经验的积累。我们不排除个人能力的差别，但一个人绝不可能天生就具有丰富的经验。从这一点分析，我们并不欣赏工作1—2年就做到总经理的人。从考核一个人的角度，我们认为只具备专业知识和开拓精神是远远不够的，经验是非常重要的一方面。其次，我们不选择这些人的另一个原因，是我们觉得他们很难融入松下的企业文化中来。

记者：您有劳动经济专业背景，并有20多年的人事管理经验，在政府机关、国企、外企都做过，就人力资源管理来说，您觉得外企跟国企最本质的区别是什么？同20年前相比，今天的人事管理发生了什么变化？

陈恺：国内企业和政府机关称不上人力资源管理，叫劳资、人事管理可能更确切些，因为那种管理方式人为的东西太多，对人的能力的开发起不到多大作用。比如工资，我给你定多少就是多少，不去研究如何开发他的潜能，如何通过科学的制度和薪资福利办法最大限度地调动他的积极性，发挥他的最大能量。这方面外企可能就比较注重。

同20年前相比，人事管理从内容到观念都发生了实质性的变化，过去的专业知识已很难适应现代企业管理，过去在计划经济体制下，人事管理往往是非常被动的。

记者：做了这么多年人事，令您感到骄傲的是什么？您感觉比较棘手的又是什么？

陈恺：我觉得比较骄傲的是我自己对人的判断能力，对一个人的判断很多东西就是一种感觉，无法用文字表达出来。比如，不断会有其他部门的人来找我协商，希望将人事部门的×××调到他那个部门去工作。我觉得这是让我感到特别满足的一点，说明我在选人、用人方面是成功的。

工作中比较棘手的问题是如何协调中日双方管理人员在问题认识上的一致性。要想完全消除认识上的分歧，做到完全沟通，确实需要去做很多很多的工作。

由于日方干部的轮换和更替,我们常常需要不断重复地去说明同一个问题。

另外,根据变化的环境不断创新,建立适应企业发展需要的职工激励机制,也是人力资源管理工作的重要内容之一。

第四节 其他中外合资企业及并购企业的人力资源管理

近年来,越来越多的韩国企业进入中国,成为一支可以与欧美和日本企业相媲美的独立力量。与欧美及日本的企业相比,韩资企业在中国的经营之道和管理理念有什么特点?其人力资源管理是怎样的?下面是三星公司的案例,我们可以透过这些案例来窥见韩资企业的管理特色。

案例研究一:三星中国的人才策略[1]

三星中国会长李亨道认为自己最强的力量在于坚定、制定蓝图、公正。

李亨道最值得一提的蓝图描绘是在三星电机。当时,李亨道任三星电机CEO,三星电机只是一个生产电子零部件的很普通的企业,李向大家描绘的蓝图是要成为世界最出色的电子零部件生产公司。"我讲,到时候我们所有的员工都会为在这样的公司工作而自豪,而且每个员工都会有公司的股份,公司的股价上去以后,我们都会成为富翁。结果,所有员工都非常热心地工作,公司发展得非常好,而且所有员工都得到了他们该得到的东西。"

如今,李亨道已经提出一个更加惊心动魄的中国蓝图,如他以前的经历,他能否再写神奇并引发一场新的冲击波?

记者:美国的 Interband 公司调查发现,今年三星成为全球品牌价值提升速度最快的公司,您认为三星品牌打造上有什么可以分享的经验?相对于其他多元化经营的外企,三星最强的力量在哪里?

---

[1] 资料来源:中国人力资源网.

李亨道：最基本的原因是，1993年，李健熙会长提出一个"新经营"概念。"新经营"的核心是：三星要从以数量为主转为以质量为主的经营，因为当时以追求数量为主的企业文化在三星内部非常普及，因此要调整到满足消费者需求、以消费者为中心这样一个新的发展轨道。在这个过程中，三星不断加强它的竞争力。此外，三星发展迅速的理由，还有三个方面的因素：第一，三星的技术开发是很优秀的，在电子、半导体、数字多媒体等领域都是走在世界第一的位置；第二，三星拥有很多人才，而且这些人才拥有很强的责任心；第三，三星具有非常好的企业文化，这其中特别值得一提的是，三星要成为世界第一的"第一主义"的文化。

记者：三星的企业文化一直强调"强者为王"的理念：一定要成为行业第一才有出路。三星如何在中国贯彻这种"强者为王"的策略？

李亨道：三星要成为中国企业。首先，在技术领域要成为领导者，在产业上，三星要成为领导者，并成为中国人喜爱的企业，这是我们的目标。为了完成这个目标，我们一定要培养中国当地的人才，而且让他们在企业里成为中坚。现在我们主要是拿韩国的技术，从韩国引入一些非常有管理才能的干部到中国来，引导三星在中国的事业，将来，我们更希望不断培养中国的人才，让他们成为三星中国事业的主角，也希望三星逐渐减少对韩国总部的依赖性，真正成为当地完结型企业。

记者：人才本地化非常重要，但在中国，由于语言、文化方面的原因，许多韩资企业的人才本地化很难，很多中国人也更愿意进欧美企业，三星怎么来解决人才本地化难题？

李亨道：这是一个很有针对性的问题。确实如此，我们也感觉到了这个问题，我们也在不断地去找出对策，刚才说的有关语言问题，很多中国人是把英语作为第一外语，因此，懂英文的人比懂韩文的人要多，但我觉得，中国有很多人才，三星如果积极地寻找这样的人才，适合在三星工作，而且三星需要的人才是可以找到的。人才方面的工作比较重要，不单是招聘一个优秀的人才，而且带领他们共同开发适合中国的高科技产品，给他们授权和公正的绩效考核。

记者：在一些欧美企业，他们的中国区总裁都是中国人，但在一些韩资企业，许多人会发现做到中层都有些困难，这是否对三星吸引人才有影响？

李亨道：欧美企业让中国人当CEO这个问题，我是这么看的：……我想这可能是中国改革开放得比较晚，能当外企高层领导的人并不多，需要时间，而且需要一个过程。我们也可以邀请一些在美国待过的海归当CEO,我们没有那么做。我们认为,我们尽可能是让在三星工作、对三星文化熟悉的人成长,让他们做CEO,不过这个过程需要时间,在最初一段时间,我们需要韩国一些优秀的人才到中国工作,逐渐培养中国的人才,来代替韩国人,最终实现人才当地化。

记者:三星企业是如何来解决集中投资和多元化经营问题的?

李亨道:三星的经营好像非常宽泛,非常多元化,但和以前相比,现在已经减少了很多,目前我们也是在不断调整,对没有信心、没有前途、没有发展领域的进行淘汰。我们的事业领域现在重点发展的就是信息、通讯产业和金融产业这几个方面。我觉得一个企业,不是它做的事情越多越好,最重要的是人,一个企业拥有多少优秀的人才,这个是最重要的。三星已经有64年的历史,三星在刚成立时就强调人的重要性,三星的主要经营理念也一直是:选拔优秀的人才、培养、授权。64年中,三星培养了很多人才,虽然我们的业务很多,但每个领域我们都有很优秀的人才,因此我们的事业才能有这么大的发展。

记者:在全球经营的情况下,如何避免或减少决策出现重大失误,以及出现失误怎么进行调整?

李亨道:当然,三星也有出现决策失误的时候,不光是我们刚讲过的成功的事例。但是我们在判断一个决策是否正确的时候,把这个分为是方向性的错误还是方法性的错误。如果是方向性的错误,我们在中间进行评价的时候,就要求立刻停止,恢复到以前的状态。如果仅仅是方法的问题,我们就要求更优秀的人才来研究比目前方法更好的解决方案。所以,这种随时检测我们决策的体制很大程度上减少了我们的损失。

在中国企业"走出去"的过程中,涌现出许多海外并购的案例。其中,吉利收购沃尔沃被认为是一个经典案例。2011年之前,吉利汽车在中国仍是一家相对较小、不知名的汽车制造商,但它志在征战全球。其创始人李书福认为,吉利只有成为最好的国际品牌,才能在中国和国际上竞争。他深知中国汽车制造商在运营、设计、安全、质量和品牌建设方面存在弱点。作为吉利走向全球计划的一部分,2010年,浙江吉利控股从福特汽车公司手中收购了瑞典知名汽车制造品牌沃尔沃,但同时也面临各种问题和挑战。吉利是如何应对的?采取了哪些相关的对策呢?

案例研究二：吉利收购沃尔沃案例的管理转型研究

一、收购背景介绍
（一）吉利的发展史

1986年，李书福创建了吉利。创始之初，公司的主营产品为冰箱及相关配件。1993年，吉利开始生产摩托车。1997年，吉利成为中国第一家获政府批准生产汽车的民营企业。2005年，吉利汽车控股有限公司在香港联交所上市。2010年，吉利入选为中国500强企业。2011年，吉利已位居中国汽车制造榜前十，年产量约为560 000辆，拥有从研发到生产、分销和服务的完整的汽车生态系统。

（二）全球汽车市场变化

2009—2010年，全球汽车市场从21世纪初的高点大幅下滑。2009年，北美和其他外国汽车市场经历了30年来最糟糕的一年。尽管美国政府支持的"旧车换现金"计划有所帮助，但美国三大汽车制造商在运营和财务上仍然面临着前所未有的挑战。2009年，美国市场唯一的亮点是体积较小、价格较低的汽车，比如现代（增长8%）、起亚（增长10%）和斯巴鲁（增长15%）生产的汽车。尽管全球汽车市场萎靡不振，但中国的情况却并非如此。在我国加入世界贸易组织后，国内汽车市场蓬勃发展，欣欣向荣。2002—2007年，市场年平均每年增长21%。2009年，中国取代美国成为全球最大的汽车市场，到2012年仍保持这一领先地位。外国汽车制造商正越来越多地转向中国。而中国汽车品牌在本土乃至全球市场上的表现却一直不尽人意。比较突出的一个问题是，国外普遍认为中国的汽车制造缺乏创新设计和精细工艺。此外，中国产品素有侵犯他人知识产权的恶名。例如，奇瑞和吉利分别被指控抄袭通用和丰田。

（三）收购前的战略研究和开发

在"走出去"这条路上，李书福没有试图与外国合作伙伴合作成立合资公司。他认为，从长远来看，合资企业对中国合作伙伴来说是一种失败的主张，因为中国合作伙伴最终的议价能力不如更大、更成熟的外国合作伙伴。此外，合资企业并没有向中方合作伙伴提供先进技术，因为外国合作伙伴往往以自身收益最大化为目标，对技术保持严格控制。李书福喜欢在财务和运营决策方面的独立性，面对压力，他筹集资金来更新公司的技术，提高生产能力。他还通过寻找合适的收购目标推进国际化进程。

吉利意识到研发对汽车企业可持续发展的重要性。仅2009年,吉利研发投入超过12亿元人民币。集团预算资本支出主要集中在研发能力领域,包括新车型、新发动机、新变速箱的开发以及生产设施的扩建和升级。李书福相信,通过掌握技术,吉利将能够保持其相对于外国竞争对手的竞争优势。他建立了吉利汽车研究院、发动机研究院和几个研发中心。这些机构使吉利掌握了对汽车制造商至关重要的大部分关键技术,包括有关发动机、传动系统、辅助动力系统和内外设备的知识。他还邀请外国企业和机构专家赴吉利交流经验、开展培训。同时,吉利的员工被派往国外接受专业培训。截至2009年9月,吉利已获得1 200多项专利,其中,有30项在国际上授权。此外,吉利投资了环保新技术的研究,并运行了自主研发的节能建筑系统,该系统在生产过程中降低了噪声,并将气体排放降低了至多35%。这些研发举措使吉利在中国市场获得了更有利的地位,并提高了其国际形象。吉利还强调了能效和环保。它启动了一项为期五年的能源效率和环境友好发展计划,以开发替代燃料汽车。这些品牌形象、产量和服务质量的显著提高,标志着吉利战略转型进入新阶段,进一步增强了吉利的整体竞争力。

然而,上述战略不足以让吉利在国际市场上占据领先地位。在安全、质量和品牌方面,吉利仍远远落后于竞争对手。吉利在中国市场主要以"低价"著称,其提供的一系列车型价格从3万元人民币到8万元人民币不等。这些价格让中国农村地区的消费者拥有一辆汽车的梦想触手可及。虽然吉利是价格领先者,但它意识到从长远来看很难在价格上竞争,因为低端产品的利润率极其微薄。因此,吉利也开始探索中高端市场。在2008年4月的中国汽车博览会上,吉利推出了23款新车型,并于2011年推出8款高端车型。

(四) 收购前的海外布局

吉利控股集团的进出口单位上海吉利国际公司成立于2002年7月,在5个战略市场设立了办事处:中东、非洲、东南亚、中美洲和南美洲。2009年,吉利出口约1.9万辆汽车,成为中国第二大汽车出口商。吉利还在五大洲的45个国家建立了由500多家零售分销商组成的网络,以及近600个服务站。此外,吉利与国内外650家供应商达成零部件采购协议。

为了进一步增加销售和提供售后服务,吉利在中国各地和每一个新的海外市场建立了经销商和服务网络。为解决客户满意度这一关键问题,吉利成为首家建立全天候服务呼叫中心的中国汽车制造商。此外,吉利的企业资源规划(ERP)

和售后服务信息系统确保吉利密切参与其网络,能够快速响应市场需求和分析客户模式。

吉利计划通过增加制造设施、经销商网络和客户支持系统来扩大其全球足迹。

二、收购带来的挑战

2009年,吉利控股宣布将收购福特汽车公司旗下的沃尔沃汽车公司,向国际扩张迈出了一大步。此次18亿美元的收购是当时中国民营企业最大的跨境收购。然后,此次收购并非一帆风顺,在收购过程中,吉利收到很多质疑的声音,并且在收购后的经营中遇到了一些实实在在的挑战。

(一) 对吉利产品安全和质量的怀疑

中国是世界闻名的世界工厂,主导行业从鞋类、玩具到工具和基础电子产品。在其他条件相同的情况下,低价格意味着低质量,中国的产品素有做工低劣的名声。在汽车领域,中国进入得相对较晚。虽然国产品牌得到了中国政府的鼓励,但它们在质量和安全领域仍面临诸多挑战。例如,中国江铃汽车公司生产的陆风SUV因质量极差而臭名昭著,这玷污了中国汽车的整体形象。具体来说,在碰撞测试中德国移动汽车俱乐部在测试中,陆风在客舱保护方面得分为零(总分为5分),客舱在碰撞中完全倒塌了。安全考虑是消费者决定购买汽车的重要因素,测试结果严重削弱了西方消费者对中国汽车安全的信心。

吉利甚至在中国进行的碰撞测试中得分很低。YouTube上有许多视频显示吉利汽车进行碰撞测试的可怕后果。这种负面宣传也损害了吉利的品牌形象。

(二) 对沃尔沃未来的担忧

除了股票购买细节外,此次收购还包括关于沃尔沃汽车、吉利集团和福特之间的知识产权、供应和研发安排的进一步规定。尽管李书福承诺,"吉利将确保吉利设计的汽车,无论是为现有品牌设计的,还是计划与沃尔沃合作开发的新车,都不会损害沃尔沃更高端的品牌名称",但外国客户仍有可能不相信吉利对质量的承诺。吉利以生产历史短、安全性差、质量有问题的廉价汽车而闻名,沃尔沃则是欧洲首屈一指的汽车制造商,是奢侈品牌。吉利也没有进入美国市场,因为其质量标准不符合美国的相关标准。如果吉利开始在沃尔沃汽车上使用更多中国制造的零部件,就会损害沃尔沃的高端形象和安全声誉。从而使沃尔沃陷入更危险的境地。

吉利控股在让沃尔沃恢复长期盈利能力方面也面临挑战。沃尔沃2009年销售33.4万辆汽车,营收124亿美元,但税前亏损6.53亿美元。吉利计划将沃尔沃在欧洲和北美的销量增加一倍,并将打造沃尔沃在中国和其他新兴市场的市场份额作为首要任务。正如通用汽车、福特和克莱斯勒的历史所显示的那样,汽车行业的竞争非常激烈。在美国和欧洲等成熟市场,这一点尤为明显。在这些市场,既得利益者会为捍卫自己的地盘而展开激烈竞争。吉利几乎没有在中国以外销售汽车的经验,更不用说在瑞典这样一个距离中国如此遥远、差异如此之大的国家运营大型制造业务了。吉利还缺乏在发达国家营销和销售高档汽车的经验。为了让沃尔沃扭亏为盈,吉利被要求在产能、广告和品牌建设方面进行前期投资。

(三)并购后的文化和经营理念冲突

即使并购的公司来自同一个国家,并购后的文化整合也始终是一个挑战。这种挑战在跨国收购中更为复杂,因为在跨国收购中,不同的国家文化和不同的企业文化并存。联想收购IBM个人电脑部门就是一个生动的例子。联想试图将其美国业务并入其以中国业务为主的组织时,曾面临巨大挑战。同样,吉利控股虽然从出口活动中积累了一些国际经验,但在跨文化管理方面的经验非常有限。

收购仅仅三个月后,沃尔沃和它的新东家承认存在分歧。李书福不同意公司瑞典高管的产品和品牌策略。他希望沃尔沃为中国市场开发更大、更炫的豪华汽车,而沃尔沃希望开发小型、安全、节能的汽车,以保持其安全、环保的声誉。正如沃尔沃首席执行官斯特凡·雅各比所言,"马力和气缸本身已不再是衡量豪华程度的主要指标","豪华汽车的未来是低二氧化碳排放和环境责任,再加上驾驶舱内良好的功能"。吉利当时面临着一个艰难的选择,是努力迎合中国消费者对豪华车的喜好,还是专注于环境保护和乘客安全。时间证明后者更加重要。

三、吉利的应对之策

(一)独立运行、资源共享、促进协同

吉利决心提供结合最佳技术和安全特性的产品。该公司还希望提高能源效率和环境保护,并认为收购沃尔沃可以在这些领域有所帮助。2010年11月,吉利成立沃尔沃-吉利对话合作委员会(DCC),作为双方的论坛。DCC促进了沃尔沃在安全方面的尖端技术的最佳使用。吉利希望能从沃尔沃先进的安全、质量和环保技术中获益。根据DCC的要求,所有吉利新车必须通过独立检测中心的检测,并按照《新车评估方案》规定的标准,认真地对待质量控制;吉利所有设施均符合ISO9000的标准。沃尔沃将成为一家独立的公司,拥有自己的管理团队和总部位于瑞典哥德堡的新董事会。吉利集团董事会和管理层将授权发展沃尔沃在安全和环保技术方面的领导地位。虽然这两家公司将独立运作,但仍有许多机会实现潜在的协同效应。例如,人们认为沃尔沃可以通过注入新的资源和更大程度地进入快速增长的中国市场而获益。正如李书福所说,"尽管沃尔沃的产品已经有很好的需求,但我们真正的挑战是如何进一步发展和发展沃尔沃品牌"。此外,沃尔沃与员工、工会、供应商、经销商和客户建立的合作关系对吉利也很有价值。

(二)尊重文化差异,协调统一愿景

考虑到蓬勃发展的中国豪华车市场,李书福和瑞典高管决定协调各自的愿景,为沃尔沃的复兴规划一条道路。2011年,沃尔沃开发了一款中国概念车,这是沃尔沃低调的传统与李书福坚定地将沃尔沃打入豪华车市场的愿望之间的妥协。此外,吉利和沃尔沃同意在中国西部和东北城市建设新的大型工厂,以开发更大、更豪华的汽车。吉利和沃尔沃的合并还必须处理李书福和沃尔沃欧洲首席执行官斯蒂芬·雅各比之间管理风格的冲突。雅各比是一个保守的德国人。虽然李书福和雅各比的关系随着时间的推移有所改善,但一路上总是存在着一些分歧。为支持新沃尔沃的成长,吉利先后出手组织专家团队协助交接。李书福认识到,只有尊重文化差异,才能取得双赢的结果。收购后,沃尔沃保留了自己的管理团队、董事会以及位于瑞典哥德堡的总部。这表明,沃尔沃将保留其瑞典传统,欧洲和北美的沃尔沃拥护者仍将购买在哥德堡设计、在欧洲制造的汽车。

四、收购后的协同效应和转变

在收购后的一年半时间里,沃尔沃已经成为世界上增长最快的汽车制造商,84%的沃尔沃客户对其产品和服务表示满意,这是沃尔沃历史上的最高水平。收购后,沃尔沃的销售额增长了20%,并在比利时和瑞典创造了超过5 000个就业机会。这在欧洲许多其他公司都在裁员的时候尤其引人注目。

在收购后的第一年,沃尔沃和吉利都实现了持续强劲的销售增长。沃尔沃不仅全球市场增长了20%,中国市场份额也增长了36%。2010年,沃尔沃实现了盈利,这是2005年以来的首次盈利。同年,吉利汽车的总销量为415 843辆,较2009年增长27%。从2009年到2010年,总收入增长了43%。2010年,吉利集团资本支出总额为16亿元,与年初预算金额一致。吉利集团的营运资金也在2010年增加了约9亿元人民币。吉利控股副总裁李东辉表示,2010年收购沃尔沃后,吉利已经开始了在国际市场上的成功之路。吉利计划继续扩大其国际影响力,目标是在全球建立15个生产基地。该公司还希望将三分之二的汽车销往海外,并将新收购的沃尔沃品牌的全球销量提高一倍。为了实现这一目标,该公司既通过现有汽车品牌实现了有机增长,也通过收购和合作实现了增长。凭借更强的人才和技术,公司已经扩大了全球业务。

五、总结

吉利收购沃尔沃,是沃尔沃走出国门,走向全球最重要的一环,但不可忽视吉利为了这一目标付出了持续多年的努力。从大力投资研发提高自己的硬实力,打通汽车制造中所有部件的生产与装配流程,吉利实现了完全自主化生产,最大限度地控制了成本,也减少了对上游供应商的依赖风险。吉利其实一直在寻找理想的并购目标,沃尔沃无疑是非常理想的那一个,借助沃尔沃的领先技术,吉利可以补齐自己在质量和安全上的短板。

"走出去"绝非易事,在收购过程中,吉利面临着外界质疑的声音。在收购完成后,吉利又面临跨文化管理的考验。吉利见招拆招,一一化解。李书福通过放权和求同两大利器最终把吉利和沃尔沃都带向新的发展纪元。吉利的"走出去"之路值得更多怀有同样远大志向的公司学习和借鉴。

思考题:

如何看待吉利收购沃尔沃?管理上应该如何做得更好?

(资料来源:综合新闻报道和网络资料整理而成,林新奇教授《国际人力资源管理》研究生课程班硕士生宋佳同学做出了贡献。)

复习思考题

1. 中外合资企业的发展概况如何?有什么特征?
2. 中外合资企业对中国经济发展具有什么样的重要意义?
3. 中外合资企业的人力资源管理主要存在哪些问题?
4. 中外合资企业的人力资源管理应该如何进行?
5. 如何管理中外合资企业中的中国员工?
6. 中美合资企业的人力资源管理具有哪些特点?
7. 中日合资企业的人力资源管理具有哪些特点?

第六章

国际人力资源规划与招聘

【本章要点】
- 国际人力资源的供给与需求分析
- 国际人力资源招聘的特点
- 国际人力资源招聘的操作

第一节　国际人力资源规划

一、国际人力资源供给分析

国际人力资源供给一般有三个来源,即母国公民、东道国公民和第三国公民。

1. 从母公司派遣驻外人员

为完成海外工作而选派管理人员是国际人力资源管理的经常性项目,尤其是在国外开设分公司的初期,这一方法是非常重要也是非常理想的。因为母公司的外派人员比东道国或第三国人员更了解母公司的意图或兴趣。但是,如果所有驻外人员都从母公司派出也有困难:一方面,不可能有那么多人才,尤其是母公司在国外发展了许多子公司或分公司时,这样一来开销会很大;另一方面,这些外派人员很可能会盲目地将本国的管理方法移植到东道国去;再加上有些国家法律要求跨国企业招聘东道国管理人员,这样势必会引起冲突。

2. 从东道国选聘人员

从东道国选聘人员有许多好处。首先,它能克服语言上的障碍,减少培训成本,解决适应文化差异的问题;其次,能节省工资成本,帮助当地解决就业问题,从而与东道国建立良好的政治、外交关系;此外,还可避免那些官僚机构的烦琐手续,帮助实现母公司的长期计划目标。但是,仅招聘东道国员工也有不足之处,如当地的经理人员已经习惯本国的工作方法,可能很难适应总公司的要求,无法在母公司与子公司之间起桥梁作用。

3. 从第三国选聘人员

自第二次世界大战结束以来,许多跨国企业设法从第三国选择合格的人才。因为他们精通外语,了解其他国家的文化,从一个国家到另一个国家不受多少影响。但是,这种选聘方法要花费大笔费用和大量时间,而且很可能受当地法律歧视政策的限制。

随着世界市场和跨国企业规模的扩大,不少企业的无国界化趋势更加明显。现在许多跨国企业在招聘总公司经营管理人员时,更多考虑的是他们的经营管理能力和创新精神，而非他们的国籍。企业在全球范围内合理地调配和使用人力资源，能克服企业内过分注重经理人员国籍的现象，避免近亲繁殖和高层管理者的狭隘，从而使公司更好地挖掘其跨国经营的潜能。国外子公司的经理人员则越来越多地由当地人担任。招聘当地人员可消除语言障碍，也无须解决文化适应方面的问题。这样做还可以使企业有效地利用当地较低工资的优势，以有限的代价来吸引高素质的人才。

二、国际人力资源需求分析

国际人力资源需求分析依据其不同的选聘标准而有区别，主要有如下两种选聘标准。

1. 对母国外派人员或第三国人员的选聘标准

跨国企业在选聘海外高层经理时，越来越重视海外工作经验和跨国经营管理的才能。现在，许多跨国企业往往把有前途的年轻经理人员派遣到国外工作，使他们及时获得跨文化的管理经验，以便使他们在年富力强时能担任需要这种经验的高级管理职务。

具体来说，在母国或者第三国选聘人员时，影响跨国企业外派成功与否的关键因素有以下5项：

(1) 专业技术技能。它包括技术技能、行政技能和领导技能。

(2) 交际能力。它包括文化容忍力和接受力、沟通能力、对模棱两可的容忍度、适应新行为和态度的灵活性、对紧张的适应能力等。

(3) 国际动力。它包括外派职位与原职位的对比程度、对派遣区位的兴趣、对国际任务的责任感、与职业发展阶段的吻合程度等。

(4) 家庭状况。它包括配偶愿意到国外生活的程度、配偶的交际能力、配偶的职业目标、子女的教育要求等。

(5) 语言技能。它包括口头的和非口头的语言交流技能。

对所有的外派任职而言，令外派成功的因素并非同等重要，每个成功因素的重要性取决于任职时间的长短、文化的相似性、需要与东道国雇员沟通的程度、工作复杂度和工作责任的大小。例如，相对于美国与中国台湾地区或法国与沙特阿拉伯之间的文化相似性，日本与韩国之间的文化相似性更高。因此，法国或美国在选派前往中东或亚洲的外派人员时，更需要强调家庭因素、交际能力和语言技能。表6-1总结了选派不同任职条件的外派人员时要考虑的先后问题。

表 6-1 不同任职条件下决定外派成功与否的因素的优先程度

外派成功因素	任命时间长	文化差异大	与当地公民交往需求大	工作复杂、责任大
专业技术能力	高	不确定	中	高
交际能力	中	高	高	中
国际动力	高	高	高	高
家庭状况	高	高	不确定	中
语言技能	中	高	高	不确定

资料来源：John B. Cullen. Multinational management: a strategic approach [M]. International Thomson Publishing, 1999: 426.

2. 对东道国人员的选聘标准

跨国企业若在当地选聘员工，除了要注重他们的能力、经验之外，还特别要注意各个国家的不同文化背景因素。例如，美国很注重雇员的技术能力，印度、韩国、拉丁美洲等国家和地区则常常出现重裙带关系轻技术的现象；又如，按照西方人的观点，积极主动、毛遂自荐的申请人可能得到比较高的评价，但在一个高集体主义的文化背景中，这种"卓尔不群"的行为则使其很难与其他员工融洽相处。

跨国公司的员工需要适应不同文化环境的合作伙伴，需要具备较强的心理素质和自我调节能力。具备高心理素质的员工可以给跨国公司带来的好处是：

- 提高工作效率；
- 节省培训开支；
- 改善组织气氛；
- 提高员工士气；
- 提高组织的公众形象；
- 增加留职率，改进生产管理；
- 减少错误解聘；
- 减少赔偿费用；
- 降低缺勤（病假）率；
- 降低管理人员的负担。

第二节　国际人力资源招聘的特点

一个企业从创立、发展壮大直至走出国门发展成为跨国企业,意味着它将在一个复杂的国际环境下面临着更大的挑战,它对精明的雇员的需求越来越迫切,它所面临的选择也越来越多元化。它既可以选择本国人员、所在国人员,也可以选择其他国家的人员。

一、招聘概述

不同国家间的甄选标准和程序差异很大:更多强调个人主义的国家,如英国、澳大利亚、加拿大将工作面试、技能和工作经验作为最重要的甄选标准,这主要是关注现有能力;日本、韩国的甄选标准比较一致,重视潜能和交往能力,但是日本考虑经验因素,韩国重视招聘测试。美国已经不注重工作经验,而更倾向于将与人交往的能力和个人适应公司的价值观作为招聘的标准。工作面试和技能要求在所有的国家都受到重视。

1. 招聘的目标

招聘的目标有两个:
(1) 在质量、数量上满足业务发展的需要。这是最经济的方式;
(2) 填补短期的职位空缺及满足长期业务发展的需要。如果技术部门需要招一个技术人员,就要考虑这个职位是否会长期发展、以后将发展到什么状况等因素。

2. 招聘的基本程序

招聘有 7 个步骤:
(1) 制定用人需求计划。如每年销售多少、人员需要多少、招什么样的人才能达到这一目标;
(2) 招聘人员的申请。每年执行时有一个具体的申请审批手续,在申请书中要有职位说明书,描述这个职位的职责范围、招聘目的等;
(3) 筛选应聘资料。看其是否符合条件,确认可信性;
(4) 初试、复试;
(5) 共同讨论,最后拍板决定。由人事部门评估他的个性、行为方式、激励点、潜

能等,看其是否符合公司的文化;由用人部门考核他的业务能力、技术能力,看其是否符合部门的协作精神;

(6) 发聘用书;

(7) 新员工辅导,使之熟悉公司的组织文化和部门业务。

这种程序保证了企业招聘的计划性以及部门的具体分工协作,加强了各部门真正去思考设一个职位、招一个人的目的性,避免了企业的盲目招聘行为。

3. 招聘面试中须注意的东西

招聘面试中,须注意以下 4 点:

(1) 职位的目的,即要招这个人的目的是什么,短期内要做什么,长期要做什么;

(2) 技能能力要求;

(3) 特定的行为方式;

(4) 职务的激励点。

4. 面试的方法

面试是一个综合性的全面分析,实际上是一个推测、判断的过程。面试的方法有以下 4 种:

(1) 通过背景推测判断。通过求职者的家庭、教育、工作背景来推测他的能力、技能、激励点等,通过受教育情况、工作变换的原因、职业变动以及个人的兴趣爱好等背景资料,来判断他是否符合公司的要求。

(2) 通过经验推测和判断。通过求职者的工作经历,并了解他认为什么是成就、什么是挑战、什么是困难,来判断他今后会遇到什么难题以及他能否胜任职位。还可通过他在过去工作中的人际关系,来判断他的行为方式,他在过去工作中,认为什么样的同事是他推崇的,什么样的主管、老板是他崇拜的,哪一种行为方式、工作方式是他向往的。这些方面可以反映出他的个性。因为他所推崇的很可能是他正希望朝那一方向发展的。

(3) 通过价值观的判断,了解求职者对成就和失败的看法,看他认为什么样的人才是成功。通过他的这些认识,来判断他的人生观、价值观和思维方式。还可以通过他对社会的评价、他的思路和切入点,来看他的价值观念、人生观念是否符合公司的模式。

(4) 抽象问题的推测。即对不熟悉问题的分析。通过求职者对一系列问题的分析,看他的思维是否很开阔、有逻辑性、周到,是具有战略眼光还是仅局限于较低的层面上,这样才能判断他的潜能。因为对不熟悉问题的回答,能反映出一个人的不同情况,不在乎他的答案,而是看他的思路、方法以及视野。

二、跨国公司人员配备的 4 种方法

跨国公司人员配备有 4 种决定方法:民族中心法、多中心法、地区中心法、全球中心法。

(1) 民族中心法。是指跨国公司所有的关键岗位都由母国人员担任。这种政策对国际化早期阶段的公司来说很普遍。

但是,民族中心法也有许多缺点,主要包括:
- 限制了所在国人员的晋升机会,可能引起士气下降和人员流动频繁。
- 驻外经理适应所在国的环境需要很长一段时间,在此期间,母国人员会做出错误或不当的决策。
- 母国人员和所在国人员的待遇差距过大时,所在国人员可能认为是不公平的。
- 对许多驻外人员来说,一个关键的国际职位是新的地位,是权力、生活水平的提高。这些变化可能影响驻外人员对其当地下属的需要和期望的感知程度。

(2) 多中心法。是指招聘所在国人员管理其当地的子公司,而母国人员在母国总部任职,这种方法的主要优点包括:
- 可以消除语言障碍,避免驻外经理人员及其家庭的适应问题,并免除昂贵的文化适应等培训开支。
- 避免一些敏感的政治风险。
- 费用不高,即使使用一些额外费用吸引高层次的人才,总体花费也不高。
- 可以保持子公司管理的连续性。这种方法可以避免像民族中心法那样使重要的经理离职。

多中心法也有缺点,首先是子公司与母公司缩短距离上的困难。语言障碍和国家忠诚的冲突以及一些文化差异,如个人价值观、管理态度的差别等,都会使总部与子公司产生隔阂,结果可能会使总部难以控制子公司;其次是所在国和母国经理人员的职业生涯问题。子公司的经理很少有机会到国外获得国际经验,也无法晋升至子公司之外的更高层。母国经理也只是很有限地获得国际经验,高级经理人员很少从事国际经营,长期下去将制约战略决策和资源分配。

(3) 地区中心法。该方法是指多国基础上的功能合理化组合。具体组合随公司商务和产品战略性质而变化,但跨国公司往往把它的经营按地理区域划分,人员在地

区间流动。

采用地区中心法的目的之一,是促进地区子公司调动到地区总部的高层管理人员与任命到地区总部的母国人员之间的互动。另外一个优点在于地区中心法是跨国公司逐渐由纯粹民族中心法或多中心法转到全球中心法的一条途径。

其缺点是：它在地区内可能形成"联邦主义",而不是以国家为基础,从而限制了组织的全球立场。另一个困难是,即使该方法的确在国家层面上能提高职业生涯前景,但它仅把障碍移至地区层面上。

(4) 全球中心法。是指在整个组织中选择最佳人员来担任关键职位而不考虑其国别。这种方法的主要优点包括：跨国公司能组建一支国际高层管理人员队伍,并克服多中心法"联邦式"的缺点。法塔克(Phatak)认为,执行这种方法的可行性基于如下 5 种相关假设：

- 无论是总部还是子公司都会获得高素质的员工;
- 国际经验是高层管理者成功的条件;
- 有很强潜在能力和晋升愿望的经理可以随时从一个国家调到另一个国家;
- 高素质和流动性的人具有开放的思维和很强的适应能力;
- 那些不具备开放思维和适应能力的人到国外工作后可以积累国际经验。

全球中心法的缺点是：首先,所在国政府很想使本国居民被聘用,即使没有足够的拥有技能的人可录用,政府也将使用移民限制以促使本国人员被聘用;其次,陪同的配偶获取工作许可有一定的困难;再次,由于培训和重新安置成本的增加,全球中心法的政策实施起来很昂贵,一个相关因素是需要根据标准的国际基本工资设计薪酬计划,这可能比许多国家的本国工资水平高得多;最后,大量的母国人员、其他国人员和所在国人员需被派遣至国外,以建立和维持国际管理人员队伍,从而实施全球中心人员配置政策①。

跨国公司人员职位的分配如图 6-1 所示。

尽管东西方哲学传统有许多差异,它们仍然有 4 项共同的人的核心价值观：好的公民、对人的尊严的尊重、对基本权利的尊重和对财产的尊重。

为了达到公司的社会责任目标,跨国公司的人力资源专业人员必须做到如下 4

图 6-1　跨国公司人员职位的分配图

---

① 赵曙明,彼得·J.道林,丹尼斯·E.韦尔奇.跨国公司人力资源管理[M].北京：中国人民大学出版社,2001.

个方面。

- 通过制定、公布和实施合适的行为准则,使员工极难接触到腐败行为。
- 确保培训项目中包含伦理道德方面的内容,如行贿、人权、正义和共同利益,并且以与公司这方面的目标相一致的方式进行。
- 使绩效评估和薪酬体系相联系,从而支持公司所持的道德立场;熟悉国际经营所需的各种各样的要求(不仅仅是驻外人员,还包括那些到外国市场进行市场调研的人员),并提供他们必要的培训,以使他们获得必要的谈判技能和处理各种临时事务的能力。
- 确保员工了解腐败贿赂、礼物和允许的一些加深感情的东西。考虑到政府对伦理道德行为的强硬立场,所有的员工都必须明白自己在这方面的责任,这一点非常重要。

三、跨国公司人员招聘的新特点——人力资源本土化

根据学者们的研究,近二十年来,虽然各个国家在跨国经营的人力资源管理战略的选择上各有特点,但仍有一个共同而又明显的特征,即人力资源本土化。导致人力资源本土化的主要原因有两个。

(1) 典型的民族中心法具有明显的缺陷:它将本国开发的人力资源管理战略直接移植到海外子公司中,派遣本国人经营海外子公司往往忽视了东道国环境条件的重要性,在实施中常需要较高的成本,而且民族中心法和东道国政府关于管理人员本土化的希望相矛盾,不利于改善同当地政府的关系。由于这些弊端的存在,越来越多的跨国公司逐渐放弃纯粹的本国中心,向雇用当地人做子公司经理的国家中心主义靠拢。

(2) 采取地区中心法或全球中心法的跨国公司雇用的经理人员不限于母国和东道国,也可来自第三国,即不分国籍,但真正采用区域或全球中心主义的跨国公司不太多,几个因素限制了这两种策略的采用:第一,东道国要求外国的子公司任用当地人,常常采用限制政策来达到其目的;第二,成本太高,该政策需要在大范围内进行招聘,大量的经理及家属的语言培训、文化定向培训、家庭迁徙、国外开支津贴较多等。

因此,聘用所在国人员有很大的优势。近年来,跨国公司为了缓和与东道国的关系,纷纷实施本土化经营战略,他们在其东道国的子公司中任用当地管理人员,沿袭当地文化传统,最终形成适应当地经营环境的跨国公司经营模式。

随着改革开放以来中国经济的高速发展，很多跨国公司已经把中国看作一个重要的战略市场，对于如何吸引中国的高级人才，跨国公司可谓煞费苦心。前阿尔卡特中国有限公司董事长戴伯松在谈到其公司在本土化方面的作为时说："一旦发现中方的雇员能够胜任工作，我们就让外方雇员离开。在中国的外方雇员都有一项使命，就是要培训出最能够取代他们的中方雇员。"戴伯松在来中国之前已在阿尔卡特工作了10年，他从1997年1月开始出任阿尔卡特中国有限公司董事长，并以身作则带着妻儿老小扎根中国。有跨国公司本地高层坦言，CEO的本土化是根本，戴伯松"本土化中国"的最终结果是他自己的光荣回国。

对于跨国企业来说，本土化真的是根本吗？本土化真的是其终极的经营模式吗？随着跨国公司的发展，将来会不会有更好的战略来替代它？对此，学术界和实务界仍在争论。

根据研究，跨国公司在所在国的发展、壮大及其人员的本土化一般要经历3个阶段：

首先，刚进入时，由于跨国公司还不熟悉当地的劳动力市场，当地经理的成本优势并不明显，跨国公司对东道国文化背景的不了解也使得对当地经理的选拔较之海外经理的风险更高，因而本土化程度较低。

其次，随着跨国公司对东道国劳动力市场的熟悉，选择当地经理的成本相对于海外经理而言愈来愈小，而且随着经验的丰富和培训的深化，当地经理也可以被派去做以前海外经理做过的事情，如向新雇员传递管理经验及组织文化等，因而当地经理的贡献加大，企业更倾向于选择当地经理，本土化程度逐步提高。

最后，当本土化程度高到一定程度，企业成功进入东道国市场之后，往其终极目标——全球化的方向发展时，本土化程度又开始有一定程度的回落，企业更倾向于在全球范围内挑选合适的经理。这是因为在这一阶段，由信息高速公路、网络经济带来的高效沟通，使得企业选择全球经理的成本下降，因而跨国公司选择海外经理时将不再局限于国籍，而是从全球范围内挑选最适合的人选。此时，选择当地经理的优势不再突出，企业本土化程度因此而下降。此时，跨国公司内部更多地体现了一种文化融合的倾向，多元文化并存和碰撞，给企业带来无限的生机和文化互补的优势。这就回到了最初的问题，企业需要的是顶级的雇员，能给企业带来最高利润的雇员。一旦其适应周围复杂的经营环境，或者科学技术的高速发展带动的新经济使得全球招聘成本不再居高不下时，跨国企业会更侧重以职位的需要来聘请最合适的人员，而不是更侧重国籍。

总而言之，所在国人员配备只是跨国公司发展到一定阶段的产物。可以预见，跨国公司最成熟、最有效的用人理念是：只要你是这一工作最合适的人选，你就应该从事这个工作，而你的国籍是不重要的。

第三节　国际人力资源招聘的操作

人员招聘与甄选的国际化不仅仅指人员对象的国际化，而且是选聘方式的国际化。尽管不同的国家有不同的文化，不同的企业有不同的做法，各个跨国企业的选聘标准和方式不尽相同，但它们的目标是一致的，即招聘到最优秀的人才。所以，不同之中又包含着许多相同或相似。

一、高级管理人员招聘的程序

跨国企业招聘高级管理人员的工作，一般注重以下 3 个程序。

1. 初步面试

初步面试通常由公司的人力资源部主管主持进行，通过双向沟通，使公司方面获得有关应聘者学业成绩、相关培训、相关工作经历、兴趣爱好、对有关职责的期望等直观信息，同时，也使应聘人员对公司的目前情况及公司对应聘者的未来期望有个大致了解。面试结束后，人力资源部要对每位应聘人员进行评价，以确定下一轮应试人员的名单。具体操作是：(1) 就应聘者的外表、明显的兴趣、经验、合理的期望、职务能力、所受教育、能否马上胜任、过去雇佣的稳定性等项目从低(1分)到高(10分)打分；(2) 就职务应考虑的优缺点(如对以前职务的态度、对职业生涯或职业期望等)作具体评议，应聘者提供的书面材料也供评价参考。

2. 标准化测试

由公司外聘的心理学者主持进行。通过测试，可以进一步了解应聘人员的基本能力素质和个性特征，包括其基本智力、认识思维方式、内在驱动力等，也包括管理意识、管理技能技巧。目前，这类标准化测试主要有《16 种人格因素问卷》《明尼苏达多项人格测验》《适应能力测验》《欧蒂斯心智能力自我管理测验》《温得立人事测验》等。标准化测试的评价结果，可以为最后确定人选提供参考依据。

3. "仿真测验"

这是决定应聘人员是否入选的关键。其具体做法是:应聘者以小组为单位,根据工作中经常碰到的问题,由小组成员轮流担任不同角色以测试处理实际问题的能力。整个过程由专家和公司内部的高级主管组成专家小组来监督进行,一般历时两天左右,最后对每一个应试者做出综合评价,提出录用意见。"仿真测验"的最大特点是应聘者的智商和情商都能集中表现出来,它能客观地反映应聘者的综合能力,使企业避免在选择管理人才时感情用事。

二、一般人力资资招聘的具体做法

跨国企业一般人力资源招聘的具体做法,可以归纳为以下3个方面。

1. 丰富人才信息

美国西南航空公司在1993年只录用2 700名员工,但是公司却面试了1.6万名候选人,处理了9.8万份简历;在1994年只录用4 000名员工,但处理了12.5万份简历。按照西南航空公司的观点,虽然为吸引人才而对简历进行筛选、对候选人进行评价的成本很高,但这是公司成功进行人才选聘必须的第一步。

要保证选聘活动的成功,企业首先应建立自己的人才库,对于高级管理人员和高级技术人员来说更是如此。建立人才库的目的就在于,任何时候公司出现职位空缺,都能在最短的时间内找到合适的候选人来填补。如果总是等到需要的时候再去寻找候选人,就可能花很长的时间也找不到合适的人员;或者不得不降低对人才的要求,以便尽快填补职位的空缺。为了做到这一点,公司必须经常性地对人员的需求情况进行分析,提前发布公司的招聘信息以吸引人才,而不应等职位出现空缺之后再去考虑吸引人才。对于那些关键的职位或者劳动力市场供不应求的职位,更应该早做准备。

思科公司(Cisco Systems)就是一个成功的例证。该公司是一个富有竞争力的巨人企业,它的网址(http://www.cisco.com/jobs)已成为强有力的招聘工具。如果想到思科公司找工作,应聘者可以通过关键词检索与其才能相匹配的空缺职位,也可以发送简历或利用思科公司的简历创建器在网上制作一份简历。最重要的是,该网址会让应聘者和公司内部的一位志愿者结成"朋友"。应聘者的这位朋友会告诉应聘者有关思科公司的情况,把应聘者介绍给适当的人,带应聘者完成应聘程序。

但是,思科公司网站真正的威力不在于它让积极的求职者行事更快捷,而在于它把公司推荐给那些满足于现职、从未想过在思科工作的人。"我们积极瞄准那些求职不怎么积极的人。"负责公司招聘的麦克·麦可尼尔(Michael McNeal)说道。因此,该公司在它需要的人才经常光顾的地方宣传其网址。

思科公司不断提出该网址访问者的报告,并据此调整其战略。比如,公司了解到大多数访问者来自太平洋时区,时间在上午10点到下午2点之间。因而它得出如下结论:许多人在他们的办公时间寻觅工作机会。为此,思科公司正在开发一种软件,以方便这些偷偷摸摸找工作的人。这种软件让用户点击下拉菜单,回答问题,并在10分钟内介绍个人概况。它甚至还能替他们打掩护。如果上司正好走过,用户只需击一下键就能激活伪装屏幕,把原屏幕内容转换成"送给上司和同事的礼品单"或"杰出员工的7种好习惯"等。

现在,发布招聘信息的渠道多种多样,包括公司的主页、各种招聘网站、人才招聘会、校园招聘会、猎头公司、员工推荐和其他广告媒体。一般来说,可以在公司的主页上开辟一个专栏来发布公司的招聘信息,最好能把公司所有职位的招聘信息都放上去并注明全年招聘,而对那些近期需要招聘的职位可以单独注明。招聘管理的信息化是未来发展的趋势,这一点从在线招聘市场的发展已初见端倪。如今,美国在线招聘市场保持着100%的增长速度。随着网络招聘形式越来越深入人心,网络化的招聘管理工作也必然会扮演越来越重要的角色。至于其他媒介,则应该针对每一种媒介自身的特点,根据所招聘职位的特殊要求、成本和效果来确定采用哪种媒介。不管选择何种媒介,一定要让人感觉到公司能给他们提供富有挑战性的工作,能为他们创造理想的工作环境,并提供良好的福利待遇,以吸引他们来公司工作。

一旦获得有关应聘者的相关材料后,公司会认真对待,详细了解应聘者各方面的信息,并确定进一步评价的人选。然后,根据评价的结果来决定是否录用。如果应聘者的表现特别优秀,而公司又确实没有相应的职位空缺,就应该把应聘者加入公司的人才储备库,以便公司将来有职位空缺时能及时与应聘者联系上。

2. 优化人才指标

一般而言,招聘人员总喜欢根据应聘者的学历和工作经历等来进行判断。这往往有失偏颇。所以,在进行选聘之前,公司应进行科学的分析,来确定应聘者的哪些特征对于出色地完成工作特别重要。

雅虎公司是总部位于美国加州主攻互联网搜索产品的知名企业,它的成功秘诀在于:先决定聘用哪类人员,迅速筛除不符合条件者;然后制定一套技术手段,对剩下的求职者进行测评,看他们是否具备公司需要的特质。1994年,两位斯坦福大学的研究生创建了雅虎公司,两年后,该公司上市。雅虎公司在开展 IPO 业务时,仅有 65 名员工。现在的员工总数已是当时的 3 倍,并且平均随时约有 50 个职位空缺。无怪乎雅虎的高级经理人要花 30% 的时间寻找、招聘及留住"合适的"人才。前雅虎副总裁杰夫·麦雷特(Jeff Mallet)说,公司已经找到杰出雅虎员工的核心特性。他解释道,只有在以下 4 个方面表现突出,应聘者才能加入雅虎:

(1) 人际技能。"我们的观念是所聘用的任何人短期内都要负责管理其他人,"马利特说道,"因此,我们看重良好的人际关系技能。"

(2) 影响力范围。"我们所聘用的人应结识一批英才,利用内部员工的'黑名单'是我们最好的招聘方式。"

(3) 既能收紧,又能放开。"我们需要的人应能干实事,能调动各种手段完成项目。这叫'收紧'。但同时他们又能放得开,看到全局——该项目对公司的竞争力有何影响?"

(4) 热爱生活。"我们希望人们热爱自己的专长。事实上,多数具有某一具体爱好者,如爱好体育、艺术和文化者,也热爱生活。这不仅指替公司干大事,还包括在生活中成就大事。"

比较特殊的情况是,在所有的评价指标中,公司应该特别注重那些难以通过培训来改变的评价指标。比如,美国西南航空公司曾经拒绝过从另外一家公司跳槽来的飞行技术特别优秀的飞行员,因为这名飞行员的工作态度不是很好,而团队合作和服务意识等却很难通过培训来改变。同样,仁科(PeopleSoft)公司在选拔管理者时,与候选人学业上的成就相比,更关注候选人是不是一个团队成就导向的人,关注他们在业余时间的主要活动以及生活哲学等。与此非常不同的是,国内很多公司往往过分注重与工作任务相关的技能。

优化评价指标十分重要。首先,明确公司希望任职者所承担的任务角色,即公司需要任职者从事哪些方面的工作。既要考虑任职者近期需要从事的工作,也要根据公司业务发展的需要,考虑一段时间之后任职者需要从事的工作。

然后,通过对该职位的上级、前任、同事和客户进行访谈,来找出任职者要完成工作任务所必须应付和处理的关键事件。比如,市场经理可能必须应付和处理下列关键事件:对竞争对手意外的产品降价做出反应;决定产品的市场定位;招聘、培养和留住有潜能的产品经理等。

最后,根据关键事件,就可以确定对应聘者的评价指标,即胜任特征(Competency)。比如,需要某方面的技术知识;知道如何去激励员工;具备较强的分析能力等。同时,需要考虑这些评价指标能否支持公司文化,还应根据应聘者即将进入的工作团队的综合指标,适当调整对应聘者的要求。考虑到迅速变化的竞争环境和团队工作模式,一般还应考虑加入学习能力、团队合作和创新能力等评价指标。

3. 注重评价的信度和效度

从国内外的研究和实践来看,在人员选聘过程中常用的评价方式和手段主要有以下 4 种。

(1) 自传数据(Bio-Data),就是求职申请表。某在华跨国烟草公司在这方面做得就不错,他们设计的申请表不仅搜集了应聘者的一般信息,而且要求应聘者详细写出几个过去发生的、能反映其主动性、合作精神和团队合作等的事例,以便对应聘者的主动性、合作精神和团队合作等进行初步评价。很多公司往往忽视求职申请表的作用,只要求应聘者提供如年龄、教育经历等背景性资料,而没有搜集与评价指标有关的信息。

(2) 测验(Test)。常用的测验主要分为智力测验、兴趣测验和人格测验三类,比如,韦克斯勒成人智力量表、Strong-Campell 兴趣量表,以及用得比较多的卡特尔 16 种人格因素测验(16PF)、梅耶斯-布赖格人格测验(MBTI)、图片投射测验等。选聘高级人员时,一般只采用人格测验;选聘初级人员时,通常同时采用三种测验。

(3) 面试(Interview)。为提高面试的准确性和可靠性,一般应采用结构化面试,也称标准化面试或控制式面试。结构化面试是根据所制定的评价指标,运用特定的问题、评价方法和评价标准,严格遵循特定程序,通过测评人员与应聘者面对面的言语交流,对应聘者进行评价的标准化过程。由于结构化面试吸收了标准化测验的优点,也融合了经验型面试(非结构化面试)的优点,其测验结果比较准确和可靠。研究和实践表明,在面试中最好采用行为性的问题,即具体了解应聘者过去是怎么做的,并运用 STAR 法(Situation——什么情景;Task——什么任务;Action——采取了什么行动;Result——得到了什么结果)进行追问,以判断和保证应聘者回答的真实性。

(4) 情境模拟技术。是指将应聘者置于某种模拟或者现实的工作情境中,通过对应聘者的观察来进行评价的一种方法,其评价结果通常具有较高的预测性。目前,使用得比较多的情境模拟技术有无领导小组讨论、公文筐、工作样本、演讲和商业游戏等。由于情景模拟技术对评价者的要求高,成本也比较高,一般主要用于中高级管理人员的选拔。

不管采用什么评价方法,都应该考察评价方法的信度(评价方法的一致性程度)和效度(评价结果的准确性程度),并确保信度和效度达到一定的标准。

公司把人员招聘进来以后,整个选聘过程还有重要的一环没有完成——对选拔效果的评估。应该对所选聘的人进行一段时间的跟踪,来看看他们在测评过程的结果与实际的业绩是否具有较高的一致性。通过这种评估,可以发现企业所定的评价指标是不是合适,现存的评价方法是不是可靠和准确,进而改进评价指标,完善评价方法。

从实践来看,跨国企业在选聘人员时广泛使用面谈、标准化测试、评价中心、简历、工作试用测试、雇员推荐等选拔和甄别方法,其中,面谈被认为是使用最广泛且最有效的方法,评价中心次之。对于面谈内容的举例,参见表6-2。

表6-2 跨国企业招聘面谈内容举例

1. 动因 ● 询问愿意出国的原因及迫切程度 ● 询问应试者过去是否喜欢旅游、是否接受过语言方面的训练、喜欢读什么书以及是否与外国人有过交往等。通过这种询问去证实应试者是真的有出国工作的愿望 ● 确定应试者是否对国外工作和生活的情况有比较现实的了解 ● 询问应试者的配偶对其出国所持的态度
2. 健康状况 ● 看看应试者本人及其家庭成员是否有影响其驻外工作的健康问题 ● 弄清应试者是否身心健康、有无可预见的病变
3. 语言能力 ● 考查应试者是否具备学习一种新语言的能力 ● 考查应试者过去语言学习的情况及口语能力(主要是确定应试者是否能在语言上适应出国工作的需要) ● 询问其配偶的外语能力
4. 家庭状况 ● 在过去,应试者的家庭在不同的城市之间、在国内的各个地区之间搬了多少次家? ● 搬家时碰到哪些问题? ● 最近一次搬家是什么时候? ● 这次出国配偶抱有什么目的? ● 有几个孩子? 都多大了? ● 想把孩子都带出国吗? 为什么? ● 有哪些生活上需要适应的问题是应试者可以预料的? ● 应试者的家庭成员对其出国都有些什么看法? ● 出国是否会影响到其家庭成员的上学问题?
5. 机敏与创新精神 ● 应试者是否具有独立自主的能力? 是否能自己对某一个问题做出决策并坚持自己的判断? ● 是否具备处理复杂问题的能力? ● 在人力和物力都有限的情况下,应试者是否能克服那些可能出现的困难,并达到自己的既定目标? ● 在出国执行任务的过程中,有时会出现职责和权利都不十分清楚的情况。在这种情况下,应试者能否随机应变、灵活处理? ● 应试者能否向当地的经理人员和工人们解释清楚公司的生产经营原则和目的? ● 有无自我约束能力? 在处理一些复杂问题时,有无足够的自信去克服困难? ● 在没有监督的情况下,应试者能否正常工作? ● 在国外,有时通信设备缺乏,工作支持系统也不完善,在这种情况下,应试者是否也能有效工作?

正像通常的雇员选拔一样,在挑选外派人员时,考虑候选人过去的工作经历是有益的。因为工作经历是对候选人在将来的岗位上能否取得成功的最好预测,在选

派驻外人员时,候选人跨文化工作的经历格外重要。像高露洁-棕榄(Colgate-Palmolive)这样的公司在甄选外派人员时,就注重选择其个人工作经历和非工作经历、教育背景和语言技能方面的特点,尽量挑选那些能够证明自己可以在不同的文化环境中生活和工作的员工。甚至候选人有几次利用暑假到海外旅行的经历,或者有参与国际交流活动的经历,似乎也能使公司相信,他们在到达海外以后能够更为顺利地完成必要的适应过程。

在外派人员甄选方面,实况预演也是一种重要的甄选方法。无论是潜在的外派者还是他们的家庭,都需要向他们提供与未来新工作中可能存在的困难有关的所有信息,以及与所要派驻国家的文化优点、文化缺点和风俗习惯等方面有关的所有可获得的信息。国际人力资源管理应该采用这种方法使新雇员避免"文化震荡"。

和通常挑选和甄选人员一样,书面测试仍然是有效地选拔驻外人员的重要方法。一般而言,这种书面测试的设计和使用必须紧扣企业的特点。许多公司还同时设计和使用一些用于一般目的的测试,这些测试的主要目的是考察候选人的态度和个性特点等是否有利于他们成功地完成海外工作。

跨国企业在东道国选聘员工时除了应用上述方法外,还需要了解和适应当地习惯。譬如,在西欧的一些国家里,由政府负责公民的职业介绍事务,不允许私人机构插手;在瑞士,无论是雇主、工会、同事还是下级人员,都参与人员招聘的全过程。跨国企业要适应当地的招聘和选拔方式并非轻而易举。在日本,要吸引最优秀的潜在管理人才,需要同日本大学的教授保持密切的私人关系,而大多数外国公司并不具备这种联系。对美国公司而言,这种招聘方法可能违背了公平竞争的道德原则。因此,跨国企业在选择招聘方法时,需要遵循母国的习惯、获得他们认为"合适"的职位人选机会与遵循当地传统的成本与收益。在招募新员工以后,需要对其进行培训,才能使其真正成为公司需要的雇员。

【信息链接】

招聘面试的几个案例

- 分蛋糕:有一家外企招聘员工面试时,出了一道题:要求应聘者把一盒蛋糕切成8份,分给8个人,但蛋糕盒里还必须留有一份。面对这样的怪题,有些应聘者绞尽脑汁也无法分成;有些应聘者却感到此题实际很简单,把切成的8份蛋糕先拿出7份分给7人,剩下的1份连蛋糕盒一起分给第8个人。应聘者的创造性思维能力这就显而易见了。

- 一家企业招聘时出了一道题,请应聘者画出一种植物或动物来描述自己。这也是一道测试创造力、反应能力和应付挑战能力的题目,关键并不是看你会不会画,画得好不好,只是想看看被试者是否敢于画,画得恰当、得体、形象甚至幽默。
- 谈观后感:有一些外企招聘员工时,组织应聘者先参观本企业。然后,要求应聘者谈观后感。测试中,有的应聘者谈不出什么感想,或只讲本企业的好话;有的应聘者则能对本企业不足之处提出意见,并提出改进的建议,如加强安全防护措施等。显然,后一种应聘者更懂得观察,有学习能力,合理的建议更能体现其业务素质。
- 雨中打伞:要求被试者冒雨到附近指定地点然后返回,但只有一半的应聘者发到伞。应聘者在这场面试中出现这样的情况:有的发到伞的应聘者主动与无伞的应聘者搭档,风雨同伞;有的无伞的应聘者则与有伞的应聘者协商合用一把伞;有的有伞的应聘者只顾自己而不顾别人,独自撑一把伞。
- 一起吃饭:几年前贝尔实验室在北京的校园招聘的最后一个环节(前提是被试者并不清楚这也是一项考核),是请经过逐层淘汰所剩不多的几个被试者去吃饭,看看他们在饭桌上的表现。除了对礼貌、俭朴几个道德素质的评估外,更主要是观察他们的人际交往能力和群体适应能力。这时候,被试者精神放松,观察结果也更加准确、客观。
- 代刻光盘:"如果这个客户说我可以考虑买你的产品,不过我知道你们也是 IBM 的销售代理,我听说 IBM 的 Lotus Notes 出了一个最新的版本。我买你的产品,你能不能再顺便给我刻一张盘呢?这个是 Lotus Notes。你如何回答呢?"这是一道职业道德评估题,用于测试应聘者的商业道德和法制意识。

【信息链接】

国际名企面试趣题

1. 微软公司的面试考题

- 逻辑题:

此题源于1981年位于柏林的德国逻辑思考学院,据说98%的被测验者无法解题。

前提：有五间房屋排成一列，所有房屋的外表颜色都不一样，所有的屋主来自不同的国家，养不同的宠物，喝不同的饮料，抽不同的香烟。

英国人住在红色房屋里；瑞典人养了一只狗；丹麦人喝茶；绿色房子在白色房子的左边；绿色房屋的屋主喝咖啡；抽 Pall Mall 香烟的屋主养鸟；黄色屋主抽 Dunhill 香烟；位于最中间的屋主喝牛奶；挪威人住在第一间房屋里；抽 Blend 香烟的人住在养猫人家的隔壁；养马的屋主在抽 Dunhill 的人家的隔壁；抽 Blue Master 的屋主喝啤酒；德国人抽 Prince；挪威人住在蓝色房间的隔壁；只喝开水的人家住在抽 Blend 的隔壁。

问：谁养鱼？

- 智力题：

只有5分钟时间。超过5分钟就放弃，因为你绝对不会被微软招聘。

Test 1

用一笔画四根直线，将右图9个点全部连接。

Test 2

对一批编号为1—100全部开关朝上(开)的灯进行以下操作：

凡是1的倍数反方向拨一次开关；2的倍数反方向又拨一次开关；3的倍数反方向又拨一次开关……

问：最后为关息状态的灯的编号是多少？

2. IBM 公司面试的代表性考题

① Describe your greatest achievement in the past 4—5 years?

② What are your short & long term career objectives? What do you think is the most ideal job for you?

③ Why do you want to join IBM? What do you think you can contribute to IBM?

3. P&G 公司面试的代表性考题

① Describe an instance where you set your sights on a high demanding goal and saw it through completion?

② Summerize a situation where you took the initiative to get others going on an important task or issue, and played a leading role to achieve the results you wanted.

③ Describe a situation where you had to seek out a relevant information, define key issues, and decide on which steps to take to get the desired results.

④ Describe an instant where you made effective use of facts to secure the agreement of others.

⑤ Give an example of how you worked effectively with people to accomplish an important result.

⑥ Describe a creative/innovative idea that you produced which led to a significant contribution to the success of an activity or a project.

⑦ Provide an example of how you assessed a situation and achieved good results by focusing on the most important priorities.

⑧ Provide an example of how you acquired technical skills and converted them to practical application.

4. 德勤（咨询公司）面试的考题

五个人来自不同的地方，住不同的房子，养不同的动物，吸不同牌子的香烟，喝不同的饮料，喜欢不同的食物。根据以下线索确定谁是养猫的人。

① 红房子在蓝房子的右边，白房子的左边（不一定紧邻）；

② 黄房子的主人来自香港，而且他的房子不在最左边；

③ 爱吃比萨饼的人住在爱喝矿泉水的人的隔壁；

④ 来自北京的人爱喝茅台，住在来自上海的人的隔壁；

⑤ 吸希尔顿香烟的人住在养马人的右边隔壁；

⑥ 爱喝啤酒的人也爱吃鸡；

⑦ 绿房子的人养狗；

⑧ 爱吃面条的人住在养蛇的人的隔壁；

⑨ 来自天津的人的邻居（紧邻）一个爱吃牛肉，另一个来自成都；

⑩ 养鱼的人住在最右边的房子里；

⑪ 吸万宝路香烟的人住在吸希尔顿香烟的人和吸555香烟的人的中间（紧邻）；

⑫ 红房子的人爱喝茶；

⑬ 爱喝葡萄酒的人住在爱吃豆腐的人的右边隔壁；

⑭ 吸红塔山香烟的人既不住在吸健牌香烟的人的隔壁，也不与来自上海的人相邻；

⑮ 来自上海的人住在左数第二间房子里；

⑯ 爱喝矿泉水的人住在最中间的房子里；

⑰ 爱吃面条的人也爱喝葡萄酒；

⑱ 吸 555 香烟的人比吸希尔顿香烟的人住得靠右。

5. HongKong Bank 面试的考题

① Please state why you chose to follow the activities in your previous work and how they have contributed to your personal development. You may wish to give details of your role whether anyone else was involved and any difficulties you encountered.

② Please state how you have benefited from your work experience.

③ How much is your present monthly salary including allowances.

④ Do you need to compensate your present employer if you resign? If so, please give details.

⑤ Other than academic success, what has been your greatest achievement to date? What do you see as your personal strength, why?

⑥ Please state why the position you have applied for is appropriate for you; Why you have selected HongKong Bank and what your career objectives are.

6. SIMENS 公司 SISC 网上申请的题目

① Please specify your motivation to apply for SISC and what do you expect from this program? (1 500 letters)

② How do you think a friend or professor who knows you well would describe you? (1 500 letters)

③ What are your long range and short range career goals and objectives? When and why did you establish them and how are you preparing yourself to achieve them? (1 500 letters)

④ Tell us a challenge you had in your work/study life. How did you overcome those difficulties and achieve the goal. (1 500 letters)

⑤ Interacting with others can be challenge at times. Have you ever had any difficulty getting along with someone at school? Tell us about a specific situation in which this happened. How did you handle it? (1 500 letters)

⑥ Tell us about a situation in which you had to adjust quickly to a change in organizational, departmental, or team priorities. How did the change affect you?

(1 500 letters)

⑦ Describe a situation in which you saw a problem and took action to correct it rather than wait for someone else to do? (1 500 letters)

⑧ Compare to other people in general, how would you rate your leadership ability? Please explain the reason and give examples. (1 500 letters)

案例研究一：上海迪士尼与无印良品的人力资源本土化案例

一、上海迪士尼案例

上海迪士尼度假区位于上海国际旅游度假区内，是中国大陆第一座迪士尼度假区。上海迪士尼度假区由华特迪士尼公司和上海申迪集团共同投资。在这两家业主公司中，中方担任董事长，项目的重大事项由董事会决策。同时，中方向管理公司委派副总经理及若干管理人员参与项目的日常经营管理。从上海迪士尼度假区的情况来看，子公司高层由本土管理人才担任，是完全可以保障母公司战略的实施的。而且，这样的高管结构更有利于更快地与中国政府部门协调，更快地将母公司的战略贯彻落实。

员工招聘本土化

截至2016年12月，上海迪士尼度假区员工人数大约有15 000人，其中，隶属于两家业主公司（上海国际主题乐园有限公司和上海国际主题乐园配套设施有限公司）的一线度假区运营类岗位员工人数约有12 000人，外籍员工约100人，占比不到员工总数的百分之一，而隶属于国际主题乐园管理有限公司的员工人数在3 000人左右，其中，外籍员工约200名，占比约百分之七。从人员的数量上看，上海迪士尼度假区的人力资源本土化程度已经很深；从分布上看，基础类的岗位基本都在雇佣中国本土的人力，管理岗位比较而言会雇佣更多非中国籍的员工。

在不同的发展阶段，人员的配置存在变动。筹备开园阶段，需要向美方学习大量的施工建设技术和运营经验，所以，美方派遣了大量外籍人员来中国进行管理和筹备工作。到后期的开园和运营阶段，人员则主要依赖中国本土人员，目的则是为了适应中国游客的需求，利用中国的经营管理经验，快速了解中国市场并做出足够快的反应。

员工培训本土化

上海迪士尼主要包括入职培训和在职培训。员工在刚入职的时候需要参与迪士尼组织的两天传统培训课程，主要涉及内容为企业文化、发展史、园区概况和园区内不同的功能区等。这一传统培训主要从美国本土引进，教材也是直接翻译美国的教材，原汁原味的美国文化有时会让三四十岁的运营岗位员工感到不适应。在开园后公司根据实际情况进行调整，上海迪士尼度假区放弃了美国的培训教材，从零基础开始编写上海迪士尼度假区的教学教材，同时也根据中国的实际情况，在课程中引入了实际操作，在传统培训课程的第二天带领新入职的员工进行乐园体验，让员工能够走出教室，在实际运营中感受不同岗位的真实工作内容和体验工作环境。

绩效考核本土化情况

上海迪士尼的绩效考核方式结合了中国特色，评比优秀的员工会获得相应的荣誉称号。评比的四个关键要素为效率、礼仪、演出和安全，在这四个要素上表现优秀的员工会被提名标兵，获得标兵称号之后可以登上公司内部网络，同时也会有一定的奖金激励。

考核的过程首先是员工进行自我的书面总结，主管通过对自我总结的审阅，与员工进行面对面的谈话沟通，按照一定的标准对员工工作职能和工作职责以及工作量进行评估，进而考虑是否对员工进行升职或者加薪。

劳动关系本土化

上海迪士尼度假区的劳动关系管理注重合法合规，同时要切实吻合中国的法律法规。与员工签订的劳动合同具有 6 个月的试用期，试用期后的合同签订期为三年，合同期满后会进行相关考核，通过考核会续签下一个为期三年的合同，在为公司服务九年后会签订无固定期限的劳动合同，从而有助于增强员工的稳定感。虽然作为合资公司没有档案的管理权，但是上海迪士尼度假区仍旧建立健全的员工信息系统，对员工的入职、离职具备详细的流程化管理，入职、离职中的面谈也是必备的环节，通过加强与员工的沟通，从而达到提升公司经营效果的目的。

二、无印良品案例

无印良品（MUJI）是日本西友株式会社于1980年开发的自有品牌，1983年于东京具有流行风向标意义的青山开出第一家独立旗舰店,1989年从日本西友公司独立出来,设立了株式会社良品计划,2005年在上海创建第一家中国大陆地区的无印良品,截至2016年年底,在华的直营店铺达到202家。

人员储备计划

无印良品(中国)的储备干部一职通过面向中国应届毕业生的校园招聘来挖掘本土人才。一切储备干部均先在店铺进行工作,需要更好地理解企业的发展理念和未来宏图,这些店铺的经验是储备干部成长的基石和前进的助力。

无印良品(中国)帮助应届毕业生完成从学校到无印良品社会人的转变,新人培训体系结合每位员工不同的成长阶段,提供各种训练课程,帮助储备干部在完善业务知识时也能够掌握与管理有关的技巧,当获得了所需的能力后可以拥有广阔的上升空间,店铺的管理职位或者总部的职位,都可以成为发展的平台。

储备干部进入公司后,会安排1个月的集中培训(培训地点为上海),之后会根据个人的情况分配到无印良品在全国各地的直营店铺中,由店长级人员负责之后12个月的店铺阶段性培训。如果按时或提前完成培训项目,可参加公司1年2次的店长晋升考试。成为店长后可以选择继续留在店铺发展,成为区域店长或区域经理,如果总部有合适的职位也可能进入总部工作。通过培训选拔之后,分为两个通道——店铺和总部。店铺储备干部主要在门店现场成长,进入总部的员工任务也是以支持店铺为核心。员工通过努力可以获得进一步发展的空间,如晋升为区域经理或总部部门长一职时,还必须完成海外研修培训,之后企业还会提供更多人才发展机会。

培训体系本土化

无印良品拥有一项积极的人才培养方式,即海外研修。中国现场店铺人员会去日本进行研修,在日本的店铺和当地店长共同工作,将日本门店现场的理念带回到中国门店来加以宣传。日本总社经理级别的人员也会被派遣到海外,带着日本的技术要领来到中国总部,共同协作解决中国总部遇到的难题,如果他们在中国当地发现了难题,也会带回日本,作为整个集团应该解决的课题来研究。

2014年,无印良品成都旗舰店成立时,IA/SA(家居搭配咨询顾问/服装搭配咨询顾问)被首次导入中国。由于之前国内还未有这样的职位,所以人才培养一直是在中日联动的状态下进行。

绩效体系本土化

无印良品每年开一次从董事长级别到部门经理级别的包含公司主要执行干部

的集体会议,来评估人才表现。在人才会议上,他们采用 Five Box 的评估方法来探讨部门经理候选人等骨干员工的表现,帮助决定所评估候选人的位置(见图 6-2)。

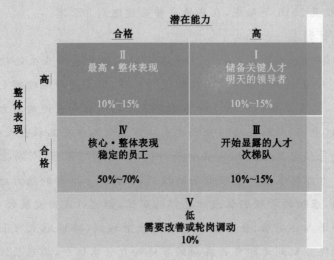

图 6-2 MUJI Five Box 人才评估模式

日本国内店铺的店长大都 30 多岁,而在中国大陆多数店长集中在 25 岁左右,比日本本土店长相对年轻。虽然中方店长的经验较少,但非常积极寻求个人能力的提升,吸收新知识也非常快。考虑到 MUJI 中国本地从业人员高度的工作热情,为了让这些本地员工更好地发挥工作能力,MUJI 中国对他们的工作态度和工作成绩也要做出相应合适的评价。

由于中日文化差异,人才评价的指标描述也需要本地化,符合当地文化背景。比如,中国的销售人员在接待顾客时不一定需要给客人鞠躬行礼,销售人员和顾客交流时更多是平等关系。在人才评价体系时要考虑到,只要他们可以认真吸收待客礼仪和销售知识,深刻理解必须向客人采取谦恭谨慎的利害关系,他们可以采用符合当地文化的待客礼仪。

思考题:

跨国企业的人力资源本土化,应该密切关注文化、资源配置等方面的问题。新型全球化的到来,对中国企业来说既是挑战也是机遇。密切关注人员本土化,有助于中国企业在新型全球化下"走出去"时取得成功。

通过以上对无印良品和上海迪士尼两家公司的案例比较,我们可以看到跨国公司各种问题的一个重要根源是在员工自身的感知上。这种感知主要出于文化、民族之间的差异。我们应该采取什么样适当的方式,让不同国家的员工可以在同一种文化主张下共同为组织发展贡献力量,实现组织目标,打造组织的企业形象,从而来实现企业的持续发展呢?

此外,人员配置之间的平衡仍然是组织中需要关注的重点,外派人员和本国人员的待遇差异会引起组织内的动荡和破坏。所以,我们应该如何在两者之间保持微妙的平衡,采取相应的管理干预措施呢?

参考文献:

[1] 王培梅.大陆外资企业人力资源本土化管理研究[D].中国海洋大学硕士学位论文,2011.

[2] 张释尹.在华外企人力资源本土化战略分析与启示——以欧宁公司为例[J].丝绸之路,2010(10):103-106.

[3] 张瑞.跨国公司人力资源本土化策略研究[D].北京交通大学硕士学位论文,2010:13-14.

[4] 李名梁,加月月.跨国公司在华人力资源本土化研究:现状评析与展望[J].中国人事科学,2018,No.4(4):44-51.

[5] 冯胜明.浅议我国企业跨文化人力资源管理[J].企业科技与发展:上半月,2008(1):23-24.

[6] 陈艳红,姜启军.跨国经营企业人力资源本土化的问题与对策[J].上海海洋大学学报,2012,21(5):923-928.

[7] 殷占录,孙文选,屈子琦.迪士尼乐园"本土化"发展策略分析——以上海迪士尼乐园为例[J].旅游纵览(下半月),2018,283(11):73-74+76.

[8] 王宜梁.从"无印良品"看日本民族化品牌形象的推广[J].艺术设计研究,2008(3):27-28.

[9] SHINYO RO.在华日本企业人才本土化问题研究[D].厦门大学硕士学位论文,2017.

[10] 郭启楠.跨国公司在华人力资源本土化问题研究[D].吉林财经大学博士学位论文,2017.

[11] 杨蕊.跨国公司人才本土化战略[J].黑龙江对外经贸,2005(3):33-35.

[12] 黄荣斌.论跨国公司人力资源"本地化"[J].广东经济,2001(3):21-22+24.

[13] Wong C S, Law K S. Managing localization of human resources in the PRC: a practical model[J]. Journal of World Business, 2011, 34(1):26-40.

[14] Law K S, Wong C S, Wang K D. An empirical test of the model on managing the localization of human resources in the People's Republic of China [J]. International Journal of Human Resource Management, 2004, 15(4-5): 635-648.

（资料来源：综合相关文献和新闻网络资料整理而成，林新奇教授《国际人力资源管理》研究生课程班硕士生李楠楠同学做出了贡献。）

案例研究二：神华能源和猎豹移动的人员本土化案例比较

一、神华能源有限公司

神华能源有限公司（以下简称"神华"）是神华集团有限公司的全资子公司，其发展战略是"转型成为世界一流的清洁能源供应商"。神华公司于2007年进入印度尼西亚市场，于2011年开始打造第一个发电项目——PT.GH EMM INDONESIA，并于2013年开始运营，总投资达到3.8亿美元。2015年，新项目Sumsel-1中标，开始筹备建设，该项目包括两个独立电厂的设计、投资、建设和维护，以及78.5公里的输电电网建设。

作为一家大型高科技能源跨国公司，为了保证项目安全有序地运营，实现企业的可持续发展，神华不仅要考虑公司运营发展的内部需求，同时要兼顾作为东道主国家的印度尼西亚所提供的外部环境。

作为一个发展中大国，印度尼西亚的失业率很高，外国劳动力较少。为了解决本土劳动力的就业问题，印度尼西亚的劳动政策明显倾向于保护国内劳动力。然而，随着中国企业在印度尼西亚投资的不断增加，越来越多的中国工人到印度尼西亚工作，增加了当地人的就业压力，在当地居民中引起了不小的反应。

为了适应印度尼西亚的整体环境，从而实现企业可持续发展，神华很早就意识到应该采取人员本土化战略，通过各种方式来培养和发展本地人才，如建立交流、文化和合作环境等。但人员本土化策略的实施结果并不理想，以PT.GH EMM INDONESIA项目为例，管理级别的本地员工比例远低于外籍员工，但本地员工占员工的总比例达到71%。职位级别反映了员工的话语权，而话语权又反映了公司人员本土化的实际情况。

从上述数据可以看出,神华公司的人员本土化战略只关注本地员工的数量,忽视了本地员工的人员素质。神华公司的人员本土化战略存在以下4个问题:

(1)母公司赋能授权不足。母公司在印尼项目中起到了主导作用,是印尼项目的主要管理者,掌握着大多数的决策权,而印尼本地的管理团队只拥有有限的决策权限。由于授权不足,印尼项目要与母公司保持频繁的联系,联系主要通过公司内部的复杂的报告系统,只有母公司的外派人员和少数具有优秀的语言能力的本地员工可以报告。

除此之外,由于母公司的大多数管理人员不具备海外经验,印尼项目的管理风格受到母公司管理的影响,仍然遵守中国国有企业的管理风格,与印度尼西亚的管理风格大相径庭。这种有限的授权不仅会使得本地员工感受到管理风格的差异,更不能使本地员工感受到公司对本地人才的重视,降低了本地员工对公司的归属感,打消了其工作积极性,削弱了本地员工自我提升的动机。

(2)招聘计划无法满足公司人员需求。由于印度尼西亚公司的大部分决策权掌握在母公司手里,印尼公司的一切行动受到母公司指令的限制。母公司对于公司人员结构有严格的限制,但这种人员结构设计与印尼公司的实际情况并不相符,这就使得印尼公司难以根据自己的实际业务需求制定招聘计划。

从公司内部来看,由于人员结构有限,印尼公司内不缺乏专业的人力资源管理员工从事招聘工作。并且大多数掌权的外派员工只具备技术技能,对当地的熟悉程度弱,国际化视野和文化语言适应性不强,难以给予适合的招聘指导。从外部环境来看,由于印度尼西亚发电厂项目所占用的很多土地是从当地居民那里获得的,大多数土地所有者都要求在公司中担任职务。这一特殊的外部环境条件也使得当地的人员招聘超出公司的控制。

(3)缺乏长期的、系统的培训制度。受到母公司的派遣制度和《印尼外国工人移民条例》的影响,外派人员的派遣时间只有3—5年。这种人员的短期安置使得培训往往更关注培训带来的短期收益,从而忽视了公司的长远发展。除此之外,由于母公司的管理制度,参加培训的当地员工必须适应中国式的管理风格,融入中国的管理文化,如用中文发言或表现出中国式行事风格。如果不能满足以上条件,本地员工很难被提拔到更高的位置。

尽管这些要求都没有以任何书面形式出现,但这个天花板是实际存在的。从短期来看,这种追求短期利益的、采取中国管理文化的培训,可能会给公司带来利润上的增长。但长期来看,这种揠苗助长的培训方式可能会使得员工忽视企业发展的长期利益,甚至产生逆反心理,做出不利于公司的行为。

(4) 缺乏系统的绩效管理体系。在印尼公司中,外派员工和本地员工有两种不同的绩效管理制度。对于外派人员的绩效考核非常严格,考核主要采用的是责任调查制度。这种考核制度主要指的是对发生的各类责任事件,由上至下全面地调查各负责人的履职情况,当发现失职的情况出现时,会给予相关人员适当的惩罚。这种考核制度就导致了员工工作积极性下降,因为什么都不做是逃避惩罚的最明智的选择。

对于大多数印尼本地员工,公司内没有明确的绩效管理制度。因为大多数本地员工没有明确的工作职责和要求,他们的工作目标是模糊的,仅由上级经理决定。没有考核就不会有行动,特别是对于知识、技能水平较低,工作积极性不高的本地员工来说,没有明确的工作职责和绩效考核制度,不利于本地员工的成长和发展。

二、猎豹移动公司

猎豹移动原名金山网络,于2010年10月由金山安全和可牛影像合并而成。猎豹移动致力于为全球的移动用户提供更快速、更简洁、更安全的移动互联网体验,同时在人工智能等创新领域进行积极的实践和探索,现已成为Google Play全球非游戏类应用榜单排名第三的移动应用开发商。

2012年,猎豹移动开始实施"海外+移动"战略,正式走上国际化道路,开始开拓国际市场。2014年5月,猎豹移动成功登陆纽约证券交易所并挂牌上市。目前,除北京总部外,猎豹移动在全球超过15个国家和地区建有分支机构,全球员工总数超过3 000人。2018年,Google联合WPP等发布了《2018年中国出海品牌50强报告》,猎豹移动凭借其在全球出色的表现和影响,在榜单中位列第十。猎豹移动在国际市场上取得的一切成功,离不开其正确的国际人力资源管理战略。

猎豹移动的国际化发展路径可以分为4个阶段:

首先,在打开中国台湾地区的市场之后,猎豹移动选择向北美和东南亚市场进军。有了中国台湾的经验,猎豹移动继续选择采取本土化策略。接下来,猎豹移动发现了印度互联网广告市场的巨大潜在空间,开始向印度进军。在组建印度当地业务团队的过程中,母公司的负责人发现,职场中的印度人充满激情和自信,能够在上司和客户面前侃侃而谈。

但印度经理人整体的工作能力和管理能力还有提升的空间,工作效率有待提高,而面对印度互联网广告市场的激烈竞争,执行效率是十分重要的。在拓展印度市场的同时,猎豹移动也开进了欧洲市场。与其他国家不同的是,欧洲的法律体系和人才市场都更为成熟,这对猎豹移动来说喜忧参半。有利的一面是,规范的市场和丰富的人才储备为猎豹移动开拓欧洲市场提供了保障;不利的一面是,欧洲国家(特别是法国、荷兰等国家)的法律对劳工的保护十分完善,劳动者的维权意识很强,这就更容易造成文化和管理上的冲突。

面对上述过程中的问题与挑战,猎豹移动从国际化发展的过程中归纳经验与共性,总结出人员本土化的策略,即总部不直接干预各地区团队的日常工作,而是选拔当地优秀的管理者去管理团队,对管理者进行充分授权,致力于保护和激发本地员工的激情和能力,并通过坦诚的沟通化解文化和思想上的差异和冲突。这一理念帮助猎豹移动成功地解决了组织中的文化冲突、管理冲突、效率不足等问题,为猎豹移动的国际化发展之路不断助力。

首先,母公司对各地团队的管理层充分授权。猎豹的业务团队遍布全球各地,为了使各地区稳步发展进而实现地区间的协同发展,各地团队的管理者要能够为团队提供明确的方向,减少工作中的模糊问题。如果各地团队主管没有一定的自主决策权,猎豹移动不仅要花费巨额的沟通成本,也会降低各团队的工作效率。

除此之外,由于母公司和子公司所处环境不同、公司人员构成不同等,母公司的管理理念和管理风格往往不容易被子公司员工所接受。如果强行灌输母公司的管理理念,很有可能会激起子公司员工的抵触心理,进而造成更大的冲突。因此,对各地团队管理者的充分授权是猎豹移动人员本土化策略成功实现的必要前提。

其次,在人才队伍建设方面,猎豹移动实现人员本土化策略的第一步就是招募当地的人才,组建本地业务团队。本地的业务团队不仅更能了解当地客户的需求,融入客户的圈子,为客户提供更好的服务,同时也为企业省去很多支出,如外派人员的培训费、差旅费、安置费和补贴等。

当地人员的招募有两种途径:校园招聘和社会招聘。校园招聘主要是为了帮助企业吸引当地高潜力、高素质的年轻人才。以美国为例,猎豹移动就曾与学校合作,通过组织企业参观、讲座、研讨会或者提供奖学金和实习机会等方式,吸引当地高校的人才。社会招聘主要是在社会中通过丰厚的薪酬和福利吸引符合公司需求的当地人才。高于当地平均水平的薪酬使得员工即使面临着未知的国际协作挑战,也保持着较低的离职意愿。

再次,猎豹移动给予各地团队员工充分的尊重和公平的机会。为了对拥有高度"自治权"的地方团队进行监督,总部会与地方团队保持频繁的交流,包括邮件、电话和视频通话等。在交流的过程中,总部管理者会充分考虑到员工的文化背景和个人意愿,鼓励员工自由地表达观点,尽可能给予员工最大的尊重。

除此之外,猎豹移动推崇人性化管理,在用人方面反对一切形式的歧视,如年龄、性别、国籍等,鼓励员工多样化发展。对于本土人才,猎豹移动采取"同等同级同待遇"的政策,使得各地区中同一级别的当地人才和母国人才在薪酬福利、培训晋升、绩效考核等方面保持一致,实现了相对公平,为人才提供了公平舒适的工作环境。

最后,通过多样化的福利保留与公司价值观契合的员工。当企业人才特别是高级管理人才和关键技术人才流失率过高,企业将会受到巨大的冲击。为了避免此类问题的发生,猎豹移动采取物质激励和精神激励相结合的方式留住人才。除了丰厚的薪水之外,猎豹移动也十分重视员工福利,包括免费的生活资源、学习资源、娱乐资源、社交资源等。猎豹移动内部到处传播着"努力工作、快乐生活"的价值理念。

通过以上案例比较可以看到,尽管两家企业在国际化初期都因为外部环境的政策限制采取了人员本土化策略,但两家公司人员本土化策略的最终效果有着显著的差异。神华公司只是形式上的人员本土化,只关注本土人才的数量而未关注本土人才的工作感受以及素质提升,并没有将人员本土化策略的实施与公司的经营管理相结合,人员本土化的效果大打折扣。猎豹移动通过人员本土化的实践,发现了人员本土化对公司业务的积极影响,从而借鉴首次成功经验在不同的地区推行人员本土化策略,对本土人才的选、用、育、留、出都给予了极大的关注,从而化解了中国企业"走出去"可能遇到的用人成本高、文化冲突、人才流失、本地人才组织承诺低等问题。

具体来看,两家公司在实施人员本土化策略的过程中主要存在以下差异:

1. 对本土人员的授权程度不同

神华公司的大部分决策权力集中在母公司手中,各地项目团队只有外派员工和少数语言能力优秀的本地员工掌握一些决策权和向母公司报告的权力。与神华公司不同,猎豹移动将大多数权力下放到各地的项目团队手中,母公司通过与当地项目团队负责人频繁沟通来监控各地的团队,并且在沟通的过程中鼓励团队主管自由发表意见,尽量避免由文化差异引起的冲突。充分的授权有利于业务团队根据市场的变化及时调整,更好地适应发展。充分的沟通可以加强总部对于业务团队的了解,使当地员工感受到总部的尊重和重视,有利于化解母公司和各地业务团队之间的分歧。

2. 管理风格的适配程度不同

由于神华母公司对项目子公司的高度控制,子公司的管理依然延续母公司的中国式的管理风格,如提倡先付出后回报(关注长期利益),这与印度尼西亚当地的文化十分不同,不利于本土员工融入企业。猎豹移动充分尊重不同地区员工的文化信仰,选拔本土员工作为团队的领导者,在避免文化冲突和管理风格不适配等问题的基础上,充分保护和激发员工的工作激情和工作能力。公司也不会强制性地向员工灌输母公司的文化和价值观,而是通过团队领导者,在尊重价值观差异的基础上,在领导者日常管理的过程中潜移默化地转变员工的观念和行为。管理风格上的适配更能使本土员工感受到公司的关怀和尊重,提高公司在本土员工心中的形象,促使本土员工更好地为公司的发展而奋斗。

3. 对待本土人员的公平程度不同

在神华公司印度尼西亚项目团队,本土员工和母公司外派员工没有受到平等的对待。与本土员工相比,母国外派员工拥有更多的资源、更高的权限和独特的考评培训方案。比如,外派员工占据更高的管理职位、拥有向母公司直接汇报的权力、有针对性外派周期指定的短期培训方案、有独特的绩效考核制度。本土员工在公司内受重视程度低,有无形的晋升天花板,甚至有很多本土员工没有明确的工作职责。这些对比都会直接影响本土员工的公平感知,从而影响员工的工作绩效。猎豹移动明确实施"同等同级同对待"的政策,使得本土员工和母国外派员工在薪酬福利、今生计划、职业发展等方面实现相对一致,增强本土员工的公平感,从而给予本土员工更好的工作体验。

思考题:

在中国企业"走出去"的过程中,应该如何实施有效的人员本土化战略,上述两家企业案例给我们提供了许多经验和启发。问我们究竟应该如何更好地把握适度合理的人员本土化策略?如何提升母公司对人员本土化战略的重视程度?如何对本土化人才给予信任与尊重?如何建立更加完善的本土化人力资源管理体制?这些都是值得深入思考和探讨的。

参考文献：

[1] Law, K. S., Song, L. J., Wong, C. S., & Chen, D. (2009). The antecedents and consequences of successful localization[J]. Journal of International Business Studies, 40, 1359-1373.

[2] Oppong, N. Y., & Gold, J. (2016). Developing local managers in the Ghanaian mining industry: an indigenous talent model[J]. Journal of Management Development, 35, 341-359.

[3] Schaaper, J., Amann, B., Jaussaud, J., Nakamura, H., & Mizoguchi, S. (2013). Human resource management in Asian subsidiaries: comparison of French and Japanese MNCs[J]. International Journal of Human Resource Management, 24, 1454-1470.

[4] Sidani, Y., & Al Ariss, A. (2014). Institutional and corporate drivers of global talent management: Evidence from the Arab Gulf region[J]. Journal of World Business, 49, 215-224.

[5] 陈艳红,姜启军.跨国经营企业人力资源本土化的问题与对策[J].上海海洋大学学报,2012,21(5):923-928.

[6] 付英哲.我国企业跨国经营雇员本土化战略的探讨[J].现代商业,2013(3):169-170.

[7] 胡冰燕.跨国公司海外人力资源本土化战略分析[J].人才资源开发,2020(13):81-82.

[8] 黄旭.中资企业在非洲国家的人力资源本土化策略研究与建议[J].经济研究导刊,2020(9):177-178.

[9] 李裕鸿,仇静.我国跨国公司人员本土化战略的博弈分析[J].经济研究导刊,2016(26):51-52.

[10] 林斐.浅谈企业人员本土化建设[J].企业改革与管理,2016(12):70-71.

[11] Retno H.D.P,张超男.印度尼西亚中资企业人力资源本土化策略研究[J].现代商贸工业,2020,41(4):29-32.

[12] 王朝晖.跨国公司人员外派与人员本土化的比较研究[J].国际经济合作,2006(06):55-57.

[13] 王红.外企人员本土化的实施策略探究[J].人力资源管理,2014(12):11-12.

[14] 张志成.本土人才国际化与国际人员本土化——谈出版"走出去"与出版人才培养[J].中国出版,2013(04):25-27.

（资料来源：综合热点新闻网络资料整理而成，林新奇教授《国际人力资源管理》研究生课程班硕士生曹培悦同学做出了贡献。）

复习思考题

1. 国际人力资源规划主要依据的战略有哪些？
2. 国际人力资源规划的主要内容是什么？
3. 国际人力资源招聘有哪些特点？
4. 应该如何进行国际人力资源招聘？
5. 国际人力资源招聘面试技巧有哪些？

第七章

国际人力资源培训与开发

【本章要点】
- 国际人力资源培训与开发的特点
- 国际人力资源培训与开发的意义
- 国际人力资源培训与开发的方法

第一节 国际人力资源培训与开发的特点

一、美国企业员工培训与开发的特点

著名管理学家德鲁克曾说:"企业或事业唯一真正的资源是人,管理就是充分发挥人力资源以做好工作。"

美国是世界上教育经费开支最多的国家,2022财年,美国联邦政府的教育支出总额为6 394亿美元,比预期高4 080亿美元。2021年,美国的人均公共教育经费支出为2 900美元左右(约合人民币1.9万元),中国为3 100元左右。以人均GDP来看,2021年美国在教育方面的支出超过GDP的7%,日本为6.3%,远高于中国的4%,中国与各发达国家之间仍存有较大差距。

美国现有高校5 700多所,在校学生1 900多万名,研究生310多万名,超三分之一的美国青年能进入大学。在美国,职业培训成了企业提高劳动力素质、清除技能与职业之间差距的主要途径。

美国政府把提高工人技能作为保持美国公司的竞争力和创造更好的职业的基本点。政府相信高质量的劳动力所提高的生产率将抵消美国企业到海外寻找廉价劳动力的任何优势。

美国企业非常重视职工的培训与教育,把教育培训看作获取与保持企业竞争力的一项具有战略意义的人力资源活动。由于科学技术的发展日新月异,职业教育和就业培训已成为提高劳动者素质、促进生产发展和经济增长的重要手段。

美国工商企业界每年用于培训在职职工的经费已达2 100亿美元。尽管教育培训的实际成功率不尽如人意,但90%的公司有正式的教育培训预算,培训预算约占雇员平均工资的5%。在美国企业,每个雇员平均每年接受1—2周的教育培训,占比26%。

目前,已有1 200多家美国跨国公司(包括麦当劳、肯德基)都开办了管理学院,摩托罗拉则建有自己的大学,每年在培训上的投资高达2亿美元,约占工资总额的4%。GE公司每年投入培训、教育的经费高达10亿美元,董事会韦尔奇不惜花费大量时间投入人力资源管理,包括亲自授课等。

职业培训教育不仅得到政府与企业的高度重视,而且美国的一些行业协会也起到了积极作用。美国商会是在美国影响很大的协会,它为改进教育体系、促进企业职工培训起了很大作用。这一企业联合组织1990年就建立了有关职业培训的分支机构,并完成了学校经费模型的设计,它能使商会弄清学校每一美元的去向。1992年商会建立了质量学习服务机构,各州和地方商会是连接华盛顿学习计划和各企业人员的纽带,其内容十分广泛。美国商会会长莱希尔说,我们相信,如果美国工业要保持世界领先地位,长期学习和培训是必要的。该商会还推出一项计划,旨在用技术工具、多媒体和电脑软件来装备教育机构和地方各州所在商会,帮助改善教育和培训条件。

美国企业人力资源培训与开发的管理工作分为联邦政府、州政府和社区学院、专科学校、研究单位、企业及高级中学三个层次,具体职能分工如表7-1所示。

表7-1 美国人力资源培训与开发的组织构成

层次	责任主体	主 要 职 责
第一层次	联邦政府,主要是通过教育部、劳工部以及技能委员会、职业信息协调委员会等进行	研究拟定有关职业培训的基本规划、政策、法令,搜集交流有关信息,拨付职业培训经费。不干预各州的职业培训工作
第二层次	州政府	主要是结合本州实际情况拟定本州劳动力供求信息,拟定本州职业培训的有关法则,并通过职业培训委员会对职教院校进行指导,提供本州劳动力供求信息,拟定本州培训的具体规划,同时视各社区学院、专科学院执行州拟定法则、规划等情况,分别拨给经费,引导和支持职业培训工作。不直接干预培训工作
第三层次	社区学院、专科学校、研究单位、企业及高级中学。这是美国职业培训工作运行管理的实体	除高中外,其他单位均根据本地有关法规要求和本地区、本单位的实际情况,自行研究决定开设何种职业培训课程或研究课题,自行决定培训内容和方式方法,自行聘任职教师资,自行拟定考核标准并根据有关情况变化相应调整培训计划

美国人力资源培训与开发有两个显著的特点。

首先,美国人力资源培训与开发,从发生、运转到发展,完全由劳动力市场需求来决定。人力资源培训内容的确定以及培训方式的选择,均取决于企业需要何种类型、何种程度的劳动力,并随着市场需求的变化而相应调整。因此,美国企业人力资源培训教育与生产力发展紧密联系,直接为其服务,并以能否增强市场竞争能力和适应市场需求为检验企业人力资源培训教育工作是否成功的唯一标准。

其次,美国企业人力资源培训与开发的内容、形式、资金渠道等多样化,没有统一的模式和标准,完全由各州因地制宜,由各社区学院、专科学校和企业等培训主体自行决定,因材施教,形成灵活多样、分权管理和运行的机制。

二、日本及欧洲跨国企业员工培训与开发的特点

日本企业在人力资源管理上具有终身雇佣、年功序列、团队合作及家族化等特点,因此特别重视对员工的在职培训。日本企业普遍采取"上下一致、一专多能"的在职培训。所谓"上下一致",就是凡企业员工,不分年龄、性别和职务高低及工种不同,都要接受相应层次的教育培训;培训目标就是"一专多能",各级员工既要精通一门专业技术,又能参与经营管理,具有较强的适应性。培训内容为有层次性的纵向教育培训,即针对一般职工、技术人员、骨干人员、监督人员、一般管理人员及经营领导人员而设立不同的教育培训内容,也有职能性的横向教育培训。图 7-1 是日本企业内部分级培训体系图。

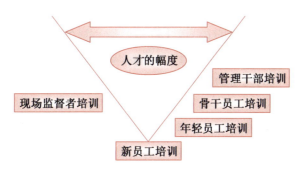

图 7-1　日本企业内部分级培训体系图

法国的职业继续教育模式是企业员工在职培训的一个范例。法国企业员工有法定带薪培训假期,雇主要缴纳本企业当年职工纯工资总额一定比例的职业继续教育税,以用于本企业职工的在职培训。大部分企业特别是大型企业都有自己的培训机构,面向生产经营实际进行在职培训,取得了很好的经济效益。

德国的"双元制"职业培训也是举世公认的企业在职培训的成功模式。这种培训模式是 1960 年代在德国出现的,是一种初级职业培训制度。它按照分工合作原则,把企业在职培训与学校教育有机地结合起来。在培训期间,学员具有双重身份,既是职业学校的学生,又是企业的学徒工人。按照分工合作协议,学校负责理论教育,企业负责实际操作训练。在时间分配和教学管理上,以企业培训为主,侧重员工技能训练,最后由企业负责结业考试。这种"双元制"培训模式对于德国经济的恢复与成长、提高企业的国际竞争力发挥了重要作用。

三、对国际人力资源培训与开发的分析

1. 经济全球化背景下国际人力资源培训与开发的跨文化特征

一般的跨文化研究是从人类学和社会学的角度进行的,其假设前提是存在"我们"和"他们"两种对立的文化,主要目的是为了识别不同文化之间的差异。在这里,人们的行为是按"第一世界"和"第三世界"划分的,或者是以"南"和"北"划分的,即文化行为被简单地概括了。

但是,这种研究模式已不再适用于今天的全球化世界,因为我们已经从工业社会进入了信息社会,进入了全球经济的时代。在全球化的背景下,文化行为被描述为一种基本原型,人的行为有许多可能性,不管它的文化根源是什么,任何对一种文化定义的企图都会使之格式化。

国际人力资源培训与开发需要适应整个社会背景已经发生变化的现实,它应该反映出这一变化,识别、珍视新的行为,并将它们整合到个人和组织的行为中。技术、交通和通讯为我们提供了创造新的文化沟通方式的可能性。国际人力资源培训与开发需要强化跨文化培训的内容,但不再仅仅局限于课堂,而是贯穿于跨国经营与管理的全过程。

1995年,伊莱克斯集团成立了伊莱克斯大学,专门负责公司内部的员工培训事务。他们每年都会在全球各地举办各种业务研讨班,实施培训管理项目等,并对公司内的所有员工都进行跨文化的培训,尽管并不是所有的员工都有海外培训的机会。当然,仅仅依靠公司培训获得的这点跨文化知识,要成为高级的国际管理人才是远远不够的,这就要求员工或经理人在整个跨国任职的过程中不断地加强跨文化学习。因此,伊莱克斯注重对不同文化背景、不同民族的人才的吸引,以保证人才的多样性,并且从2001年开始还设立了一项制度,规定每年挑选15名顶尖级管理人才,用3年时间,将他们轮流放到全球不同的地方实践和锻炼,积累国际工作经验,同时接受高级管理培训,准备今后担当国际业务高级经理。

2. 经济全球化背景下国际人力资源培训与开发的主要策略

企业跨国经营中,在东道国的文化环境中,要面临两种不同的适应策略:一种是被人改变,即追随文化策略;另一种是改变人,即创新文化策略,由被动适应转向能动改观。当然,比较友好的策略当属第一种。这样的结果是使企业的跨国经营成为东道国的本地化经营。在这一种过程中,最重要的环节是学习过程,即对东道国文化的

学习。因此,追随文化策略又称为学习策略。对我国企业的跨国经营而言,其实力远不能与西方大公司相比拟,学习策略无疑是友好而且有效率的方式①。

根据日本学者的研究②,跨国经营的过程一般要经过三个阶段。

第一个阶段叫作单方面沟通与学习阶段,一般是在企业跨国经营的头一两年,这时跨国企业总是以自己的资金、技术、价值观、习惯性行为以及其他的竞争力为后盾,在当地建立工厂,雇佣本地员工,要求他们按照跨国企业的要求进行模仿性生产。即使对于本地的管理者和技术人员,也把他们当作一张白纸,要求他们只是学习、学习、再学习,没有什么发言的余地,与跨国企业派来的员工之间好像是一种师傅与徒弟之间的关系一样。

第二个阶段发生在第一个阶段以后的两三年间,称为双向沟通的阶段。进入这个阶段后,由于本地管理者与技术人员已经积累了两年左右的实际工作或生产经验,并且已经习惯并在一定程度上理解了跨国企业工作的特点,对于存在的问题,对于应该如何对应问题或改善工作,多少有了发言的资格。这时,即使是在跨国企业本国十分成熟的经营管理模式或流程,在当地也不一定就是绝对正确的了。本地员工发表其看法,或积极听取本地员工的意见,就是非常自然的了。所以,这个时候的沟通与培训,就要求必须是双向沟通式的。

第三个阶段是在企业跨国经营四五年以后的事。这个阶段称为双方智慧结合在一起协力进行工作的阶段。其特点是跨国企业与本地员工之间共同策定计划,一起分析问题,创造解决问题的对策,协力实施项目等。这个时候的沟通与培训就像人们整理和指挥可以实行多方向通行的十字路口一样,已经进入一种自由畅达的境地。

第二节 国际人力资源培训与开发的操作

在经济全球化的时代,大多数企业在日常经营中都会提供国际人力资源培训项目,但并不是所有的企业都能很好地进行这种培训。他们往往只是提供给被派往国外的人员,很少向企业中的其他成员提供这种培训。他们没有意识到,在经济全球化的今天,驻外人员以外的其他员工同样会接触许多来自其他文化的人,同样需要对不

---

① 赵曙明,彼得·J.道林,丹尼斯·E.韦尔奇.跨国公司人力资源管理[M].北京:中国人民大学出版社,2001.
② [日] 林吉郎.異文化インターフェイス経営[M].東京:日本経済新聞社,1994:179-183.

同的文化具有敏感性,也就是说,他们同样需要这种国际人力资源培训。

大多数企业在对驻外人员提供跨文化培训时,采用的是一种"四点"培训方法,即出发前培训、到任后培训、归国前培训和归国后培训。在这四点以及各点之间的任何时间点上,组织都可以对所有成员提供从课堂培训到在线培训,到以现场指导为基础的支持、评估和咨询等活动。

国际人力资源培训的主要内容有对文化的认识,如敏感性训练、语言学习、跨文化沟通及冲突处理、地区环境模拟等。这样可减少驻外经理人员可能遇到的文化冲突,使之迅速适应当地环境并发挥有效作用;维持企业内良好的人际关系,保障有效沟通;实现当地员工对企业经营理念的理解与认同;等等。在具体培训的过程中,企业可针对具体的情况提出不同的培训方案,如果东道国与本国的语言差异较大,就应该更加偏重语言培训;如果文化差异较大,就应该加深对国外文化的了解;等等(见表7-2)。

表7-2 三种跨文化培训的方式

外派期限	培训期限和水平	跨文化培训方式
1—3年	1—2个月或以上 高级培训	留下深刻印象的培训 ● 评价中心 ● 实地体验 ● 模拟训练 ● 敏感性训练 ● 充分的语言训练
2—12个月	1—4个星期 中级培训	产生感性认识的培训 ● 角色扮演 ● 关键事件 ● 案例学习 ● 减压训练 ● 中等程度的语言训练
少于或等于1个月	少于1个星期 初级培训	给予信息的培训 ● 当地情况简介 ● 当地文化简介 ● 电影/书籍 ● 配备翻译人员 ● "生存水平"的语言训练

资料来源:Mendenhall M., Oddou G.. Acculturation profiles of expatriate managers: Implications for cross-cultural training programs[J]. Columbia Journal of World Business, 1986, 21(4): 73-79.

除了跨文化培训外,当然还必须进行各方面实际业务的培训,如管理培训、技术培训、制度培训、操作规程培训等。各方面都应考虑到,不应该有偏废。只不过根据企业发展的阶段特点,可以有所侧重而已。

为此，国际人力资源培训与开发在实际操作中应该注意以下6点。

（1）应该意识到跨文化培训的重要性。只有当组织的经理人员意识到跨文化培训的重要性，才能使组织内的跨文化培训更有效率，而不是走过场。随着世界经济全球化的深入，企业需要更恰当地挑选、培训、管理、补偿和开发员工，以便能在跨文化的环境中工作。特别是有效的培训有助于人们适应新的跨文化背景下的生活和工作环境。这一类培训应在三个方面教会员工：如何理解来自不同文化、宗教和种族背景的人们，并与他们一起有效地工作；如何管理多文化的团队；如何理解全球市场、全球客户、全球供应商和全球竞争者[①]。

（2）要认识到不仅驻外人员需要跨文化培训，而且组织内的其他成员也需要培养文化敏感性。即使是国内的经理和员工也会接触到来自国内外的不同文化的人，如国外的客户、供应商等。当国内的经理和员工出差到国外时，也会遇到文化适应的问题。

（3）要认识到跨文化培训不是一时一地的一次性的培训，而是一个过程。为此需要培养员工终生学习的观念。现在知识的更新越来越快，没有这种不断学习、不断汲取的精神，很难迎接新的挑战。因此，没有任何人可以抗拒学习培训，没有任何企业的经营管理者可以不重视学习培训。正如美国未来学家约翰·奈斯比特所说："在这个时期成功的公司要解决两个问题——一个是对最有竞争力、更富生产性的管理人员的需求；一个是把办公室与教室连在一起。"

（4）要认识到培训的目的不仅在于改变员工的技术、态度、知识，开发员工的潜能，使其能力达到公司的需求，并且需要为员工提供职业安全，提升其就业能力。现在越来越多的公司意识到，培训不是仅仅为员工提供一种工作安全，而且要为员工提供一种职业安全。工作安全与职业安全的区别在于：工作安全是给员工提升工作能力，员工可持续地在本企业做这个工作；职业安全则是给员工一种职业能力，让员工开阔视野，具备一种可持续的工作能力，即使因公司倒闭或业务萎缩裁掉某个部门，员工可以到别处发展他的事业，这是一种职业安全感。这种认识不是让企业为员工承担职业风险或机会成本，而是促进企业与员工的共同成长和谋求企业更长远的可持续发展。

（5）培训的方式与过去不同。国际人力资源培训与开发不像以前那样注重训导式的灌输，大家坐在一起，一人讲而大家听，或大家讨论。现在要求更有效、更节约成本的培训，比如通过一个项目，由导师带领，通过工作提高接受培训者的技术，还包括工作轮换、代理职务、易地派遣、学校教育、外部培训及内部培训等。

工作轮换就是一种很好的培训制度。以北电网络为例，通常员工大概工作两年

[①] [美]劳伦斯·S.克雷曼.人力资源管理：获取竞争优势的工具[M].吴培冠译.北京：机械工业出版社，2009.

就会有轮岗的机会。北电网络认为，一个管理者的能力应该包括四个方面：一是学习的能力；二是赢得工作成绩的能力；三是带动、影响别人的能力；四是对公司业绩的贡献。北电网络认为，一名员工的学习能力比他的知识和经验更重要，因为市场在发生快速变化，知识不断更新，学习的速度和能力就变得非常关键。为此，他们鼓励员工通过工作轮换进行学习。员工可以向人力资源部提出轮岗的要求，人力资源部会在别的部门给员工机会，有时候别的部门也会将这种需求提交给人力资源部，双方如果都有意，可以通过面试交流，如果大家都同意，这个员工通常就会到新岗位进行工作试用。为了避免内部部门之间相互挖人，北电网络在制度上有一些基本要求，例如，必须在一个岗位工作满18个月到24个月，另外，挖人方经理要给供人方经理提前打招呼。

（6）录用、培训、选拔、管理实现一体化，统一由人力资源管理开发部门负责。从最基层抓起，从员工的选拔抓起，调动员工主动参加培训的积极性。需要提供员工良好的环境与训练计划，让员工了解公司的目标与管理，使员工有参与的使命感，对员工拟定一套系统化的专业训练计划。系统性的专业训练，促使员工不断接受新知识、新技术，正是员工成长的原动力，也是企业稳定员工的根本所在。

案例研究一：三家跨国公司的国际人力资源培训开发实践

跨文化培训的主要目的是：减轻跨国公司可能遇到的文化冲突，使之迅速适应当地环境并发挥正常作用；促进跨国公司来自不同文化背景的员工对公司经营理念及习惯做法的理解；维持组织内良好稳定的人际关系；保持公司内信息流的畅通及决策过程的效力；加强团队协作精神与公司的凝聚力。不仅如此，跨文化培训与其他培训一样，都被越来越多地用于留住企业所需要的人力资源。

随着科技的发展，网络和计算机的应用使人们在日常生活中学习更加方便、快捷，大量的教育软件被开发出来帮助人们提高学习的效果。与此同时，多媒体软件和基于互联网的培训也被应用到外派员工的培训中来。

一、通用电气（中国）公司案例

（一）案例背景

通用电气的克劳顿管理学院这一成熟的培训体系成功地运转多年，已被移植并致力于扎根到中国来。通用电气的国际人力资源培训开发主要是全球化的方法与本土化的教材,这种全球化与本土化的无缝对接为高效培训下中国员工的快速成长奠定了坚实的基础。

1. 全球化方法

通用电气(中国)开展的培训是基于公司总部层面考虑的,也因此要求绝大多数的课程可以在各子公司内部共享,尤其是在与领导力发展相关的各类重要课程上,对保持全球范围内的一致性提出了更高的要求。最近这些年来,克劳顿管理学院一直在做着已有相关课程的规范整合工作。在此之前,通用电气拥有的培训课程高达45个互不相同的版本,来自布达佩斯与上海这两个不同地方的培训师所使用的术语和技巧可能就是完全不同的。目前,通用电气正致力于整合为同一个标准的培训版本,以实现程序、术语及训练方法的相同。从而使身处各个国家和地区的人员都能获得一致的训练,避免发生无意义的沟通误解,这也意味着之前在中国经过培训的人员,即使以后被派到其他国家也一样可以顺利地开展工作。

2. 本土化教材

通用电气非常看重在中国的培训课程中增加诸如本土化领域的相关素材。在一些重点关注领域中,通用电气需要更具有代表性的本土化案例,从中挖掘归纳出可以在培训课程中共享的内容。在如何实现培训课程的本土化上,几个实力较强的大业务集团则在充分考虑了其内部需要的基础上,对课程进行自主设计和规划。例如,高新材料集团的商务培训课程就是在集团各员工共同参与下完成设计的,集团领导通过与各个层次和领域的人员,包括一线销售人员、区域领导者、高层管理者共同探讨,在结合各方从不同角度所获取的客户关注要点以及对培训所持有的不同期望之后,调动培训师资源拟定议程,在此基础上通过不断地反馈,加以修改和完善。通用电气正是靠着全球化方法与本土化素材相结合的策略,努力为人才的全球流动奠定基础。

(二) 分析

1. 培训策略

通用电气(中国)公司采取全球化方法与本土化素材的策略,在全球范围内对培训有统一的要求,又根据各地的不同允许有本地化的培训内容来适应当地的培训需求。

2. 培训方法

全球化方法将培训课程整合成统一标准,以此来保证程序、术语及训练方法的相同,有利于使身处各个国家和地区的人员都能获得一致的训练,避免发生无意义的沟通误解,实现培训的高标准与一致性;本土化素材在考虑内部需要的基础上,对课程进行自主设计和规划。这样有利于当地企业能够针对性地满足与自己紧密相关的培训需求,实现培训的个性化。

二、松下公司案例

(一) 案例背景

松下公司的海外培训,是在1951年松下幸之助的首次美国之行之后提出来的。松下公司对海外工作的员工提出四个方面的要求:站在海外营销工作第一线,深刻了解当地市场情况;构建在当地的人际关系网,磨炼对异域文化的适应能力;从学习当地语言开始,提高与当地人的交流能力;掌握松下电器海外业务拓展的方式方法。

通常,加入松下的员工都有6个月的基础培训,海外培训还要增加6个月适应当地环境的培训。这样做的目的主要是为了让新员工更好地了解松下电器海外业务的现状,掌握更多的当地知识,加深对贸易实务的理解,同时培训技术性知识。就这样,松下海外培训制度被沿用至今,培训人员已达500人。

(二) 具体措施

首先,公司从具备一定语言能力(驻在国的语言)的员工中选拔培训对象,这样可以减少员工在海外培训中由于语言冲突而造成的不便,提高海外培训的效率。同时,强调在培训过程中本国员工与当地员工的语言交流,这里涉及员工对所在国语言技能的适应以及对海外公司语言的了解,而这在海外培训的整个过程中通常被认为是十分必要的。

其次,松下公司强调,员工在从事海外业务的过程中,应该注意构建在当地的人际关系网,磨炼对异域文化的适应能力。这通常被认为是对员工的海外培训有实际意义的重要组成部分。因为员工在海外培训过程中除了要面对语言冲突问题以外,还要面临一系列包括文化意识冲突、行为方式冲突、生活范围狭小在内的一系列问题。

为解决此类问题,公司一般会在员工出发前提供一定的文化意识培训,这通常被认为是防止和解决跨文化冲突的有效途径,员工通过培训可以对所在国的风土人情、生活习性等有初步的了解,但也只限于是初步的了解,因为在实际的过程中存在各种各样的变数,并且文化意识培训不是一时一地的一次性的培训,而是一个过程,员工只有通过自己对两种不同文化差异的亲身体验,才能完成与异域文化的融合,最终为海外培训扫除障碍。

第三，松下指出，海外业务人员要"站在海外营销工作第一线，深刻了解当地市场情况"。这是出于积累员工实际海外工作经验的考虑提出的，这是海外培训最主要的方面，也是其培训目的所在。通过对海外市场的实地考察，可以给员工带来对海外市场更加直观与感性的认识，这有助于员工回国以后对海外贸易做出更加精准的决策。

最后，松下要求海外业务人员要"掌握松下电器海外业务拓展的方式方法"。这主要是要求海外员工能够尽快融入海外公司的经营管理模式，在了解海外营销或其他一些具体工作的前提下，能够对海外公司以后的发展战略及前景有所了解和有所见地，能够积极地参与海外公司的决策制定，这种经历可以为员工回国以后或者到其他国家工作提供一定的海外经验。1964年，松下首批结束培训的15名员工，都成为以后活跃的海外业务中的核心人物。企业也因此达到了"培养国际通用人才"的目的。

（三）分析

1. 培训内容

松下公司的案例主要体现培训的内容与方式，松下公司的海外培训不仅有跨文化培训，如语言培训、文化敏感性训练等，而且也有各方面的业务培训，如掌握松下电器海外业务拓展的方式。

2. 培训方式

培训方式主要是全球性心智模式培训，帮助松下员工具有较好的全球性视野、丰富的海外市场经验和良好的外语能力，对公司形成全球性心智模式具有重要的指导作用。

三、华为公司案例

（一）案例背景

作为一个全球化公司，华为的全球价值链将本地能力带到世界各地，使其发挥更大价值。华为秉持"积极、多元、开放"的人才观，坚持"在当地、为当地"的原则，为当地培养和发展人才。

1. 中方员工：薪酬、培训双管齐下

对于华为外派员工来说，真正富有魅力的并不是公司提供的丰厚待遇，而是通过在海外的历练和经验积累，使个人业务能力得到提升。华为海外机构不仅仅是业务的一个分点，也是中国华为员工的培训基地，可以利用海外资源对国内技术人员进行技术培训。在华为，人们称之为以项目带动技术骨干轮流赴海外

工作制度。

以印度为例,印度拥有世界上最先进的软件开发技术,华为印度研究所的所在地班加罗尔市,可说是世界有名的硅谷,众多著名IT企业皆把实验室设立在此地。在这里,华为员工能接触到在国内无法真正接触的先进技术。

同时,中方员工通过与印度员工的合作,也更能促进双方的技术交流。印度人擅长软件开发和项目管理,中国员工则擅长系统设计和体系结构。所以,华为的许多项目,都是由华为中方的软件开发人员和印度软件开发人员共同承担。一般来说,华为员工外派到印度的时间为半年或一年。回国后,这些技术人员往往能成为华为技术公司软件开发和管理的骨干。这对于华为而言,这是一种快速培训软件技术开发人员的有效途径。

就是通过这种方式,华为一批又一批地培训自己的软件开发和管理队伍,从而使员工的全面素质不断得到提升,从一群饥饿的"土狼"蜕变为骁勇善战的"狮子"。

2. 当地员工:本土化重在引导

但凡跨国公司在海外设立办事机构,实行本土化战略是它们入乡随俗的必经之路。不过,本土化固然有其地利、人和的优势,但是也存在着固有的弱点。因此,华为在海外机构本土化的过程中,与其他公司不同,并非一味地迎合,它更注重的是对当地文化的包容性和引导性。

在墨西哥,华为的本土化战略相对而言比较彻底。华为完全按照本地的节假日作息,按照本地的风俗给员工过生日,按照本地员工的习惯上下班。由于墨西哥城堵车很严重,因此,华为允许员工上班时间可以稍微迟些。

即使如此,华为强势的企业文化还是发挥了有效的引导作用。据介绍,拉美人的生活风格比较懒散,即使是加盟了华为的当地员工也不例外。最初,拉美员工上班迟到是家常便饭,上班时间闲聊更是见惯不怪。华为的军事化管理方式毕竟名不虚传,尤其在中方员工没有加班费却也常常深夜加班的拼命精神影响下,拉美员工终于接受了华为文化,工作卖力起来。

在印度,华为的引导性战略做得尤为卓有成效。例如,华为的企业文化是鼓励员工在评审中尽可能全面地表达出自己的意见,但印度员工的个性特点是尽管考虑全面,却不一定会提出很多意见。为此,华为印度研究所每月选定一天为"公开日"。在"公开日"里,所有员工都可以直接对领导和各级项目主管人员提意见。最初,印度员工出于生性谨慎而很少愿意主动表态。随着受到中国员工的感染,印度员工也开始大胆地表达自己的意见了。比如,将平时上班服装改为休闲类服装的建议就是由印度员工提议的。

在本土化过程中,中国传统文化中所特有的包容性也起着很大作用。在华为的海外机构,大家都在努力创造这样一种氛围:在公司内部不论国籍,不分种族,大家都是华为的员工。随着中外两种不同文化的不断碰撞,然后又在华为文化的熏陶下互相融合,华为公司逐渐呈现其多元化、国际化的特征。

随着本土化经营策略的逐步实施,华为海外机构的中外员工比例不断发生变化。在华为印度分部,已由最初的中方技术骨干挑大梁变为印方技术人员居大多数,同时,华为每年都要从当地的应届大学毕业生中选拔一批软件专业人才,而他们所创造的效益也颇引人注目。华为印度公司所开发的软件,几乎涉及华为技术公司的所有最新产品。

3. 鞭长能及:统一的管理平台

为增加海外机构的经济效益,跨国公司对海外机构的员工都是激励为主,同时由于"山高皇帝远",很多海外机构往往容易出现财务控制过松、成本上升和滋生腐败等问题。那么,华为是如何避免产生这种现象的呢?

据了解,华为实行全球化一致的管理和工作流程,对海外30多个分机构的管理都是基于公司统一的管理平台。就此而言,华为对全球各地员工的管理是公开且一视同仁的。华为与IBM公司合作,建立集成产品开发流程(IPD)和优化集成供应链(ISC)。同时,华为公司财务的IT建设全面展开。IT系统已覆盖到公司主要业务运作以及整个公司的办公自动化操作。华为Intranet网络专线连接了国内所有机构及拉美、独联体、南部非洲及海外研究所等海外机构。可以说,华为总部的触角很方便地到达每一个海外的分机构。

除了在办公条件上对海外机构加以规范和管理外,华为的企业文化更是在一种无形的意识形态上约束着每一个员工的行为。即使是远在海外,来自华为总部的军事化管理风格仍然没有丝毫消减。无论是在印度还是在墨西哥,华为员工绝对不能在公司网上发私人邮件,据墨西哥员工透露:"公司网由信息安全部监控,收发邮件都可以看到。同时,电脑软驱被封,关于技术资料,每个人只能接触自己的部分。"

除此之外,华为对员工的有效管理还体现在双方所订的契约上。华为与每一位员工签订一份内容详尽的工作合同,使每个人对自己的责任、义务和权益有透彻的了解,同时也作为华为处理各项事务的制度依据。正因如此,其他跨国公司海外机构存在的"山高皇帝远"的弊端,在华为不会存在。

(二) 分析

1. 培训策略

对于不同的派遣策略,培训策略的侧重点也有所不同,华为的案例给我们提供了非常好的借鉴。对于中方员工,让海外工作成为技术培训的契机,实行以项目带动技术骨干轮流赴海外工作制度;对于当地员工,实行本土化策略,但注重双方文化的融合,对当地员工进行引导。同时,也反映出华为公司的跨国经营处在双方智慧结合在一起协力进行工作的阶段。其特点是跨国企业与本地员工之间共同制定计划,一起分析问题,创造解决问题的对策,协力实施项目等。这个时候的沟通与培训就像人们整理和指挥可以实行多方向通行的十字路口一样,已经进入一种自由畅达的境地。

2. 培训制度与机制

华为对于国际人力资源培训与开发不是实行两种制度,不是中方员工一套,本地员工一套,而是基于统一的管理平台。因此,不管是培训与开发还是薪酬,国际人力资源管理要实行全球化一致的管理和工作流程,对海外机构加以规范和管理,同时,企业文化约束每一个员工的行为,要与员工签订协议,让每位员工对自己的责任、义务和权益有透彻的了解。

思考题:

结合案例比较,谈谈对国际人力资源培训开发的认识和体会。

参考文献:

[1] 付焘,孙遇春.在华跨国公司培训活动的现状分析[J].中国人力资源开发,2003(6):53-55.

[2] 李宏,李宏艳.跨国公司对外派经理的管理战略[J].北京工商大学学报(社会科学版),2005(6).

[3] 路景菊.跨国公司人力资源培训中的跨文化教育[J].商场现代化,2006(26):279-280.

[4] 宋莹,姚剑锋.跨国企业的本土化人力资源管理——以通用电气(中国)为例[J].中国人力资源开发,2015(24):19-24+30.

[5] 王明辉,凌文辁.外派员工培训的新趋势[J].中国人力资源开发,2004(8):39-42.

[6] 杨燕.跨国公司如何培训外派人员[J].中国人力资源开发,2000(5):36-38.

[7] 喻红莲,周平.试论当前跨国公司外派员工的培训开发[J].全国商情(理论研究),2012(22):18-19.

[8] 林新奇.国际人力资源管理[M].上海:复旦大学出版社,2017.

(资料来源:综合相关新闻报道和网络资料整理而成,林新奇教授《国际人力资源管理》研究生课程班硕士生胡智文同学做出了贡献。)

案例研究二:肯德基(中国)有限公司的员工培训

1987年11月12日,肯德基在北京前门繁华地带设立了在中国的第一家餐厅,北京肯德基有限公司也成了北京第一家经营快餐的中外合资企业。继1996年6月25日,肯德基中国第100家店在北京成立以后,肯德基在中国的连锁店数目迅速增长,2002年7月12日,肯德基中国第700家店开张,遍布了全国除西藏以外的所有省、自治区和直辖市的150多个城市。统计资料显示,2001年,肯德基在中国内地的营业额接近40亿元人民币,而它在全球的营业额更是惊人地达到220亿美元,居全球餐饮业之首。肯德基骄傲地宣称,从在中国的第一家餐厅开始,他们一直做到餐厅员工100%的本土化。肯德基的成功绝非偶然。

作为劳动密集型产业,肯德基奉行"以人为核心"的人力资本管理机制。因此,员工是肯德基在世界各地快速发展的关键。肯德基不断投入资金、人力进行多方面、各层次的培训。肯德基对餐厅的服务员、餐厅经理到公司的管理人员,都要按照其工作性质的要求,安排严格的培训计划。例如,餐厅服务员新进公司时,每人平均有200小时的"新员工培训计划",对加盟店的经理培训更是长达20周的时间。餐厅经理人员不但要学习领导入门的分区管理手册,同时要接受公司的高级知识技能培训,并会被送往其他国家接受新观念以拓展思路。这些培训不仅提高了员工的工作技能,同时还丰富和完善员工的知识结构以及个性发展。

由于肯德基采取开放式就业,公司对员工的流动并没有做出特殊的限制和要求。因此,有些经过公司严格培训的本地熟练工人和管理者会因为种种原因走出公司,甚至会流向当地竞争企业。比如,上海的新亚大包、来自台湾的永和豆浆的核心高级管理人员就有一些是来自原肯德基的高级管理人员。正是这种宽松环境下造成的人员流动,使肯德基培训的管理知识和经营理念实现了隐形传播。肯德基工作和受训经验,使员工变成人才,使人力资源变成人力资本,进而成长为中国经济发展进程中出色的企业管理人才。

究竟肯德基的员工培训系统是怎样的呢?

1. 教育培训基地:员工学堂

肯德基在中国特别建有适用于当地餐厅管理的专业训练系统及教育基地——教育发展中心。这个基地成立于1996年,专为餐厅管理人员设立,每年为来自全国各地的2 000多名肯德基的餐厅管理人员提供上千次的培训课程。中心大约每两年会对旧有教材进行重新审定和编写。培训课程包括品质管理、产品品质评估、服务沟通、有效管理时间、领导风格、人力成本管理和团队精神等。

在一名管理人员的培训计划中,我们可以看到《如何同心协力做好工作》《基本管理》《绩效管理》《项目管理》《7个好习惯》《谈判与技巧》等科目。据了解,肯德基最初的培训课程有来自国际标准的范本,但最主要的是来自当地资深员工的言传身教及对工作经验的总结。因此,教材的审定和重新编写主要是补充一线员工在实践中获得的新知识、新方法。每一位参加教育发展中心培训的员工既是受训者,也是执教者。这所独特的"企业里的大学",就是肯德基在中国的所有员工的智囊部门、中枢系统。

2. 内部培训制度:分门别类

肯德基的内部培训体系分为职能部门专业培训、餐厅员工岗位基础培训以及餐厅管理技能培训。

(1) 职能部门专业培训。肯德基隶属于世界上最大的餐饮集团——百胜全球餐饮集团,百胜餐饮集团在培训架构上有个极富中国特色的双重部门设置:培训营运部和人力资源部,公司员工戏称为"两个HR部门"。并且,中国百胜餐饮集团设有专业职能部门,分别管理着肯德基的市场开发、营建、企划、技术品控、采购、配送物流系统等专业工作。

为配合公司整个系统的运作与发展,中国百胜餐饮集团建立了专门的培训与发展策略。每位职员进入公司之后都要去肯德基餐厅实习7天,以了解餐厅营运和公司企业精神的内涵。职员一旦接受相应的管理工作,公司就会开设传递公司企业文化的培训课程,一方面提高了员工的工作能力,为企业及国家培养了合适的管理人才;另一方面使员工对公司的企业文化有了深刻的了解,从而实现公司和员工的共同成长。

（2）餐厅员工岗位基础培训。作为直接面对顾客的"窗口"——餐厅员工，从进店的第一天开始，每个人都要严格学习工作站基本的操作技能。从不会到能够胜任每一项操作，新进员工会接受公司安排的平均近200个小时的培训。通过考试取得结业证书。从见习助理、二级助理、餐厅经理到区域经理，随后每一段的晋升，都要进入这里修习5天的课程。根据粗略估计，光是训练一名经理，肯德基就要花上好几万元。

在肯德基，见习服务员、服务员、训练员以及餐厅管理组人员，全部是根据员工个人对工作站操作要求的熟练程度，实现职位的提升、工资水平的上涨的。在这样的管理体制下，年龄、性别、教育背景等都不会对你未来在公司的发展产生任何直接影响。

（3）餐厅管理技能培训。目前肯德基在中国有大约5 000名餐厅管理人员，针对不同的管理职位，肯德基都配有不同的学习课程。学习与成长的相辅相成，是肯德基管理技能培训的一个特点。

当一名新的见习助理进入餐厅后，适合每一阶段发展的全套培训科目就已在等待着他。最初时，他将要学习进入肯德基每一个工作站所需要的基本操作技能、常识以及必要的人际关系的管理技巧和智慧，随着他管理能力的增加和职位的升迁，公司会再次安排不同的培训课程。当一名普通的餐厅服务人员经过多年的努力，并成长为管理数家肯德基餐厅的区域经理时，他不但要学习领导入门的分区管理手册，还要接受公司的高级知识技能培训，并具备获得被送往其他国家接受新观念以拓展思路的资格的机会。除此之外，这些餐厅管理人员还要不定期地观摩录像资料，进行管理技能考核竞赛等。

3．横纵交流：传播肯德基理念

为了密切公司内部员工关系，肯德基还不定期地举行餐厅竞赛和员工活动，进行内部纵向交流。一位选择肯德基作为人生第一份工作的餐厅服务员说，在肯德基的餐厅，她学到的最重要的东西就是团队合作精神和注重细节的习惯。当然，这些对思想深层的影响今后会一直伴随他们，无论是在哪里的工作岗位工作。

肯德基从1998年6月27日起强化对外交流，进行行业内横向交流。肯德基和中国国内贸易局已经共同举办了数届中式快餐经营管理高级研修班，为来自全国的中高级中式快餐管理人员提供讲座和交流机会，由专家为他们讲述快餐连锁的观念、特征和架构、市场与产品定位、产品、工艺和设备的标准化、快餐店营运和配送中心的建立等。对技能和观念的培训与教育，除了会提高员工的工作能力，这种形式的交流也促进了中国快餐业尽快学习国际先进的快餐经营模式。

肯德基进入中国15年来,开店增多,为社会带来的连锁效应也越来越大。许多曾经在肯德基打过工的年轻人,当年都还是在校学生或者刚走出校门。据初步统计,肯德基进入中国15年来,累计培训员工20万人次,基本培训资金投入超过2.4亿元。

在肯德基在中国开出第700家店的上海庆祝活动中,他们没有打广告也没有搞庆祝仪式,而是精选了一批优秀员工,让他们回到各自的母校,把自己的培训课堂搬进大学的校园,让学生体验肯德基的培训。肯德基上海有限公司的王奇解释这一现象为"企业大学化"。与在校大学生一起分享个人成功的喜悦和经验。据介绍,所谓"企业大学化",是指企业除了本身的生产流程外,也是创造知识的一环。现代知识型企业不光靠资本、土地赚钱。企业应该有独特的知识才能够去竞争,企业在深化知识后,还经过有效的整理、积蓄,然后传播出去。把企业的培训理念引进校园,一方面,高校为企业的培训提供着良好的专业背景;另一方面,企业通过这样的形式把自己对人才素质的需求及来自管理实践的最新经验反映给学校,这是一个互动的过程。

这种种举措,在创造社会效益的同时,也让肯德基理念获得了更广范围的认可,让肯德基品牌的核心竞争力得到了提升。肯德基已经在用行动努力把创造利润和创造知识结合在一起。

案例研究三:国家电网公司的跨文化培训体系案例

随着国家电网等大型国有企业全球化战略的实施,对外派人员的培训愈发地成为企业国际化经营中不容忽视的部分。当外派人员置身于一个完全不同的文化背景中时,会面临许多文化上的冲击与不适应,如语言障碍、沟通方式、文化融合能力等方面的差异;同时,他们也容易以固有的文化思维模式去简单地处理各种问题,造成认识和行为方式的错位,从而给企业经营绩效带来较大的负面影响。

在国家电网进行海外项目管理的过程中,外派人员在跨文化适应上主要显现出以下问题:(1)跨文化意识不强,不能应对外派过程中的文化冲突;(2)不了解东道国的国情、文化和价值观及其对工作方式的影响;(3)不能妥善地处理由文化冲击带来的负面情绪；(4)不熟悉与环境和对象相适应的跨文化技能和策略。这些问题都给国家电网的跨国经营和管理带来了困难，因此，需要在外派前对员工进行系统的跨文化培训，以提高其跨文化适应力。

一、培训的基本原则

国家电网在针对外派人员设计的跨文化培训体系中，遵循三项基本原则，即需求导向原则、学员中心原则和信任建立原则。

1. 需求导向原则

是指培训设计应以学员实际工作中出现的问题需求为导向。在组织和岗位需求的基础上，跨文化培训更关注个人需求。具体而言，培训师在设计培训课程前应收集分析学员既有的跨文化经验、经历的困难和冲突、目前具备的跨文化能力和跨文化敏感度。

2. 学员中心原则

是指培训过程中应突出学员的主导地位。跨文化培训是一个将感性层面提升到理性层面，再反之指导感性层面的过程。因此，内容的选取应从学员自身的关注点和问题点出发，活动和方法的设置也强调学员的体验、分析、研讨、自省、经验的分享和总结提升。同时，在授课过程中，培训师应具有灵活的时间管理和内容调整能力，给学员关注问题的延伸和学习过程的进展留出弹性。

3. 信任建立原则

是指培训者需要构建一个开放包容、彼此信任的培训环境。跨文化培训往往要求学员跨出舒适区，从他人的角度看待问题，从客观的角度评价自我。因此，培训设计中要对教室环境的布置、班级氛围的引导、研讨小组的划分、教师反馈的语言等细节都加以注意。

二、培训前的准备

1. 培训需求分析

外派人员的培训目标明确，即通过培训提高其跨文化胜任力，进一步提高外派绩效。首先要确定员工是否需要培训，主要是确定外派人员当前的跨文化胜任力水平能否满足拟任命岗位的要求。如果需要，则先找到拟外派人员与该岗位需要的跨文化胜任力间的差距，即找到外派人员应有跨文化胜任力与现有水平的差异，该差异即为培训需求。培训师要深入掌握个体培训需求，并与学员初步建立信任。

2. 注重打造培训环境

环境建立是指通过对培训氛围的营造，建立学员之间、学员与培训师之间的信任感和支持度,实现开放、真诚、包容、积极的沟通与互动。客观环境的建立包括教室的布置、桌椅的摆放等;主观环境的建立包括学员的分组、培训师的信息传达等。

三、跨文化培训的具体内容

国家电网的跨文化培训内容可以分为认知类、情感态度类、行为类和专业技术类这四大类。通过培训,让外派人员学习国际化经营业务所需的基本专业和管理知识,夯实外语沟通能力,完善国际化知识结构,提升在国际化商务活动中应对各类业务问题和跨文化适应及沟通的能力,为从事公司国际化业务工作奠定坚实基础。

1. 跨文化认知类培训

认知类的培训主要包括两部分内容:一部分内容是使外派人员对企业的国际化战略有理性的认知;另一部分是使外派人员对东道国的基本情况有深刻的了解。外派人员需要了解企业的国际化战略的具体内容、企业海外业务的发展现状,同时也要具备一定的海外项目管理知识。此外,外派人员还需知晓东道国的基本情况,包括东道国的政治、经济、社会、技术等方面的知识、东道国与母国文化差异以及东道国的相关法律政策等。

这一阶段的培训可以采取专业培训师讲座、阅读相关资料、观看电影等方式。学员通过学习另一种文化的相关知识(如政治经济制度、社会风俗、行为习惯等),能够更好地理解其复杂性,认识到文化差异的存在,领悟并学着尝试处理这方面的差异。同时,也可以鼓励学员减少对其他文化的刻板印象以及民族中心主义倾向。

2. 跨文化情感态度类培训

跨文化情感态度类培训,是把感性的体验理性化、把个人的情感概念化的过程,主要包括提高对东道国文化价值的认可度、培养对文化差异的理性态度和外派过程中负面情绪的管理三个主要部分。受训学员通过参与、分析、研讨、聆听,其自身的跨文化体验在不断地接受冲击,逐步提高跨文化适应力。这一阶段主要采用讲授法和游戏相结合的形式。

首先,通过问题解决型小游戏——"管窥神秘物"的参与和讨论,总结文化差异的积极作用及如何看待跨文化过程中的负面情绪。

其次,培训师引入跨文化敏感度发展模型,即个体在经历文化差异时产生的拒绝、防卫、寻找共性、接受差异、适应、融合等一系列反应和行为,并阐释其在跨文化差异体验中的意义。

再次，培训师通过对文化价值的讲授，使学员置身情境之中并结合自身经验和文化背景加以思考、分析。这一过程提升了学员辩证看待跨文化情境的能力，加深了对东道国文化价值的理解，对今后工作实践中发生同类情境的处理也有一定的指导意义。

最后，培训师在这一环节的结尾强调"文化冲击"的概念，并将其与企业的全球化变革相结合，提升学员对文化差异的理性认知。

3. 跨文化行为类培训

跨文化行为类培训主要引导外派人员如何在跨文化环境中处理文化冲突并高效工作的问题，其主要内容包括跨文化沟通技能培训和跨文化项目管理技能培训。跨文化技能需要通过培训加工作实践逐渐积累，其目的在于让外派员工在今后的工作中理论指导实践，真正掌握跨文化处理冲突和高效工作的能力。

这一培训环节围绕集体决策方式、制度与灵活性、权力距离和沟通策略四个学员普遍关注的跨文化问题，主要采用案例教学法的形式。针对每个层面，从以往真实发生在国家电网海外项目的一个跨文化案例出发，采取"关键事件法"。培训师给出背景信息，描述事件的发生过程，然后组织学员讨论，如果"你"作为当事人会如何反应或处理这一事件。培训师和学员共同总结事件中涉及的文化差异，挖掘深层体现的文化价值和该文化价值在职场行为中的体现。

在案例讨论的基础上，小组进一步研讨跨文化能力的提升策略，达成共识，并在班内进行分享展示。之后，培训师对学员总结进行反馈，最后提出跨文化能力提升策略，包括清醒认知自我、积极学习异国文化、建立跨文化敏感度、适时调整自身行为、建立行为库并不断实践、构建彼此共同文化等方面。培训师在总结过程中将学员提出的优秀策略融入其中，并举出本企业中优秀的跨文化实践案例，使其更具感召力和说服力。

4. 专业技术类培训

随着"一带一路"建设的加快推进，电力行业的"中国创造"和"中国引领"得以展现，对外派技术人员进行专业化培训是提升国家电网公司的品牌形象、向国际输出公司标准的一个重要手段。如果采用真实设备培训，成本高，维护工作量大，效果无法嵌入电网运行环境中进行评估。因此，国家电网在国际化培训中应用了最新的电网运维和虚拟现实仿真培训系统。

电网运维和虚拟现实仿真培训系统由电网仿真培训支撑工具、虚拟现实（VR）工具、通信工具和电网仿真培训系统构成（见图7-2）。电网仿真培训的功能主要有两点：一是作为支撑系统；二是作为激励系统。作为支撑系统，它提供给仿真机模型构建人员，建立仿真模型库；作为激励系统，它运算仿真模型，提供数据驱动。通信工具实现支撑工具与虚拟现实工具的通信，虚拟现实工具作为人机交互的界面，培训系统可设定故障，满足电网运维、检修、安全训练等实训需求。

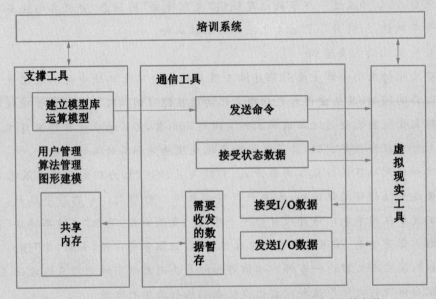

图7-2 国家电网的电网运维和虚拟现实仿真培训系统整体架构

虚拟现实技术是一种可以创建和体验虚拟世界的计算机仿真系统，它利用计算机生成一种模拟环境，使学员沉浸到该环境中，身临其境地感知设备特性，提高电力安全生产作业的技能。同时，该系统易于维护，便于集中管理，降低了检修培训成本。通过培训，采集学员操作习惯，积累数据，通过对大数据的分析与发掘，一方面，可以评价学员的操作能力，提升其故障判断能力；另一方面，可以对专业知识的学习和工作绩效的提升具有显著的影响。跨国公司在选拔外派人员时，一定要为外派人员提供严谨而全面的外派前培训。任何一种跨文化培训的目的都是为了提高参与者的跨文化胜任力，避免跨文化失调现象的出现。国家电网从认知层面、情感层面、行为层面和专业技术层面出发，搭建出一套完整的跨文化培训体系，同时兼具系统性、连贯性和针对性，取得了良好的成效。

尽管文化冲击难以通过跨文化培训来避免，但如果让参与者提前知晓文化环境变化可能会带来哪些最普遍的心理反应，他们就能更有效地应对文化冲击。从个人层面上看，培训是一剂良好的预防针，可以让外派人员提前知晓东道国人们的文化特征,了解到跨文化沟通中可能出现的障碍、冲突和矛盾,从而更好地去适应对方、包容对方。从组织层面上看,跨文化培训可以帮助跨国企业提高管理和组织效率、改善团队精神、提升不同文化成员之间人际交流的质量。

表7-3 国家电网的跨文化培训体系

类别	培训要点	具体内容
认知类	企业的国际化战略	集团国际化战略
		集团国际化发展现状
		国际项目管理知识
	东道国的基本知识	东道国的基本情况(政治、经济、社会、技术、文化)
		国际化经营中的法律问题
情感态度类	跨文化适应能力	提高对东道国文化价值的认可度
		培养对文化差异的理性态度
		外派过程中负面情绪的管理
行为类	跨文化沟通技能	商务英语的听、说、写作
		商务沟通与谈判技巧
		国际商务礼仪
	跨文化项目管理技能	收集跨文化信息的技能
		多元文化背景下推进工作的方法
		跨文化团队拓展训练
		危机管理技能
专业技术类	跨文化情境下的技术应用	熟悉设备特性,提高操作能力
		电网运维、检修、故障判断
		提高电力安全生产作业的技能

思考题:

在经济全球化的大背景下,对外派人员的培训已成为一个越来越重要的研究课题。外派人员能否通过一系列跨文化培训,理解文化差异,尽快适应环境并调整自己的行为方式,这在很大程度上影响到外派人员的工作绩效乃至于企业国际化进程的成败。谈谈国际化企业应该如何建立科学合理的跨文化培训体系?如何收到实效?

(资料来源:综合相关文献和新闻网络资料整理而成,林新奇教授《国际人力资源管理》研究生课程班硕士生聂紫文同学做出了贡献。)

复习思考题

1. 国际人力资源培训与开发的意义是什么?
2. 跨国企业的发展一般经历哪些阶段?与其对应的沟通与培训方式是什么?
3. 国际人力资源培训与开发具有哪些特点?
4. 应该如何开展国际人力资源培训与开发?
5. 请结合案例研究谈谈国际人力资源培训与开发的发展趋势。

第八章

国际人力资源的绩效考核

【本章要点】
- 国际人力资源绩效考核的含义
- 国际人力资源绩效考核的特点
- 国际人力资源绩效考核的操作

第一节 国际人力资源绩效考核与管理

一、绩效考核的概念

所谓绩效考核,是企业通过对部门、员工或所属单位与个体的投入—产出状况进行考察、衡量或比较,从而确定其行为价值,提高企业竞争力的一个重要过程。所谓投入—产出状况,指的是投入、产出及其转化过程。

绩效考核也是对员工在一个既定时期内对组织的贡献做出评价的过程。绩效考核一般需要明确五个问题,即考核的目的、考核的标准、考核的方法、评价者的选择和考核的周期。员工绩效考核体系的设计和实施必须与考核的目的相一致。不同的考核目的,需要不同的考核标准、评价者和评价方法。

绩效考核的目的主要有三个方面:

- 改进组织与员工个人的绩效,促进企业发展。绩效考核可以为员工提供反馈信息,帮助员工认识自己的优势和不足,发现自己的潜在能力并在实际工作中加以发挥,改进个人的工作绩效,同时也就改进了组织绩效。
- 为薪酬与激励管理提供依据。绩效考核的结果可以为甄别高绩效和低绩效员工提供标准,为组织的奖惩系统提供依据,从而确定奖金和晋升机会在员工个人之间的分配。
- 为组织的人事决策提供依据。通过绩效考核建立员工业绩档案资料,便于组织进行人事决策,包括人员调整、工资调整、培训计划的制定和确定再招聘员工时应该重点考察的知识、能力和其他品质等。

根据对绩效考核目的和标准类型的划分,绩效考核方法可以划分为员工特征导向、员工行为导向和员工工作结果导向三种绩效考核方法。

员工特征导向的考核方法,就是衡量员工个人特性,比如对公司的忠诚、人际沟通技巧和决策能力、工作的主动性等方面。它主要考察员工"人"怎么样,而不重视员工的"事"做得如何。

员工行为导向的考核方法分为主观评价和客观评价两类。主观评价就是在对员工进行相互比较的基础上对员工进行排序,提供一个员工工作的相对优劣的考核结果。客观评价就是对员工的行为按照评价的客观标准给出一个量化的分数和程度判断,然后再对员工在各个方面的得分进行加总,得到一个员工业绩的综合评价结果。

结果导向的考核方法,是为员工设定一个最低的工作业绩标准,然后将员工的工作结果与这一明确的标准相比较。业绩标准包括两种信息:一是员工应该做什么,包括工作任务量、工作职责和工作的关键因素等;二是员工应该做到什么程度,即工作标准。这种方法所依据的是目标管理过程,关注的是每位员工为组织的成功所作的贡献大小,实施的关键是目标制定,即组织、组织内的各个部门、各个部门的主管人员以及每一位员工都制定有具体的工作目标。

随着企业人力资源管理的发展,绩效考核正在逐渐过渡为绩效管理。绩效管理的概念是在拓展了绩效的内涵并总结绩效评估不足的基础上提出来的,随着人力资源管理理论和实践的发展,绩效管理逐渐被理解为一个人力资源管理过程。绩效管理是对组织和员工的行为与结果进行管理的一个系统,是一系列充分发挥每个员工的潜力、提高其绩效,并通过将员工的个人目标与企业战略相结合以提高组织绩效的一个过程。所以,绩效管理不仅关注事后的考核,而且注重事前、事中的计划和控制,是事前计划、事中管理和事后考核所形成的"三位一体"的系统。

绩效管理是一个动态完整的系统过程,员工不再是绩效考核的被动接受者,而是可以积极地参与制定自己的绩效目标,并与上级就绩效标准及实现方式进行沟通和协商;管理者也不再简单地充当"警察"的角色,而是在与员工进行互动交流的过程中实现员工与企业持续改进绩效的目标。这种和谐双赢的结果,使越来越多的企业倾向于选择绩效管理来替代单纯的绩效考核。

二、国际人力资源绩效考核的特点

在国际人力资源管理中,绩效考核具有一定的特殊性。

绩效考核在现代企业中与薪酬、晋升等密切相关,这在所有企业中都是一样的。但是,国际人力资源管理中绩效考核的目的不仅是为员工薪酬调整和晋升提供依据,而且加入了许多新的因素。比如,重视个人、团队业务和公司目标的密切结合,将绩效考核作为把相关各方的目的相结合的一个契合点。同时,在工作要求和个人能力、兴趣和工作重点之间发现最佳的契合点。

国际人力资源管理中绩效考核的目标包括战略方向和业绩。这与一般企业通常关注业绩有很大的差别,特别突出了战略方向,有利于实现企业的长远发展。业绩固然重要,但是战略不能因此而受到忽视。同时,在业绩中也较全面地反映了各个方面,如员工在财务、客户关系、员工关系和合作伙伴之间的一些作为,也包括员工的领导能力、战略计划、客户关注程度、信息和分析能力、人力资源开发、过程管理法等方面的表现,要求较为全面、合理、综合地反映一个员工各方面的业绩。所有这些方面作为一个整体而言对一家企业来说都是不可少的。

国际人力资源越来越全球化,员工越来越趋向知识型,许多员工不仅仅在工作中追求高薪酬,更多的是追求一种自我价值的实现。员工对于公平感、自我实现、工作本身对人的激励等在工作中的体现要求越来越多,因而对于管理者的素质要求越来越高。如何选拔优秀的管理者,如何明确定义管理者的素质,如何培训管理者,都显得越来越重要。这需要一种全球眼光,需要培养全球性的管理者。

由于员工是全球性的,企业也是全球性的,因而薪酬的确定也是基于国际水平,薪酬标准从职位入手,跟国际市场挂钩。更为重要的是,科学地进行员工业绩考核,根据员工能力、市场价格和业绩考核等及时地调整薪酬,这是国际人力资源管理的基本要求,也更有利于企业和员工的发展。

虽然主要国家的企业在绩效管理上存在差别(见表8-1),但上述特征应该是国际人力资源绩效考核共同的追求。

表8-1 美国、日本和德国企业在绩效管理上的差异

美国企业	日本企业	德国企业
● 以职位分析为基础 ● 能力主义,强力表现 ● 快速评价、迅捷晋升 ● 现实回报、无情淘汰	● 年功序列 ● 福利型管理 ● 重视能力、资历和适应性三者平衡 ● 缓慢晋升	● 小幅度定期提薪、晋升、调换工作 ● 公平竞争的择优机制

摩托罗拉公司有一个观点,那就是企业=产品+服务,企业管理=人力资源管理,人力资源管理=绩效管理。可见,绩效管理在企业中的地位是多么重要。随着经济全球化的发展与内外竞争的加剧,绩效管理的重要性越来越明显。可以说,绩效管理已经成为跨国企业管理的核心,是跨国公司管理者和人力资源管理者工作的一项主要内容。

绩效管理的概念是在1976年出现的,并于20世纪80年代后半期特别是90年代进入跨国公司的管理实践。从那时以来,跨国公司绩效管理的发展过程,根据绩效管理学者A.Neely的研究[1],大概可以被分为3个阶段:

(1)第一个阶段,在20世纪80年代晚期和90年代早期,从事绩效管理的管理者

---

[1] A.Neely, Performance Measurement: Past, Present, and Future[M], Centre for Business Performance, Cranfield University, Cranfield, 2000.

们意识到他们所评价的对象发生了偏差,这些评价目标带领他们走入一个短视的误区或者使他们的眼光变得狭窄。

(2) 第二个阶段,为了克服前一阶段的短视误区,20 世纪 90 年代,很多管理者引进一种新的绩效管理系统,比如平衡计分卡。

(3) 第三个阶段,在引入平衡计分卡后,管理者又面临着如何去使用通过绩效评价得到的数据的问题,于是,他们开始关注如何有效地使用通过新绩效评价系统得到的数据资料。

归纳近二十年来跨国公司绩效管理的特点及其发展趋势,主要有以下 8 点。

(1) 非常重视绩效管理的作用,把绩效管理作为企业管理的核心。跨国公司对如何提高企业的劳动生产率是非常关注的,尤其是在外部竞争日趋激烈和内部劳动生产率的增速日趋减缓的情况下。现代企业的生产效率不仅要靠资金和技术,更要靠人力资源。那么,如何开发和管理人力资源并使其发挥最大效益呢?绩效管理是一种有效的管理方法。绩效管理的实施,对于企业的发展、战略的实现,以及对人力资源的开发等都是非常重要的。

绩效管理将企业的战略目标分解到各个业务单元,并分解到每个人,因此,通过对每个员工的绩效进行管理、改进和提高,可以提高企业整体的绩效,企业的生产率和价值随之提高,企业的竞争优势也就由此而获得。

(2) 强调员工的努力方向与企业目标的一致性。从企业整体经营的角度来看,绩效管理是企业生存与发展的需要。企业的兴衰,关键在于员工的努力程度,但两者之间并非只是简单的比例关系。在努力程度和公司绩效之间,有一个关键的中间变量,那就是努力方向与企业目标的一致性。

当员工的努力程度比较高时,而且努力的方向与企业目标相一致时,是有助于提高公司绩效的。如果努力方向与企业目标背道而驰,即使员工再努力,也不会提高公司绩效,甚至还会造成绩效的降低。因此,在激发员工努力工作的同时,一定要使他们的努力方向与企业目标保持一致。这就要借助于完善的绩效管理系统。通过设定与企业目标一致的考核内容,并将考核结果反馈给员工,这样就可以知道自己的行为是正确的还是错误的,与企业要求有多大差距,从而采取相应的措施,继续或纠正,以便改进自己的行为。通过员工个人绩效的提高,促使企业达到既定的经营目标,实现企业的良性发展。

(3) 绩效管理强调以人为本。以人为本是指,不管是考核指标的设计还是考核体系的实施都要从员工出发,激励员工的积极性。惠普重视员工的绩效考核,将员工考核与经理的考核相结合,绩效指标的设计也侧重于员工个人能力的评价,不再以绩效的高低为主要标准。研究者认为,企业绩效管理者运用绩效评价的结果数据是为了影响次级管理者和雇员的行为。正是由于有效地改进组织中个体的行为是绩效管理的一个重要目标,故要求我们更加关注组织中人的特性和行为,实现以人为本的经营理念。

(4) 绩效管理强调指标的全面性。跨国公司在运用平衡记分卡、KPI 指标、360度考评反馈技术方面的比例是比较高的,为什么?其原因就在于他们强调绩效指标的全面性。跨国公司一般都实力雄厚,多元化经营,担负较大的社会责任,战略目标远大,经营目标多样性,工作内容丰富,绩效管理指标的全面性有其内在的要求。

(5) 重视绩效管理的客观性、定量化。跨国公司注重向所有的考核者和被考核者提供明确的工作绩效标准,完善企业的工作绩效评价系统,把员工能力与成果的定性考察与定量考核结合起来,建立客观而明确的管理标准,用数据说话,以理服人。改变过去员工考核中定性成分过大、评价模糊、易受主观因素影响的不足。

(6) 绩效管理强调考核相关制度的建设。在跨国企业中,绩效管理的开展不是哪个经理个人行为的结果,他们考核的指标内容、程序方法等都是事先制定好的,依据制度开展绩效管理,这种绩效管理体系总是建立在企业战略规划、工作分析、企业文化建设的基础之上,并与人员配置机制、薪酬激励制度、员工培训开发、职业生涯管理、人力退出机制等紧密相连。例如,IBM 实施绩效考核是以 PBC 为中心的绩效考核体系,这个体系包括指标设计、考核流程设计、考核结果汇总等。

(7) 绩效管理强调要在一个稳定的基础上进行。要使考核工作规范、有序、高效,必须建立科学的绩效考核体系。绩效考核体系的构建是一项系统工程,包括计划、实施、考核、考核结果的反馈及考核结果的处理和应用。跨国公司一般都具备扎实稳健的管理基础,这使得绩效管理系统能够在企业日常管理工作中比较顺利地运行。

(8) 在绩效管理中重视科技信息系统的导入和应用。当今世界瞬息万变,网络技术的普遍应用正使地球成为一个"村落"。在绩效管理中如何有效地运用最新的科学技术,成为管理者、专家们研究的方向,学者 Stephen Schoonover 和 Charles Palmer (2004)对这一问题作了初步的探讨和分析[1]。

他们首先分析了高科技公司的形势,认为高科技公司面临着严峻的形势、激烈的竞争,这要求战略必须更好地执行,对市场影响力的反映更加敏感。相反的情况是,

---

[1] Stephen Schoonover and Charles Palmer, A Systematic Approach to Employee Performance Gets Measurable Results[J]. Mass High Tech., ProQuest, May 3, 2004.

科技本身是科技组织的新需求的主要驱动者。正如今天的组织通过将科技应用到自动化、简化和促进关键的工作进程一样,所有现代企业都必须使他们的人力资本最大化,这要求每一个员工都更有效地努力工作。

科技除了应用在自动化上以外,合作经营、再设计和"六西格玛"的应用等使得组织以更少的人去做更多的事,运作一个企业所需的优秀的管理者和员工日益成为更有价值的资源。

绩效管理是一个不断开发人力资本的方法,它包括评估、开发和评价人员绩效。研究者认为,在很多公司里,绩效管理的设置仍旧被看作一个"必要的罪恶"。它大多由激发管理人员的训练技能开始。它的主要部分依然是一个纸质的进程。但是,情况在发生变化,在线绩效管理正在变为主流,正如多数人一致认为的那样,应该开发一套普遍的、使用科技的最佳操作方法。

跨国公司能从管理绩效所采用的组织化的、在线的方法中获益。然而,在科技公司里采用自动化绩效管理变得越来越被动。这些组织面临不同范围的挑战。科技公司越来越多地依赖于专业知识和技术人员的成长,在某种程度上,变化的速度也在成为一个核心的能力。这些成功的关键不仅挑战维持企业的发展,而且引发了其他问题。一些科技企业由于缺乏在领导团队方面的能力和经验而陷入困境,而且极少有公司建立相关的方法和技术以评估、开发、训练员工人才库。高级软件使得绩效计划、跟踪和管理进程自动化,这样可以帮助公司有效地应对挑战。结构化的工作流程也使得这一过程中每一个关键的任务都能在清除快速发展的障碍方面变得容易、可行。最重要的是,在管理绩效方面,一个高质量的系统可以确保最佳方案的应用前后一致,促进企业快速成长和使员工更加忙碌并且有动力。这样就使绩效管理从"必要的罪恶"转变成为竞争的优势。

第二节　国际人力资源绩效考核的操作

一、绩效考核的一般方法

西方国家企业早期的绩效考核方法很简单。据说19世纪80年代初,苏格兰一位杰出的纺织工厂主罗伯特·欧文(Robert Owen)为了考评工人的劳动效果而创造了一种有效的方法,他把一小块涂有不同颜色的四方木块挂在每个雇员的劳动岗位上。管理者每天按照自己的意见来旋转木块的色彩面,以表示雇员前一天的劳动效果——

黑色表示劣等,蓝色表示一般,黄色表示良好,白色表示优秀①。

今天的企业员工不仅无法忍受这样的考核制度,各种考核方法也极大地丰富和更加科学了。一般而言,员工绩效考核通常有如下 7 种方法。

1. 多人比较法

多人比较法是将一个员工的工作绩效与一个或多个其他人作比较。这是一种相对的而不是绝对的衡量方法。该类方法最常用的 3 种形式是分组排序法、个体排序法和配对比较法。

分组排序法要求评估者按特定的分组将员工编入诸如"前 1/5""次 1/5"之类的次序中。这是评估者被要求在诸如前 5%、第二个 5%、接下来的 15%等这样的次序中对被考评者作一个排序。如果使用这种方法对员工进行评价,管理者可以将其所有的下属作一个排列。假定他有 20 名下属,那么只能有 4 人可排在前 1/5,只有 4 人被排在末 1/5 的范围内。

个体排序法要求评估者将员工按从高到低的顺序加以排列,因此,只有 1 人可以是"最优的"。如果要对 30 个下属做出评价,第 1 名和第 2 名之间的差别就被假定为与第 21 名和第 22 名之间的差别是一样的。尽管某些员工的水平可能非常接近,以致可以将他们编入同一个组中,但个体排序法不考虑这种关系。

配对比较法是将每个员工都一一与比较组中的其他每一位员工结对进行比较,评出其中的"优者"和"劣者"。在所有的结对比较完成后,将每位员工得到的"优者"数累计起来,就可以排列出一个总的顺序。这种方法确保每一位员工都与其他所有人做对比,但当要评估的员工人数相当多时,这种配对比较法就不容易进行了。

多人比较法可以与其他各种方法结合使用,以便得到一个按绝对标准和相对标准衡量都为"优秀"的人员名单。例如,可综合使用评价表法和个体排序法,以提供更为准确的有关被考评者的信息。

2. 书面描述法

也许最简单的绩效评估方法就是写一份记叙性材料,描述一个员工的所长、所短、过去的绩效和潜能等,然后提出予以改进和提高的建议。书面描述不需要采取某种复杂的格式,也不需要经过多少培训就能完成。但是,一种"好"或"差"的评价,可

---

① 布鲁斯克等编(1962):《罗伯特·欧文生平》,转引自武泽信一/A.M.怀特希尔:《日美企业人事管理比较》,求实出版社 1987 年版,第 85—86 页。

能不仅取决于员工的实际绩效水平,也与评估者的评价能力有很大关系。

3. 关键事件法

使用关键事件法评估,就是将注意力集中在那些区分有效的和无效的工作绩效的关键行为方面。评估者记下一些细小但能说明员工所做的是特别有效果的或无效果的事件。这里的要点是,只述及集体的行为,而不笼统地评价一个人的个性特质。为某一个人记下一长串关键事件,就可以提供丰富的具体例子,给员工指明他或她有哪些期望的或不期望的行为。

4. 评分表法

评分表法是一种最古老也最常用的绩效评估方法。它列出一系列绩效因素,如工作的数量与质量、职务知识、协作与出勤以及忠诚、诚实和首创精神等,然后,评估者逐一对表中的每一项给出评分。评分尺度通常采用5分制,如对职务知识这一因素的评分可以是1分("对职务职责的了解很差")或者5分("对职务的各方面有充分的了解")。

评分表法设计和执行的总时间耗费较少,而且便于做定量分析和比较。

5. 行为定位评分法

行为定位评分法是近年来日益得到重视的一种绩效评估方法。这种方法综合了关键事件法和评分表法的主要要素:考评按某一序数值尺度对各项指标打分,不过,评分项目是某人从事某项职务的具体行为事例,而不是一般的个人特质描述。

行为定位评分法侧重于具体而可衡量的工作行为。它将职务的关键要素分解为若干绩效因素,然后为每一绩效因素确定有效果或无效果行为的一些具体事例。其结果可以形成诸如"预测""计划""实施""解决眼前问题""贯彻执行命令"以及"告诉工人们如果有问题随时可以来和他谈"这类的叙述,一位经理对其属下的基层监督人员可以用5分制尺度中的0分("几乎从不")或者4分("几乎总是")做出评价。

6. 目标管理法

它是对经理人员和专门职业人员进行绩效评估的首选方法。在目标管理法下,每一个员工都确定有若干具体的指标,这些指标是其工作成功开展的关键目标,因此,它们的完成情况可以作为评价员工的依据。

目标管理法在经理中流行,一个原因可能要归功于它对结果目标的重视。经理们通常很强调利润、销售额和成本这些能带来成果的结果指标,这种趋向恰与目标管理法对工作绩效定量测评的关注相一致。正因为目标管理重结果更甚于重手段,因此,使用这一评估方法可使管理者得到更大的自主权,以便选择其达到目标的最好路径。

7. 关键业绩指标法(KPI)

KPI绩效考评方法的主要目的是两个:一是绩效改进;二是价值评价。面向绩效改进的考核,重点是问题的解决及方法的改进,从而实现绩效的改进。它往往不与薪酬直接挂钩,但可以为价值评价提供依据。这种考核中主管对员工的评价不仅反馈员工的工作表现,而且可以充分体现主管的管理艺术。因为主管的目标和员工的目标是一致的,且员工的成绩也是主管的成绩,这样,主管和员工的关系就比较融洽。主管在工作过程中与下属频繁地沟通,不断辅导与帮助下属,不断记录员工的工作数据或事实依据,这比考核本身更重要。

面向价值评价的绩效考核,强调的重点是公正与公平,因为它和员工的利益直接挂钩。这种考核要求主管的评价要比较准确,而且对同类人员的考核要严格把握同一尺度,这对于行政服务人员、一线生产人员比较好操作。因为这些职位的价值创造周期比较短,很快就可以体现出他们的行动结果,而且,标准也比较明确,工作的重复性也较强。但是,对于职位内容变动较大或价值创造周期较长的职位来说,这种评价就比较难操作。有一种方法可以将两者统一起来,就是在日常的考核中强调绩效的持续改进,而在需进行价值评价的时候,由人力资源部门制定全企业统一的评价标准尺度。这样,一方面,评价的结果比较公平;另一方面,由于员工的绩效改进已达到较高水平,员工可以凭借自己出色的工作表现获得较高的报酬与认可。评价员工的绩效改进情况及绩效结果,KPI是基础性依据,它提供评价的方向、数据及事实依据。

其次,KPI强调用工作结果来证实工作能力,通过被考评者在自然状态下稳定的工作表现证明其实际能力。在企业管理过程中,要求任职者具有一定能力的目的,实质上是期望任职者有预期的工作表现,能达到预定的工作目标。能达到目标的能力才是真实有效的,才是对企业有价值的。如果用一次考试或一次测试来评估能力,这就偏离了目的,使员工花费大量时间和精力去研究应付考评或测试的方法与技巧,有的更是不择手段地去弄虚作假,而不是为了提高能力和改进绩效。KPI标准的考评则采用取证的方式,从具体的工作结果中收集员工达到业绩标准的证据,或者找出与业绩标准的差距,这是一种非常客观、公正、有效的办法。在KPI考评办法中,使考评者与被考评者成为一种平等的考评伙伴关系,大家共同学习、共同进步,目的都是为了使被考评者尽快提高能力,达到业绩标准要求。

二、国际人力资源绩效考核的特殊方法

由于国际人力资源管理在员工绩效考核上存在一定的特殊性和复杂性,在操作上要注意其文化背景及其不同的具体情况。绩效考评的重点由以往对员工的态度和特质,转向与动态目标管理相结合的管理体系,将员工的个人目标和企业的经营目标完美地统一起来,从而激发更大的工作热情。

下面以摩托罗拉公司的绩效考核为例进行说明。

摩托罗拉公司绩效考核的目的是:使个人、团队业务和公司的目标密切结合;提前明确要达到的结果和需要的具体行为;提高对话质量;增强管理人员、团队和个人在实现持续进步方面的共同责任;在工作要求和个人能力、兴趣和工作重点之间发展最佳的契合点。

摩托罗拉业绩评估的成绩报告表(Scorecard)是参照美国国家质量标准制定的。各个部门根据这个质量标准,针对具体业务制定自己的目标。摩托罗拉员工每年制定的工作目标包括两个方面:一个是战略方向,包括长远的战略和优先考虑的目标;另一个是业绩,它可能包括员工在财政、客户关系、员工关系和合作伙伴之间的一些作为,也包括员工的领导能力、战略计划、客户关注程度、信息和分析能力、人力发展、过程管理法。

员工制定目标的执行要求主管和下属参与。摩托罗拉每3个月会考核员工的目标执行情况。员工在工作中有一个联系紧密的合作伙伴,摩托罗拉称之为 Key workpartner,他们彼此之间能够相互推动工作。跨部门同事和同部门同事之间有紧密联系,使考核达到360度的平衡。

摩托罗拉公司认为,绩效管理是一个不断进行的沟通过程,在这个过程中员工和主管应当以合作伙伴的形式就下列问题达成一致:

- 员工应该完成的工作;
- 员工所做的工作如何为组织的目标实现作贡献;
- 用具体的内容描述怎样才算把工作做好;
- 员工和主管怎样才能共同努力帮助员工改进绩效;
- 如何衡量绩效;
- 确定影响绩效的障碍并将其克服。

据此可以看出,摩托罗拉公司绩效考核关注的是员工绩效的提高,而员工绩效的提高又是为组织目标的实现服务的,这就将员工和企业的发展连在一起,同时也将绩

效考核的地位提升到战略的层面。

摩托罗拉公司强调员工和主管是合作伙伴的关系,这不仅仅是对绩效考核的一种观念的改变,而且是更深层次的绩效考核创新,它给了员工更大的自主和民主,也在一定程度上解放了管理者的思维。随着这种观念的深入,员工和主管的关系更加和谐,将会有更多的互动、互补和共同提高,这也正是摩托罗拉公司的绩效管理努力要完成的目标。

摩托罗拉公司还强调绩效管理是一个系统,用系统的观点看待绩效考核,将绩效考核置于系统之中,使其各个组成部分互相作用,并以各自独立的方式一起工作去完成既定的目标。摩托罗拉公司的绩效考核由 5 个组成部分。

(1) 制定绩效目标和绩效计划。绩效目标由两部分组成:一部分是业务目标(Business Goals);另一部分是行为标准(Behavior Standard)。这两部分组成了员工全年的绩效目标。它们相辅相成,共同为员工的绩效提高和组织绩效目标的实现服务。在这个部分里,主管与员工就下列问题进行充分的沟通,达成一致,最终形成签字的记录:

- 员工应该做什么?
- 工作应该做多好?
- 为什么要做该项工作?
- 什么时候要做该项工作?
- 其他相关的问题,如环境、能力、职业前途、培训等。

上述问题是整个绩效管理循环的依据,其作用非常重要,需要花费必要的时间和精力来完成,大约用一个季度的时间制定绩效目标。

(2) 进行持续不断的绩效沟通。沟通贯穿于绩效管理的整个过程,不仅仅是年终的考核沟通。仅仅一两次的沟通是远远不够的,它强调全年的沟通和全通道的沟通。主要包括 3 个方面:

- 沟通是一个双向的过程,目的是追踪绩效的进展,确定障碍,为双方提供所需的信息;
- 前瞻性;
- 定期或非定期,正式或非正式,就某一问题专门对话。

为此,摩托罗拉公司的每个员工都会得到一张卡,叫作 IDE 卡。这张卡代表了任何一名摩托罗拉员工都拥有的 6 种最基本的权利,上面用英文写了 6 个问题,这是员工每个季度都要问自己、问公司的 6 个问题:

① 您是否有一份对于摩托罗拉公司的成功有意义的工作?

② 您是否了解能胜任本职工作,并且具备使工作成功的知识?
③ 您的培训是否已经确定并得到适当的安排以不断提高您的工作技能?
④ 您是否了解您的职业前途,并且它会令您鼓舞,切实可行,而且正在付诸行动?
⑤ 过去的30天来,您是否都获得了中肯的意见反馈以有助于改进工作绩效或促成您的职业前途的实现?
⑥ 您个人的情况(如性别文化背景等)是否得到正确的对待而不影响您的成功?

卡上的这些项目随时提醒员工注意沟通和改进。主管与员工沟通的过程也要形成必要的文字记录,并经主管和员工双方签字认可。

(3) 进行事实的收集、观察和记录。为年终的考核做准备,主管需要在平时注意收集事实,注意观察和记录必要的信息。这包括收集与绩效有关的信息,记录好的以及不好的行为等。收集信息要求全面,好的或不好的都要记录,而且要形成书面文件,必要时要经主管与员工签字认可。

以上两个过程一般在第二、第三季度完成。进入第四季度,也就进入了绩效管理的收尾阶段,到了检验一年绩效的时候了。

(4) 召开绩效评估会议。绩效评估会议讲究效率,一般集中一个时间,所有的主管集中在一起进行全年的绩效评估。它主要包括4个方面:

- 做好准备工作(员工自我评估);
- 对员工的绩效达成共识,根据事实而不是印象;
- 评出绩效的等级;
- 不仅是评估员工,而且作为解决问题的机会。

根据绩效评估会议,最终形成书面的讨论结果,并以面谈沟通的形式将结果告知员工。但是到此为止,绩效考核并没有结束,此后还有一个非常重要的诊断过程。

(5) 进行绩效诊断和提高。这是对绩效管理系统的评估,用来诊断绩效管理系统的有效性,改进和提高员工绩效,主要包括4个方面:

- 确定绩效缺陷及原因;
- 通过指导解决问题;
- 绩效不只是员工的责任;
- 强调应该不断进行。

关于这一点,也有一个非常实际有效的衡量工具,具体包括10个方面:

① 我有针对我工作的具体、明确的目标;
② 这些目标具有挑战性,但合理(不太难,也不太容易);
③ 我认为这些目标对我有意义;

④ 我明白我的绩效(达到目标是如何评估的);
⑤ 我觉得那些绩效标准是恰当的,因为它们测量的是我应该做的事情;
⑥ 在达到目标方面我做得如何,我能得到及时的反馈;
⑦ 我觉得我得到足够的培训,使我能得到及时准确的反馈;
⑧ 公司给我提供了足够的资源(如资金、仪器、帮手等),使我达到目标成为可能;
⑨ 当我达到目标时,我能够得到赞赏和认可;
⑩ 激励机制是公平的,我因为自己的成功而得到奖励。

每一项有5个评分标准,通过打分可以得知一年以来的绩效管理的水平如何,差距在哪里,从而做到拾遗补阙,改进和提高绩效管理的水平。

此外,绩效考核表里可以没有分数,而是运用等级法,实行强制分布,这样既能分出员工绩效的差别,又尽可能地避免了在几分之差上的无休止的争论。

摩托罗拉员工的薪酬和晋升都与绩效考核结果紧密挂钩,实行论功行赏。摩托罗拉公司的年终评估在1月进行,个人评估是每季度一次,部门评估是一年一次,年底对业务进行总结。根据Scorecard的情况,公司年底决定员工个人薪水的涨幅,也根据业绩晋升员工。摩托罗拉常年都在选拔干部,一般比较集中的时间是每年的2月和3月,公司挑选管理精英到总部去考核学习,到5月或6月时会定下管理人才。

摩托罗拉公司认为,绩效考核的质量如何与管理者的关系很大,可以说管理者的素质是关键。比如,有些人在工作中的焦点不是客户,而是怎样使他的管理者满意。这种情况将导致绩效考核出现误区:员工业绩比较一般,但是主管很信任他;后加入团队的员工,即使成绩很好,但没有与老板建立信任的交情,也难获重用。这时人力资源部的工作就变得非常重要了。人力资源部会花很多精力在工作表现前25名和后25名的员工身上进行细致的研究。

为此,摩托罗拉非常注重管理者的素质,选拔管理者有许多明确的条件。例如,对副总裁候选人的素质要求有四点:第一是个人的道德素质高;第二是在整个大环境下,能够有效地管理自己的人员;第三是在执行总体业务目标时,能够执行得好,包括最好的效果、最低的成本、最快的速度;第四是能够创新,理解客户,大胆推动一些项目,进行创新改革。副总裁需要有这四个素质,而且还要求这几点比较平衡。总监、部门经理等都会有其相应的任职要求。摩托罗拉给各级领导提供许多种素质培训,重视管理者素质的提高。如果管理手段不妥,犯了严重的管理过失,就会将管理者撤掉。如果员工对主管的评估有不公之感,可以拒绝在评估结果上签字。每个员工的评估表都会有自己的主管和主管的主管签字,所以,主管的上级知道其中是否存在问题,并会参与进来,了解其中情况,解决存在的问题。

案例研究一：通用集团和索尼公司的绩效管理案例比较

随着通信技术的高速发展和国际间商品、资本、技术和人力资源流动的不断加速，经济全球化的进程进一步加快。世界经济进入新时期，跨国公司不断涌现，国际竞争日益激烈。在这一新的历史时期，人才的竞争逐渐取代技术和产品的竞争，已成为跨国公司竞争的焦点。如何培养人才、开发人才、留住人才、提高员工绩效，进而促进组织战略目标的达成，成为跨国公司面临的一项艰巨任务。跨国公司的人力资源管理系统是在不同的国家和文化间进行转移和整合的，绩效管理的对象是国籍不同的员工，他们在文化传统、价值观念、社会关系、政治观点、劳资福利关系、文化程度等方面存在很大差异，这就决定了跨国公司绩效管理的迫切性、艰难性和复杂性。有人将绩效管理比作一把双刃剑，从通用公司卓越的经营业绩大家看到了绩效管理促进企业发展的巨大魅力，许多公司都在积极尝试，努力寻找解决管理难题的灵丹妙药，促进企业的可持续发展和大幅度飞跃，但是许多公司的实践证明，它们的努力换来的却是员工的抵触、管理的混乱、氛围的紧张，甚至业绩的下滑，大多数公司感受的是作为优秀公司战略管理的有效工具——绩效管理所带来的伤痛。绩效管理作为战略人力资源管理的核心环节，在一些跨国公司却成为开发公司人力资源、提升公司竞争力的瓶颈，制约着公司进军国际市场的步伐，影响着公司规模的扩大和战略经营。

一、通用集团的绩效管理案例

欧美市场的成熟度较高，欧美的跨国企业经历了长期的发展，形成了完善的人力资源管理模式。欧美跨国企业的绩效管理秉承了目标管理的原则，这些采用传统的MBO管理法的企业，其绩效管理往往简单而易于操作，他们根据各级人员的岗位描述来确定员工工作的完成情况。受其传统文化和管理风格的影响，他们只注重工作的结果，对于员工获得这个结果的过程并不注重。然而，随着管理理论的发展、人性假设的转变，企业的人力资源管理进入一个快速发展的时期，特别是在人力资源管理模式产生最早、发展最完善的美国，产生了许多具有革命性的管理思想。在绩效管理方面也有了许多创新，出现了新的绩效管理模型和管理工具，如KPI绩效考评模式、BSC平衡积分卡管理模式、360°绩效考评模式等，促进了绩效管理水平的提高。在绩效管理中，欧美企业呈现出两个鲜明的特点，即严明的制度和成熟的操作方法。企业绩效管理制度名目繁多、分类细致，例如，绩效管理的基础——岗位说明书在界定岗位权力和职责时，不仅详细描述了岗位的工作内容，也界定了岗位相应的权力和应承担的责任，使得岗位工作说明书成为企业进行绩效管理的有效依据，这样，企业严明的制度能够详尽地指导企业的绩效管理。成熟的操作方法使企业更容易取得良好的绩效管理效果，完成企业的绩效目标。在企业成熟的操作方法的指导下，企业管理人员能够将企业目标更好地细分到各个组织、部门和岗位，在绩效评估时也更容易将绩效指标进行量化处理，使绩效评估更科学、更可行。

在欧美企业的绩效管理模式中，具有典型代表性的是通用公司的绩效管理。通用公司的绩效考核制度是其管理经典中最重要的篇章，从通用的绩效管理制度、绩效管理实施过程可以看出这家世界顶尖级的跨国公司业绩卓越之所在。通用公司的绩效管理工作是一个系统的工程，从绩效目标制定、绩效评估等绩效管理体系的设计，从6σ管理、员工职业发展等配套制度的完善，到信息的及时反馈、强调通用公司的价值观、管理层与一般员工的积极参与等良好的绩效运行环境的营造，都纳入公司的绩效管理系统中。

通用公司绩效目标与计划的制定是全年绩效管理的基础，目标的制定必须符合"SMART"原则，即明确、可衡量、可实现、现实的、有时限的，并在与公司、部门目标保持一致的基础上，与员工反复地沟通推敲。在制定绩效计划的基础上开始实施绩效评估。通用公司的绩效考核分为过程考核和年终考核。过程考核是指在绩效计划实施过程中给予及时的绩效辅导，员工表现好时，要及时给予肯定表扬；在员工表现不好时，及时提醒，帮助纠正，以利于绩效目标的实现，同时也为年终考核积累数据。年终考核是公司绩效评估环节最重要的一环，其考核主要通过自我鉴定、上级考评两个过程来实施。首先是员工的自我鉴定，主要通过填写个人学历记录、个人工作记录和年度工作完成情况记录来完成。其次是经理的评价，经理在参考员工个人自评的基础上，填写员工业绩考评记录，经理填写的鉴定必须与员工沟通，取得一致的意见。如果经理和员工有不同的意见，必须有足够的理由来说服对方；如果员工对经理的评价有不同的意见，员工可以与经理沟通但必须用事实来说话；如果员工能够说服经理，经理可以修正其以前的评价意见；如果双方不能取得一致，将由上一级经理来处理。在相互沟通、交流时，必须用事实来证明自己的观点，不能用任何想象或编造的理由。

评估结果的应用也会影响公司的绩效实施效果。GE评估的结果不仅仅与员工的薪酬相关,还将绩效结果应用在员工培训、晋升、换岗等领域,与员工的职业生涯发展紧密相连。系统来讲,公司的绩效结果处理分为四种类型:(1)员工价值观和工作业绩都不好时,处理非常简单,这种员工只有走人;(2)员工业绩一般但价值观考核良好,公司会保护员工,给员工第二次机会,包括换岗、培训等,根据评估结果制定一个提高完善的计划,帮助员工提高;(3)员工业绩好但价值观考核一般,员工不再受到公司的保护,公司会请他走;(4)员工的业绩考核与价值观考核都优秀,就是公司的优秀员工,将会有晋升、加薪等发展的机会。

对于管理人员以及软性因素的考核一直是绩效管理的难点。GE公司一开始就给管理人员、领导人员确立一个行为准则,这些行为准则是公开的。管理人员根据这些行为准则,对照自己的行为,可以清楚、明白地知道自己哪些方面做得好,哪些方面有差距。员工也可以根据行为准则,评价管理人员的管理效果。对于员工对企业文化的认同、价值观等软性因素的考核,GE公司的做法是把工作放在事前,凡是加入通用公司的员工,首先被告知的是通用公司价值观的内容,然后会有与价值观有关的各种培训,员工对价值观的感悟会不断地得到强化,然后用发生在公司的事实行为来说明员工的价值观,在考核时的每一个结论都必须用事实来证明,决不能凭空想象,使得考核合理、科学、可行。

二、索尼公司的绩效管理案例

日本企业在长期的积累和发展中,逐渐形成了自己的人力资源管理模式,其最明显的特征是终身雇佣制和年功序列制。日本企业在绩效管理方面,重视能力、资历和适应性三者之间的平衡,晋升机会平等,同时特别注重制度的规范作用,在乎员工的自觉行为。日本企业绩效管理的一个鲜明特征,就是以发挥团体效益为中心的企业内部协调管理,由此产生的凝聚力和强大的群体效应,是日本企业在长期竞争中取胜的法宝。因此,企业把管理活动的另一个中心放在员工的工作责任心、劳动积极性和企业使命感的培养上,鼓励每一个员工创造一流的工作业绩。然而,随着国际竞争的激烈,日本企业逐渐意识到曾经给日本经济创造奇迹的管理模式正在受到挑战。一些日本的大型跨国公司为了更好地适应国际竞争的大环境,他们在跨国经营中不断吸收当地的文化精髓和管理模式,力图形成适合日本企业跨国经营的管理模式。在绩效管理方面,日本跨国企业也在实施改革,他们在保持自己特色的同时,逐步学习、吸收欧美企业的绩效管理模式和管理经验,将日本企业绩效管理的优点与欧美企业绩效管理的精华相结合,形成了具有日本特色的跨国企业绩效管理模式。

在日本跨国企业绩效管理中,具有典型代表性的是索尼公司(SONY)的绩效管理。索尼公司的绩效管理以业绩为中心,采用的是KPI的绩效管理模型,运用SP的评价体系全面评估员工的业绩,SP指的是个人(Person)、职位(Position)、过去(Past)、现在(Present)、潜力(Potential)五个因素。一个人(Person)在一个岗位(Position)上,首先要符合这个位置的要求。员工是否能得到晋升,公司要考察其业绩(Performance),业绩是由三部分构成,即过去的业绩(Past)、现在的业绩(Present)、将来的业绩,将来的业绩看不到,但是可以预测他的潜力(Potential)。

绩效计划是绩效管理的基础,索尼公司非常注重绩效计划的制定,并注意计划实施过程的调整。索尼公司的工作计划是在网上公开的,计划在实施的过程中肯定会发生一些变化,管理人员要核查行动的结果;同时,事前要预测各种情况,及时调整计划。核查绩效计划执行情况是管理人员每天都要做的事情,这在公司内部已经成了惯例。只有不断调整方案,才能保证有效地完成计划工作。在索尼公司,员工每天都要在工作之后写一份工作报告,交给上级审阅;报告在经理审阅完之后会做出批示,以指导员工工作,并作为日常绩效管理资料的积累。

索尼公司的绩效评估是一种周期性的制度,实行年度绩效评估制。年终的绩效考核首先是员工的自我评估,到年末每个员工需根据年初制定的绩效计划,对照公司发布的绩效评估的标准,进行工作业绩完成情况的自我评估。员工的直接上级对员工进行评估,直接上级会与该员工进行谈话,对员工的工作内容进行分析,并对员工的工作方式、工作态度、团队合作精神等内容进行评估。在评估的过程中,就会发现员工的不足与优秀之处,第二年的目标也会在这个过程中确定下来。其次是对团队绩效进行评估,每一个分公司的总经理要陈述对下级的评估,说明评估的结果和原因。作为管理者要帮助下属完成任务,帮助下属提高技能,如果管理者的技能需要提高,在陈述的过程中也要提出目标。通过对各部门进行评估,可以掌握各个分公司、各个部门之间的平衡。公司的绩效管理通过这样周而复始的绩效计划、实施、评估、再制定计划的过程良好地运行着。

对于主管级以上的员工,公司会要求他们写自己的素质报告,素质报告会考查很多方面,比如职业精神是否很专注、是否富有激情、是否了解外界的知识。员工写完小结,会有不同的上司对员工的工作潜力等做出评价。在上级评价完后还会有一个评估,这个评估是由不同的人匿名来进行的,其中会有非业务部门人员。如果员工要获得提升,在完成素质报告之后,还要进行书面考试,对员工的常识、观点进行考核。书面考核完后,公司高层领导会对员工进行全面考核,员工要面对多个公司高层陈述自己的想法、建议。通过上述几个评估程序,对员工的潜力进行全面的评估,促进员工职业的良好发展。

三、跨国公司绩效管理实践的特征

随着世界经济全球化进程的加快,跨国公司的数量逐渐增多,由于企业员工的多元化带来文化和价值观的多元化对各国人力资源管理模式提出挑战。尽管由于历史差异和文化差异等方面的影响,导致各国人力资源管理模式具有许多差异,但在全球经济一体化趋势的强大冲击下,跨国企业的管理面临巨大的压力,他们要想在激烈的全球经济竞争中取胜,必须相互借鉴和学习,提升公司竞争力。从通用公司、索尼公司等世界优秀的跨国公司来看,尽管他们在文化上、管理上存在差异,但他们在绩效管理上存在一些共同之处,这些共同点是高绩效的跨国公司所具备的,也是值得各国跨国经营企业学习和借鉴的。

(一) 以人为本的绩效管理企业文化

许多业绩卓越的跨国公司,都意识到人才的重要性,在公司总部及分公司大力倡导人本管理,树立以人为本的绩效理念。国内外优秀的跨国企业在绩效管理过程中始终坚持以人为本的思想,充分重视人、尊重人、开发人,真正意识到人是企业的核心竞争力和原动力,并且将这种思想贯穿于绩效管理的各个阶段:在绩效准备阶段,他们在进行各级人员的工作分析和素质测评时,既考虑到岗位工作特殊性,又注意到员工素质的个体差异;在绩效规划阶段,他们在绩效管理主体与客体充分沟通的基础上,制定出适合绩效评估客体的绩效规划;在绩效实施阶段,他们强调对绩效客体的工作辅助和各种资源的辅助支持,帮助绩效客体对工作方向和成效进行有效控制,以促进绩效目标的实现;在绩效评估阶段,他们以规范的标准努力消除因评估主体的偏见而对客体的绩效评估造成的偏差;在绩效反馈阶段,绩效管理主体与客体双方开诚布公,各抒己见,最终达成一致意见,使绩效双方都认可最终的绩效评估结果;在绩效评估结果的应用阶段,把绩效评估结果与薪酬提高、职务晋升、业务培训以及职业指导等激励手段相结合,为员工个人的发展提供有序、宽松的环境。通用电气公司让员工自己制定绩效计划、自我评估,都是以人为本的体现。

(二) 与绩效管理执行匹配的文化环境

优秀的跨国公司都非常重视良好绩效运行环境的营造与保持,其中主要是企业文化环境,他们认为企业文化是企业赖以生存与发展的根本,是绩效管理的基础。

企业文化因其国度不同、价值观不同而各有特色,但他们共同的特征是尊重人,充分发挥人的主观能动性,培养良好的文化氛围,为绩效管理创立适宜的人文环境。重视企业高绩效文化的建设,形成绩效管理的良好氛围,把绩效管理的刚性化建立在企业文化的柔性氛围之上。企业文化所具有的强大的凝聚功能,可以把共同的理想与信念紧紧地融合在一起,同时,企业文化还具有较强的约束力,它强调员工自觉地接受规范和约束,并按企业特有的价值观的指导进行自我管理与控制,使绩效管理过程中的沟通更有效。有了良好的绩效文化氛围,绩效管理双方才能进行充分的沟通与交流,绩效管理系统才能良好地运行,绩效管理工作才能达到真正促进个体、集体绩效的提高。

(三) 兼顾管理科学与管理艺术的绩效管理制度

许多优秀的跨国公司在绩效管理中既坚持制度化的硬性管理,又实施艺术化的软性管理,将两者完美地结合起来,达到科学管理与艺术管理的适度平衡,取得了良好的管理效果。许多跨国公司在进入国外市场时往往带入其成熟的制度,绩效管理也是如此。跨国公司利用母公司成熟的制度来规范子公司,避免其因文化交融的过程而带来的混乱。但同时在具体的绩效管理中,又因地制宜、量体裁衣,根据公司所在国的具体环境灵活变动,即给予国外子公司充分的管理自主权,子公司管理人员可以在总公司绩效管理体系的约束之下,建立适合当地文化的、有利于公司业绩提高的管理体系,甚至仅给予建立绩效体系的原则,具体制度则由子公司自行建立,促进公司业绩的提高,实现跨国公司的发展战略。

思考题:

比较跨国公司的绩效管理实践,分析其成功的经验与失败的教训。

参考文献:

[1] 彭翠莲.跨国公司绩效管理研究[D].中国海洋大学硕士学位论文,2006.

[2] Jeong-Dong Lee, Sung-Bae Park & Tai-Yoo Kim. (1999). Profit, productivity, and price differential: an international performance comparison of the natural gas transportation industry. *Energy Policy*(11),. doi: 10.1016/S0301-4215(99)00025-7.

[3] 汪琪.跨国公司外派人员绩效管理存在的问题及应对方法探讨[J].现代商业(32),66-68.

[4] 李息襟.(2021).跨国公司外派人员绩效管理对策研究.黄河水利职业技术学院学报(1),102-104. doi: 10.13681/j.cnki.cn41-1282/tv.2021.01.024.

[5] 陈恒,李秀兰.(2007).跨国公司外派人员绩效管理的问题及对策分析.全国商情(经济理论研究)(13),97-98. doi:10.16834/j.cnki.issn1009-5292.2007.13.044.

[6] 韩晓青(2006-04-04).跨国公司的员工绩效管理.组织人事报,2007.

[7] 陈凯凌.(2008).跨国公司的绩效管理——对H公司绩效管理系统的解析.职业(4),30-31. doi:CNKI:SUN:ZYJP.0.2008-04-013.

[8] 王莉静.(2015).C公司跨国人力资源管理体系构建研究(硕士学位论文,天津大学).https://kns.cnki.net/KCMS/detail/detail.aspx?dbname=CMFD201701&filename=1016103817.nh.

[9] 林叶.(2012).跨国企业外派人员绩效管理问题研究(硕士学位论文,海南大学).https://kns.cnki.net/KCMS/detail/detail.aspx?dbname=CMFD2012&filename=1012420388.nh.

[10] 张彦.(2004).跨国公司人才资源战略及其对中国本土企业的启示(硕士学位论文,华中师范大学).https://kns.cnki.net/KCMS/detail/detail.aspx?dbname=CMFD9904&filename=2004083252.nh.

[11] 韦艳.(2009).跨国公司激励机制的经验借鉴及启示.商业时代(20),45-47. doi:CNKI:SUN:SYJJ.0.2009-20-021.

[12] Ahammad Mohammad Faisal, Basu Shubhabrata, Munjal Surender, Clegg Jeremy & Shoham Ofra Bazel.(2021). Strategic agility, environmental uncertainties and international performance: The perspective of Indian firms. Journal of World Business(4), doi:10.1016/J.JWB.2021.101218.

[13] Mogos Descotes Raluca & Walliser Björn.(2010). The impact of entry modes on export knowledge resources and the international performance of SMEs. Management international/Gestiòn Internacional/International Management(1), doi:10.7202/045626ar.

[14] 康旭博.(2015).跨国公司绩效管理的文化冲突问题研究.北方经贸(01),143-144. doi:CNKI:SUN:GFJM.0.2015-01-073.

[15] José Carlos Pinho & Christiane Prange.(2016). The effect of social networks and dynamic internationalization capabilities on international performance. Journal of World Business(3),. doi:10.1016/j.jwb.2015.08.001.

(资料来源:综合新闻报道和网络资料整理而成,林新奇教授《国际人力资源管理》研究生课程班硕士生梁少博同学做出了贡献。)

案例研究二：可口可乐公司的国际人才环流分析

人才环流是国际人才流动的新现象，指人才在国家间的非定向移动。全球化的发展是导致人才环流出现的重要因素，作为全球化的主要驱动者，跨国企业在人才环流构建过程中发挥着重要作用。分析人才环流的形成原因和作用机制，有利于提升企业的跨国人才管理水平。除此之外，人才环流的出现也对跨国企业的人力资源管理提出了新要求，通过案例分析等方式识别跨国企业人才环流的实施要点具有实践意义。

据可口可乐大中华及韩国区 HRVP 所言，海外派遣是可口可乐中国对领导者培养中的重要一环，尽管可口可乐中国区的本土化人才比例一直超过90％，但这并不意味着可口可乐在中国区实行的是片面的本土化策略，在可口可乐全球本土人才和国际人才将维持恰当的比例，以利于跨区域跨国界的人才交流和流动。在可口可乐大中华及韩国区，副总裁及以上的高管均有海外派遣的经历。HRVP 陆嘉佳在加入可口可乐的前两年便被派往美国总部，通过实践体验企业的"联合国文化"，而后才被派回中国任职，是人才环流的典型参与者。可口可乐大中华及韩国区总裁弗格森（Curtis Ferguson），曾在可口可乐位于亚洲的多个国家和地区，包括泰国、印尼、新加坡、马来西亚、柬埔寨、尼泊尔和越南等地的分公司任职，是可口可乐重点培养的全球化人才，他于2016年9月1日正式出任可口可乐大中华及韩国区总裁，由其任职地点丰富的职业履历可见，弗格森是可口可乐人才环流的重要参与者，也是可口可乐的重要人才资源。

可口可乐全球人才环流的成功，得益于可口可乐开放包容的企业文化以及独特的人员甄选模式。就全球范围而言，可口可乐已经进驻了207个市场，比联合国成员国还多，需要具有全球化领导能力的人才，频繁的跨文化交流是企业的特点之一。可口可乐拥有许许多多带着各自不同文化地域背景的人才，并且能够把他们汇集到一起，又为同一个目标工作，这种人才的包容性是可口可乐公司长盛不衰的基因密码之一。对于想要拥有海外工作经历的人，可口可乐提供海外派遣的机会；对于受各种因素影响现阶段不适合外派但具有潜力的人，可口可乐通过组建跨国团队完成项目、提供培训等方式使其留在当地仍拥有全球化的经验。让员工在体验中理解可口可乐开放包容的企业文化，在合作中提升自身的跨文化理解力与领导力,是可口可乐全球人才环流构建的重要一环。除此之外,举贤是可口可乐人才战略的重要一环,举贤是找出真正具有潜质的人,这个人对未来有一些规划,有一个很强的发展意愿,并且愿意为此付出努力和代价,这意味着可能要迁移至另一个国家,有可能要放弃已经打造好的一片天地,这个人需要有强烈的意愿去尝试。这与无边界职业的概念相吻合,可口可乐在全球范围内招募顶尖人才,这类顶尖人才不对自身职业发展的地域、具体岗位设限,希望在全球范围内找到最适合自己的工作,在全球布局业务的可口可乐可以为其提供合适的发展机会。可口可乐大中华及韩国区人才管理及发展总监熊哲提到,可口可乐着力培养员工的企业全局观,即员工不能将关注重点只放在自己的关键业务指标上,而是要关注企业整体的目标和成绩,领导者要做两件事:一是大力发展自己所在的市场业务;二是为可口可乐全球业务服务。将员工的企业全局观和全球化视野作为培养和考核的关键点,是可口可乐人才体系建设的特色之一。

可口可乐全球人才环流助力其企业文化及全球化战略的落地,使得企业可以在全球范围内配置人力资源及调用最合适的人选,使企业人力资源转化为企业的独特竞争优势。

近年来,国际上有关人才的研究从过去的人才流失和人才回归的二元对立范式,发展到人才环流的新取向(刘宏,2009)。人力资本从边缘到中心的单一流动模式,已被更为复杂和分散的双向或多向流动所取代,这种扩散现象被称为人才环流或人才流动的三角模式(黄海刚,2017)。人才流动本质上是人力资源的重新配置过程,在市场经济条件下,人才流动主要靠市场供求关系来调节,并受经济发展水平、政策法律环境和人的心理感情等因素影响,伴随着跨国公司价值链的垂直分离和以网络为模式的区域经济蓬勃发展,组织产业模式发生巨大的改变,它打破了传统区域经济学基于核心——边缘理论下的人才单向流动状况,以往的人才单向流动现象,被复杂的人才双向移动所替代(文嫮,2008),即人才环流。Tung(2008)指出,人才在全球的流动性越来越大,国家边界被打破,人才环流成为更值得关注的人才流动趋势。

如图8-1所示,A是发展中国家,即传统研究中的人才流失国,B是次发达国家,C是移民政策相对紧迫的发达国家,即传统研究中的人才

图8-1 人才环流示意图

接受国,以往更多的研究会关注人才由 A 至 C 或由 A 至 B 至 C 的单向移动,但如今,由 C 到 A 的人才回流或外派现象逐渐出现,人才在国家间不定向移动,形成了人才环流。

1. 影响因素

据《2018 全球人才流动和资产配置趋势》报告,全球人才流动受到政治、经济、社会文化和科技因素的共同影响,其 PEST 模型如表 8-2 所示。

表 8-2　全球人才流动影响因素 PEST 模型

类型	关键因素	细 分 因 素
P	人才政策	人才评估、引进和使用机制、留学生、移民及出入境的制度政策等
E	经济格局	区域之间经济规模、增长速度、总部企业数量、产业结构、跨国组织网络等
S	社会环境	收入水平、发展机会、创新氛围、教育培训、国际连通性、人文环境、居住环境、服务设施、子女教育、社会保障、基础设施等
T	科技创新	科技研发水平、科技应用水平、科技投融资环境、科技政策等

黄海刚(2017)指出,制度维度的人力资本治理结构、政策维度多样化的政策工具等宏观因素都会对人才环流造成影响。从政策层面看,劳动力市场状况、国家的综合国力、国际地位、公共管理与安全、经济文化发展程度以及政府的政治体制、外交战略、教育制度、人才战略等是影响人才环路形成的重要因素,其中,是否允许双国籍是影响人才环流形成的因素之一(Saxenian,2016)。Chand(2018)从推拉理论出发分析影响国际人才流动的因素。Schmitt 和 Soubeyran(2006)构建了人员在国家间流动的函数模型,指出人才流动受到人才类型等因素的影响,其中,工业结构是影响人才流动的重要因素。Chen 等(2021)指出,人才回流的人选平均受教育水平显著高于原所在国家人口的受教育程度,说明教育水平是影响人才流动的因素之一。在经济层面,全球化的发展(Tung,2008)、全球分工协作、国际产业转移以及跨国公司的崛起(郑巧英等,2014)是促进人才环流形成的重要因素。在社会文化层面,社会对移民、留学生等国际群体的认知、评价、尊重、信任以及人文环境的多元兼容性等(郑巧英等,2014)对人才环流造成影响。技术的发展显著影响了人才环流的发展,一方面,技术的发展使得高技术人员成为全球各国争相吸引的人才;另一方面,互联网技术的提升使得跨国公司管理成本相对降低,跨国公司可在全球范围内进行产业布局。

2. PEST 模型

基于上述全球人才流动影响因素的分析,总结出影响全球人才环流的 PEST 模型,如表 8-3 所示。

表 8-3　全球人才环流影响因素 PEST 模型

类　型	关键因素	细　分　因　素
P	政　策	政治体制、外交战略、教育制度、人才战略等
E	全球化	全球分工协作、国际产业转移、跨国公司发展
S	社会环境	经济文化发展程度、社会文化包容度
T	科技创新	科技研发水平、科技人才需求、互联网技术发展

从企业层面看,全球化背景下产业组织模式的转变,对海外人才的环流起到巨大的推动作用(文嫣,2008),全球化进程的加快,致使激烈的市场竞争表现出高度的不确定性,要求经济行为主体以灵活、富有弹性的方式来参与经济活动,按照区位优势,把经营各环节活动分布在最适合的区域,在全球范围内组织价值的创造活动,因此,跨国公司实现价值链的垂直分离,具有国际化背景和视野、熟悉国际规则、具有跨国界和文化操作处理能力的人才成为企业重点关注的雇员(Saxenian,2016),企业的人才储备情况会影响企业的人员派遣及人才环流的形成。随着跨国公司业务的全球布局,企业管理人员在各国流动,形成人才环流。除此之外,企业人力资源管理模式会对人才环流的形成造成影响,采用全球中心主义管理模式的企业内部多形成人才环流(林肇宏,2013)。

从个体层面看,学术职业发展(黄海刚,2017)是影响人才环流的首要因素,留学和工作变动是人才国际流动的主要原因。无边界职业概念的出现,即高素质的人越来越愿意跨越国际边界换工作以寻求令人满意的职业,推动了全球人才环流的形成(Tung,2008)。人才环流的群体具有技能独特性强、有国际化背景和跨文化管理能力等特点,说明个体技能水平和素质水平也是影响人才环流形成的因素。

综上所述,人才环流的形成受到宏观环境、企业业务布局及组织架构、个体学术职业发展和技能特点等的共同影响。作为全球化的主要驱动者,跨国公司在促进人才环流形成中发挥着重要作用,一方面,跨国公司全球业务布局为全球化人才提供了发展机会;另一方面,跨国公司对全球化人才的需求及培养促使更多人投入全球人才环流的浪潮之中,由此,深入理解全球人才环流的形成原因及作用机制,有利于提升跨国企业的管理水平,有利于甄别跨国人力资源管理的实践要点。

人才环流对国家经济发展及技术水平提升的积极作用明显。郑巧英(2014)指出,在两个国家的经济、产业结构存在差异甚至能够互补的情况下,人才环流的共赢效应非常明显,即使两个国家的经济、产业结构不存在互补,通过分工协作以及利益博弈达到平衡状态也能实现共赢。人才环流可以为所有国家带来双赢局面,因为人才输出国和输入国同时受益于同一人才库(Tung,2008)。人才流动可以带来技术流动,人才环流可以使技术和能力在国家间实现双向流动(Le,2010)。Chand(2018)指出,人才流动使个体获得人力资本和社会资本的重要途径。在人才环流情境下,有技能的青年移民可以通过回国创业等方式推动发展中国家地方经济现代化、减轻贫困和减少失业,对派遣国的经济发展做出贡献(Bobi & Anelkovi,2019)。

从企业层面看,人才环流既有利于企业全球化战略的实施,也对企业人力资源管理水平提出了更高要求。李英禹等(2008)指出,人力资源整合的成功是保证企业跨国并购成功的关键因素,东道国企业关键人才流失现象严重是企业并购人力资源整合过程中存在的问题之一,通过人才环流管理,可以派任既了解母公司情况又了解东道国文化的全球化人才,助力企业并购的成功实施。人才环流对企业人力资源管理的挑战主要体现在如何帮助全球化员工适应各国不同的工作环境、工作条件和工作待遇。具体而言,跨国企业在不同国家的分公司或子公司会因各地文化、法律及业务差异形成不同的管理制度和企业文化,需要人才环流参与者快速适应。在过往的研究中,针对外派人才的管理已经较为成熟,而在人才环流背景下,企业还需思考人才回流再适应问题,以薪酬制度为例,跨国公司通常会为海外派遣人员提供数额较高的外派津贴,在人员回流后,外派津贴的减少或取消可能会导致员工薪酬总额的下降,从而产生人才流失的风险。如何帮助人才适应不同国家的工作环境、工作条件和工作待遇,使人才可以在全球范围内依需配置,成为企业全球化战略的执行者和推动者,是人才环流对企业人力资源管理者提出的难题。

思考题:

什么是国际人才环流?结合案例从中可以得到什么启示?

参考文献:

[1] 黄海刚.从人才流失到人才环流:国际高水平人才流动的转换[J].高等教育研究,2017,38(1):90-97+104.

[2] 李英禹,苏晋,李英.企业跨国并购中的人力资源整合研究[J].商业研究,2008(6):50-53.

[3] 林肇宏,张锐.中国跨国企业人力资源管理模式及实践研究——基于深圳5家高科技企业的案例分析[J].宏观经济研究,2013(2):97-104.

[4] 刘宏.当代华人新移民的跨国实践与人才环流——英国与新加坡的比较研究[J].中山大学学报(社会科学版),2009,49(6):165-176.

[5] 文嫮.全球化背景下人才跨国环流与地方产业发展研究[J].科技进步与对策,2008(6):172-176.

[6] 吴晗.跨国企业的国际化人才策略[J].环渤海经济瞭望,2019(9):138-139.

[7] 郑巧英,王辉耀,李正风.全球科技人才流动形式、发展动态及对我国的启示[J].科技进步与对策,2014,31(13):150-154.

[8] Bobi M, Anelkovi M V. Skilled Youth Outmigration from Serbia in a Developmental Perspective[J]. Southeastern Europe. L'Europe du Sud-Est, 2019, 43(3): 255-276.

[9] Chand, Masud. Brain Drain, Brain Circulation, and the African Diaspora in the United States[J]. Journal of African Business, 2018: 1-14.

[10] Chen Chen, Bernard Aude, Rylee Ryan, Abel Guy. Brain Circulation: The Educational Profile of Return Migrants.[J]. Population research and policy review, 2021.

[11] Daugeliene R, Marcinkeviciene R. Brain circulation: Theoretical considerations[J]. Inzinerine Ekonomika Engineering Economics, 2015, 33(63).

[12] Guner N. Spatial mobility in elite academic institutions in economics: the case of Spain[J]. SERIEs, 2019, 10(2): 141-172.

[13] Le T. "BRAIN DRAIN" OR "BRAIN CIRCULATION": EVIDENCE FROM OECD'S INTERNATIONAL MIGRATION AND R&D SPILLOVERS[J]. Scottish Journal of Political Economy, 2010, 55(5): 618-636.

[14] Ryazantsev S, Rostovskaya T, Pletneva Y E, et al. To Leave or to Stay? Migration Attitudes of the Participants of "Global Education" Grant Program. SOTSIOLOGICHESKIE ISSLEDOVANIYA, 2020, 12: 65-74.

[15] Schmitt N, Soubeyran A. A simple model of brain circulation[J]. Journal of International Economics, 2006, 69(2): 296-309.

[16] Staniscia B, Deravignone L, B González-Martín, et al. Youth mobility and the development of human capital: is there a Southern European model? [J]. Journal of Ethnic and Migration Studies, 2019, 47(2): 1866-1882.

[17] Tung R L. Brain circulation, diaspora, and international competitiveness [J]. European Management Journal, 2008, 26(5): 298-304.

[18] Verginer L, Riccaboni M. Talent goes to global cities: The world network of scientists' mobility[J]. Research Policy, 2021, 50.

（资料来源：综合新闻报道和网络资料整理而成，林新奇教授《国际人力资源管理》研究生课程班硕士生李晓琳同学做出了贡献。）

复习思考题

1. 人力资源管理绩效考核的一般做法是怎样的？
2. 国际人力资源管理在员工绩效考核上存在哪些特殊性？
3. 为什么说国际人力资源管理绩效考核在操作上需要注意其文化背景及其不同的具体情况？
4. 摩托罗拉公司的绩效管理有哪些特点？
5. 如何评价GE（中国）公司的绩效考核制度？

第九章

国际人力资源的薪酬与激励

【本章要点】
- 国际人力资源薪酬与激励的特点
- 国际人力资源薪酬与激励的操作

第一节 国际人力资源薪酬与激励的特点

管理有很多定义,其中有一个定义是:管理是使人们在组织中完成应该完成的工作。这包含三个方面的含义:明确目的、薪酬激励与责任制。每个企业都有相应的使命,这就是企业的主要目的。这些目的要通过人们的共同努力才能实现,薪酬激励就是使人们为达到企业目的而共同努力的一种机制。

薪酬激励是人力资源管理的重要方面。良好而有效的薪酬激励有助于提高员工的工作满意度和工作绩效,进而提高企业的竞争力,推动企业的发展。因此,研究薪酬激励的构成因素以及怎样对员工进行有效的激励是十分重要的。

美国薪酬管理专家(George Milkovich)认为,薪酬是指员工从企业所得到的金钱和各种形式的服务和福利,它作为企业给员工的劳动回报的一部分是劳动者应得的劳动报酬。企业员工的全部劳动报酬不仅限于货币收入,而且包括非货币收入,所以,薪酬应当包括外在报酬与内在报酬两个方面。

外在报酬是指员工因受到雇用而获得的各种形式的收入,包括工资、绩效工资、短期奖励、股票期权等长期奖励、津贴以及各种非货币形式的福利、服务和员工保护等。在外在报酬中,可以按工资的给付形式分为直接薪酬和间接薪酬。直接薪酬是指以法定的货币形式直接支付该劳动者本人的报酬,包括基本工资、绩效工资、奖金或奖励和津贴。间接报酬是不直接支付给劳动者本人并具有一定公益性的报酬,包括福利、服务和员工保护等内容。

外在报酬的优点在于比较容易定性和定量分析,在不同的组织、个人和工种之间容易进行比较,但是随着工作的弹性化和丰富化,员工更加关注内在报酬。内在报酬是指企业为员工提供较多的学习机会、挑战性工作、职业安全感,以及员工通过自己努力工作而受到晋升、表扬或受到认可与组织的重视。内在报酬的特点是难以进行清晰的定义,不易进行定量分析和比较,没有固定的标准,操作难度比较大,需要较高水平的管理艺术。

在管理学中出现过许多激励理论,马斯洛的需求理论、赫兹伯格的双因素理论是其中有代表性的激励理论。

马斯洛把个人的需求分为生理需求、安全需求、社交需求、尊重需求和自我实现需求。生理需求主要是指生理上和生存上的基本需求,如果一个人认为通过努力工作能够实现这方面的需求,他就会精神饱满地投入到工作中去。安全需求是指员工需要工作上的安全感,保持员工的安全感,可以使员工安心工作,无后顾之忧。社交需求主要是指人们之间的人际关系,良好的人际关系可以使员工心情愉快,更好地发挥自己的能力。尊重需求是指员工希望自己得到他人的尊重,这将有利于提高员工的自信心,激发出员工的潜能。自我实现的需求是指员工希望可以完全发挥自己的才能,实现自己的人生目标,它可以使员工把工作变成一种乐趣、一种创造性成就。在激励的过程中,管理者需要了解每个员工的不同需求,因人而异地使用不同的激励手段。

赫兹伯格把组织激励的因素分为保健因素和激励因素。保健因素是指那些只能消除不满,并不能使员工达到非常满意的因素。它又可以分为物质享受和工作条件及工作环境两大部分。物质享受体现在员工的工资、奖金、福利制度和奖惩制度上;它可以使员工更加安心、愉快地投入到工作中,并促使员工努力提高自己的工作水平及工作能力。工作条件和工作环境主要体现在企业设备、总体方针、规章制度和人际关系上;它可以提高员工的工作效率,使工作水平普遍上升,共同取得良好的绩效。激励因素是指能够激发员工的工作热情和积极性,并使员工感到非常满意的因素。它体现在对员工的尊重与赞美,给予员工发挥才能的适当平台,使员工获得成就感等方面。尊重员工、赞美员工可以建立员工的自信心,会使其更加热心于本职工作,提高工作水平。实现员工的成就感则可以激发出员工的潜力,留住优秀人才。了解这些激励条件,企业就可以结合自身特点对员工进行激励。

第二节 国际人力资源薪酬与激励的操作

20世纪80年代以来,全球化趋势下的市场竞争愈发激烈,人才全球流动,人力资源成为企业的核心,关键人才成为竞争的优势,企业管理正在经历巨大转变。比如,伴随着企业生存环境从国内市场转向国际市场,企业管理也从内向管理向外向管理转变,由注重过程管理向注重战略管理转变。由于企业管理的每一过程、每一环节都成为企业产品和服务升值的源泉,组织流程管理就变得很重要了,企业实现了从产品市场管理向价值管理的转变,从行为管理向文化管理的转变。所有这些转变都必然地反映在薪酬激励管理上。同时,由于跨国公司人力资源管理需要面对不同国家的社会文化与法律制度背景,薪酬激励不能照搬本国企业的做法;即使在本公司内部,也要面临文化多样性的矛盾,跨国公司需要开发特别的薪酬激励计划,以弥补工作人员及其家人为了国外工作所作的个人牺牲。因此,跨国公司人力资源薪酬与激励管理具有相当的复杂性,表现出众多的特点。

(1) 国际薪酬的多样性。这包括由于员工类型的多样性而引起的不同的薪酬待遇问题、国家差异引起的薪酬货币购买力问题,以及文化差异引起的薪酬福利或激励问题等。薪酬专业人员需要知道东道国员工、第三国员工和驻外人员之间的区别,这些区别需要在薪酬上有所体现。同时,对于各国的生活水平或生活方式以及通货膨胀与货币稳定性甚至法律以及人际关系水平而体现的货币的购买力,也需要在薪酬体系中有所顾及。例如,货币稳定性的因素使得在用母国货币支付工资时要时常随着两国汇率的变化而变化。此外,由于国家文化的差异,子公司可能采用与母公司不同的薪酬制度,而不同国家企业的福利开支或者激励制度也会有很大不同,这些都增加了跨国公司在海外进行薪酬管理的复杂性。

(2) 跨国经营导致的薪酬成本的计算问题以及公平问题。如果单纯地从驻外人员而言,由于需要吸引总公司员工愿意前往海外工作,给予其一定的补偿,其总工资往往需要较高,这对于薪酬管理人员是一种挑战。但是这种高成本需要与跨国企业的全球竞争战略相结合起来衡量,并且可以由雇员所作的贡献而获得弥补。此外,由于外派人员到国外的薪酬与在国内得到的薪酬(包括内在性薪酬)的比较、驻外人员与公司当地员工的工资的比较,甚至所有驻外人员群体的工资的比较等诸多因素的影响,兼顾公平就成了跨国企业薪酬管理的重要课题。

美国学者马尔托尼奥在其所著的《战略薪酬》中指出了跨国企业薪酬管理的一些策略方向。他指出:① 成功的国际薪酬计划应增加公司在国外的利益,应当鼓励员工到国外工作;② 设计完善的薪酬计划应最大限度地降低员工的经济风险,尽量改善雇员及其家人的境遇;③ 国际薪酬计划在雇员完成国外的任务时应为其提供回到国内生活的平稳过渡;④ 完善的国际薪酬计划可以促进美国企业在国外市场的最低成本和差别化战略的实现。

驻外人员的薪酬激励管理可能是国际人力资源薪酬管理的主要问题。如何确定他们的报酬组合是一个棘手的问题。全球化的总体报酬由4个方面组成:① 基本薪酬,确定驻外人员的基本薪酬不是一件容易的事情,要考虑两国之间的汇率波动,既可以基于母国的可比薪资水平来确定,也可以根据东道国中同一职位的市场薪资水平来确定;② 税收均等补贴,这种补贴之所以必要,是因为在不同的高税收国家之间,税制是不同的;③ 福利;④ 企业还常常提供一定的补贴来降低外派工作的不受欢迎性,如生活成本补贴、住房补贴、教育补贴、安置补贴等。

一般来说,驻外人员薪酬有如下3个特点。

(1) 薪酬水平较高,其中很大的一部分主要在各种各样的福利和总部提供的各类服务上。由于各国的福利计划通常不一样,驻外人员除了享受国内的福利以外,还可能要求继续享有母国的福利,以便为以后的回国作准备。驻外人员在两国之间的活动需要很大数额的额外补贴。通常,很多跨国公司在制定这些福利措施的时候会非常具体,以使雇员认识到组织的关心。例如,在一项搬家补助当中详细地列出了很多条目:驻外人员房屋出售或出租后,其离国前的临时住所;雇员及其家属到国外的交通费;驻外家庭在旅途中的合理费用;寻找合适的住房或等候家庭用品托运的临时住所;把家庭用品运到国外;在本国储存家庭用品。这些细致的项目是薪酬人员需要完成的工作。

(2) 标准较复杂。驻外人员的薪酬有许多制定标准,包括以本国为基础、以所在国为基础、以总部为基础和以全球为基础。

(3) 对于驻外员工的绩效薪酬尚无足够的研究,管理的出发点基本停留在维持员工的基本生活需要上。目前,在许多公司用的资产负债表平衡法就是从降低成本的角度对待薪酬的,对于薪酬在激励出国工作方面的作用缺乏讨论。但是一个明显的事实是,外在薪酬在驻外人员身上所起的作用越来越小,而内在薪酬的作用越来越大。也就是说,驻外人员更需要组织对自己工作、家庭和职业生涯的关注与支持。事实上,对于驻外人员而言福利比高薪有效,所在国的支持又比福利与高薪有效。如今能够想到的对驻外人员的激励仅仅包括驻外津贴,困难补助和流动津贴,显然,这是一些保健薪酬,与公司业绩的完成并无多大关系。

驻外人员薪酬的解决办法除了常用的资产负债表法,还有一些补充,如谈判工资。谈判工资经常被用在一些小公司里或者特殊雇员身上。在跨国公司里,谈判意味着雇员和雇主之间达成一个工资与业绩之间的协议。相对来说,这种协议的成本比较:对于雇主来说,雇员可能完不成任务;对于雇员来说,国外多变的环境会使他们有许多顾虑,这些顾虑要用很高的协议工资来抵消。

对于本地雇员的工资,通常会高于这些国家企业里相同工作的员工。另外,第三国员工的工资问题,在很大程度上应该和驻外人员的薪酬一致。因为第三国员工可能已经熟悉了如何与不同国籍的同事交往的一些技巧或者是总公司的战略和文化,所以他们可能有更好的表现。对于他们的薪酬,应当按照驻外期限、职务以及本职工作的完成情况来决定,并给予与母国人员相同的报酬来对待,而无论以前的生活水平如何,并依然有合适的东道国员工作为生活顾问,还要赋予其充分的与职务相对应的一套权利。

跨国公司支付员工工资也要讲究艺术。对所在国员工应该入乡随俗。例如,基本工资和福利之间的分配比例要跟所在国员工的要求一致;应该时刻关注驻外员工的困难,提供适当的补助;应该给驻外员工家庭以支持;等等。

设计全球化总体薪酬计划的结构和过程有3个阶段①。

(1) 思考阶段。这一阶段的工作是薪酬计划的构思阶段,主要完成思维的全球化。

在这个阶段,所有的工作主要围绕3个目标进行:① 理解全球/地区/分支机构的目标和需要。在全球化经济浪潮中,企业所有活动的目的都是获得可持续发展的能力,因此,薪酬策略必须服从于企业经营战略并有助于企业战略的实施。② 描述全球薪酬和福利计划。要以全球化的方式来思维,同时要在具体行动过程中兼顾各地的差异。③ 确定如何实施文化上可接受、有竞争力的、融合了全球战略和当地战略的计划。在设计薪酬计划时,要考虑其可实施性,如果薪酬计划只停留在纸上,再完美的薪酬计划对公司而言只不过是空中楼阁。全球化的薪酬计划牵涉到几个国家的文化因素,并且融合了公司的全球战略和当地的战略,因此,其实施的过程相当复杂,需要考虑多方面的因素,力求设计出的薪酬计划具有较高的可实施性。

(2) 设计阶段。设计阶段主要有两方面的工作。

① 确定薪酬计划将要面对的实施环境,包括:

- 雇佣和工作条件。
- 劳动法和雇佣合同。
- 法定和社会保障福利。
- 现存的有竞争力的雇佣实践。考察市场上有竞争力的雇佣实践实际上是为公司的雇佣实践找一个标杆,从而确定公司雇佣实践的定位,是高于追随还是低于市场,具体选择何种策略主要取决于公司的人才战略。
- 现有的人才库和差距。劳动力市场的供求状况以及劳动力供给的质量和水平差异是影响公司薪酬策略的重要因素,如果劳动力市场需求大于供给,而且劳动力之间的差距很大,公司为了吸引少数优秀的求职者,就必须采取有竞争力的薪酬策略。
- 当地雇员的流动性。如果一个地区的劳动力流动十分频繁,企业却想要雇佣比较稳定的雇员,其在设计薪酬策略时,就可以加大薪酬中福利和延期支付的比重。

② 具体化或讨论。这一阶段的工作带有前瞻性和预测性,也就是说,要考虑到

---

① The Design of Global Compensations, Aspen Publishers Inc., Spring 2002.

薪酬计划的弹性,以适应未来环境的变化。
- 经济趋势;
- 薪酬准则;
- 雇佣成本;
- 全球薪酬选择;
- 其他要求。

(3) 执行阶段。在这一阶段,国际人力资源专业人员的工作是在设计阶段收集的信息的基础上进一步确定招募、雇佣、薪酬、激励、工资支付以及当地雇员管理的操作。具体做法是:在每一分支机构选择几家与公司有竞争关系的企业进行调查,在调查数据的基础上提出最佳的实践建议,并完成对每一个国家中这些职位的总体薪酬和福利计划的研究。

① 为了在实践过程中正确地执行薪酬计划,必须清楚了解各个国家的雇佣和工作条件,主要有:
- 最低工资要求;
- 休假;
- 标准周工作时间;
- 试用期规定;
- 加班限制和加班工资。

② 公司也要详细了解雇佣和解雇的法律规定,包括:
- 通知期;
- 解雇费;
- 各国雇员申诉的权利。

如前所述,跨国公司由于其特殊的地位和知识型人力资源的发展,薪酬与激励管理面临着相当的复杂性,表现出众多的特点。但是有一点也许是特别明显的,那就是外在薪酬的平均水平都比较高,具有很强的竞争力,而内在薪酬的重要性越来越大,长期激励的内容越来越多。

由于是跨国公司,特别是世界五百强企业,其企业效益和成长性一般都比较好,所以,它们的外在薪酬水平往往是业界领先的,具有很大的吸引力和竞争性,这对员工的激励是不言而喻的。但是,跨国公司具有吸引力和竞争力的要素不仅仅是外在薪酬,随着知识经济的发展和员工素质的提高,内在薪酬的重要性越来越大。

内在薪酬是指那些给员工提供的不能以量化的货币形式表现的各种激励。比如,对工作的满意度、国内外培训的机会、提高个人名望的机会(如为著名大公司工作)、吸引人的公司文化、相互配合的工作环境等。在这些方面,跨国公司可以说得天独厚,并把其优势发挥到极致。

研究薪酬的经典著作中经常提到这样一个案例:在美国,华盛顿大学的教授薪水一直比同类大学的教授薪水低20%,但他们却泰然面对,因为他们留恋西雅图美丽如画的湖光山色。西雅图位于北太平洋东岸,华盛顿大学毗邻华盛顿湖,水域星罗棋布,天气晴朗时可以望见美洲最高的雪山雷尼尔山峰,还有一息尚存的火山圣海仑火山。华盛顿大学的教授认为,湖光山色的美景值得以20%的薪水来"换取"。这就是薪资的替代效应,是内在薪酬发挥的重大作用。

其实,这样的情形在跨国公司随处可见,内在薪酬使员工带着愉快的心情做好每天的工作。从某种角度讲,非货币化的东西能为人们带来比货币化的物质刺激更具意义和更有价值的东西。

那么,跨国公司是如何发挥内在薪酬的作用,并通过它使员工发挥他们的最大潜力而给企业带来最大效益的呢?

首先,跨国公司十分注重企业文化的构建。跨国公司的企业文化往往更具震慑力。企业文化不是依靠货币所能获得的,而是长年累月构建完成的。跨国公司一般都具有本企业特色的、无法模仿和替代的企业文化。当人们津津乐道于跨国企业的用人之道时,其实更多的是对其企业文化的赞同。企业文化是员工的成长环境,包括为每一个员工的职业生涯做出规划,让每一个员工都看到自己的成长方向和未来美好的空间,从而调动员工的积极性。在其间要进一步完善企业的人才培养观念,并根据企业实际情况健全各项管理体制和机制,努力使每个员工的价值观与企业的价值观不断地融合和升华,最终使每个员工都能够与企业融为一体。

其次,跨国公司十分注意发掘员工的个性需求。除了高额的薪水外,员工选择跨国企业并为之效力通常还有别的需求。比如,一位职业经理人至今仍十分留恋当年在一家跨国公司工作的经历,经常回忆起与同事愉快轻松的用餐,大家围在一张圆桌旁激烈而认真、诚恳地讨论,虽然严格但是规范而有序的管理制度;等等。了解员工的这种需求,企业管理者必须深入调研。要在工作过程中营造让员工彼此尊重、融洽的氛围,并让员工在彼此的沟通和交流中建立起相互信任,这不仅需要日常性的管理工作,更需要制度与体制的保障。

再次,跨国公司十分注意引导并诱发员工的需求。在员工的学习环境上,让员工能够很方便、快捷地获取他们工作中需要的信息,满足员工在成长过程中其他方面的学习需求,如方便快捷的电子网络的建立、信息资料库的管理等。同时,设立相应的员工培训机制,根据企业的发展规划制订相应的员工培训课程,有针对性地对部分员工的弱点进行培训完善,帮助员工更容易地应对工作中的难点,这就是跨国公司流行的所谓构筑学习型组织。当员工们沉浸于"第五项修炼",不再适应非学习型组织时,薪资的替代品便潜移默化地形成了。

当然,跨国公司重视内在薪酬对员工的激励作用,更表现在以人为本的管理理念上。跨国公司特别是世界五百强企业一般都崇尚以人为本的经营理念,注重从企业员工出发,以人性化的管理方式,为员工提供渗透着企业文化的融洽的工作环境、良好的培训机会、合理的晋升制度、公平的奖惩机制、挑战能力的机会和广阔的发展空间,以独特的内在薪酬吸引人才、留住人才,使企业和员工都具有可持续的发展潜力。用具有本企业特色的内在薪酬占领人才市场,吸引人才、留住人才、激发人才,发挥人才的最大潜力,充分满足人才的自我实现感和成就感,为企业创造最大利润,这就是跨国公司的核心竞争力。

员工福利出现于19世纪的西方国家。由于机器大生产代替了手工业生产,工人的劳动强度增加,工作环境危险、恶劣,工厂里的暴力事件层出不穷,一些思想开明的企业家自觉地采用一些雇员福利措施,如公司设置澡堂和餐厅,提供公司自己的医疗服务,甚至派公司的福利代表到雇员家中问寒问暖,提供营养和卫生方面的咨询。这些企业家慢慢发现,福利工作是强化诚信和提高士气的很好途径,不仅改善了雇佣关系,还极大地提高了员工的生产效率。福利运动也由此逐渐流行起来,一些公司纷纷开始设立福利秘书的职位,福利通过建议改善工作环境、住房、医疗、教育和娱乐等,为员工提供帮助。福利发展首先引起一些经济学家的关注,并导致旧福利经济学说的产生。但是,在1935年美国《社会保障法》通过之前,员工福利相对零散且不十分普遍。《社会保障法》不仅规定了特定的福利,而且其实施也大大地提高了一般公众对员工福利的意识。随着工会力量的逐步增强,员工开始在合同中要求更多的福利。因此,20世纪30年代被视为员工福利的诞生时代。

当今时代,随着企业之间的竞争特别是人才竞争的日趋激烈,一方面,需要引入人才的公司会提供更好的条件来吸引优秀人才;另一方面,公司要想方设法留住优秀员工,而这其中最吸引人的条件之一便是福利。于是,两方面的原因都会促使企业投入更高的成本来进行福利项目的设定与执行。除了法定福利项目外,企业在公司自主的福利项目的建立上也会挖空心思。这样一来,相互攀比使得福利的投入越来越多。

西方国家的福利制度经过市场很多年的历练,已经相对完善和周到。这些西方跨国企业在中国的公司,一方面接受着总公司在本国福利方面的意识和衡量标准;另一方面,又由于是在中国境内,受到中国文化、中国员工的价值观以及中国社会环境的影响,它们的福利制度会有些变化。在我国,随着越来越多的跨国公司在中国建立独资、合资企业、办事处、分公司等,它们在本国的福利制度也被带入中国,不但对各大外资企业产生影响,也对我国的企业产生触动,福利成本的上升成为越来越明显的事实。

考察欧美企业福利状况的特点,可以归纳为以下3点①。

(1) 体贴入微。

体贴入微是欧美企业给我们的第一个印象。当看到它们关于牙齿护理、眼睛护理以及心理辅导课程的福利规定时,总会让人很羡慕。例如,美国NCR公司是世界知名的制造自动提款机的企业,其在华也有自己的企业。NCR公司有专门的眼睛/视力检查规定,根据这个规定,员工需定期进行眼睛/视力检查,并根据检查结果配眼镜或进行治疗。这些费用依据相关规定和流程进行报销申请。

上海贝尔的福利状况总是让人津津乐道。据说当贝尔公司了解到部分员工通过其他手段已经解决了住房,又有意购买私人用车时,公司会及时地为这部分员工推出购车专项无息贷款。公司如此体贴入微、善解人意,员工当然会投桃报李,对公司的忠诚度大大提升,增加了企业的凝聚力。

员工的身体健康是企业非常关注的。很多欧美企业都会对此制定相应的措施。如为员工购买健身中心的会员卡,为员工报销健身费用,甚至很多大公司会有自己的健身房、健身器材。例如,为了鼓励员工工作之余锻炼身体以提高工作效率,爱立信对本地正式员工享有每年运动津贴3 000元人民币,该运动津贴可用于公司组织的集体活动或个人活动,各体育组织可决定采用何种方式使用该费用:北京范围内的体育活动,如体操、游泳、羽毛球、乒乓球、壁球等;北京范围内体育设施或场地的租用费;购买任何体育器材费等。

关注员工身体健康是一方面,更重要的是关注员工的心理健康。例如,摩托罗拉公司通过员工援助计划,向员工及其家庭成员提供心理健康咨询,举办健康和保健教育等。通过这些辅导来缓解员工的心理压力,以保持健康积极的心态,更投入地工作与享受生活。健康的心态对现代人非常重要,所以,国外很多企业都会对员工进行这些课程的辅导,特别是对一些比较特殊的职业,如医生、警察等。

对于外派的员工,欧美企业的相关福利政策更是周到。以前规定只有家属(如配偶、小孩)可以跟随被外派的员工到其他工作地点,但现在考虑到社会的实际情况,即很多情侣宁肯同居也不会着急结婚的事实,很多公司就调整了这一政策,外派员工甚

---

① 参阅王奕:《跨国企业的员工福利状况》,中国人民大学硕士学位论文,2004年。

至可以带着自己的男/女朋友到外地生活,由公司支持相应的费用,这一点是很多中国企事业单位很难做到的。这里面有费用的考虑,可以说是国情,但更重要的是中国企业甚至员工本人对人、对亲情需求的重要性认识不够造成的。

还有许多让人感到新奇的福利：MNBA 公司的员工如果结婚,公司会给他提供气派的结婚轿车、一周新婚假和 500 美元的礼金;礼来公司和辉瑞公司则为员工免费提供所有药品;世纪公司则发给员工一个舒适的坐椅;微技术战略公司则给员工到加勒比海旅游的机会;罗代尔公司给员工一块可以自己种东西的耕地。

欧美跨国企业对工作环境非常重视。HP 公司认为,良好的工作环境同样可以吸引人才、保留人才。在各大城市最好的写字楼里,大部分是外资企业。对很多员工来说,在一流的写字楼里工作本身就能给人一种自豪感,而身为某公司员工而产生的自豪感,对公司来说就意味着忠诚。一工公司是北京的一家负责室内设计装修的英国公司,该公司主要为大公司做公司装修设计。公司的一名设计人员最近告诉我们,以前很多公司在设计办公室时会将最好的位置留给经理室,比如靠窗的、通风的,即通常会形成经理室在周围,员工区在中间。但现在这一习惯已经有所改变,许多新开的办公室会要求设计公司把周围有窗户的位置留给普通员工,而经理室在中间。这些细微的改动都可看出公司的良苦用心。

(2) 有法必依。

欧美企业对法律的尊重源于其国家相对更为完善的法律制度。这一点在企业的福利制度中也体现得非常明显。

以入驻北京的跨国企业为例,在外资企业相对集中的北京经济技术开发区,截至 2021 年,已有来自全球 40 多个国家的 1 100 多家外商投资企业落户,其中,世界 500 强企业有 77 家投资了 100 余个项目。投资企业来自美国、日本、德国、英国、法国、比利时、瑞典、意大利、瑞士、荷兰、加拿大、澳大利亚、新西兰、马来西亚、新加坡、韩国、以色列、南非、西班牙等世界 30 多个国家和地区。每年的企业年审后,开发区管委会总会召集所有企业的人事工作人员开会总结,并表彰优秀企业,其中,关于劳动保障缴费方面最优秀的企业总是外资企业。因为虽然大部分企业都会按国家的要求上缴各项社会保险,但由于一些管理的漏洞,这里的差别其实是很大的。最遵守国家规定的企业,其员工所享受到的社会保障福利相对那些不太遵守甚至是故意钻漏洞的企业的员工的福利要高得多。

还有国家规定的员工所应享受的其他福利,如假期、女工生育等,欧美企业一般都是严格遵守的。在这些企业里,鲜有听说女工因为怀孕而受到公司不公平待遇并引发劳资纠纷的。非但如此,很多公司会为新出生的宝宝送出礼物,并在公司内部的刊物中或公示栏里登出恭贺信。

(3) 重视培训。

这一点从前面所讲的欧美企业细致入微的人文关怀的福利制度中也可窥见一斑。最初,人们并不认为培训是一种福利,直到看到外资企业的培训状况后,才发现培训对员工的发展是非常重要的。培训是一个双赢工具,员工的发展也可为企业带来更好的业绩。美国《培训》杂志的调查报告指出,在职人数达 50 万以上的企业中,接受培训的中层管理人员达 69%,接受培训的管理人员达 70%。IBM 公司、施乐公司、得克萨斯设备公司、摩托罗拉公司将其雇员工资总额的 5%~10% 用于雇员培训活动。上海贝尔公司鼓励员工接受继续教育,如 MBA 教育和硕士、博士学位教育,并为员工负担学习费用。公司有各种各样的培训项目,并在上海成立了上海贝尔大学。惠普公司一年内举办学制、内容、形式不同的各种训练班 1 700 多个,有 60% 的员工参加了培训。

各种团队建设课程及室外拓展训练现在已经很普遍了,美国和英国公司的大企业在几十年前就已经进行这方面的训练了。

由于跨国公司的条件优势,其员工更有机会到公司总部去学习进修。大通曼哈顿银行的分支机构遍布全世界,他们将从国外新招的雇员先调回国内进行两年的培训,然后再派到其所在国家工作;而且,其本地员工工作满 6 年者就可以前往国外分支机构考察。

案例研究一:IBM 公司的工资管理[①]

"蓝色巨人"IBM 从 1910 年建立以来,虽有过波折,但直到今天依然是 IT 界的翘楚。多年以来,它的各项管理在公司发展中不断完善,形成了许多值得我们参考的特色,以下简要介绍它在工资管理方面的经验。

一、工资要与职务的重要性、工作的难度相称

IBM 根据各个部门的不同情况,根据工作的难度、重要性将职务价值分为 5 个系列,在五个系列中分别规定了工资最高额与最低额。假设把这 5 个系列叫作 A 系列、B 系列、C 系列、D 系列与 E 系列。A 系列是属于最单纯部类的工作,B、C、D、E 系列则是困难和复杂程度依次递增的工作,其职务价值也愈高。A 系列

---

① 资料来源:中国人力资源网,2002 年 7 月 16 日。

的最高额并不是B系列的最低额。A系列的最高额相当于B系列的中间偏上,而又比C系列的最低额稍高。做简单工作领取A系列工资的人,如果只对本职工作感兴趣,他可以从A系列最低额慢慢上升,但只限于到A系列的最高额。领取A系列工资的许多职工,当他们的工资超过B系列最低额的水准时,就提出"请让我做再难一点的工作吧"向B系列挑战,因为B系列最高额比A系列最高额高得多。各部门的管理人员一边对照工资限度,一边建议职工"以后你该搞搞难度稍大的工作,是否会好一些?"从而引导职工渐渐地向价值高的工作挑战。

二、工资要充分反映每个人的成绩

职工个人的成绩大小是由考核评价而确定的。通常由直属上级负责对职工工作情况进行评定,上一级领导进行总的调整。每个职工都有进行年度总结和与他的上级面对面讨论这个总结的权利。上级在评定时往往与做类似工作或工作内容相同的其他职工相比较,根据其成绩是否突出而定。评价大体上分10—20个项目进行,这些项目从客观上都是可以取得一致的。例如,"在简单的指示下,理解是否快,处理是否得当"。对营业部门或技术部门进行评价是比较简单的,但对凭感觉评价的部门(如秘书、宣传、人事及总务等部门)怎么办呢?IBM公司设法把感觉换算成数字。以宣传为例,他们把考核期内在报刊上刊载的关于IBM的报道加以搜集整理,把有利报道与不利报道进行比较,以便作为衡量一定时期宣传工作的尺度。评价工作全部结束后,就在每个部门甚至全公司进行平衡,分成几个等级。例如,A等级的职工是大幅度定期晋升者,B等是既无功也无过者,C等是需要努力的,D等则是生病或因其他原因达不到标准的。从历史上看,65%～75%的IBM公司职工每年都能超额完成任务,只有5%～10%的人不能完成定额。那些没有完成任务的人中只有少数人真正遇到麻烦,大多数人都能在下一年完成任务,并且干得不错。

三、工资要等于或高于一流企业

IBM公司认为,所谓一流公司,就应付给职工一流公司的工资。这样才算一流公司,职工也会以身为一流公司的职工而自豪,从而转化为热爱公司的精神和对工作充满热情。为确保比其他公司拥有更多的优秀人才,IBM在确定工资标准时,首先就某些项目对其他企业进行调查,确切掌握同行业其他公司的标准,并注意在同行业中经常保持领先地位。

定期调查选择对象时主要考虑以下3点:

(1)应当是工资标准、卫生福利都优越的一流企业。

(2) 要与IBM从事相同工作的人员的待遇进行比较,就应当选择具有技术、制造、营业、服务部门的企业。

(3) 应是有发展前途的企业。

为了与各公司交换这些秘密的资料,根据君子协定,绝对不能公开各公司的名字。当然,IBM所说的"必须高于其他公司的工资",归根结底是要取得高于其他公司的工作成绩。在提薪时,根据当年营业额、利润等计算出定期提薪额,由人事部门提出每人的平均值。因此,要提高提薪额,就必须相应地提高工作成绩。

案例研究二:斯伦贝谢公司的员工激励管理[①]

对一个企业来说,人力资源是企业的生命之源。如何激励员工尤其是关键员工做出最大的奉献,应该是一个企业所面临的最大挑战。每个公司都应结合本企业的业务特点,设计出适合企业文化、战略目标的激励制度。

法国斯伦贝谢公司是一家全球性技术服务公司,由两大部门组成:一个部门是油田服务,是传统的夕阳产业;另一个部门是IT行业,即新型快速成长的行业,主要涉及电信、金融、智能卡、系统集成行业。

因为企业内部部门业务所涉及的领域不同,员工的特点及担心的问题也不尽相同。比如,从事油田服务的员工由于工作流动性大,一年四季都在偏僻的油田奔波,行业技术又专又窄;而IT部门的员工受到的外部诱惑较大,尤其是在1999—2000年,网络公司如雨后春笋般地出现,以及2001—2002年国内电信业放开,优秀IT人才的掠夺、挽留、激励成为公司具备竞争优势的关键因素。尽管斯伦贝谢公司是由两个业务完全不同的部门组成,但是公司的核心价值观是一致的:第一是重视人才,注重招聘最好的人才并给予培训;第二是重视技术,认为拥有前沿技术是保证竞争优势的基础;第三是高利润,这是公司今后独立奋斗和发展的基石。

斯伦贝谢公司在员工激励管理方面主要有以下4个制度安排。

(1) 人事部门的组织结构安排。在亚洲范围内,将人事按功能分为两个部分:

[①] 邓云姝编写。

业务部门与地区雇佣服务小组。业务部门设人事激励经理,主要负责本业务部门内部员工的职业规划、员工发展和目前及未来的招聘、培训需求等。地区雇佣服务小组主要负责薪资发放、福利调查与设计以及养老计划等。同时,帮助国际员工申办签证、搬家、安排住房以及帮助他们的孩子入学。

在当前知识爆炸的年代,员工是多样化的,他们更富有个性,追求更广泛的价值,渴望得到尊重,喜欢有共同奋斗目标的团队,追求和谐合作的气氛和环境,他们更愿意自我设计、自我管理。员工流失的原因也各异,从表面上看,流失的原因不外乎:工资不够高;企业所处的行业不"性感";企业正处于动荡或困难时期。但究其根底,往往是员工感觉不到老板的关注,感觉不到自己的工作被认可,感觉不到有发展机会及空间。因此,这样的结构设计可以使业务部门人事经理更多地专注在员工身上,及时了解他们的思想动向。同时,员工也会感觉受重视,他们的事业可以与公司的发展融合在一起。

(2)绩效考核工具——SLP3。斯伦贝谢公司的绩效考核,简单地说,就是实际的业绩与设置的目标之间进行比较,通常分为以下7个步骤。

第一步:每年年初,建立所应达到的目标。通常是直接经理与员工一起共同制定目标。目标主要指所期望达到的结果。目标的设置要求是可测量的,一般来说都是数字化的。一定不是日常工作的简单陈述。

第二步:制定员工达到目标的时间框架。即当他们为这一目标努力时,可以合理安排时间,了解自己目前在做什么,已经做了什么和下一步将要做什么。要求员工每季度回顾工作进展情况,并 on-line 填写。

第三步:每年年底,直接经理与员工坐在一起,将实际达到的目标与预先设定的目标相比较。这样,直接经理就能够找出员工为什么未能达到的目标,是由于员工努力不够,知识技能不够,还是可利用的资源欠缺?同时也能提醒直接经理注意到组织环境对员工工作表现可能产生的影响,而这些客观环境是员工本人无法控制的。

第四步:评语,由直接经理及再上一级经理针对员工的行为指数以及员工为什么达到/达不到目标给出评语。员工也可以反馈自己对工作的理解和对职业规划的考虑。

第五步:行为指数,即直接经理指出员工的重要长项及需要提高的地方。

第六步:培训发展计划,这一步是 SLP3 最重要的部分。这一步骤能有助于决定员工对于培训的需求,可以进一步提高员工的长项。直接经理可以针对员工的特点,给员工增加项目和工作的分配,更多的监督和指导,内部和外部的特定课程,短期或临时的调动。

第七步:总结,直接经理给出总体评价,是 Outstanding, Exceeds Expectations, Ok 或者 Development Need。

在斯伦贝谢公司,绩效考核的目标是建立培训计划的起始点,是员工知识技能的显示。同时,也给了员工一个与直接经理沟通的渠道,员工可以通过绩效考核知道他们的工作表现,并表达他们对工作和职业的考虑。

(3) 职业适应性评价(Career Orientation Review, COR)。这并不是对员工以往表现的评价或考核,而是与员工一起探讨员工未来的职业发展方向,了解员工在职业生涯发展方面的意向等。员工一般在加入公司 4—5 年时,由直接经理及人事经理一起做第一次 COR。这样,公司就会在适当的时候,根据员工的兴趣,结合公司的空缺,为员工提供适合自己发展的空间。

(4) 薪酬体系的设计。在斯伦贝谢公司,薪酬结构由两部分构成:一部分是保障性薪酬,跟员工的业绩关系不大,只跟其岗位有关;另一部分是奖金,跟业绩紧密挂钩,分为 PAB 和 SIP。斯伦贝谢中国所有员工的薪酬都与公司收入有关。① 销售人员的奖金(SIP)。业务部门根据个人的销售业绩,每季度发放。这部分薪酬的浮动比较大,可以从年薪的 0%~50%,薪酬结构中浮动的部分根据不同的岗位会不一样。浮动部分的考核绝大部分和一些硬指标联系在一起。如果超额完成,每个人会根据超额完成多少给个具体的奖励数出来。销售人员则看每个季度的销售任务完成情况如何。这样做的目的是为了将公司每个员工的薪酬与公司的业绩挂钩,并有效地激励员工。② 行政人员和技术人员的奖金(PAB)。部门根据个人的工作表现及公司的业绩情况,每年年底发放。这部分薪酬浮动相对比较小,可以从年薪的 0%~12%,这样做的目的是展现斯伦贝谢公司的"Team Work"的文化。

斯伦贝谢公司在执行薪酬制度时,不仅仅看公司内部的情况,而是将薪酬放到系统中考虑。一方面是保持自己的薪酬在市场上有很大的竞争力。为此,每年委托至少两个专业的薪酬调查公司(通常为 William Mercy 和 Hay 公司)进行市场调查,以此来了解人才市场的宏观情形。这是大公司在制定薪酬标准时的通常做法。另一个考虑是人力成本因素,允许对市场上具有特殊才能和罕见人才作特殊处理。综合考虑所有因素之后,人力资源部会根据市场情况给公司提出薪酬的原则性建议,指导所有的劳资工作。

斯伦贝谢公司一般在每年年底评估完成后给员工加薪，中途加薪的情况很少，除非有特殊贡献或升职。当有因薪酬达不到期望值而辞职的员工，他的直接经理和业务部门人事激励经理会参与进去，希望离职的员工能够真实地谈出自己的想法，给管理提出建议。

薪酬在任何公司都是非常基础的东西。一个企业需要有一定竞争能力的薪酬吸引人才来，还需要有一定保证力的薪酬来留住人才。如果和外界的差异过大，员工肯定会到其他地方找机会。除了提供具有竞争性的薪水之外，公司执行了"额外养老计划"，其核心目的是为了留住员工。公司将按员工工资的5%～7%为员工缴纳商业养老保险，当员工在公司服务满3年，可以支取养老保险金的50%；当服务满6年后，可以支取全部的养老保险。

薪酬会在中短期内调动员工的积极性，但是薪酬不是万能的，工作环境、管理风格、经理和下属的关系都对员工的工作态度、热情有影响。员工一般会注重长期的打算，公司会以不同的方式告诉员工发展方向，让员工看到自己的发展前景。此外，在信息产业迅速发展、企业竞争激烈的今天，企业必须十分关注员工的学习与培训，以及员工个性化的要求，这样才能有效地激励员工。

复习思考题

1. 国际人力资源薪酬与激励有哪些特点？
2. 应该如何进行国际人力资源薪酬与激励管理？
3. 比较分析 IBM、麦当劳、斯伦贝谢公司的薪酬激励管理。

第十章

国际人力资源职业生涯管理

【本章要点】
- 现代员工职业生涯管理的基本概念
- 国际人力资源职业生涯管理的特点
- 国际人力资源职业生涯管理的操作

第一节 国际人力资源职业生涯管理的特点

一、员工职业生涯管理概述

职业生涯管理是人力资源管理的一个重要环节,是组织和员工对职业生涯进行设计、规划、执行、评估和反馈的综合性的过程。通过员工和组织的合作与共同努力,使每个员工的职业生涯目标与组织发展目标保持一致,使员工与组织能够获得同步的发展。

职业生涯管理一般包括两个方面:第一是员工的自我管理,员工是自己职业生涯发展的主人;第二是组织为员工规划其生涯发展,并为员工提供必要的教育、训练、轮岗等发展机会,促进员工职业生涯目标的实现。

在过去相当长的时期里,一般都认为职业生涯管理是员工个人的事情。现在,随着人力资源概念的发展,员工被看作企业最重要的资源,企业广泛地实施以人为本的管理思想与管理技术,人们逐渐认识到,加强企业员工的职业生涯管理,实际上是与企业的发展目标相一致的,是实现企业目标的有效管理手段。正因如此,现在职业生涯管理成为组织提供的用于帮助组织内正从事某类职业行为的员工的一个必要过程,职业生涯管理成为企业人力资源管理的重要内容之一。因为组织一般通过培训、工作实践和业务指导制度等进行员工的职业生涯管理,所以组织对员工的职业生涯管理也可以称作对员工的职业生涯开发。职业生涯管理的过程其实就是一种人力资源开发的过程。

从20世纪60年代末至70年代,员工职业生涯管理的焦点一直与员工个人的理想和目标联系在一起。到了80年代,重心发生了变化,职业生涯管理的重点已经从个人发展到组织。在整体改善企业外部条件的商业要求中,有组织的职业生涯管理已经成为一种必要的手段。90年代以来,员工职业生涯管理的重心在个人和企业两者之间达到平衡。这种局面的出现意味着应该把有组织的职业生涯管理看作一种战略性步骤,最大化地开发个人的职业潜力是企业取得全面成功的途径之一。进入21世纪,这种有组织的职业生涯管理起到越来越重要的作用。

所谓有组织的职业生涯管理(Organizational Career Management, OCM),是指由组织实施的、旨在开发员工的潜力、留住员工、使员工能够自我实现的一系列管理方法。员工的职业生涯规划不仅仅是培训的问题,还包括对员工的使用、考核、薪酬、晋升等一系列活动在内,它是一个完整的体系。

一般而言,职业生涯规划的首要目标是保证企业人力资源的持续供给,尤其是核心人力资源的供给。同时,满足员工的发展需要,使之对员工产生薪酬外的激励效果。近年来,发达国家的企业对员工的规划已经进入到职业生涯规划(Career Planning)阶段,员工职业生涯规划成为现代组织用人和长期发展的战略性任务。

如果把组织的职业生涯规划和个人的职业生涯规划进行对照,可以看到如下区别(见表10-1):

表10-1 职业生涯规划比较

组织的职业生涯规划	个人的职业生涯规划
● 确定组织未来的人员需要 ● 安排职业阶梯 ● 评估每个员工的潜能与培训需要 ● 在严密检查的基础上,为组织建立一个职业生涯规划体系	● 确认个人的能力与兴趣 ● 计划生活和工作目标 ● 评估组织内外可供选择的路径 ● 关注随着职业与生命阶段的变化,在兴趣和目标方面的变化

二、各国员工职业生涯管理的比较

有一个在1990年代初期进行的调查,反映出各国家和地区职业生涯管理的一些不同特点(详见表10-2)。

表10-2 各国家和地区职业生涯开发调查

问题的类别	美 国	澳大利亚	新加坡	欧 洲
已有或者正在开发职业生涯开发系统	68%	75%	42%	88%
驱动职业生涯开发系统的三大要素	1. 从内部得到提升和开发的愿望 2. 缺乏可提拔的人才 3. 公司对职业生涯开发的支持	1. 公司对职业生涯开发的支持 2. 公司战略规划的开发 3. 从内部得到提升和开发的愿望	1. 公司对职业生涯开发的支持 2. 公司战略规划的开发 3. 从内部得到提升和开发的愿望	1. 公司战略规划的开发 2. 公司对职业生涯开发的支持 3a. 缺乏可提拔的人才 3b. 从内部得到提升和开发的愿望

续表

问题的类别	美 国	澳大利亚	新 加 坡	欧 洲
职业生涯开发计划频繁瞄准的组群	1. 将获得快速提升的经理候选人或者有潜力者 2. 受训管理人员	1. 将获得快速提升的经理候选人或者有潜力者 2. 受训管理人员	1. 将获得快速提升的经理候选人或者有潜力者 2. 受训管理人员	1. 将获得快速提升的经理候选人或者有潜力者 2. 受训管理人员
职业生涯开发责任的分担	员工52% 经理25% 公司24%	员工42% 经理30% 公司28%	员工29% 经理36% 公司35%	员工38% 经理34% 公司28%
五大职业生涯开发方式	1. 学费补偿 2. 内部培训和开发计划 3. 外部研讨会或者公开研讨班 4. 员工定向计划 5. 岗位需求信息发布	1. 内部培训或开发计划的咨询或职业讨论 2. 外部研讨会或者公开研讨班 3. 由主管或生产线经理召集 4. 学费补偿 5. 人力资源管理者召集的咨询和职业讨论	1. 由主管或生产线经理召集 2. 由主管或生产线经理召集的职业讨论 3. 内部培训和开发计划 4. 职务委派 5. 员工定向计划	1. 内部培训和开发计划 2. 由主管或生产线经理召集 3. 外部研讨会或公开研讨班 4. 人力资源管理者召集的咨询或职业讨论 5. 面谈方式
评估职业生涯开发系统的两大方式	1. 非正式的口头反馈64% 2. 问卷33%	1. 非正式的口头反馈71% 2. 问卷35%	1. 非正式的口头反馈67% 2. 资料分析31%	1. 非正式的口头反馈67% 2. 问卷47%
职业生涯开发的益处	改善了员工的留用、技能、士气、能力扩充的状况,表达了公司对员工的信任和支持,完善了人力资源规划和选择,更加强化战略优势	促进人力资源系统更好地发挥其职能。有很强适应能力的生产力、稳定性、可塑性,提高了员工的自我决断能力和被雇佣率,个人和专业的成长	公司的发展方向更加明确;人力资源的管理更加有效;宣传了公司的形象;改善了员工的积极性,对前景的预期以及留用率;公司的与个人的需要之间更加协调	员工的才能得到更充分地发挥;优化工作表现;培训员工更有效地利用人事系统;为员工迎接低增长局面做好准备
准备做些别的什么	更多地培训和充实经验,更多的资金和资源支持,更加系统化地实施、评估和成绩责任制	加强经理的培训和成绩责任制、个人成绩责任制,与其他人力资源系统稳定的联系。更多的资源。更多的市场和更多地利用特别工作组,不间断地指导与评估	加强培训,进一步机构化和正规化	更多地得到高层的支持,增强员工的参与和拥有感,进一步系统化
对职业生涯开发系统未来的规划	完善和扩充当前的计划,进一步系统化和一体化	支持和培训生产线经理和员工,稳定与人力资源系统的联系,需求的评价和评估,扩展当前的计划	进一步机构化、正规化和系统化,扩展已有的计划	更好地与公司战略衔接,改善当前的计划、员工—公司的配合、信息系统,规划管理人员接替的计划,使其更加完整和系统,为经理提供更多更好的培训

续 表

问题的类别	美 国	澳大利亚	新加坡	欧 洲
最近10年职业生涯开发有什么变化	更多地向员工成绩责任制转变,估量公司战略规划的结果,更加正规化和系统化,更加有效和有更多的手法	对职业生涯开发方式及其益处以及与公司战略的关系增加了解,更全面、更正规的方法,增加对员工的了解、前景预期和责任分担,对选择发展方向的权衡	充分了解职业生涯开发对留住员工和更有效地利用人力资源的重要性	更加个性化,更取决于新的价值观,更受重视、更合理并求得高层管理的更多支持,更加系统和完整

资料来源:[美]托马斯·G.格特里奇等著.有组织的职业生涯开发[M].李元明等译.天津:南开大学出版社,2002.

从表10-2中我们可以看到①:

- 除新加坡以外,欧美大多数的被调查者都表示已经或者正在建立职业生涯开发系统,这说明职业生涯开发确实已经在欧美等国家得到各个组织甚至个人的重视。
- 驱动职业生涯开发的三大要素惊人地相似:高层管理者认为职业生涯开发是员工开发的重要组成部分,应该紧密联系公司的战略规划;职业生涯开发能使员工的才干得到更好地发挥,帮助他们应付低增长局面,但很少有主管具备职业讨论的资格;员工参与职业生涯开发应该是自愿的。这说明,职业生涯开发被普遍认为对公司和员工是重要和有益的,但在实施上存在一定的困难。
- 不管效果评定如何,也不管最初的原动力是什么,各组都举出了职业生涯开发对企业和个人的好处。比如,可以更好地规划和管理人力资源;可以加强企业的竞争力和战略优势;可以提高员工的技能和积极性并留住他们等。
- 在评价过去10年有组织的职业生涯开发的变化时,应答者指出,职业生涯开发对于公司战略和员工个人双方都带来了好处,职业生涯开发的手段更趋严谨和多样化。

根据上述分析,可见职业生涯开发特别是有组织的职业生涯开发已经越来越受到各国企业的普遍重视,在需要拓展职业生涯开发并将其系统化、联系公司的战略以造福于公司和员工等基本观点上,各主要国家都有着广泛的共识。

当然,不同国家对职业生涯管理的具体做法并不完全相同,特别是在东方国家与西方国家之间,由于文化传统等背景的不同,其职业生涯管理的差异十分明显。比

---

① [美]托马斯·G.格特里奇等著.有组织的职业生涯开发[M].李元明等译.天津:南开大学出版社,2002.

如,美国和日本虽然都是发达的市场经济国家,但其理念与做法就很不一样。

美国的职业生涯管理充满了市场化的特征。由于发达的劳动力市场的存在,美国企业无论需要什么样的人才,只要在市场刊登广告,通过规范的人员筛选、招聘程序,立刻就能聘用到企业所需要的人才;也可以通过正当的市场竞争,把自己需要的人才从别的企业"挖"过来;对于不需要的员工,企业可以"毫不留情"地予以解雇。

从员工方面来说,从其进学校学习、选择专业时起,就必须注意人力资源市场的动向,要使所学知识与专业既能符合自己的兴趣与特长,又可与劳动力市场的需要和将来的就业机会相结合。进入企业以后,员工如果对自己的兴趣和特长有了新的发现,或者兴趣和特长发生变化,或者发现了新的更为理想的就业机会,他们也可以自由地"跳槽",毫不犹豫地另谋高就。美国就业市场对这种变换工作的员工,不仅不予歧视,反而认为能在这种市场流动与竞争中找到更好工作的员工是市场价值很高的优秀员工。

在美国,企业和员工之间是一种基于劳动力市场价值的直截了当的雇佣关系。劳动者付出劳动,雇主付给合理的报酬,员工对企业不存在那种类似于东方国家的所谓"忠诚",而是一切根据法律与契约的约定。在这种以市场价值为核心的雇佣关系下,企业员工的流动性很大,员工队伍的稳定性相对较差。这种流动性打乱了公司的长期培训计划,影响了公司发展战略的实施。在这种情况下,加强员工对企业的信任和归属感,以提高企业的效率和员工的积极性,成为美国企业重视员工职业生涯管理的主要动因。

美国企业在职业生涯开发方面都根据自身的情况制定了严格的制度和管理系统。专业化和制度化加上注重市场调节的管理制度,是美国企业员工职业生涯管理的重要特征。此外,美国在职业生涯开发上注重员工个人的作用,对于员工的职业生涯规划都是针对个人单独制定的。

日本企业员工的职业生涯开发与美国有很大的不同,这在很大程度上是与日本文化和人力资源制度的特点分不开的。日本人力资源制度有三个显著的特点,即所谓的终身雇佣制、年功序列制和企业内工会。员工一旦进入企业,就要"以社为家",终生为企业服务。这种雇佣关系的稳定性促进了员工对企业的归属感和忠诚心。但是,在"泡沫经济"崩溃后日本经济长期萧条,大部分企业经济效益大幅度下滑,于是企业极力控制招收新雇员,加速了企业内部员工的老龄化。此外,由于年功序列制造成越是高层的管理人员年龄越大,其结果导致企业管理系统僵化,无法适应科技、信息和市场等迅速变化的环境。在这种情况下,如何激励员工的积极性,使员工投入到竞争中,这是日本员工职业生涯管理需要解决的重要课题。

第二节　国际人力资源职业生涯管理的操作

职业生涯管理已经成为人力资源管理和开发的重要内容,各国各企业都根据自己的情况在不断探索更适合自己的职业生涯开发系统。面对当前经济全球化和人力资本越来越受重视的形势,企业需要通过不断的学习、积累和探索,建立起有效的职业生涯开发系统,尤其是国际环境中的职业生涯开发系统,使个人和企业建立起真正的合作关系。

跨国企业一般都比较重视对员工的职业生涯管理,他们吸引优秀人才的地方并不总是薪资,更多的是为员工提供良好的工作环境和有前途的职业发展机会。比如,西门子公司每遇有空缺职位时,总是先在企业内部张贴广告,充分挖掘内部人才潜力;只有当企业在内部招聘不到合适人选时,才向外界招聘。他们认为:"招聘渠道有许多,如在报纸上登广告、参加人才招聘会、找猎头公司、企业自己找人、根据求职信选人等,但我们的首选始终是内部招聘。"

跨国企业一般都注重加强职业生涯开发与其他人力资源系统之间的联系。随着员工职业生涯开发系统复杂程度的提高,人们发现了一些可以与其他人力资源工作相配合的途径。比如,员工招聘、绩效评估、薪酬和人员接替规划等均受到职业生涯开发工作的影响,所以,全面的人力资源规划工作包括上述所有的系统,它们必须密切配合,相互合作。

国际人力资源职业生涯管理要求将职业生涯发展规划和企业战略规划融为一体。在企业的各个级别上建立明确的联系,让管理人员和员工参加对企业发展方向的分析过程,让他们对职业生涯发展需求与企业战略的意义进行评估。所以,跨国企业让职业生涯开发系统更具有开放性。企业可能不再在控制和信息方面自我封闭,管理人员需要支持员工职业生涯开发工作,员工对个人的职业生涯则承担主要责任,在这里,信息是双向流动的。

跨国企业职业生涯管理注重把员工个人目标和企业的目标整合起来,为实现彼此共同的利益而奋斗。企业协助员工发展完善的职业生涯规划,使其在个人生涯成长的过程中有实施新构想的机会。企业一般以年资、岗位、学识、专长等综合要素为考虑因素,规划员工不同的发展方向。

跨国企业对员工职业生涯大多进行分层分类的管理,确定组织未来的人员需要,为不同员工设计不同的职业阶梯,评估每个员工的潜能和培训需要,为组织建立一个职业生涯规划体系。对于新进员工,或协助制定生涯目标,或直接提供富有挑战性的任务,或以发现培训需求与新工作的机会,帮助新进员工适应工作,创造未来成功的基础。对于工龄介于3~6年的骨干员工,因其工作心理最为浮动,他们最需要主管或人力资源部门的职业生涯指导;工作满10年者,因为容易进入创新停滞期,所以需要激励生涯发展,以避免影响群体士气;至于面临中年危机者,则需要对其进行再教育,激励其重新学习以培养第二专长;即将面临退休者,则有赖人力资源部门相关人员对其进行个人的生涯辅导。

此外,国际人力资源职业生涯管理还有如下一些具体操作方法:

- 让职业生涯开发系统更具有创新性。坚持研究全球环境中企业员工职业生涯开发工作的最佳实践,协助员工发展完善的职业生涯规划,使其在个人生涯成长的过程中有实施新构想的机会。
- 确定员工的职业性向及基本技能,帮助员工认清职业发展的方向。
- 提供阶段性的培训进修、工作轮换,为员工设计良性发展的职业通路。
- 强调在岗发展,强调在自己当前的岗位上发展和学习的观念,重视工作内容的丰富,同时通过探索本公司内部其他领域来保持工作的挑战性。
- 进行以职业发展为导向的工作绩效评价,帮助员工自我实现,使他们都能充分发挥自己的潜能并获得成功。

德国西门子公司实施员工综合发展计划,以员工业绩和所具潜力为基础,系统地使用技术和管理培训、工作轮换、国际化派遣、职务提升等具体手段,每年为员工制定短期和长期的职业生涯发展计划,使员工跟上时代潮流与公司发展的要求,潜能得到更大发挥。同时,做好与员工的双向沟通,及时发现员工的新思想,了解其对企业管理的反应和要求,传达对员工的新希望,增加其对企业管理的参与感和责任感。

美国联合邮包服务公司(UPS)设计了一个合理的职业生涯管理流程。该流程首先由经理了解团队所需要的技能、知识和经验,以便更好地达到目前和将来的业务需求,还了解需求与团队现状之间的差距;然后,由经理确定每个团队成员的职业生涯开发需求后,由团队成员完成一系列的练习,以帮助其进行自我评价、目标设置与开发规划;最后,经理与雇员还要共同制定一份员工个人发展计划。在面谈过程中,经理与雇员要一起讨论绩效评估结果和对团队需求的分析。该计划包含雇员在下一年所要达到的职业生涯目标和发展行动。为了保证职业生涯管理过程能有助于将来的人事决策,通常会举行分组会议。在这些会议上,由经理汇报其工作团队的开发需求、开发规划与实施能力。培训与开发部经理要列席会议,以确保培训计划的切实可行。这个过程如果在高层管理会议中通过,最后则是制定一份附有培训和开发方案的总计划。由于在个人、地区、部门的三个层次都采用了这种职业生涯管理的方式,联合邮包服务公司能比其他公司更好地适应不断变化的员工需求与顾客需求。

案例研究一:美国 3M 公司的职业生涯开发系统

多年来,3M 公司的管理层始终积极对待其员工职业生涯开发方面的需求。从 1980 年代中期开始,公司的员工职业生涯咨询小组一直向个人提供职业生涯问题咨询、测试和评估,并举办职业生涯问题公开研讨班。公司采集有关岗位稳定性和个人职业生涯潜力的数据,通过计算机进行处理,然后用于内部人选的提拔。

3M 公司职业生涯开发系统的组成部分包括两个方面:

(1) 岗位信息系统(JIS):使 3M 公司负责用人的经理可以在内部发现人选,同时帮助职工了解竞争不同岗位所需要的技能和资格。

(2) 绩效评估与开发运作程序(PADP):

- 个人职业生涯管理手册。公司向每一位员工发放一本个人职业生涯管理手册。它概述了员工、领导者和公司在员工职业生涯开发方面的责任。这一手册还明确指出公司现有的员工职业生涯开发资源,同时提供一份员工职业生涯关注问题的表格。
- 主管公开研讨班。有助于主管了解自己所处的复杂的员工职业生涯开发环境,主管的反映始终是积极的。这一研讨班巩固了认识,即人才开发是主管工作的基本组成部分。
- 员工公开研讨班。旨在帮助员工分析个人前途的职业生涯发展,强调自我批评、目标和行动计划,以及平级调动的好处和职位晋升的经验。研讨班结束后,员工根据要求回答跟踪问卷调查,而且他们的行动计划也得到跟踪。
- 一致性分析过程及人员接替计划。集团副总裁会约见各个部门的副总裁,讨论其手下管理人员的业绩情况和潜能。此过程影响到评定结果和人力资源部门的评审过程,因此对于转岗、发展和晋升都具有影响。

- 职业生涯咨询。一方面,公司鼓励员工主动去找自己的主管商谈个人职业生涯问题;另一方面,公司提供专业的个人职业生涯咨询。这一咨询功能包括一些评估功能。
- 职业生涯项目。作为内部顾问,员工职业生涯开发工作人员根据员工兴趣开发出一些项目,并将它们在全公司推出。
- 合作者重新定位。员工职业生涯开发工作人员在全公司范围内协调本合作者重新定位程序。
- 学费补偿。报销学费与员工当前岗位学习相关的学费,以及与某一工作或者个人职业生涯相关的学位项目的全部学费和费用。
- 调职。内部调职的协调通过3M公司员工转岗程序进行。岗位被撤销的员工自动进入一个个人职业生涯过渡公开研讨班,同时还接受具体的过渡咨询。根据管理层的要求,还为解除聘用的职工提供外部新职介绍。

在3M公司试图更加准确、更加现实地统一员工需求和公司需求的努力中,已经成功地提高了工作效率,更大程度地唤起职工参与实现公司目标的热情。主管在员工的交流方面更具可信性。3M公司的各项员工职业生涯开发服务项目,针对的是真正的需求。职业生涯开发和当前工作的改进虽然分属不同的领域,但又相互联系。由于公司是根据具体情况对待每一个人,所以它为个人和公司都带来了最大的收益。

案例研究二:中国葛洲坝集团国际工程公司的跨文化管理

一、案例背景

"走出去"战略是党中央、国务院根据经济全球化新形势和国民经济发展的内在需要做出的重大决策,是发展开放型经济、全面提高对外开放水平的重大举措,是实现我国经济与社会长远发展、促进与世界各国共同发展的有效途径。然而,"走出去"既意味着机遇,也会面临种种难以想象的挑战。统计数据显示,截至2016年中期,超过50%的中国企业海外并购并不成功。商务部的一份研究报告也指出,在中国企业的海外项目中,只有13%的项目盈利可观,高达63%的项目则处于不盈利或亏损状态。

跨文化又称交叉文化，是指具有两种不同文化背景的群体之间的交互作用。跨文化管理又称交叉文化管理，就是在跨国经营中，对不同种族、不同文化类型、不同文化发展阶段的子公司所在国的文化采取包容的管理方法；是指与企业有关的不同文化群在交互作用过程中出现文化矛盾和冲突时，有效地解决这种矛盾，达到文化的理解、沟通、协调和融合，从而实现企业的高效管理。综合以上学者的研究，本文认为，跨文化管理是企业在跨国经营过程中，对来自不同文化背景、不同种族、不同国家的组织成员进行协同管理的过程，并在此过程中有效地解决文化矛盾和冲突，从而形成卓越有效的企业管理。

杨柏等人认为，跨文化冲突是"走出去"企业经营失败的重要原因之一。荷兰著名文化人类学家霍夫斯泰德甚至明确提出，价值观上的差异是形成误解乃至文化冲突的根本原因。那么，"走出去"企业应该树立怎样的价值观？怎样在保持传统文化和快速融入世界之间达成合理的平衡？本文将以中国葛洲坝集团国际工程有限公司（以下简称"葛洲坝国际公司"）为例，探讨中国企业"走出去"的跨文化管理问题及对策。

二、中国葛洲坝集团国际工程有限公司"走出去"案例

葛洲坝国际公司成立于2006年，是中国能建旗下上市公司——中国葛洲坝集团股份公司的全资子公司，负责归口管理全集团公司的国际经营业务，肩负着引领统筹全公司发挥集团国际业务板块整体协同发展的使命。葛洲坝国际公司在创立之初就非常注重管理创新和企业文化建设。在走向国际化的道路上，葛洲坝国际坚持秉承葛洲坝集团的优良传统，坚定"四个自信"，坚持革故鼎新，在创造辉煌经营业绩的同时，更形成了"积极、向上、健康、阳光"的精神风貌，逐步孕育出具有鲜明国际特色的经营理念、核心价值观和行为准则，为来自全球的近3万名员工打造了充满信任、相互尊重、合作共赢的广阔平台，为提升公司国际竞争力奠定了坚实基础。自成立以来，葛洲坝国际公司发挥集团国际业务引领作用，携手集团各子公司大力推进实施国际发展战略。目前，市场开发覆盖亚洲、非洲、南美洲、大洋洲、中东欧等149个国家和地区。公司积极履行央企"走出去"的社会责任，实现了与所在国的和谐共赢，在海外树立了中国公司的良好形象。公司取得的成绩，得益于充分发挥了企业文化建设在转变观念、凝聚力量、提升管理、开拓市场、履行央企责任等方面的重要作用，实现了核心价值理念在全体员工中的内化于心、外化于行。

1. 鼎新经营观念，树立全球化视野

在国家"走出去"战略的大背景下，葛洲坝国际公司应势而生，做大做强国际

业务不仅是公司自身的需要,更是中国企业融入全球化趋势的必然选择。

公司正确认识国际国内市场的差异,加强对国际经营政策、方法的研究,提高"走出去"的能力;确立了以人为本的理念,实施素质工程,着力培养国际化经营管理人才;面对外部环境的挑战,审时度势,坚持有所为有所不为,牢牢把握发展机遇,着力防范经营风险;形成了海纳百川的企业文化和积极向上的精神风貌,倡导充分尊重属地国的文化习俗和宗教信仰,兼容并蓄,引领中外员工砥砺前行;结合实际,与时俱进,以观念的革故鼎新带来了全球化视野、全球化思维,进而演化成发展的不竭动能,有效地应对了国际局势的风云变幻,确保了公司持续健康发展。

2. 加强道德建设,打造文化品牌

欲涉远者,须善修其身。公司坚持以人为本,注重思想道德建设,从公司层面对社会主义核心价值观的基本理念进行实践和凝练,并始终不渝地把企业文化建设提升到战略高度,在走向国际化的道路上不断扬弃与创造,着力打造具有国际公司特色、能够提升国际竞争力的企业文化。

公司开设道德讲堂,将社会主义核心价值观教育与公司的发展、员工的成长紧密结合,公司确立了"诚信、公平、共赢"的企业理念,员工形成了爱岗敬业、"我与企业共成长"的自觉意识;提倡关爱社会、关爱企业、关爱他人的精神,开展学雷锋、"传递关爱、筑梦未来"等活动,引导员工通过参与社会公益、社区服务等形式回馈社会,在员工队伍中传递了正能量,激发了员工的厚德善行;积极推行跨文化管理,以开阔的胸襟广纳中外有为之士,积极促进中外员工之间的文化融合,建立了"改善人民生活、促进社会发展"的共同愿景与共同追求,使不同国家、不同种族的员工产生了强烈的企业归属感;在继承葛洲坝优良传统的基础上不断丰富企业文化内涵,元旦万人长跑、"葛洲坝之夜"文艺汇演、"知、思、行"读书活动等成为企业文化行动的特有符号,成为传递企业文化的有效载体,激发了员工的主人翁热情和"积极向上、健康阳光"的精神风貌。

3. 引导员工思想,凝聚发展整体合力

针对国际公司员工队伍平均年龄在35岁以下,队伍年轻、富有朝气、思想活跃,同时海外项目员工远离祖国和亲人,在异国特定的环境下、在价值多元化的冲击下,员工思想情绪容易波动的思想政治工作"新常态",公司党委、工会、共青团以关注员工生活需求、关注员工思想动态、关注员工沟通交流、关注员工素质提升这四项"关注"为重点,着力发挥思想政治工作的优势,为公司生产经营保驾护航。

推动建立有利于员工发展、成才的人文环境和制度体系,协助行政在人才引进、培养、使用等方面彻底突破传统思想的束缚,为员工成长提供了很好的平台,坚定了员工立足岗位、与公司共成长的信念;加强对员工思想的沟通与引导,通过个别走访、集体座谈、调查问卷、员工信箱等灵活多变的形式,实现与员工的有效沟通,并以员工思想分析会制度为主要形式,分析研究员工思想动态,一年来梳理、解决员工提出的共性及个性问题110余条,提升了公司的管理效率,实现了对员工思想的良性引导;坚持以人为本,将思想工作与为员工办实事、解难事结合起来,对涉及员工切身利益(如职业生涯规划、岗位晋升、休假、培训等)的具体问题,积极研究制订并严格落实相关政策,为创建和谐企业、凝聚发展合力提供了有力保障。

4. 塑造国际文化,提升核心竞争力

公司自成立之始,就始终不渝地把企业文化建设提升到战略高度,在走向国际化的道路上不断扬弃与创造,着力打造具有国际经营特色、能够提升国际竞争力的企业文化。近年来,公司党委从进一步丰富企业文化内涵、促进中外员工跨文化融合、以文化融聚国际资源和提升公司核心竞争力出发,重点加强了诚信文化、自信文化、包容文化和执行文化培育,做到了用文化凝聚人、影响人和带动人,保持了国际事业旺盛的生命力。

(1) 包容文化。面对不同人文背景、不同宗教信仰、不同风俗习惯的外籍员工,将他们团结在葛洲坝的旗帜下,共同为国际事业而奋斗,这是集团国际业务健康发展的重要一环。积极探索外籍员工的跨文化管理,构建中外员工相互尊重、相互包容的企业文化,使外籍员工逐步融入葛洲坝国际文化体系之中,着力打造了"中外员工一家亲"的理念。在外籍员工中积极开展跨文化培训,在与中外员工的融合中,不断学习和吸收先进的企业文化,充分尊重东道国的文化习俗,尊重外籍员工的宗教信仰,组织外籍员工到中国总部参观、接受培训,参与集团万人长跑等企业文化活动,提高了其对公司核心价值观的认同度,增强了其对公司的归属感。

(2) 诚信文化。秉承"诚信、公平、共赢"的发展理念,对外严格履约,全面兑现承诺,以诚信文化推动公司与国内外金融机构、咨询公司、设计单位、有实力的企业等谋求广泛合作,有效地增强了国际资源的融合力和感召力,一大批有实力的国内外设计、咨询及施工单位,不同肤色、不同民族和国家的人员在国际业务平台上共谋发展和奋斗,成为葛洲坝国际业务的有生力量。大力践行社会责任,历年来累计投入逾2000万元,广泛参与东道国的教育培训、捐赠救援、道路维护、社区建设等公益活动。广泛地使用当地员工,目前公司在建国际项目共聘有外籍管理和劳务人员4000余人,有效地拓宽了当地民众的就业渠道,受到当地政府和民众的广泛赞誉。

（3）自信文化。在公司上下打造自信文化，在员工中大力倡导"积极、向上、健康、阳光"的精神风貌，提倡关爱社会、关爱企业、关爱他人的精神，在员工中传递了正能量，营造了朝气蓬勃、积极向上的人文氛围；通过感受公司快速、稳定、健康发展所取得的业界排名前列的骄人成绩，坚定了员工对公司国际业务发展理念、管理制度、人才成长环境、合作共赢理念、包容文化等国际特色文化的自信，在全公司范围内塑造了自信文化，为打造国际一流的跨国公司的目标奠定了发展自信。

（4）执行文化。大力加强公司执行文化的塑造、执行机制的完善、执行流程的优化，通过制度梳理，流程再造，保证制度更加有效，同时加强制度执行力的监督和检查，提高制度的落地执行力；通过举办"提高执行力"辩论赛、"自信合作高效"素质拓展等活动，有效地激发了员工以扎实的执行力贯彻公司各项制度，推进执行各方面工作的自觉性，为国际业务制度的有效执行提供文化保障。

与此同时，公司十分注意坚持以丰富文化产品塑造企业形象、打造企业品牌。坚持以不断丰富的企业文化产品作为传递企业文化的有效载体，组织开展了CGGC国际版形象宣传片、形象宣传PPT、陆续推出系列专业画册、企业文化系列画册。探索并形成了"国际化、属地化"的资源配置理念、"举一反三、持续改进"的纠错理念，"一点一策，一国一策"的市场开发和项目管理策划理念等20多条经营管理理念。通过全员讨论以及一系列特有的文化产品活动，增进了员工对打造提升具有国际竞争力的企业文化的理解，增进了员工对公司核心价值观和目标愿景的认同，提升了企业品牌形象。

三、结论与启示

近年来，随着中国经济的转型升级，以葛洲坝国际公司为代表的中国企业"走出去"的步伐越发加快。"一带一路"倡议的推进和实施，也为我国企业"走出去"创造了难得的历史机遇。可以预见，未来我国相关产业和企业将更多地走出国门，走向国际。中国企业要走出去且要走得更长远，必然要面临由来自不同国家、不同文化背景的员工所组成的企业管理问题。解决好跨文化管理问题将是企业能否成功"走出去"的关键所在，也是对中国企业传统管理理念的提升和洗礼。

一是要建立包容的企业文化。在"一带一路"的背景下中国企业要"走出去"，势必会有来自不同国家和地区的企业员工在价值观念、行为方式和工作态度等方面存在差异。中国的传统文化强调兼容并蓄，有非常强的包容性，为企业建立包容的企业文化提供了很好的基础。在建立企业文化时，要正确看待不同文化之间的差异,需要将母公司的企业文化与国外分公司当地文化进行有效整合,通过各种渠道促进不同的文化相互了解、适应融合,从而在母公司文化和当地文化基础之上构建一种新型的企业文化,以这种新型文化作为国外分公司的管理基础。这种新型文化既保留着母公司企业文化的特点,又与当地文化环境相适应;既不同于母公司的企业文化,又不同于当地文化,而是两种文化的有机结合。这样不仅使"走出去"的企业能适应不同国家的文化环境,而且还能大大增强竞争优势。

二是实施本土化策略。在母公司实施的全球化战略和在子公司实施区域化策略是企业进行跨文化管理的基本原则。在"一带一路"背景下"走出去"的企业在国外子公司需要雇用当地员工,这些员工更加了解和熟悉当地的风俗习惯、市场动态以及其政府的各项法规。"一带一路"倡议不仅为中国的企业带来了机遇,同时也带来了挑战,企业之间竞争的本质是人才竞争,只有依靠当地的人力资源,才能让"走出去"的中国企业有可持续的发展潜力,因此,在子公司实施本土化策略是企业实施跨文化管理的非常重要的部分。

三是开展跨文化培训。进行跨文化管理的有效途径之一就是跨文化培训。由于"一带一路"沿线国家(地区)众多,且大多与中国的社会文化存在很大的差异,通过跨文化培训,不仅能够让员工全面系统地了解异国文化、政治法律制度、价值观念、风俗习惯等,还能够使员工认识到不同文化间的价值差异,从而减少文化冲突,加强不同文化间的理解和包容力。

"一带一路"的实施充分表明,中国在世界经济版图中起到越来越重要的作用。跨文化管理是企业内部不同群体之间加强沟通、化解冲突的桥梁,也是中国企业全面融入国际市场的必经之路。中国企业"走出去"在武装自身的同时,更要对目标市场的国家文化有正确的认识,客观看待文化差异,树立正确的跨文化理念。在跨文化管理中,企业要加强跨文化培训,将客观存在的多元文化作为竞争优势,发挥不同文化群体的优势所在,同时尽量克服其劣势带来的负面影响,坚持求同存异;遵守东道国的法律法规,尊重当地的风俗习惯和宗教信仰;积极融入东道国的文化并结合自身文化有针对性地进行管理。以企业文化建设为出发点,以高度的责任感、奋发有为的精神状态、求真务实的工作作风,继往开来。期待越来越多的中国企业在"走出去"的道路上焕发出"中国风采"。

参考文献:

[1] 陈红梅,梁敏.跨文化管理——"一带一路"背景下中国企业"走出去"的"软实力"[J].对外经贸,2018(9):87-89.

[2] 陈伟,彭程,杨柏.跨企业知识共享、知识泄露与创新绩效——基于供应链视角的实证研究[J].技术经济,2016,35(6):1-7.

[3] 陈晓华,曾帅.在"走出去"之路上焕发"中国风采"——记全国电力行业企业文化建设示范单位葛洲坝国际公司[J].当代电力文化,2017(2):42-43.

[4] 高臣,马成志."一带一路"战略下中国企业"走出去"的跨文化管理[J].中国人力资源开发,2015(19):14-18.

[5] 舸靖.在国际工程承包市场上再展宏图——葛洲坝集团公司实施"走出去"战略的做法与体会[J].国际经济合作,2004(2):7-11.

[6] 李彦亮.跨文化冲突与跨文化管理[J].科学社会主义,2006(02):70-73.

[7] 林新奇,王富祥.中国企业"走出去"的人力资源风险及其预警机制[J].中国人力资源开发,2017(2):145-153.

[8] 文岗,李刚,卢毅,彭伟.国际工程项目人力资源管理风险及控制策略[J].长沙理工大学学报(社会科学版),2010,25(4):12-16.

[9] 徐奇琦.中国企业实施"走出去"战略的障碍与对策分析[J].河北企业,2019(7):98-99.

[10] 周施恩."走出去"企业应该树立怎样的价值观?——葛洲坝国际工程有限公司的经验及启示[J].中外企业文化,2019(8):48-52.

(资料来源:综合新闻报道和网络资料整理而成,林新奇教授《国际人力资源管理》研究生课程班硕士生陈安琪同学做出了贡献。)

复习思考题

1. 现代员工职业生涯规划的基本理念是什么?
2. 国际人力资源职业生涯管理的特点有哪些?
3. 在企业的职业生涯管理上美国与日本有什么区别?为什么?

第十一章

国际人力资源劳动关系管理与法律风险防控

【本章要点】
- 国际人力资源劳动关系管理的含义
- 人力资源尽职调查的程序与方法
- 国际人力资源管理中法律风险的防控

经济全球化的发展正在刺激企业并购市场的不断扩大。我国加入WTO以来，国外企业把并购中国本地企业当作快速进入并占领中国市场的手段，与此同时，国内企业也把海外并购作为品牌和产品全球化的一种有效方式。企业并购已经成为当今世界经济生活中的重要现象。

在人力资源成为第一资源的今天，企业并购面临着很大的人力资源管理风险和挑战。如何避免因人力资源整合失效而导致的满盘皆输的局面，是并购企业面临的重要课题。由于各种不同的原因，企业对现实情况的分析往往太草率，分析的范围过于狭窄，不能完全了解并购对象的真实人力资源经营和管理方面的问题。大量企业在并购交易达成后，却因为在人力资源尽职调查中或劳动关系管理中的失误和遗漏，在法律关系、文化整合、薪酬福利、组织结构整合等方面焦头烂额。为此，人们已逐渐认识到国际人力资源管理中劳动关系管理的重要性和人力资源尽职调查在并购中的重要性。

第一节　国际人力资源劳动关系管理

劳动关系管理（Labor Relations Management）是指传统的签合同、解决劳动纠纷等内容。劳动关系管理是对人的管理，对人的管理是一个思想交流的过程，在这一过程中的基础环节是信息传递与交流。通过规范化、制度化的管理，使劳动关系双方（企业与员工）的行为得到规范，权益得到保障，维护稳定、和谐的劳动关系，促使企业经营稳定运行。企业劳动关系主要指企业所有者、经营管理者、普通员工和工会组织之间在企业的生产经营活动中形成的各种责、权、利关系：所有者与全体员工的关系、经营管理者与普通员工的关系、经营管理者与工人组织的关系、工人组织与职工的关系。

在国际人力资源管理的实践过程中，最重要的是劳动法律关系的处理和劳动合同管理。劳动法律关系是指劳动法律规范在调整劳动关系过程中形成的法律上的劳动权利和劳动义务关系。劳动法律关系是劳动关系在法律上的表现，是当事人之间发生的符合劳动法律规范、具有权利义务内容的关系。劳动法律关系的产生，是指劳动者同用人单位依据劳动法律规范和劳动合同约定，明确相互间的权利义务，形成劳动法律关系。产生劳动法律关系的劳动法律事实，只能是劳动法律关系主体双方的合法行为，而不是违法行为。劳动法律关系的变更，是指劳动者同用人单位依据劳动法律规范，变更其原来确定的权利义务内容。劳动法律关系的消灭，是指劳动者同用人单位依据劳动法律规范,终止其相互间的劳动权利义务关系。劳动法律关系的消灭,就是劳动权利义务关系的消灭。消灭劳动法律关系的劳动法律事实,包括行为人的合法行为和违法行为及事件。

劳动合同管理是指根据相关国家的法律、法规和政策要求,运用组织、指挥、协调、实施职能对合同的订立、履行、变更和解除、终止等全过程的行为所进行的一系列管理工作的总称。劳动合同管理是人力资源管理中重要的一个环节。加强劳动合同管理,提高劳动合同的履约率,对于提高劳动者的绩效、激发劳动者的积极性、维护和谐的劳动关系、促进企业的健康发展来说具有十分重要的意义。为此,企业必须建立和完善与劳动合同制度相配套的规章制度。要依照相关的国家法律法规,建立健全支撑劳动合同制度运行的企业内部配套规章制度,包括工资分配、工时、休息休假、劳动保护、保险福利制度以及职工奖惩办法等,并把劳动合同履行情况与职工的劳动报酬、福利待遇联系起来,促进工资能多能少、岗位能上能下、人员能进能出的新型劳动用人机制的形成。

劳动关系管理的基本原则是:以法律为准绳;兼顾各方利益;协商解决争议;劳动争议以预防为主。其基本要求是:规范化——合法性,即必须依据国家法律法规的规定;统一性,即必须全体员工执行统一,在同一时期内的统一;制度化——明确性,即必须明确职责、权限、标准;协调性,即应该随企业的发展进行阶段性调整等。

世界各国的劳动关系管理实践多种多样,如美国的完全市场化劳动关系管理、加拿大的集体合同谈判、英国政府的第三条道路、德国的"共决制"劳动关系运作、日本的终身雇佣制、新加坡的政府主导型劳动关系等。终身雇佣制是日本企业第二次世界大战后的基本用人制度,是指从各类学校毕业的求职者,一经企业正式录用直到退休始终在同一企业供职,除非出于劳动者自身的责任,企业主避免解雇员工的雇佣习惯。终身雇佣制与年功序列制、企业内工会被并称为日本式经营的三大支柱或神器。终身雇佣制不过是对第二次世界大战后特定时期日本企业用工惯例的归纳和概括。

企业国际化经营已成为当前不可逆转的时代潮流,跨国公司是企业实现国际化经营的重要形式。通过在异国成立跨国公司,可实现企业人力、资本、市场等多种资源的全面整合,大大提高企业在国际市场的竞争力。然而,跨国公司面临着与国内迥然不同的政治、经济以及文化环境,难免会因价值观、信仰、生活习惯等方面的差异引起文化冲突,致使劳动关系紧张甚至破裂。对于企业而言,稳定、和谐的劳动关系是企业健康发展的根基,它能对企业经营成败产生重大影响。

近数十年来,国际劳动关系的性质发生了很大变化,现代员工关系的概念正在取代传统的劳动关系概念,企业和员工之间的关系已经从冲突型劳动关系逐渐转变为以合作和共赢为基础的组织内部关系,员工关系正在朝着灵活性和个性化的方向发展。这是一种新的发展趋势,值得我们重视和研究①。

从广义上讲,员工关系管理(Employee Relations Management, ERM)是在企业人力资源体系中,各级管理人员和人力资源职能管理人员,通过拟订和实施各项人力资源政策和管理行为以及其他的管理沟通手段,调节企业和员工、员工与员工之间的相互联系和影响,从而实现组织的目标并确保为员工、社会增值。从狭义上讲,员工关系管理就是企业和员工的沟通管理,这种沟通更多采用柔性的、激励性的、非强制的手段,从而提高员工满意度,支持组织其他管理目标的实现。其主要职责是协调员工与管理者、员工与员工之间的关系,引导建立积极向上的工作环境。

员工关系管理的内容涉及企业整个企业文化和人力资源管理体系的构建。从企业愿景和价值观的确立,内部沟通渠道的建设和应用,组织的设计和调整,到人力资源政策的制订和实施等,所有涉及企业与员工、员工与员工之间的联系和影响的方面,都是员工关系管理体系的内容。

从管理职责来看,员工关系管理主要有以下9个方面:

(1)劳动关系管理。劳动争议处理,员工上岗、离岗面谈及手续办理,处理员工申诉、人事纠纷和意外事件。

(2)员工纪律管理。引导员工遵守公司的各项规章制度、劳动纪律,提高员工的组织纪律性,在某种程度上对员工行为规范起约束作用。

(3)员工人际关系管理。引导员工建立良好的工作关系,创建利于员工建立正式人际关系的环境。

(4)沟通管理。保证沟通渠道的畅通,引导公司上下及时的双向沟通,完善员工建议制度。

(5)员工绩效管理。制定科学的考评标准和体系,执行合理的考评程序,考评工作既能真实地反映员工的工作成绩,又能促进员工工作积极性的发挥。

(6)员工情况管理。组织员工心态、满意度调查,谣言、怠工的预防、检测及处理,解决员工关心的问题。

(7)企业文化建设。建设积极有效、健康向上的企业文化,引导员工价值观,维护公司的良好形象。

---

① 刘昕、张兰兰,员工关系的国际发展趋势与我国的政策选择——兼论劳资关系、劳动关系和员工关系的异同[J],《中国行政管理》,2013年第11期。

(8) 服务与支持。为员工提供有关国家法律法规、公司政策、个人身心等方面的咨询服务,协助员工平衡工作与生活。

(9) 员工关系管理培训。组织员工进行人际交往、沟通技巧等方面的培训。

那么,跨国企业如何管理具有不同文化背景的员工,克服文化差异,构建和谐稳定的劳动关系,以实现有效经营呢?这是亟须解决的重要现实问题。为此,首先,必须对跨文化和谐劳动关系管理问题进行研究,探索和谐劳动关系管理的文化路径。其次,必须对跨文化冲突与和谐劳动关系的相关概念进行梳理和界定,从国家文化和企业文化等层面分析跨文化对劳动关系的影响,对跨文化劳动关系冲突的表现及其形成机理进行分析。最后,要基于跨文化视角建立跨文化劳动关系评价模型,提出跨文化劳动关系管理策略,并从组织、机制、人员等方面对跨文化劳动关系管理提供保障条件[①]。

现实中存在的主要问题包括以下5个方面:

(1) 缺乏共同的愿景,导致员工关系管理的起点不清晰。企业共同愿景首先必须是企业利益相关者的共同追求,由此,员工关系管理的起点是让员工认同企业的愿景。没有共同的愿景,缺乏共同的信念,就没有利益相关的前提。

(2) 对短期利益的过度追逐,冲淡了企业内部员工关系管理的是非标准。企业的价值观规定了人们的基本思维模式和行为模式,是企业的伦理基准,是员工对事物共同的判定标准和行为准则,企业核心理念的深入人心必须通过制度去体现,价值观只有反复强化才会得到员工认同。

(3) 缺乏完善的激励约束机制,导致员工关系管理根本的缺失。员工关系管理的根本是内部公平,调查显示,员工离职的第一原因不是薪酬水平低,而是员工内部的不公平感。内部不公平体现在激励、职业发展、授权等方面。从程序看,过程的不公平比结果的不公平更加突出。所以,如何完善激励约束机制,建立科学合理的薪酬制度和晋升机制成为员工关系管理的根本。

(4) 员工关系管理的主体不清晰,直线经理作为员工关系管理的首要责任人的理念没有得到广泛确认。人力资源部是公司员工关系管理的组织部门,广大的直线经理是员工关系管理的首要负责人,他们相互支持和配合,从而保证企业目标的实现。企业内部员工关系或者人力资源管理的最大责任者是董事长或者总经理,但是这一观点在很多企业得不到确认,导致企业员工关系管理水平和效果得不到有效的体现。

(5) 员工需求的实现程度不高,作为员工关系管理核心的心理契约总体失效。

---

① 丁昌龙.基于跨文化冲突的企业和谐劳动关系管理研究[D].河南科技大学硕士学位论文,2014.

企业对于合同、协议等契约比较重视,却普遍忽视了心理契约,企业没有清楚地了解每个员工的需求和发展愿望,并尽量予以满足;也没有对员工的需求进行适当的引导,导致员工需求期望的实现程度不高;老板和员工的心理定位差距较大,双方的满意度都较低。因此,企业应从员工需求、企业激励方式、员工自我定位以及相应的工作行为4个方面的循环来加以完善。现在的员工越来越知识化、信息化、国际化,面对他们时,要善用换位思考的方式,斟酌如何对待同事、处理"人事"。

第二节 跨国并购中的人力资源尽职调查

人力资源尽职调查(HR Due Diligence)是企业并购尽职调查中的一个部分,虽然占整个尽职调查的比重不是很大,却是一个重要部分。它是对企业人力资源管理的系统分析和评估,包括对人力资源战略、组织机构设置、人力资源质量、人力资源成本、企业文化、人力资源管理中已有的和潜在的风险及其对企业的影响等,其作用主要表现在两个方面:一是为谈判议价和并购决策提供有关人力资源的依据;二是为可能的兼并做好人力资源整合的准备,为整合规划和决策提供所需信息。

企业兼并的目标不同,其人力资源尽职调查的内容模块会有所不同,但一般而言,可从人员与组织、管理和效率、法律关系和企业文化特质4个核心方面予以考虑。

一、人员与组织

人员与组织包括企业人力资源及其配备的基本状况、组织结构和岗位的设计原则等。考虑的调查子项相应包括:(1)组织结构,是扁平式还是传统等级制,是直线职能制还是事业部制,抑或其他混合式结构;(2)人员总数和基本素质情况,指员工总体的学历、能力、工作经历、年龄等;(3)中、高层管理人员和关键人员的学历、能力、工作经历、年龄及本企业的工龄等基本情况;(4)选聘经理人员的关键能力要素和标准;(5)职位说明书;(6)人员选聘程序,岗位和部门之间的标准操作流程等。

二、管理和效率

管理和效率包括人力资源的管理结构、薪酬管理、激励制度、培训机制、员工发展计划、员工和组织绩效管理、组织运行效率等。

人力资源管理结构子项主要指：人力资源管理部门的组织结构、岗位设置和人员配置；人力资源事务的外包；人力资源信息系统的使用；人力资源管理协会的加盟和团体交流等。

薪酬管理的调查子项主要指：工资总额成本、福利成本；基本薪酬和福利制度；薪酬调整情况；工时制度和加班付酬情况；工资支付；管理人员绩效奖金、销售人员的奖金佣金制度、中高层管理人员和关键员工的福利制度；社会保险和其他保障等。

员工培训和发展的调查子项主要指：员工培训制度、目标、年度计划；培训预算和成本；专职培训人员；培训需求评估；培训效果后续跟踪；员工职业发展规划；中层管理人员的能力评价系统和职位后继计划；对关键人员的能力评估和培训；员工升迁、降职、调动程序等。

员工和组织绩效管理的调查子项主要指：高层管理人员控制企业整体绩效的方式；企业整体绩效管理系统；中高层管理人员的绩效考评系统和方法；基层人员的考评系统和方法等。

三、法律关系

法律关系指企业在劳动用工中执行当地的法规情况。与国内企业间的并购相比，跨国企业间的并购更重视劳动用工中合规情况的调查。跨国公司将母公司的价值理念传递到在中国的子(分)公司中，它们认为，没有严格执行劳动法规会给企业带来严重损害，是巨大的风险所在。

企业合规情况的调查子项主要指：员工手册、劳动合同等聘用文件，与劳务人员的聘用关系；基本聘用条件以外的协议；中止或终止聘用关系的成本；平等合法的聘用情况；高层管理人员对环境安全和健康的认识；企业对环境社区和员工的承诺；健康和安全委员会的运作；专职安全人员的配置；内部环境控制；安全培训和意识教育；事故发生率；职业健康检查；重大疾病情况；政府劳动部门对企业年度检查情况；公司的内部审核制度；政府部门、员工或工会对合法操作的质询；劳动争议发生情况等。

四、企业文化特质

企业作为组织的行为方式，最终在企业文化上得以反映。目标企业的文化适合程度对兼并决策以及并购整合的成败起关键作用。

企业文化特质的调查子项主要指：管理模式；领导风格；沟通和决策模式；团队合作；员工对企业的忠诚度；员工对决策和管理的参与程度；员工表达意见的途径和方式；违纪处理程序和员工投诉或申诉程序；工会组织的作用等。如果是跨国企业间的并购，还涉及授权程度和本地化管理程度等。

尽职调查是在做出投资决策之前必不可少的一项功课，对于企业并购来说，尽职调查花费巨大，加上时间、机会成本，其效率和精准性极为重要。调查原则是指调查工作必须遵循并参照执行的基本准则，它是评价调查工作质量优劣的基本标准。调查小组应当根据调查目标，遵循调查原则开展调查工作。以下 6 个原则在做尽职调查时极为重要。

1. 目标导向原则

目标导向原则是指任何调查工作应当围绕并购方的并购目标进行，包括根据并购目标制定调查方案、确定调查重点和实施调查程序，在报告调查结果时，应当以与并购目标密切相关的内容为核心进行全面报告。

2. 全面性原则

全面性原则是指调查工作应当在时间、空间上涵盖所有并购方关心的、与目标企业有关的各个重大方面，包括人力资源管理架构、相关数据等，还应当包括影响上述情况的重大内外部因素。

其一，调查内容要全面。人力资源尽职调查涉及组织结构、员工安排、业绩及发展、劳动力统计、劳动关系、人力资源政策及关系、薪酬福利等人力资源管理的各个方面。

其二，材料要齐全。调查者必须调集所有材料，单就组织结构图而言，除了查阅工作描述之外，还要查阅主要雇员名单、招聘过程、持续项目/管理发展规划、员工培训和发展规划、晋升的过程等一系列文件。

3. 重要性原则

重要性原则是指在保证调查报告内容全面反映目标企业情况及其影响因素的前提下，应视人力资源管理情况及其影响因素的性质以及对决策层的影响程度来确定调查重点。凡是对决策有较大影响的信息，均应严格按照规范和程序进行单独、详细、精确的重点调查和报告，否则，可以简化调查程序和方法，简单反映或合并反映。

4. 区别对待原则

针对不对的企业,尽职调查也应该有所侧重。处于不同发展期的企业的调查重点不同。就发展期的企业而言,由于其法律关系十分简单,调查重点应集中于其管理人员工作、薪酬奖金计划等领域;对于比较成熟的企业,因为其成立时间相对较长,牵涉的法律关系更加复杂,隐藏的风险点也就更多,因此应该全面调查。

行业不同、企业背景也决定了人力资源尽职调查的不同。在高科技、咨询领域,知识产权、关键员工留用是决定企业发展的核心问题。若关键雇员的劳动合同年限、竞业禁止等不清晰或者存在争议,则可能导致整个企业的核心竞争力缺失,甚至连企业存在的基础也将丧失。

5. 谨慎性原则

谨慎性原则是指调查工作者在调查过程中,应当保持应有的职业谨慎态度,在有不确定因素的情况下做出判断时,应保持必要的谨慎,既不夸大,也不缩小;既不抬高,也不贬低。

谨慎性原则还包括调查的透彻性。调查者不仅对有关的文件资料进行详尽的审核,还要求调查者与相关当事人、政府机构和中介机构等进行调查和沟通。如果关键员工属于从同行业其他单位跳槽过来,则必须了解其与原单位合同关系是否已经了结,是否与原单位有竞业禁止的约定等。单凭员工个人提供的信息显然不能确保真实,因此,有必要向原单位进行调查和了解。

6. 独立客观性原则

独立客观性原则是指调查小组应当在形式上和实质上与目标企业和并购方保持独立。实质上的独立,是指调查者应当与目标企业之间没有直接的经济利益关系,在作专业判断方可不受影响、公正执业,并始终保持客观立场;形式上的独立,是指调查者应当避免出现这样重大的情形,使得拥有充分相关信息的理性第三方推断其公正性、客观性或专业怀疑受到损害。

并购方即使能够独立地进行尽职调查并做出自己的判断,并购方和尽职调查人员仍应保持独立。当前的企业并购尽职调查大致有三种模式:一是自行调查,即投资团队中具备从事尽职调查的成员;二是委托调查,即并购方委托专业的咨询机构进行尽职调查;三是在联合投资时由一方进行调查,其余各方以其调查报告作为参考或者在 Pre-IPO 项目中以券商或者保荐人的调查报告作为投资依据。

第三节　人力资源尽职调查的程序

人力资源尽职调查过程一般由调查准备、调查实施、结果分析与总结、调查结果应用四个环节构成。

一、调查准备

在人力资源尽职调查准备阶段,需要制定调查活动计划、建立调查小组、对小组成员进行必要的培训或指导、设计和选择调查方法等。

人力资源尽职调查活动计划主要包括人力资源尽职调查目标的制定、调查内容的确定、人员和时间安排等。

建立人力资源尽职调查小组,并确定小组主要成员的职责。小组成员主要由企业内部高层管理人员、人力资源管理专业人员和外部的咨询顾问组成,兼并目标企业的各层管理人员和相关员工会参与被调查的过程。

调查小组组长的主要职责是:领导小组成员制定和实施人力资源尽职调查计划;寻求和协调公司内外部对于调查的支持;控制调查进程和结果的有效程度;组织完成调查报告;向尽职调查小组提交调查结果报告和决策支持依据等。组长一般由企业高层管理者承担。企业高层管理者在调查小组中的主要职责是:调动本企业资源;支持人力资源尽职调查计划的完成;提供与调查对象相应的本企业信息和资料;建议决策提案等。

人力资源管理专业人员的主要职责是:运用专业知识和技能协助组长具体制定和实施调查计划;反馈调查过程中的要点;建议方案选择和调整;撰写调查分析和总结报告;参与建议决策提案等。外部咨询顾问则跟踪整个调查过程,对计划、实施、分析和总结及应用等系列工作提出咨询意见和建议。

要依据人力资源尽职调查的目标,设计和选择人力资源尽职调查的方法。一般调查方法有问卷调查、与有关人员面谈、审核有关人力资源制度、资料、记录等。不同的人力资源尽职调查目标的目标不同,其调查方法会有所不同。

二、调查实施

在调查实施阶段,调查小组依据调查计划,运用调查方法(如问卷调查、面谈等)开展调查,并对调查过程进行控制和调整。在实施调查的过程中,有时会遇到调查对象回避或应付调查人员提出的问题,使调查难以得到所需信息,这时就需要根据实际情况作适当调整,包括对调查内容、调查方式的组合调整、改换角度等应变方法、变换调查人员、与目标企业高层管理人员沟通等,最终达到获取有效信息的目的。

在完成每项预定的调查内容和类别以后,及时记录调查信息,以甄别关键要素和信息的客观性、真实性,在随后的进程中进行再核实和再调查。

三、结果分析与总结

调查小组结束调查活动后,需要对所获得的信息进行提取和分析,并与本企业自我调查得到的同类信息进行比较,判别是否存在重大的风险或隐患。在分析和比较的基础上,形成调查结果的总结报告。一般分析和比较会采用简洁明了的表格形式。

四、调查结果应用

在调查结果的应用阶段,根据调查报告,判别目标企业人力资源管理方面的问题或成本风险,判别其企业文化对并购整合的难易程度及是否可进行控制,为并购决策提供人力资源方面的依据。调查结果应用于并购后企业组织重组和人员整合、人力资源相关制度如薪酬福利制度和员工激励机制等的整合、企业文化的整合等方面。

第四节 人力资源尽职调查的方法

国际上关于人力资源尽职调查的研究成果很多,经验教训也很多。目前的最新趋势是,国外已经开始将量化的调查方法引入人力资源尽职调查的过程中,其中,360°尽职调查是一种最新流行的方法。

一、360°尽职调查的含义

360°尽职调查的过程是对收购目标全部的关键嵌入问题进行一系列的调查。这些调查包括精算、法律、税务、会计、承保、赔付主张、投资银行、整体管理、信息技术和人力资源。

360°尽职调查的过程意味着同时关注商业和人的价值和风险,然后自问:

- 账面的价值是多少并且有多少风险未被计算其中?
- 谁是价值创造者?他们在目标公司的能力范围有多大?
- 有多少未被识别或低估的人力资源负债?
- 目前的现金流和整合奖励系统后的开支如何?
- 整合后,生意的"实际"价值是多少?
- 一个谨慎的投资者愿意为这"实际"的价值支付多少?

在实际操作中,360°尽职调查意味着进行平行但相关的分析工作,从而能够得到准确的价值和合理的价格。它包含商业分析和与人相关的分析。一个实际问题是在360°尽职调查中各位指导专家贡献的重要性。相对的贡献和重要性对于不同的兼并收购是不同的,重要的是所有相关的专家都参与进来,而不仅仅是那些感觉相对重要的专家。

360°尽职调查过程可以帮助进入收购目标中偶尔会被忽略却可能显著影响交易价格或是在将来会产生尴尬境况的方面。例如,交易中人力资源计划的问题和成本、养老金计划、税务和管制的问题。

考虑到买方是促成交易的,360°尽职调查的过程可以识别大量的金融因素,这些附加值可以被买方列入或不列入交易价格。这些包括转移到一个共同奖励平台和共同IT平台的成本节省,合并销售部门所带来的协同效益,与控制外国公司结构相关的节税。

二、360°尽职调查的过程

尽职调查意味着估定价格和识别金融风险,这是最基本的。首要的问题就是:

- 收购目前企业的价值是多少?
- 能为收购公司增加多少价值?
- 什么是协同效应?

- 在将风险最小化的同时如何增加价值？
- 获得的负债和成本分别是多少？
- 什么是资产负债表外负债？

并购目标的风险和价格，加上负债，通常被视为关联基本业务的目标，占目标公司多达80%的价值。它们包括：

- 调整后的账面价值；
- 现存业务的账面价值；
- 新业务的预期价值；
- 现存业务的风险和负债（资产负债表外）；
- 收购一家企业的风险和负债（通常在资产负债表外），如环境风险和市场接触风险。

但是，除了这些商业部分，与人相关的价值、风险和负债却经常被忽视。一个非常重要的部分是养老金和其他"总计奖赏"负债。这可以代表实际上收购公司未被承认或低估的义务。如果目标公司所在国当地对于薪酬和福利的法律和习俗同收购公司所在国的显著不同，这将是一个严峻的问题。这种奖励清单当然是从养老金开始，但是延伸到很多其他的"累积"义务（如退休人员医疗、终止补偿、累计未使用休假等）。

其他需要注意的部分包括：

- 保留关键人员的费用；
- 对于"过剩"人员的遣散费；
- 带有未来负债的定期合同主要负责人。

这些与人相关的风险和负债会对收购的价值和价格产生巨大的影响。例如，养老金这一项负债对于所有公司、所有部门来说可能会高到公司价值的200%。如果在购入目标公司后才发现这些负债，就犹如花40万美元买了一栋房子然后却要再花一半的钱去修复它。

三、人力资源相关问题

主要的尽职调查工作流程是对与人力资源有关的问题进行分析。它关注于目标公司现存的与人相关的价值和负债以及合并后与人相关的负债和成本，包括调整这两个组织的成本补偿计划。

必须系统地对一系列的人力资源问题进行全面的评估，首先要评估收购的人力资源资产,包括目标公司核心管理人员的详细资料和目标公司所掌握的全面技能,还要探讨人力资源问题可能会产生不利影响的关键领域,比如:

- 利润空间。典型问题可能是对一个现有计划对未来补偿和福利计划的费用或承诺。然而,这还包括对冗余和自留的全面预算。
- 资产负债表。考虑因素包括变化中的控制触发、绩效补偿合同,特别地,退休人员的负债(比如养老金和退休医疗)可能会被有所折扣地告知或低估。
- 收入。这些问题可以从销售激励计划延伸到营业额的影响。

四、组织效力

与人力资源相关的工作流程也包括评估组织的效力。两个组织是否相互匹配的首要问题包括:

- 两家公司对工作和任务的定义是一致的吗?
- 奖励结构是一致的吗?当目标公司补偿计划所支付的比收购者的计划显著多或少的时候,这将是一个特别重要的问题。

组织效力评估也意味着评估障碍,因为这将快速精简劳动力。这些可以包括法律和政治因素和程序上的要求。收购公司需要注意进入目标公司所在地域和市场后遇到的特别限制和复杂性。

除以上问题外,人力资源尽职调查还需要分析以下问题:

(1) 如何继续最大化人力资本的价值?
(2) 对新组织在工资与福利方面最恰当的融合是什么?
(3) 合并后,需要什么样的激励计划来保留公司必要员工?
(4) 目标公司如何发放员工的奖金与补偿金?
(5) 与市场相比,如何发放基本工资?
(6) 如何制定合并后的养老金计划?

把360°尽职调查过程和其他工作流程合并,可以得到对目标公司的一个全面的风险调查,并从金融、战略和人力资源的角度反映目标公司的整体价值和价格。

具体国别的人力资源问题样本如下:

- 英国:养老金计划的负债总是非常大,彻底评估是非常重要的。
- 法国:劳动力重塑的成本可能让人望而却步。
- 德国:收购可以影响既得权利。其他法律管制资产的转移,允许养老金估价方法发生重大变化。

- 日本：有复杂的补偿计划，最低的法定薪酬标准，限制减少福利水平，对退休计划的改变有所管制。
- 中国：对于福利的金融操作在不同的公司有着显著的不同，对于会计条例的解释也不一样。

第五节 国际人力资源管理中法律风险的防控

一、人力资源管理需要依法进行

国际人力资源管理必须严格依法办事。客观地讲，所有人力资源管理中的劳动关系管理，都不是一种单纯的管理行为，劳动者与企业之间的劳动关系从本质上说是一种经济关系，这种经济关系一般都需要从法律上加以规范。比如，劳动合同法对企业和劳动者之间在签订劳动合同、确立劳动权利和义务上进行了规定。通过法律的规定，企业的管理行为所体现的经济关系和法律关系实现了统一。因此，人力资源管理涉及许多法律法规。法律既保护劳动者的权益，也保护企业的权益，企业在人力资源管理风险的防范上应该积极利用法律、法规，以降低其风险程度。

二、从法律角度防范人力资源管理风险

从法律角度防范人力资源管理风险，要求企业积极承担社会责任，遵守法律法规，规范企业的人力资源管理行为，制定和执行符合法律法规要求的人力资源管理制度。同时，企业应该积极利用法律法规来约束员工的越轨行为，降低人力资源管理风险。比如，在企业培训员工时，依据法律规定进行企业权益的自我保护，与员工签订规范有效的培训合同，防范人力资源投资风险。为此，企业应该梳理人力资源管理流程，从流程上识别管理过程中存在的法律风险，从而建立和执行人力资源管理的法律风险防范体系。

三、跨国经营中必须严格执行当地的法律法规

跨国企业在劳动用工中必须严格执行当地的法律法规。跨国公司将母公司的价

值理念和经营管理传递到国外的子公司中,如果没有严格执行当地的法律法规,必然会给企业带来严重的损害,也是一个巨大的风险所在。

国际人力资源管理严格遵守各所在国相应的法律法规,也是为了确保自己的员工遵守法律、规则、制度以及公司政策和程序合法、合规。比如反对商业贿赂,反对不正当竞争,如何应对反倾销调查和反垄断法,如何在企业所得税和个人所得税问题上适应当地法律,如何在外汇汇率问题上维护企业和国家利益,如何在劳工关系和企业社会责任问题上调整企业政策,等等,都与法律有关。

跨国企业在人力资源管理上都有一套成熟的体系以及相应的规章、制度,它们在很大程度上保证了企业人力资源管理制度的规范性和合法化。这种规范性具体表现在人力资源管理的各个子系统中。一般地,人力资源管理系统主要包括5个系统:人力资源战略规划子体系、招聘甄选子系统、培训开发子系统、人员绩效考核子系统、员工薪酬管理子系统。

四、人力资源管理职能活动中的一些法律要点

企业人力资源管理中往往出现规章制度不足、滞后甚至不合法等情况。比如,路径依赖,习惯于过去的一些惯用做法;法律法规有了新的规定,企业却未及时修改、变更和完善已经不合法的规章制度;企业所制定的管理规定在内容上不合法,在程序上也不合法;等等。值得特别注意的是,在关于劳动争议案件的处理上,法律免除了劳动者的举证责任,规定用人单位负举证责任:"因用人单位作出的开除、除名、辞退、解除劳动合同、减少劳动报酬、计算劳动者工作年限等决定而发生的劳动争议,用人单位负举证责任。"[①]证据的提供和质证往往是劳动争议案件胜败的关键所在。

具体而言,企业在人力资源管理职能中的主要法律问题有以下各个方面。

(1) 在招聘或聘用环节上,企业容易犯的错误有雇佣歧视、事实劳动关系、试用期、劳动合同期限、知情权、劳动权利等。比如,招聘简章不合法,对临时工、农民工的歧视,不签劳动合同,规避无固定期限合同,大学生的见习期与劳动合同的试用期抵触,欺诈和被欺诈,无效与部分无效合同,收取抵押金,提高录用标准等。

(2) 在员工培训开发环节上,企业容易犯的错误有培训合同不完善,包括培训费、约定服务期、违约解除合同的赔偿费用及计算方法,违约造成的直接经济损失及计算方法等不完善,常规培训收取培训费等。事实上,常规培训是用人方的义务,不

---

① 最高人民法院《关于审理劳动争议案件适用法律若干问题的解释(一)》第13条。

应对员工收取培训费,培训合同应该按照法律规范进行制定。

(3) 在绩效考核环节上,企业容易犯的错误有考核制度不健全、考核规定不合法、考核结果使用缺乏合法性等。比如,考核结论没有书面评价性结果,争议中无证据,考核结果使用不合法,末位淘汰、解雇考核不合格者缺乏法律支持,对考核不合格者调换工作、降低薪酬、解除合同没有依据等。

(4) 在薪酬管理环节上,企业容易犯的错误有薪酬制度体系、薪酬的确定、薪酬的使用、试用期工资等不规范或与现行法律法规不符,随意降低员工薪酬、乱发奖金、逃避税收等。比如,工资额的确定、工资调整权限、薪酬发放时间、薪酬构成或变更、最低工资条款等不合法规;缴纳保险基数、计算加班工资、解除劳动合同的经济补偿金的计算基数等与法规不符;企业随意降低薪酬,考核、岗位与薪酬不对应等。

(5) 在裁员或辞退环节上,企业容易犯的错误有裁员或辞退的条件、程序等与现行法律法规不符,或不认真研究与执行。比如,企业人力资源管理制度未能很好地与现行法规接轨,操作违法;混淆开除、除名、辞退与解除、终止的区别,不能领会现行劳动法中用人单位可以解除劳动合同的条件,不会用好用足法律赋予的正当权利;约定合同终止的条件、违约责任、量化细化的考核、奖惩、标准等不完善,无法支撑裁员或辞退等。

在其他相关环节上,企业也容易出现一些错误,比如工作岗位设置不科学,岗位职责描述不规范,劳动合同中"工作内容"条款的约定缺乏技巧等。同时,企业在处理劳动争议中缺乏举证意识,不了解举证制度,忽视用人单位举证在劳动争议中的重要意义,等等。

根据上述分析,企业应该认识到规范和完善人力资源管理职能体系的重要性。因为这不仅关系到企业管理的效能问题,而且与法律和劳动争议等密切相关。具体而言,规范和完善人力资源管理职能体系需要从以下5方面采取措施。

(1) 在人力资源战略规划子系统中,必须基于外部环境的变化和战略,制定人力资源规划战略。从人力资源数量、质量和素质结构上进行规划,编制人力资源规划说明书。整个人力资源规划要为企业战略服务,支持战略落地;必须采用定性、定量相结合的方法,科学地确定企业单位、部门的人才需求,同时进行相应的市场调查,并结合内部的人才盘点,预测人力资源的供需状况;必须制定相应的计划和行动方案,如接替晋升计划、人员补充计划、退休解聘计划、素质提升计划等,严格认真地执行,做到人力资源管理有条不紊、合规合法,支撑企业发展和员工成长,构建和谐的、科学发展的劳动关系与企业发展氛围。

(2) 在人力资源招聘甄选子系统中,需要认真详实地编制招聘计划,保证企业相关单位、部门的用人需求;需要拟定工作说明书,明确各岗位的职责,并作为选人的标准;需要组织规范化的笔试、面试等考试录用过程,严格依照法规程序办事;需要与入选人员签订录用协议或劳动合同,建立被录用人员的劳动档案或绩效表现档案。

(3) 在人力资源培训开发子系统中,需要系统地组织岗前培训,对新聘人员进行企业价值观、行为方式、技能、知识结构等方面的培训,保证新聘人员能满足企业的要求;需要对关键岗位的后备人员组织相应的技能、知识培训,为企业发展进行人才储备;需要对在岗人员定期进行培训,保证员工本身的发展,让他们在思想观念、行为做事以及知识技能上适应企业发展的要求。

(4) 在人力资源绩效管理子系统中,必须定期对员工职责履行状况进行记录、沟通、审核、评价,确定员工为企业的存在和发展所做出的贡献;必须认真比较不同员工为企业所做出的努力和贡献,并进行排序;必须进行积极有效的绩效沟通,与员工交流,帮助员工找出绩效不佳的原因,并找出缩短差距的办法。同时鼓励员工,使其能发挥自己的潜能,进一步提升绩效;必须通过绩效评估,确定员工所拥有的能力,以及个人对企业应有的正确态度和价值观,为企业知人、识人和用人提供依据。

(5) 在人力资源薪酬激励子系统中,应该确定合理的薪酬管理指导思想、目标和政策,使企业的薪酬结构和奖励方法能体现企业当前的价值观,能贯彻企业的经营方针,支持企业战略的实施;应该科学地确定员工薪酬总额在企业新增价值中的比例,使企业的发展与员工的薪酬增长实现平衡。既要保证员工获得合理的报酬,又要保证企业有充分的发展后劲;应该设定合理化的绩效薪酬比例,使绩效薪酬能最大限度地对员工产生激励作用;应该规范地执行社会保障和福利制度,并且依法履行纳税义务,合规经营。

案例研究一:国际人力资源管理中的知识产权争端风险与应对措施
——中美贸易摩擦与中兴通讯公司案例

近些年来,随着美国贸易保护的兴起,中美贸易摩擦与争端频繁发生。我国商务部公布的数据显示,2016 年,我国钢铁行业共遭到 46 起调查,涉案总金额超过 75 亿美元。而且,近年来中美贸易间摩擦涉及的行业由传统行业逐渐向高科技行业倾斜,涉案的诉由也由反倾销、反补贴、保障措施等向知识产权争端、技术贸易壁垒等转移(张守文,2018)。中国商务部的数据显示,2007—2016 年,美国共发起 392 起"337 调查",其中有 169 件涉及中国企业。尤其是针对我国通讯公司如华为、中兴等国际化程度较高的高科技企业,美国频繁诉诸"337调查"。特朗普上台之后,更是表达了他的保守主义贸易倾向;而动用知识产权这一政策工具或者"大棒"以建立贸易壁垒,是其基本的政策走向。

回顾中美贸易知识产权争端的历史可以看到,早期美方主要根据"301条款",尤其是与知识产权保护相关的"特殊301条款"采取单边制裁措施,并将我国列入"重点观察国家"名单。对此,我国均采取积极应对措施,如与美国多次展开双边磋商并达成协议,主动修改和完善知识产权相关法律等。进入21世纪以来,随着我国高附加值产品出口的迅速增加,美国更加注重对其国内企业知识产权的保护,频繁诉诸"337调查",对此,我国企业整体应诉比率较低,但仍有部分企业积极应诉并取得胜诉。

近些年来,美国对频繁向美国国际贸易委员会(ITC)提出对我国企业发起"337调查"的请求。首先,在行业方面,2008—2017年,美国针对中国发起的"337调查"主要集中在机电行业,其次是轻工行业,再次是医疗机械行业。2008年以来,随着我国制造业技术水平的不断提升,"337调查"涉案产品也在不断升级,逐渐从机电行业向轻工行业和医疗机械领域扩散,产品的附加值也越来越高。在企业方面,目前我国已经连续多年成为美国"337调查"涉案最多的国家。2008—2017年,美国发起"337调查"中有三分之一以上的案件是针对中国企业。据商务部的统计数据,我国企业目前遭受美国"337调查"的诉由主要为专利侵权、商标侵权及著作权侵权案件,近年越来越多地涉及反垄断及商业秘密侵权诉讼。在"337调查"中,美国企业申请的措施多数为"普遍排除令"或"有限排除令""禁止令",虽然由于我国市场经济地位不被美国认可,我国企业在"双反"调查中较为被动,但"337调查"通过调查企业专利侵权与否进行认定,如果企业能够积极应诉,其胜诉率要相对高一些。美国科文顿·柏灵律师事务所收集的数据显示,随着我国越来越多的企业开始掌握自主知识产权,在遭遇"337调查"时中国企业选择积极应诉,并且取得胜诉的概率也在逐年增加。

中美知识产权争端最典型的案例之一就是中兴通讯事件。根据中国商务部贸易救济调查局的数据,2011—2016年,中兴通讯曾遭遇7起美国的"337调查",中兴通讯全部应诉,其中,有5起取得诉讼胜利,2起和解结案。中兴通讯连续在"337调查"中取得胜诉的原因是,企业大量研发投入、专利申请和有效的知识产权战略布局。

表 11-1　2011—2016 年中兴通讯遭遇"337 调查"情况

起诉日期	起诉企业	诉由	裁决结果
2011.7.26	Inter Digital	带有 3G 功能的手机、无线网络设备、手提电脑等产品侵犯专利权	2013 年 12 月，ITC 裁定中兴通讯未侵权
2012.5.23	Flashpoint Technology	对美出口、在美进口或在美销售的电子图像设备侵犯了其专利权	2014 年 3 月，ITC 裁定中兴通讯未侵权
2012.7.24	Technology Properties LLC、Phoenix Digital Solutions LLC、Patriot Scientific Corporation	在美国销售的无线电子设备产品的相关芯片侵犯专利权	2014 年 3 月，ITC 裁定中兴通讯未侵权
2013.1.2	Inter Digital	对美出口、在美进口或在美销售的 3G/4G 无线设备及相关产品侵犯专利权	2015 年 2 月，ITC 裁定涉案 5 项专利中 4 项不构成侵权，1 项专利为无效专利
2013.5.17	Graphics Properties Holdings	对美国进口以及在美销售的部分带有显示和数据处理功能的消费电子产品及同类产品侵犯专利权	GPH 主动撤销对中兴的起诉指控
2013.12.18	Pragmatus Mobile	在美国市场销售的手机和平板电脑侵犯专利权	达成和解，Pragmatus Mobile 撤诉
2016.3.24	Creative Technology	对美国进口的便携式电子设备侵犯专利权	2017 年 10 月，中兴通讯胜诉

数据来源：根据中国商务部贸易救济调查局数据整理。

在逆全球化的背景下，以美国为代表的发达国家倾向于采用保守的贸易保护政策，其中动用知识产权这一政策工具或者"大棒"以建立贸易壁垒，给我国的高科技企业带来了较高的知识产权争端风险。面对这一风险，我国企业特别是高科技企业不能坐以待毙，需要采取积极的应对措施，维护企业的利益。

1. 加大研发投入，增强科研创新能力

我国企业频遭美国"337 调查"的根本原因在于自主创新能力的缺乏。国家对知识产权的保护，实质上是对技术的争夺；企业之间的知识产权争端，本质上是企业之间的利益之争，也是企业常用的市场竞争手段。在如今科技化的全球背景下，知识产权作为企业重要的无形资产在商业竞争中起到至关重要的作用。我国高科技企业应当持续加大科研投入，提高知识产权的创新能力。当企业在关键领域拥有自己的核心技术，以及未来研发创新能力时，企业才拥有在行业、在国际市场立足的根本。

为了能够增强企业的科研创新能力，企业在人力资源管理方面需要重视对创新人才的招募、培养、激励和保留，既需要有与创新成果相关的奖金等物质激励，也需要营造鼓励创新的文化氛围，需要有赞赏创新的认可等精神激励。

2. 提高知识产权保护意识，积极进行专利申请

对于自己已有的产品、技术和专利，我国企业要及时在国内和国外申请知识产权保护，保护自己的竞争优势。近年来，中兴和华为积极申请美国专利，这样既可以防止美国的竞争对手利用"337调查"对我国高科技企业的产品销售进行限制或者索取专利费，也可以获得美国消费者的认可和信赖，从而扩大产品销售，提高市场占有率，增强企业在美国市场的竞争能力。此外，也可以避免被他国企业模仿，避免不必要的损失。

为了能够提高企业的知识产权保护意识，积极进行专利申请，企业在人力资源管理方面需要注意招募知识产权领域与专利申请方面的专业人才，对员工进行知识产权保护的培训，制定从设计、研发到专利申请的清晰完整的全流程与制度。

3. 推进全球知识产权战略布局

当我国高科技企业进入国际市场时，需要提前思考和解决相关市场的知识产权风险和法律问题。根据企业自身的国际市场开拓程度和未来趋势进行知识产权布局，让企业的产品、技术和专利被国际市场认可。中兴通讯能够连续多年赢得"337调查"，并成功提起知识产权无效诉讼，与中兴通讯大量海外专利布局战略有着密切的关系。中兴通讯不仅重视国内发明专利的申请和授予，也积极参与全球国际专利申请（PCT）的战略布局。

企业在进行全球知识产权战略布局时，需要兼顾技术领域、覆盖地域和专利质量三个层次。在技术领域，企业应着重布局新技术领域的知识产权；在全球市场覆盖地域上，中国企业不仅要关注欧美等发达国家的市场，还需要重视重要的新兴市场；在专利质量布局上，企业在部署基本专利的同时，更需要集中于核心专利的申请，提升未来新一轮竞争中企业的话语权。只有这样，中国高科技企业才能更好地避免与应对可能的知识产权争端风险。

为了能够推进全球知识产权战略布局，企业在人力资源管理方面需要招聘熟悉相关市场知识产权和法律风险的专业人才，并对他们进行相关培训。

4. 提高应诉的积极性，努力保护自身权益

从我国高新技术产品出口遭遇的"337调查"情况来看，很多时候并不是真正因为产品侵权，而是由于经验缺乏及观念问题，很多企业不知如何应对调查，因此

采取回避的方式,不积极应诉导致自动败诉。而且,"337调查"通过调查企业专利侵权与否进行认定,如果企业能够积极应诉,其胜诉率要相对高一些。我国高科技企业屡屡放弃应诉,一方面会付出沉重的败诉成本,另一方面也会导致美国厂商更加猖獗,甚至会恶意挑起事端,试图将我国高科技企业彻底赶出美国市场。我国的高科技企业应该吸取教训,在遭受"337调查"时,不应有所畏惧,而要勇于迎战,也要善于迎战。首先,企业要时刻做好维权的准备,争取在最短的时间内做好相关准备工作,比如聘请通晓美国法律、相关案件经验丰富的律师,聘请专业的翻译,整理齐全相关的资料等,全方面做好法庭争辩的准备,证明自己没有侵权。其次,企业在应诉过程中,应尽可能地争取其他被诉企业的合作。因为联合作战不但可以节省费用,分担企业的财力压力,而且可以实现分工合作,搜集更多更加全面的证据,增加胜诉的概率。另外,中国高科技企业在应对"337调查"时也可以适时地主动出击,策略性地发动该调查作为和解谈判的筹码,尤其是针对那些没有充分理由恶意挑起事端、意图以高额诉讼费吓退中国出口企业的国外企业。

为了实现企业积极应诉,维护自身权益,企业在人力资源管理方面需要注重投入人力进行专利预警及应诉工作,如招募相关法律人才,对员工进行积极应诉知识的培训等。

思考题:

在逆全球化的背景下,以美国为代表的发达国家倾向于采取贸易保护政策,其中,动用知识产权这一政策工具以建立贸易壁垒成为经常使用的手段,增加了我国高科技企业的知识产权争端风险。面对这一风险,我国高科技企业应该如何应对?在人力资源管理方面,企业需要完善什么制度和机制等来增强企业预防与应对知识产权争端风险的能力?

参考文献:

[1] 孙伊然.《逆全球化的根源与中国的应对选择》,《浙江学刊》,2017(5):5-15.

[2] 戴翔,张二震.《逆全球化与中国开放发展道路再思考》,《经济学家》,2018(1):70-78.

[3] 刘洋,纪玉山.《从"逆全球化"到"新全球化":中国发展的战略选择》,《江苏行政学院学报》,2018(3):61-66.

[4] 张月月.《中国企业海外投资如何应对"逆全球化"新动向:溯源与破解》,

《未来与发展》,2018(3):45-50.

[5] 佟家栋,谢丹阳,包群等.《"逆全球化"与实体经济转型升级笔谈》,《中国工业经济》,2017(6):5-59.

[6] 雷达:《"逆全球化"概念辨析与全球化进程的梳理》,《世界经济研究》,2018(3):6-8.

[7] 易继明、李春晖:《美对华启动301调查与我国的应对措施》,《西北大学学报(哲学社会科学版)》,2018(1):65-81.

[8] 张守文:《中美贸易知识产权争端的现状及对策研究——基于中兴通讯的案例分析》,《新金融》,2018(6):36-40.

[9] 焦朝霞:《我国高新技术产品出口美国遭遇337调查的影响及应对之策》,《上海商学院学报》,2016(4):36-41.

[10] 李芳、熊灵:《中美知识产权争端及其对策分析》,《武汉理工大学学报(社会科学版)》,2009(1):80-85.

[11] Bello W. Deglobalization: ideas for a new world economy. Zed Books, 2004.

(资料来源:综合相关文献和新闻网络资料整理而成,林新奇教授《国际人力资源管理》研究生课程班硕士生柳媛同学做出了贡献。)

案例研究二:TCL 跨国并购:HR 与文化整合[①]

一、TCL 并购案

2004 年 1 月,TCL 与法国汤姆逊(Thomson)公司共同组建 TCL 汤姆逊电子有限公司(简称"TTE"),共同开发、生产及销售彩电及其相关产品和服务。此次重组涉及的总资产规模达到 4.7 亿欧元,在合资公司里,TCL 国际控股和汤姆逊公司分别拥有 67%和 33%的股权。TTE 的总部位于深圳,在全球拥有 5 个业务中心、7 个研发中心、1 个生产基地、2 万余个全球销售网络网点,员工总数达到 2.9 万人。2004 年 4 月,TCL 通讯与法国阿尔卡特组建手机合资公司 T&A,TCL 通

---

① 林新奇.跨国公司人力资源管理[M].北京:首都经贸大学出版社,2008.

讯出资5 500万欧元持有55%的股份,阿尔卡特出资4 500万欧元持有45%的股份,同时转让阿尔卡特600多名研发专业人才,以及经验丰富的销售和管理团队。合资公司的净资产达1亿欧元。在此之前的2002年9月,TCL集团还以820万欧元收购了德国施耐德公司。一系列的并购远未能达到TCL预期的效果,随着并购步伐的加快,公司运营出现了问题。进入2005年,TCL集团宣布其2004年的净利润减少了一半,并告之2005年的情况也不太可能转变。TCL集团的公告显示,2005年上半年公司的主营业务收入为244.17亿元,同比增长65%,但是同期的净利润却亏损6.92亿元,同比下降285.5%。直接导致TCL集团亏损的就是TTE和A&T。更为糟糕的是,并购导致了大量员工离职。到2004年年底,高层经理中的原阿尔卡特员工基本都离职了;到了2005年3月,一线经理(主要是市场、销售部门)也相继离职,TCL陷入空前的困境。

二、并购后的文化整合

麦肯锡1986年对200家美国最大的公司在1972—1983年间的并购进行调查,以股东财产增值为衡量依据,只有23%是成功的。绝大多数的企业并购失败的原因出在并购后的整合上,其中,文化整合尤为明显。Jemison和Sitkin等人认为,当两个企业文化差异程度较大时,很可能导致"文化模糊"和过程损失。大的文化差距与高程度的日常并购整合冲突紧密联系。实证结果表明,对于双方存在明显文化差异的并购,投资者往往持消极态度。企业文化(管理风格)的差异可能是导致并购不能实现预期目标的主要原因。企业并购作为企业发展的一种模式,从文化的角度来看,既是旧的企业文化模式被打破的过程,又是新企业的企业文化模式形成和发展的过程,同时也是两种企业文化相互交融、整合的过程,是企业群体的共同意识、共同价值观调整、再造的过程。这里的文化既包括企业文化,更打上民族文化的烙印。

三、中国和法国的文化差异

组织中个人行为同时受到民族文化和企业文化的影响,是两种文化共同作用下的产物,也是两种文化共同的载体。Hofstede(1997)指出,由于民族价值观念的不同,两家表面看似经营行为相同的公司实际上在经营理念等方面有着根本的区别。这就证明民族文化在决定个人行为方面起着关键作用,不同民族文化的差异可能导致合作的失败。中国和法国是两个有着悠久历史和深厚文化底蕴的国家,两国民族文化方面的差异对跨国并购的影响不容忽视。

Hofstede提出的国家文化模型主要由权力化程度、个人主义/集体主义、不确定性规避、男性主义/女性主义和长期/短期取向五个维度构成。表11-2反映了中法两国在上述维度方面的得分。

表11-2 中法两国在不同维度上的得分

国家	权力化程度	不确定性规避	个人主义	男性主义	长期取向
中国	89	44	39	54	100
法国	73	78	82	35	—

1. 个人主义和集体主义

法国文化是一种以个人为核心的文化,这样的文化价值取向鼓励个性、竞争,崇尚个人思考、个人成就。中国是一个集体主义观念极强的国家,人们从小就被教育个人利益要服从集体利益,只有在集体中,个人才能得到发展。这样的差异在企业的决策过程中会得到体现,法方的决策者往往是一个人,中方的决策则是一群人讨论的结果。

2. 不确定性规避

中法两国都是不确定性回避较高的国家,这就是说,两国的文化都强调控制风险,重视组织内部程序化规则和规范,并严格执行。但是,法国把风险控制在质量上,精益求精,保证万无一失;而中国把风险控制在时间上,争取早日完工、创造纪录,重数量轻质量。例如,汤姆逊重视产品的细节,TCL则认为在电视产业快速平板化的今天,产品更新换代的速度更为重要。

四、TCL的企业文化

企业文化是在一定的社会、经济、文化背景下,企业逐步形成和发展起来的稳定、独立的价值观以及以此为核心而形成的行为规范、道德标准、群体意识、风俗习惯,它能使企业产生凝聚力和向心力。尽管人们已经越来越多地认识到文化环境对公司决策的重要影响,但在国内,却很少有企业真正把它作为一个主要因素加以考虑。TCL在众多的国内企业中一直以其独特的企业文化著称,李东生在他的一篇文章中写道:"调一种合金式的企业文化——以中国传统的优秀文化为基础,吸收西方企业管理的精髓,谓之'新儒家'文化。哪一个企业能够在企业文化建设方面领先,哪一个企业就能建立起竞争优势。"李东生先生显然对企业文化有着深刻的理解。那么,TCL的企业文化到底怎样呢?TCL的官方网站上是这样说的:企业目标——创建具国际竞争力的世界级企业;企业宗旨——为顾客创造价值、为员工创造机会、为社会创造效益;企业使命——创新科技、共享生活;企业精神——敬业、诚信、团队、创新;经营策略——研制最好的产品,提供最好的服务,创建最好的品牌。这些文化理念与国际一流的大公司相比,没有太大差别,可以说是国际优秀企业的共识,表面看来,TCL的跨国并购在企业文化层面不会产生强烈冲突,但是事实并非如此,因为TCL内部的潜在文化被忽视了。

1. "诸侯分权"文化

"诸侯分权"文化是TCL的一大特色。李东生向来习惯于分权,对旗下"诸侯"的管理细节甚少过问,他看中的是"诸侯们"所能实现的业绩,因为权力的下放就是责任与利益的下放。正是这种"百花齐放",造就了TCL昔日的繁荣。并购后的TTE也采用了这一方法,五大业务中心都充分将责、权、利下放到各个负责人,"大诸侯"套"小诸侯"。业绩上升奖励,做不好就换人,成为TCL"诸侯们"不可逃避的命运。然而,这种分权带来了两个后果:一是被并购的法国企业中很多职位被调整,一些主要职位也多由TCL派人员担任,原法国企业的一些员工尤其是管理人员的职位被下调,这自然会导致不满;二是带来了薪酬上的变动。以销售业务为例,法国原定的员工薪酬比较稳定,而TCL采用的薪酬方式是"底薪加提成",业绩不好就换人,这令法国员工难以接受。

2. 鼓励内部企业家

内部企业家精神是TCL的又一大特色,受到广东文化的影响,TCL的市场意识和业绩导向尤为明显。据称,TCL公司开会,业绩好的部门代表自动坐在前面,业绩不好的部门代表自动地坐在后排。在这样一种文化氛围的影响下,各个部门都会以业绩为导向,鼓励内部企业家的发展,这为企业内部出色的员工提供了一条通常的职业发展道路。跨国并购初期,这些为中国员工所熟悉的内部企业家中的许多人被安排到新组成公司的核心位置,从TTE董事会及管理团队来看,TCL方面占了绝大多数。他们能否在短期内得到法国员工的认同对于公司的运作至关重要,需要时间的考验。另外,这样的安排也许在短期内有利于TCL战略的实施,但从长远看却不利于其国际化的发展。

五、HR与文化整合

随着经济全球化的到来,跨国并购成为不可逆转的趋势,它正以越来越高的频率出现在我们的视野中。中国的许多企业在国际化的过程中也选择了这一方法,联想集团收购IBM的PC部、上汽集团收购韩国双龙、海尔集团收购美泰克(Maytag),并购浪潮风起云涌,引起了国内外经济界的关注。跨国并购不仅能增强企业内部的竞争力，而且还能促进企业向国际市场和新兴领域拓展，但同时，它也是一把双刃剑。跨国公司进入国际市场时，文化冲突现象日益显著，并购后如何面对被并购企业的文化管理以及该如何整合为我所用，达到企业跨国并购的预期目标——充分利用目标企业的优势资源？在经济全球化的背景下，文化的整合给跨国并购提出了新的要求和挑战，能否顺利实现文化的融合和新生成为跨国并购能否成功至关重要的一环。TCL的案例给我们提供了思考和借鉴。

如何解决文化冲突，实现跨文化管理是摆在TCL面前的一大问题。按照加拿大著名的跨文化管理学家南希·爱德勒（Nancy J. Adler）的观点，解决组织跨文化冲突有三种方案可以选择：一是凌越，即组织用一种文化凌驾于其他文化之上。这种方式虽然能在短期内形成"统一"的组织文化，但不利于博采众长，且被压抑的文化极易使其员工心生反感；二是折衷，即不同文化间采取妥协与退让的方式有意忽略和回避文化差异。这种方式看似易形成和谐稳定的组织气氛，但和谐与稳定的背后往往潜伏危机，同时双方有益的文化难以得到充分发扬；三是融合，即不同文化间在承认、重视彼此间差异的基础上，相互尊重，相互补充，相互协调，从而形成一种你我合一、全新的组织文化，这种统一的文化不仅具有较强的稳定性，而且极具"杂交"优势。无疑，对于我国企业并购国外企业而言，第三种模式是最佳选择。

文化融合是一个缓慢的过程，在这一过程的初级阶段，企业的首要任务不是改变，而是稳定。一方面，文化的稳定性使得它在短期内不可能彻底改变。美国社会学家帕森斯在他的行为体系理论中强调文化体系的基本功能是维模（latency）。当原有文化感受到外界因素对模式具有威胁时，便会充当一种"守门员"的角色将其过滤。这时文化的趋异性表现明显，Naisbuitt在《全球悖论》中指出，在世界越来越同意识，人们越来越倾向于保持其独立性，而文化自身的独立性正是将一个群体与另一个群体区分开来的天然工具。另一方面，西方企业在文化上往往具有一种优越感，对中国文化还是心存怀疑和歧视，在法国这样极度崇尚本民族文化的国度更是如此，中国文化明显处于弱势地位。就TCL和汤姆逊的合并案例来看，TCL曾设想把中国设计的模具与汤姆逊共享，以此节约模具设计的巨大成本，但是法国人怎么也看不上这些模具，即使是按照这些模具生产的彩电在美国很畅销。这种异国文化的差异影响了消费者的购买倾向，对跨国并购的企业也造成了巨大的障碍。在这种情况下贸然采取文化变革措施，必然会遭到抵制和不满，严重的则会导致并购失败。所以，融合的第一步是稳定。

企业文化融合的第二步是同化。确切地说是一个求同存异的过程,寻找两个企业文化中的相似之处,以此为契合点,展开文化融合。这时文化的趋同性就能发挥作用。整个国际社会的发展一直是朝着同一个方向的,以致各种文化体之间在社会特征方面的共性会越来越多于个性。趋同性的第二要素是经济系统,市场经济体制被几乎所有的国家认可和采用,经济系统必然趋向统一。最后全世界的经济组织都要进行管理,如果他们的管理者遵从诸如效率、增长和加快技术等发展目标以提高生活水平的话,可以断定,这将驱使他们以在世界别的地区、可比较的情况下证明最有效的方式行使他们的职责,除此之外,由多国公司进行的技术转移和多元化经营行动,也使得全球管理的趋同性将继续下去。前面谈到的 TCL 公布的企业文化就是文化趋同的一个很好的例子。文化上的共性是下一步改变的基础,同时也减小变革的阻力。当然,在"求同"的同时,要对文化中的"异"有清醒的认识。在正式实施阶段,跨文化培训、构建共同的组织愿景、内化企业文化机制都是可以采取的措施,有了前面的基础,文化融合的过程就能够顺利、有条不紊地展开。

2006年10月24日,TCL的网站上公布了一条新闻——TCL集团公布三季度业绩,报告当期实现盈利。TCL集团2006年第三季度报告显示,TCL集团共实现销售收入112.52亿元,实现净利润0.31亿元,本季度公司盈利。这对于正处于困境中的TCL来说无疑是一条振奋人心的消息,TCL似乎迎来并购后的第一缕曙光,然而,并购后的文化整合才刚刚进入关键阶段,TCL要完成的工作还有很多。

案例研究三:广汽本田的劳资纠纷案件

2010年5月27日下午,广汽本田发出声明,由于该公司重要零部件供应商本田汽车零部件制造有限公司(南海本田)因劳资纠纷导致停工,受其影响,广汽本田重要零部件供应出现短缺,被迫停产。广汽本田管理方表示,何时恢复生产,只能看南海本田劳资双方沟通的进展。与此同时,本田公司另两家合资整车企业东风本田、本田(中国)出口基地也已暂时停产,恢复生产日期未定。至此,日本本田在中国的合资整车企业全线停产。

广汽本田发生劳资纠纷甚至罢工事件的原因,主要有以下3个方面。

1. 薪水太低引发工人停工

南海本田员工对工资、福利、教育培训制度等方面的不满由来已久,在急停停工发生的当晚,有南海本田的员工晒出了工资清单:作为南海本田Ⅰ级工资,基本工资加上所有补贴只有1510元,扣除养老保险、医疗保险、住房公积金等,到手的工资仅为1211元。若除去每月房租、吃饭300元、电话费100元、日用品等基本生活开销,每月所剩无几。

在南海西樵、南庄,一个纺织厂、陶瓷厂的普通流水线上的工人,算上加班工资每月到手能达到2000多元,所以,南海本田1000多元的工资水平让工人很难接受。

2. 中日双方员工的工资差距悬殊

南海本田有一些本土化干部和日方的员工干部,同在一起上班的日方员工工资是中方员工的十倍左右,一个日方中层主管的月薪达5万元人民币,与中方员工工资相比,差距太悬殊。

3. 缺少政府的干预

由于佛山当时执行的最低工资标准为920元,南海本田的最低基本工资线刚好跨过了这条线,没有违法,所以政府职能部门就不能强行干预。而且,外企为控制成本而广泛采用一些手段,比如大量招聘实习生,企业给实习生的报酬可以低于法定最低工资标准。随着中国的工人越来越多地注意到自身的法律权益,他们正在开始质疑某些用工惯例,比如超长时间加班、生产线上普遍使用实习生等。

以上3个原因的综合,导致了工人忍无可忍,最后选择了罢工的反抗形式。罢工导致的后果,据估计,南海本田每天生产变速箱2400台,加上其他业务,一天产值达到4000万元。急工停工事件发生以来,南海本田损失产值已接近4亿元。本田在中国的3家合资整车企业产能达到61万辆,其中,广本、东本无论影响力和盈利水平都在行业内可圈可点。按照去年产销水平和盈利状况推算,3家整车厂每停工1日产值损失超过2亿元。

罢工对企业带来经济上的损失和形象上的伤害,对工人来说也有损失,主要是成本很高,这种成本主要是风险成本。罢工对于工人而言绝不是轻而易举的事,他们承担的风险非常大,比如解雇、辞退甚至处分,以及领头的人被追究其他的责任,甚至被逮捕或者被报复,这些以前不是没有先例。包括地方政府处理不好,比如动用国家机器、追究刑事责任,这些情况也都有可能发生。不到万不得已,工人不会采取罢工这种手段,因为他们承担的风险太大。对于工人来说,罢工不是无事生非的闹事,一旦罢工,就证明他们已经到了无法忍受的地步。

广汽本田罢工事件说明3个问题。

(1) 从人力资源的激励风险上说,本田要考虑自己在工资制度上的不公正性。本田已经挣了很多钱,利润很高,2009年的利润几乎翻了一番,应该适当让员工享受到企业发展的成果。如果就具体的收入来讲,本田工人不是最低的,但这不代表工人就不能要求涨工资。不同的企业情况不一样,对于亏损的企业,工人没理由要求增加工资,但是对于盈利很多的企业,就应该将利润与工人共享,这是一个常识。尽管企业也可以不给工人涨工资,这不违法,因为企业工资超过了最低工资。但是,最低工资是底线,能不能往上调整是劳资双方谈判的结果,这也是国际上解决工资问题非常普遍的形式。对于企业来说,应该让工人分享企业发展的成果,完全一方独占是不公正的。

(2) 从人力资源的风险防控上来说,本田企业缺少这方面的意识。通常来说,本田关键部件的生产线有两套,以便在出现劳资纠纷的时候启动另一套。但是,本田企业认为,在中国不会出现罢工这样的事情,显然,它对劳资关系的风险预计是不足的。在这个事件中,我们也看到,中国工人的觉悟意识已经发展起来了,他们已经懂得用罢工这种手段维护自己的权利和争取自己的利益。这是国际通行的手段,在国内也不违法。

(3) 南海本田在人力资源管理过程中缺少法律意识。一开始本田认为工人罢工是违反企业的规章制度,并且以此为依据开除工人,解除劳动合同,其实这是无效的。因为如果有效的话,必须劳方资方共同制订才有效,单方制订无效。而劳方不会把禁止罢工作为企业的规章制度,这种做法是根本不懂法律的表现。任何工厂没有权利禁止罢工。所以,本田作为劳资关系的主动方,在劳动关系处理上应该采取更积极的态度,比如说出现了罢工这样的情况,最好的方式还是选择调解。

复习思考题

1. 如何理解国际人力资源管理中的劳动关系管理?
2. 企业跨国并购中为什么必须进行人力资源尽职调查?

3. 人力资源尽职调查的基本要点是什么？
4. 人力资源尽职调查的基本步骤有哪些？
5. 在企业跨国并购中人力资源尽职调查应该关注哪些问题？
6. 如何把握企业跨国并购中人力资源尽职调查的基本方法？
7. 在企业跨国经营中人力资源管理的相关法律风险主要有哪些？
8. 如何防范和处理国际人力资源管理的相关法律问题？

主要参考文献

1. [美]彼得·德鲁克.创新与企业家精神[M].蔡文燕译.北京:机械工业出版社,2007.
2. [美]彼得·德鲁克等.知识管理[M].杨开峰译.北京:中国人民大学出版社,1999.
3. [美]彼得·圣吉.第五项修炼——学习型组织的艺术与实务[M].郭进隆译.上海:上海三联书店,1998.
4. 储小平.外商投资企业管理学[M].上海:立信会计出版社,1999.
5. [美]丹尼尔·A.雷恩.管理思想的演变[M].孙耀君,李柱流,王永逊译.北京:中国社会科学出版社,1986.
6. [日]冈本康雄.技術革新と企業行動[M].東京:東京大学出版会,1985.
7. [日]冈本康雄.日立と松下(上下)[M].東京:中央公論社,1979.
8. [日]冈本康雄.日系企業 in 東アジア[M].東京:有斐閣,1998.
9. [日]港徹雄.日本のものづくり競争力基盤の変遷[M].東京:日本経済新聞出版社,2011.
10. [美]哈罗德·孔茨.管理学精要[M].韦福祥译.北京:机械工业出版社,1993.
11. [美]詹姆斯·柯林斯,杰里·波拉斯.企业不败[M].刘国远,沈建,蔺智深译.北京：新华出版社,1996.

12. [美]罗纳德·哈里·科斯.企业、市场与法律[M].盛洪,陈郁译.上海：上海三联书店,1990.
13. 郭咸纲.西方管理思想史[M].北京：世界图书出版公司,2010.
14. [美]劳伦斯·S.克雷曼.人力资源管理：获取竞争优势的工具(原书第4版)[M].吴培冠译.北京：机械工业出版社,2009.
15. [日]林吉郎.異文化インターフェイス経営[M].東京：日本経済新聞社,1994.
16. 林新奇.经济发展方式转变与人力资源管理创新紧密关联——学者提出"25年周期进化说"[N].光明日报,2011-5-18.
17. 林新奇.国际化组织如何管理驻外人员[J].中国人才,2008(9).
18. 林新奇.国际人力资源管理实务[M].大连：东北财经大学出版社,2012.
19. 林新奇,和美.高管与员工薪酬倍差的国际比较[J].企业管理,2015(2).
20. 林新奇.绩效管理[M].大连：东北财经大学出版社,2016.
21. 林新奇.跨国公司人力资源管理[M].北京：清华大学出版社,2015.
22. 林新奇,朴载贤,和美.韩国三星集团内部薪酬倍差的案例分析[J].企业管理,2015(5).
23. 林新奇,秦春玲.中日人力资源绩效管理比较研究[J].人力资源管理,2010(4).
24. 林新奇,秦峰.欧美高管薪酬构成及与员工倍差的探析[J].企业管理,2015(8).
25. 林新奇.人力资源管理发展八大趋势[N].光明日报,2009-2-13.
26. 林新奇.人力资源管理三十年：路径与走向[J].中国人才,2008(11).
27. 林新奇.新中国人力资源管理变革的路径和走向——制度变迁与政策选择[M].大连：东北财经大学出版社,2012.
28. 林新奇,张可人.聚焦硬件制造及科技服务差异的目标管理[J].中国人力资源开发,2015(24).
29. 林新奇,张可人.再论"25年周期进化说"：经济新常态下的人力资源管理创新[J].现代管理科学,2016(8).
30. 林新奇.中国人事管理史(修订版)[M].北京：中国社会科学出版社,2004.
31. 林新奇.跨国公司人力资源管理[M].北京：首都经济贸易大学出版社,2008.
32. 鲁桐.WTO与中国企业国际化[M].北京：中共中央党校出版社,2000.
33. [美]罗伯特·D.巴泽尔,[美]布拉德利·T.盖尔.战略与绩效[M].吴冠之等译.北京：华夏出版社,2000.
34. [美]迈克尔·波特等.日本还有竞争力吗？[M].陈小悦等译.北京：中信出版社,

2002.

35. [美]迈克尔·波特.竞争优势[M].陈小悦译.北京：华夏出版社,1997.
36. [美]迈克尔·波特.国家竞争优势[M].李明轩等译.北京：华夏出版社,2002.
37. [美]普拉哈拉德,[美]哈梅尔.竞争大未来[M].王振西译.北京：昆仑出版社,1998.
38. [美]斯蒂芬·P.罗宾斯等.组织行为学[M].孙健敏等译.北京：中国人民大学出版社,2020.
39. [美]斯蒂芬·P.罗宾斯等.管理学(第13版)[M].刘刚等译.北京：中国人民大学出版社,2017.
40. 宋立刚.国际化企业成功管理案例[M].北京：中国石化出版社,2001.
41. 宋立刚.透视世界500强[M].北京：中国石化出版社,2001.
42. [美]威廉·大内.Z理论——美国企业界怎样迎接日本的挑战[M].孙耀君等译.北京：中国社会科学出版社,1984.
43. 吴士宏.逆风飞飏[M].北京：光明日报出版社,1999.
44. [美]詹姆斯·W.沃克.人力资源战略[M].吴雯芳译.北京：中国人民大学出版社,2001.
45. Barnard, G.I. The Functions of the Executive[M]. Harvard University Press, 1938.
46. Barney, J.B. Organizational Culutre: Can it be a source of sustained competitive advantage? [J]. Academy of Management Review, 1986(11).
47. Barney, J.B. Firm Resources and Sustained Competitive Advantage[J]. Journal of Management, 1991, 17(1): 99-120.
48. Gary Dessler. Human Resource Management[M]. Prentice-Hall International, Inc. 1997.
49. George T. Milkovich and John W. Boudreau. Human Resource Management[M]. Richard D. Irwin, 1993.
50. Grant, R.M. The Resoure-Based Theory of Competitive Advantage: Implication for Strategy Formulation[J]. California Management Review, 1991(3).
51. Hamme. Reengineer Work: Don't Automate, Obliterate[J]. Harvard Business Review, 1990, 68(4).
52. Hofstede, Geert. and Michael Harris Bond. The Confucian connection: From cultural roots to economic growth[J]. Organizational Dynamics, 1988, 16(4).

53. Hofstede, Geert. Culture's Consequence: International Differences in Work Related Values[M]. London: Sage, 1980.
54. Hofstede, Geert. Cultures and Organizations: Software of the Mind [M]. London: McGraw-Hill, 1991.
55. Hofstede, Geert. Cultural constraints in management theories[J]. Academy of Management Executive, 1993a, 7(1).
56. Hofstede, Geert. Cultural dimensions in people management, In Vladimir Pucik, Noel M. Tichy and Carole K. Barnett, Globalizing Management[M]. New York: Wiley, 1993b.
57. John B. Cullen. Multinational management: a strategic approach[M]. Cincinnati, Ohio: South-Western College Publishing, 1999.
58. John Van Mannen. The Smiling Factory: Work at Disneyland[J]. Reframing Organizational Culture, 1992.
59. Kohls, L. Robert. Survival Kit for Overseas Living. Yarmouth[M]. Maine: Intercultural Press, 1984.
60. Mendenhall M., Oddou G. Acculturation profiles of expatriate managers: Implications for cross-cultural training programs[J]. Columbia Journal of World Business, 1986, 21(4): 73-79.
61. Waters, Dan. 21st Century Management: Keeping Ahead of the Japanese and Chinese[M]. Singapore: Prentice-Hall, 1991.
62. Wayne F. Casio. Managing Human Resources[M]. McGraw-hill, 1995.

第四版 后记

在本书第四版的修订过程中,选修本人开设的《国际人力资源管理》课程的研究生们提供了许多案例和参考资料,我的博士生高永闯先生协助做了数据更新工作。此外,刘彦君、王楠、龙海燕、龙红、蔡天明等也做了一些工作,在此一并表示衷心的感谢!

本教材的畅销和不断修订,有赖于广大读者朋友的关心、支持和帮助。在此作者除了表示感谢外,也欢迎大家继续提出宝贵意见和建议,联系邮箱为:linxq@ruc.edu.cn.

林新奇

2022 年 10 月 31 日

图书在版编目(CIP)数据

国际人力资源管理/林新奇编著. —4 版. —上海：复旦大学出版社，2023.8
(复旦博学. 21 世纪人力资源管理丛书)
ISBN 978-7-309-16879-2

Ⅰ.①国… Ⅱ.①林… Ⅲ.①国际企业-企业管理-人力资源管理-高等学校-教材 Ⅳ.①F276.7

中国国家版本馆 CIP 数据核字(2023)第 104545 号

国际人力资源管理(第四版)
GUOJI RENLI ZIYUAN GUANLI
林新奇　编著
责任编辑/于　佳

复旦大学出版社有限公司出版发行
上海市国权路 579 号　邮编：200433
网址：fupnet@fudanpress.com　　http://www.fudanpress.com
门市零售：86-21-65102580　　团体订购：86-21-65104505
出版部电话：86-21-65642845
上海新艺印刷有限公司

开本 787×1092　1/16　印张 25.5　字数 470 千
2023 年 8 月第 4 版第 1 次印刷
印数 1—4 100

ISBN 978-7-309-16879-2/F・2981
定价：78.00 元

如有印装质量问题，请向复旦大学出版社有限公司出版部调换。
版权所有　　侵权必究